# 비상은
# 믿습니다

당연한 것을 낯설게 바라보는 시선이
교육을 움직이게 한다는 것을.

현장에서 출발한 고민이
다음 교육의 해답이 될 수 있다는 것을.

배움의 즐거움이
교육의 가장 강력한 연료라는 것을.

다름을 존중하는 태도가
교육의 가치를 더 깊게 만든다는 것을.

그리고,
우리가 선택한 이 가치들이
곧, 우리 교육의 방향이 된다고 믿습니다.

이 믿음 하나하나가 모여,
새로운 콘텐츠와 플랫폼이 되어
교육의 새로운 전형을 만들어갑니다.

상상 그 이상 –

**visang**

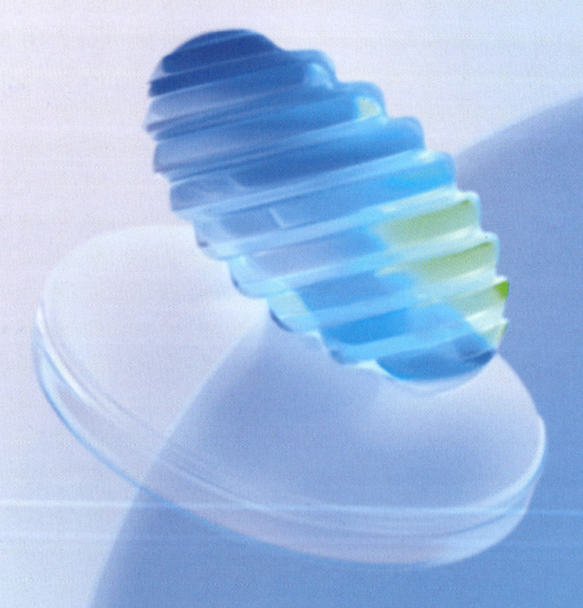

# 한끝

고등 **통합사회1**

# 구성과 특징



## 개념 학습 & 자료 학습

## 문제 풀이

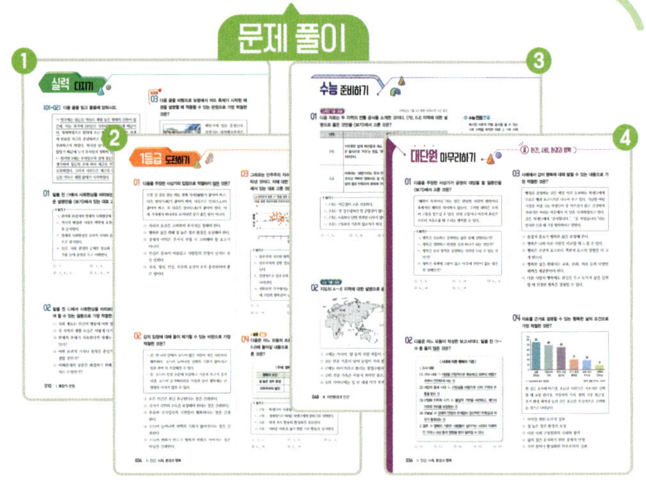

## 1 교과 내용 정리

새 교육과정에 따른 통합사회 교과서의 내용을 한눈에 살펴보고 이해할 수 있도록 명확하고 자세하게 정리하였습니다. 교과 내용에 사용된 어려운 개념이나 용어는 '한끝 더하기'에서 추가로 살펴보면서 정확하게 이해할 수 있습니다.

## 2 한끝 자료실

통합사회 교과서에서 다루고 있는 핵심 자료들을 철저하게 분석하여 이해하기 쉽게 설명하였습니다. '대표 자료' 코너에서는 새 교육과정의 성취 기준을 달성하는 데 꼭 필요한 자료를 깊이 있게 살펴보면서 자료와 관련한 출제 경향도 확인할 수 있습니다.

## 3 개념 확인하기

빈칸 채우기, ○X 문제, <보기>에서 고르기 등 다양한 유형의 문제를 통해 핵심 교과 내용을 정확하게 학습 했는지 스스로 확인하고 점검할 수 있습니다.

## 1 실력 다지기

학교 시험에 출제될 가능성이 높은 유형의 문제를 엄선하여 구성하였습니다. '대표 자료 링크' 문제로 대표 자료의 학습을 완성하고, '서술형 대비하기'를 통해 새 교육과정에서 강조하는 서술형·논술형 평가에 체계적으로 대비할 수 있습니다.

## 2 1등급 도전하기

사고력과 응용력을 요구하는 고난도 문제로 학업 성취도를 향상할 수 있게 구성하였습니다. 등급의 차이를 결정하는 어려운 문제를 자신 있게 풀면서 1등급에 한발짝 더 다가서 보세요.

## 3 수능 준비하기

단원의 교과 내용을 다룬 수능 기출문제를 엄선하여 수록하고, 기출 응용 문제로 교과 내용과 기출문제의 연계성을 높였습니다. 다양한 기출문제로 학교 시험과 수능을 동시에 대비해 보세요.

## 4 대단원 마무리하기

대단원에서 학습한 내용을 종합적으로 확인하면서 단원 간 통합형 문제도 놓치지 않고 대비할 수 있게 구성하였습니다.

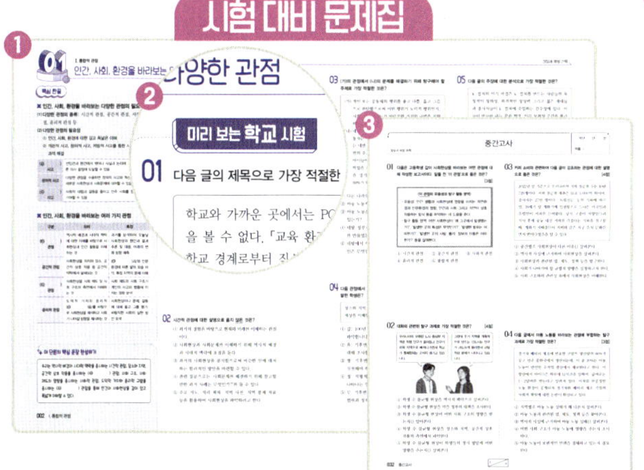

## 1 핵심 한끝

시험 직전에 단원별로 학습 내용을 정리하고 자신의 실력을 점검할 수 있게 구성하였습니다. 시험 범위가 많아도 걱정하지 마세요. '핵심 한끝'과 '이 단원의 핵심 문장 완성하기'로 빈틈 없이 단원의 핵심 교과 내용을 확인할 수 있습니다.

## 2 미리 보는 학교 시험

시험 기출문제를 철저하게 분석하여 실제 학교 시험과 가장 유사한 유형의 문제들로 구성하였습니다. 한층 높아진 문제 적응력을 바탕으로 자신 있게 학교 시험에 임해 보세요.

## 3 중간·기말고사, 논술형 수행 평가

실제 학교 시험과 유사한 형태로 제시된 중간고사, 기말고사를 풀어 보면서 학교 시험에 실전처럼 대비해 보세요. 학교 시험과 유사한 형태의 논술형 문항을 함께 제시하여 학교 내신에서 비중이 커지고 있는 논술형 수행 평가에도 체계적으로 대비할 수 있습니다.

✦ 교재에 수록된 모든 문제의 정답과 상세한 풀이를 담았습니다. '선택지 바로잡기'에서는 오답에 대해서도 꼼꼼하게 설명하여 문제를 더 정확하게 이해할 수 있습니다.

# 한끝과 내 교과서 단원 비교하기

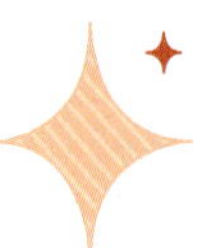

| 단원명 | | 한끝 | 비상교육 | 동아출판 | 리베르 스쿨 | 미래엔 | 아침나라 | 지학사 | 창비 | 천재 교과서 |
|---|---|---|---|---|---|---|---|---|---|---|
| I.<br>통합적<br>관점 | 01. 인간, 사회, 환경을 바라보는 다양한 관점 | 8~13 | 8~17 | 10~15 | 10~15 | 10~13 | 8~11 | 12~17 | 8~13 | 8~13 |
| | 02. 인간, 사회, 환경을 바라보는 통합적 관점 | 14~19 | 18~23 | 16~23 | 16~21 | 14~19 | 12~16 | 18~23 | 14~19 | 14~17 |
| II.<br>인간, 사회,<br>환경과 행복 | 01. 행복의 의미와 기준 | 24~29 | 28~35 | 30~37 | 26~31 | 24~29 | 20~27 | 32~39 | 26~33 | 24~31 |
| | 02. 행복한 삶을 실현하기 위한 조건 | 30~35 | 36~45 | 38~45 | 31~39 | 30~37 | 28~34 | 40~47 | 34~41 | 32~39 |
| III.<br>자연환경과<br>인간 | 01. 자연환경과 인간 생활 | 40~49 | 50~61 | 52~63 | 44~54 | 42~53 | 40~51 | 56~65 | 48~55 | 46~55 |
| | 02. 인간과 자연의 관계 ~ 03. 환경 문제 해결을 위한 다양한 노력 | 50~59 | 62~77 | 64~77 | 55~71 | 54~67 | 52~70 | 66~81 | 56~69 | 56~71 |
| IV.<br>문화와<br>다양성 | 01. 세계의 다양한 문화권 | 66~73 | 82~91 | 86~93 | 76~82 | 72~79 | 74~81 | 90~97 | 76~83 | 78~87 |
| | 02. 문화 변동과 전통문화의 창조적 계승 | 74~81 | 92~99 | 94~101 | 83~88 | 80~87 | 82~89 | 98~105 | 84~91 | 88~97 |
| | 03. 문화 상대주의와 보편 윤리 | 82~89 | 100~105 | 102~109 | 88~95 | 88~93 | 90~97 | 106~113 | 92~99 | 98~105 |
| | 04. 다문화 사회와 문화적 다양성 존중 | 90~97 | 106~113 | 110~117 | 96~105 | 94~101 | 98~106 | 114~121 | 100~107 | 106~113 |
| V.<br>생활공간과<br>사회 | 01. 산업화와 도시화 | 104~113 | 118~127 | 124~131 | 110~118 | 106~115 | 110~117 | 130~137 | 114~121 | 118~125 |
| | 02. 교통·통신과 과학기술의 발달 ~ 03. 우리 지역의 공간 변화 | 114~123 | 128~143 | 132~145 | 119~137 | 116~131 | 118~136 | 138~151 | 122~139 | 126~143 |

# 이 책의 차례

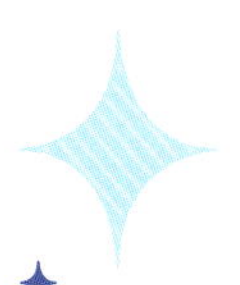

## I 통합적 관점

**01.** 인간, 사회, 환경을 바라보는 다양한 관점 …… 008
**02.** 인간, 사회, 환경을 바라보는 통합적 관점 …… 014

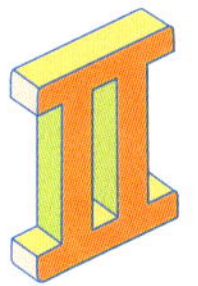

## II 인간, 사회, 환경과 행복

**01.** 행복의 의미와 기준 …… 024
**02.** 행복한 삶을 실현하기 위한 조건 …… 030

## III 자연환경과 인간

**01.** 자연환경과 인간 생활 …… 040
**02.** 인간과 자연의 관계 …… 050
~ **03.** 환경 문제 해결을 위한 다양한 노력

## IV 문화와 다양성

**01.** 세계의 다양한 문화권 …… 066
**02.** 문화 변동과 전통문화의 창조적 계승 …… 074
**03.** 문화 상대주의와 보편 윤리 …… 082
**04.** 다문화 사회와 문화적 다양성 존중 …… 090

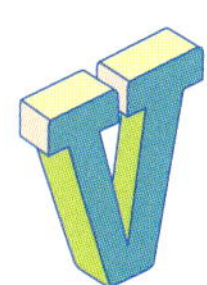

## V 생활공간과 사회

**01.** 산업화와 도시화 …… 104
**02.** 교통·통신과 과학기술의 발달 …… 114
~ **03.** 우리 지역의 공간 변화

# 1


01 인간, 사회, 환경을 바라보는 다양한 관점 ················ 008

02 인간, 사회, 환경을 바라보는 통합적 관점 ················ 014

# ✦ 무엇을 배울까?

| | | |
|---|---|---|
| **중학교에서 배운 내용** | ☑ **사회** | 위치와 인간 생활 / 지리 정보 / 살기 좋은 도시 / 민주주의 / 시민 참여 |
| | ☑ **도덕** | 도덕의 의미 / 도덕의 필요성 / 도덕적 성찰 / 도덕적 실천 / 인간 존엄성 |
| | ☑ **역사** | 역사의 의미와 학습 목적 |
| **이 단원에서 배울 내용** | ☑ 인간, 사회, 환경을 바라보는 다양한 관점: 시간적 관점, 공간적 관점, 사회적 관점, 윤리적 관점 | |
| | ☑ 시간적, 공간적, 사회적, 윤리적 측면을 함께 고려하는 통합적 관점 | |

# 01 인간, 사회, 환경을 바라보는 다양한 관점



## ① 인간, 사회, 환경을 바라보는 다양한 관점의 필요성

**1. 다양한 관점의 종류:** 시간적 관점, 공간적 관점, 사회적 관점, 윤리적 관점 등

**2. 다양한 관점의 필요성**

(1) 인간, 사회, 환경을 깊이 있고 폭넓게 이해할 수 있음

(2) 객관적 사고, 창의적 사고, 개방적 사고를 통해 사회문제를 효과적으로 해결할 수 있음❶

## ② 인간, 사회, 환경을 바라보는 시간적, 공간적, 사회적, 윤리적 관점 〔대표 자료〕

### 1. 시간적 관점

| 의미 | 역사적 배경과 시대적 맥락에 초점을 두고 사회현상을 분석하고, 인간 활동의 연속성과 변화를 파악하며, 과거의 경험을 바탕으로 현재와 미래를 이해하려는 관점 |
|---|---|
| 특징 | 현재 상황의 원인을 찾고, 미래의 변화 방향 예측 → 과거를 분석하여 현재 상황 대응 |
| 관련 질문 | • 특정 현상이나 문제가 과거부터 현재까지 어떻게 변화해 왔는가?<br>• 현재의 사회문제 해결에 참고할 수 있는 과거의 사례에는 어떤 것이 있는가? |
| 탐구 방법 | 유물과 유적, 역사서, 과거 신문 기사나 통계 자료 등 다양한 사료를 활용할 수 있음 |

### 2. 공간적 관점 〔자료 ❶〕

| 의미 | 인간, 사회, 환경의 문제를 장소와 지역, 공간적 상호 작용❷ 등을 중심으로 이해하려는 관점 |
|---|---|
| 특징 | 자연환경과 인문환경이 인간과 사회에 미치는 영향을 파악하는 데 도움을 줌 → 특정 지역에서 발생하는 현상이나 문제를 이해하고 해결하는 바탕이 됨 |
| 관련 질문 | • 자연환경과 인문환경에 따라 각 지역의 생활 모습이 어떻게 다르게 나타나는가?<br>• 공간 변화의 원인은 무엇이며, 공간 변화는 인간의 삶에 어떤 영향을 미치는가? |
| 탐구 방법 | 지도, 지리 책자, 지역 사진, 지역 통계 자료 등을 활용할 수 있음 |

### 3. 사회적 관점

| 의미 | 사회현상의 발생 배경을 사회 구조❸, 사회 제도❹, 정치, 경제 등의 측면에서 이해하려는 관점 |
|---|---|
| 특징 | 사회 구조 및 제도가 사회현상에 미치는 영향을 파악하고, 정책 대안을 마련하는 데 도움을 줌 |
| 관련 질문 | • 법과 제도는 우리의 일상생활에 어떤 영향을 미치는가?<br>• 사회 구조와 문화는 인간의 행동과 사회를 어떻게 변화시키는가? |
| 탐구 방법 | 설문 조사, 통계 분석, 면담, 참여 관찰 등을 활용할 수 있음 |

### 4. 윤리적 관점 〔자료 ❷〕

| 의미 | 도덕적 가치❺와 윤리적 규범을 바탕으로 사회현상을 해석하고 문제점을 찾아 바람직한 삶의 모습을 이해하려는 관점 |
|---|---|
| 특징 | 사회현상을 도덕적 가치와 윤리적 규범에 따라 평가하고 사회가 나아갈 방향을 제시함 |
| 관련 질문 | • 이해 갈등을 해결할 수 있는 보편적 가치나 원칙은 무엇인가?<br>• 도덕적 가치와 윤리적 규범을 기준으로 판단할 때 현재의 사회현상이 바람직한가? |
| 탐구 방법 | 다양한 동서양 윤리 이론을 활용할 수 있음 |

---

**한끝 더하기**

**❶ 다양한 관점의 효과**

| 객관적 사고 | 사실과 논리를 바탕으로 사회문제의 본질을 파악하고 해결할 수 있음 |
|---|---|
| 창의적 사고 | 혁신적 방법으로 사회현상과 사회문제를 바라볼 수 있음 |
| 개방적 사고 | 사회적 갈등을 줄이고 민주 사회의 형성에 기여할 수 있음 |

**❷ 공간적 상호 작용**

사람과 물건, 정보, 자원 등이 한 장소에서 다른 장소로 이동하거나 서로 다른 공간 사이에서 일어나는 상호 작용으로, 현대 사회로 올수록 더욱 빠르고 폭넓게 이루어지고 있다.

**❸ 사회 구조**

한 사회에서 개인이 일정한 행동을 하도록 정형화된 사회적 관계의 틀

**❹ 사회 제도**

사회 구성원의 욕구를 충족하고 공동체의 문제를 해결하기 위해 만들어진 공식화된 절차 및 규범 체계

**❺ 도덕적 가치**

정의, 공정성, 책임 등과 같이 사람들이 옳고 그름을 판단할 때 중요하게 여기는 기준

## · 대표 자료 · 사회현상을 바라보는 다양한 관점에 따른 탐구 과제 ···· ✦ 비판적 사고력

| | | 햄버거 문화 | 기후변화 문제 |
|---|---|---|---|
| 사회현상 | | ☝ 오늘날 사람들이 흔하게 먹는 햄버거 | ☝ 대기 중 이산화 탄소 농도와 지구 온도 |
| 탐구 과제 | 시간적 관점 | 우리나라 사람들이 햄버거를 먹기 시작한 시대적 배경 조사하기 | 산업화 과정에서 시기별 이산화 탄소 농도의 변화 관찰하기 |
| | 공간적 관점 | 지역에 따라 햄버거에 들어가는 재료가 다른 이유 분석하기 | 선진국과 개발 도상국 간의 이산화 탄소 배출량 차이 분석하기 |
| | 사회적 관점 | 현대 사회에서 햄버거의 소비가 증가한 구조적 배경 파악하기 | 기후변화 해결을 위한 국제 사회의 제도적 노력 검토하기 |
| | 윤리적 관점 | 햄버거를 소비하는 과정에서 중시해야 하는 가치 논의하기 | 인간과 자연의 관계에서 지향해야 할 가치 논의하기 |



제시된 자료에는 우리의 일상생활과 밀접한 햄버거 문화와 기후변화 문제를 이해하기 위해 각 관점에 따라 탐구할 수 있는 과제가 나타나 있다. 이러한 탐구 과제를 해결해 나가는 과정에서 현대 사회의 햄버거 문화와 기후변화 문제를 폭넓게 이해할 수 있다.

### 자료 ❶ 공간적 관점에서 바라본 학교 유휴 시설 문제

일본은 저출생 현상을 일찍부터 경험한 나라로, 학교에서 사용하지 않는 유휴 교실을 지역별로 활용하여 지역의 활성화를 꾀하고 있다. 예를 들어 농촌이나 산촌 지역에서는 관광객에게 지역의 특산물을 소개하는 공간으로 운영하고, 구도심 지역에서는 아동 및 노인 돌봄 시설로 활용한다.

제시된 자료에는 저출생 현상에 따른 학교 유휴 시설 문제에 공간적 관점을 적용하여 해결 방안을 모색한 사례가 나타나 있다. 공간적 관점에서는 공간 정보로 지역 간의 차이를 이해하고, 자연환경과 인문환경이 인간의 삶에 미치는 영향을 분석한다.

### 자료 ❷ 자율 주행 자동차의 윤리성 기준

- 자동차 사고로 발생할 손실을 최소화하고, 인간의 생명을 우선하도록 설계, 제작, 관리되어야 한다.
- 손실을 최소화하는 과정에서 인간을 성별, 나이, 종교 등의 개인적 차이로 차별하지 않는다.

자율 주행 자동차의 상용화를 앞두고 다양한 문제가 발생할 가능성이 높아지면서, 국토 교통부는 자율 주행 자동차와 관련하여 위와 같은 내용을 담은 윤리 지침을 발표하였다. 이 지침에서는 자율 주행 자동차가 인간의 생명을 우선하도록 설계, 제작, 관리되어야 함을 강조하였다. 즉, 자율 주행 자동차 상용화라는 사회현상에 윤리적 관점을 적용하여 사회가 나아갈 바람직한 방향을 제시한 사례이다.

---

## · 시험에서는 이렇게 ·

**공정 여행에 대한 탐구 과제**

| | |
|---|---|
| Ⓐ 과거와 현재의 여행 방식이 변화된 과정과 공정 여행이 등장한 시대적 배경 조사하기 | Ⓑ 현재 문화와 지리적 특성을 고려한 지역별 공정 여행 코스 계획하기 |
| Ⓒ 공정 여행을 장려하기 위한 국가 및 지방 자치 단체의 지원 정책 조사하기 | Ⓓ 현지 주민들의 삶과 환경을 보호하고 존중하는 여행자의 태도 알아보기 |

A는 시간적 관점, B는 공간적 관점, C는 사회적 관점, D는 윤리적 관점에서 공정한 여행을 탐구하기 위한 과제이다. 제시된 자료에서 각 탐구 과제에 해당하는 관점을 파악하는 유형으로 자주 출제된다.

### 시험 준비 길잡이

제시된 자료와 같이 사례의 도식화를 통해 인간, 사회, 환경을 보는 다양한 관점의 특징을 묻는 경우가 많아요. 시대, 역사 등은 시간적 관점, 지리, 지역 등은 공간적 관점, 제도, 정책 등은 사회적 관점, 도덕, 태도 등은 윤리적 관점을 나타내는 용어라는 점을 꼭 기억해 두세요.

### 개념 확인하기

**1** ( ) 관점은 사회 구조나 사회 제도, 정치, 경제 등의 측면에서 특정한 사회현상이 나타난 배경을 이해하고자 한다.

**2** 다음 설명이 맞으면 ○표, 틀리면 ×표를 하시오.
(1) 시간적 관점을 통해 사회의 변화 방향을 예측할 수 있다. ( )
(2) 윤리적 관점에서는 역사적 배경과 시대적 맥락에 초점을 두고 사회현상을 분석한다. ( )

**3** 다음 인간, 사회, 환경에 대한 관점에서 강조하는 요소를 〈보기〉에서 골라 기호를 쓰시오.

| 보기 | |
|---|---|
| ㄱ. 역사 | ㄴ. 지역 |
| ㄷ. 사회 제도 | ㄹ. 도덕적 가치 |

(1) 공간적 관점 ( ) (2) 사회적 관점 ( )
(3) 윤리적 관점 ( ) (4) 시간적 관점 ( )

**[01~02]** 다음 글을 읽고 물음에 답하시오.

> ㉠ 영국에는 창문을 벽돌로 채워 놓은 형태의 건물이 많은데, 이는 과거에 150년간 지속되었던 창문세 때문이다. 명예혁명으로 왕위에 오른 윌리엄 3세는 잦은 전쟁에 필요한 자금을 충당하려고 부자에게 더 많은 세금을 부과하고자 하였다. 하지만 당시에는 소득이 집계되지 않았기 때문에 누가 부자인지 정확히 알 수 없었다. 이에 ㉡ 윌리엄 3세는 부자일수록 집에 창문이 많을 것이라고 생각하여 창문의 수에 따라 세금을 부과하는 창문세를 도입하였다. 그러자 사람들은 세금을 내지 않으려고 창문을 벽돌로 채워 없애기 시작하였다.

**01** 밑줄 친 ㉠에서 사회현상을 바라보는 관점에 대한 옳은 설명만을 〈보기〉에서 있는 대로 고른 것은?

> ┤ 보기 ├
> ㄱ. 과거와 관련지어 현재의 사회현상에 의미를 부여한다.
> ㄴ. 역사적 배경과 시대적 맥락에 초점을 두고 사회현상을 분석한다.
> ㄷ. 현재의 사회현상을 도덕적 가치와 윤리적 규범을 기준으로 평가한다.
> ㄹ. 인간, 사회, 환경의 문제를 장소와 지역, 공간적 상호 작용 등에 중점을 두고 이해한다.

① ㄱ  
② ㄱ, ㄴ  
③ ㄴ, ㄷ  
④ ㄱ, ㄴ, ㄷ  
⑤ ㄴ, ㄷ, ㄹ

**02** 밑줄 친 ㉡에서 사회현상을 바라보는 관점과 관련하여 할 수 있는 질문으로 가장 적절한 것은?

① 사회 제도는 인간의 행동에 어떤 영향을 미치는가?  
② 각 지역의 생활 모습은 어떻게 다르게 나타나는가?  
③ 현재의 추세가 지속된다면 세계는 어떻게 변화할 것인가?  
④ 어떤 보편적 가치나 원칙을 중심으로 사회문제를 해결할 것인가?  
⑤ 이해관계의 상충을 해결하기 위해 필요한 도덕적 가치는 무엇인가?

**03** 중요해 다음 글을 바탕으로 보령에서 머드 축제가 시작된 배경을 설명할 때 적용할 수 있는 관점으로 가장 적절한 것은?

△ 보령 머드 축제

> 해안가에 있는 충청남도 보령시는 대천해수욕장으로 유명한데, 대천해수욕장 주변에는 긴 해안선을 따라서 고운 진흙 갯벌이 펼쳐져 있다. 보령시는 이 진흙을 활용하여 매년 여름에 머드 축제를 열고 있다. 축제 기간에는 진흙을 활용한 다양한 체험 프로그램이 운영되며, 관광객들은 머드 체험과 해수욕을 동시에 즐길 수 있다. 오늘날 보령 머드 축제는 지역 주민과 세계 각국의 관광객이 서로의 문화를 이해하고 친목을 다지는 교류의 장이 되고 있다.

① 시간적 관점  
② 공간적 관점  
③ 사회적 관점  
④ 윤리적 관점  
⑤ 통합적 관점

**04** 이 문제에서 나올 수 있는 **모든 선택지** ✓ 사례에서 갑이 패스트 패션 문제를 바라보는 관점에 대한 설명으로 가장 적절한 것은?

> 빠르게 변하는 유행에 따라 적은 비용으로 옷을 대량 생산하는 '패스트 패션'은 의류 폐기물 문제를 다룰 때 자주 언급된다. 사회학자인 갑은 패스트 패션이 어떤 나라에서 주로 생산되고 어떤 나라에서 주로 팔리는지, 또 팔리지 않은 초저가 의류는 어떤 지역 간에 어떤 경로로 처분되는지를 조사하였다.

① 사회현상을 도덕적 가치에 따라 평가하는 관점이다.  
② 장소와 지역, 공간적 상호 작용을 중시하는 관점이다.  
③ 사회 구조와 사회 제도의 영향력을 강조하는 관점이다.  
④ 사회현상을 시대적 배경과 맥락에서 이해하는 관점이다.  
⑤ 현재의 사회문제와 관련된 과거의 사례를 탐구하려는 관점이다.  
⑥ 사회가 나아가야 할 규범적 방향을 설정하는 데 유용한 관점이다.

**서술형 대비하기**

## 05 밑줄 친 부분에서 사회현상을 바라보는 관점에 따른 주장으로 가장 적절한 것은?

> 오늘날에는 기후변화나 동물권 등에 관심을 가지는 사람이 많아지면서 채식에 대한 인식이 달라졌지만, 학교에서 채식을 원하는 학생은 급식을 먹을 때마다 어려움을 겪기 쉽다. 육류 반찬을 먹지 않는 학생이 소수라고 해서 <u>채식주의자인 학생이 까다롭다는 편견이나 차별의 대상이 되어서는 안 된다.</u>

① 한 가지 사회현상에는 한 가지 관점을 적용해야 한다.
② 환경이 인간과 사회에 미치는 영향을 파악해야 한다.
③ 과거의 사실을 바탕으로 미래를 예측할 수 있어야 한다.
④ 도덕적 가치를 중심으로 인간과 사회현상을 이해해야 한다.
⑤ 인간은 사회 구조의 영향력을 벗어날 수 없음을 인식해야 한다.

## 대표 자료 링크

## 06 다음 사회현상을 다양한 관점에서 살펴보려는 탐구 과제로 적절한 것만을 〈보기〉에서 있는 대로 고른 것은?

> 국제 사회는 산업화로 오늘날과 같은 경제적 풍요를 이루었지만, 그 과정에서 다양한 환경 문제도 나타났다. 산업화 과정에서 발생한 온실가스가 오존층을 파괴하여 각종 기후 문제를 일으켰고, 이산화 탄소 배출량의 증가로 지구 온난화 등 기후변화가 심화되고 있다.

┤ 보기 ├
ㄱ. 윤리적 관점 – 인간과 자연의 관계에서 지향해야 할 가치 논의하기
ㄴ. 공간적 관점 – 기후변화 해결을 위한 국제 사회의 제도적 노력 검토하기
ㄷ. 시간적 관점 – 산업화 과정에서 시기별 이산화 탄소 농도의 변화 관찰하기
ㄹ. 사회적 관점 – 선진국과 개발 도상국 간의 이산화 탄소 배출량 차이 분석하기

① ㄱ, ㄴ     ② ㄱ, ㄷ     ③ ㄷ, ㄹ
④ ㄱ, ㄴ, ㄷ     ⑤ ㄱ, ㄷ, ㄹ

## 07 다음 글을 읽고 물음에 답하시오.

> 몽골에서는 많은 사람이 초원에서 목축업을 하며 살아간다. 따라서 가축과 함께 물과 풀을 찾아 빠르게 이동해야 하기 때문에 설치와 철거가 쉬운 이동식 가옥인 게르에서 사는 경우가 많다.

(1) 윗글에서 사회현상을 바라보는 관점을 쓰시오.

_______________________________________

(2) (1)이라고 판단한 이유를 사례와 관련지어 서술하시오.

_______________________________________

_______________________________________

## 3단계 로 완성하기

## 08 1인 가구 증가 현상을 다양한 관점에서 설명하기 위한 탐구 과제를 서술하시오.

> 〈1인 가구 증가 현상에 대한 탐구 과제〉
> (가) 우리나라의 지역별 1인 가구 분포
> (나) 정부와 지방 자치 단체의 1인 가구 지원 정책
> (다) _______________________________________
> (라) _______________________________________

**1단계** (가), (나)에서 1인 가구 증가 현상을 설명하기 위해 적용하고 있는 관점을 각각 써 보세요.

_______________________________________

**2단계** (가), (나)의 관점 외에 다른 관점을 두 가지 쓰고, 그에 따른 탐구 과제를 제시해 보세요.

_______________________________________

_______________________________________

**3단계** 1단계와 2단계에서 정리한 내용을 바탕으로 (다), (라)에 들어갈 탐구 과제를 서술해 보세요.

_______________________________________

_______________________________________

# 1등급 도전하기

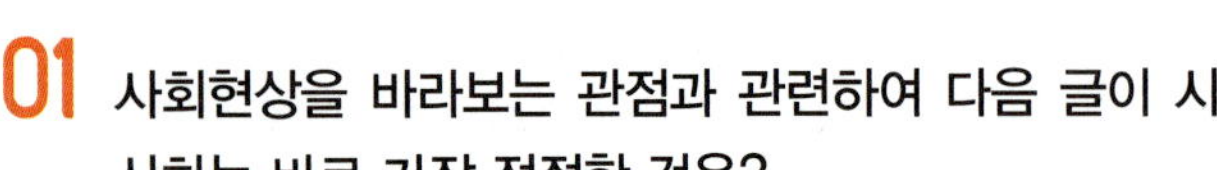

**01** 사회현상을 바라보는 관점과 관련하여 다음 글이 시사하는 바로 가장 적절한 것은?

> 일부 유럽 국가에서는 시에스타(Siesta), 즉 한낮의 더위를 피하고자 휴식을 취하는 낮잠 문화가 나타난다. 시에스타 시간은 나라마다 조금씩 다른데, 일반적으로 에스파냐에서는 오후 1시부터 4시, 이탈리아에서는 오후 1시부터 3시 30분, 그리스에서는 2시부터 4시에 이루어진다. 같은 나라에서도 시에스타 문화는 다르게 나타난다. 즉, 에스파냐의 많은 지역에서는 시에스타 시간에 상점들이 문을 닫지만, 관광업과 상업이 발달한 수도 마드리드에서는 시에스타 시간에도 영업을 한다.

① 과거의 사실을 바탕으로 현재 상황의 원인을 찾아야 한다.
② 사회 구조나 제도가 바람직한 가치를 지향하는지를 살펴보아야 한다.
③ 인간의 생활 모습은 각 지역의 자연환경과 인문환경을 고려하여 이해해야 한다.
④ 인간의 행위를 도덕적 기준에서 평가하고 바람직한 삶의 태도를 모색해야 한다.
⑤ 특정한 사회현상이 나타나게 된 배경을 사회 구조나 제도의 측면에서 이해해야 한다.

**02** 감염병 확산에 따른 혐오와 차별의 문제를 윤리적 관점에서 분석한 내용으로 가장 적절한 것은?

① 과거 역사를 보면 감염병에 대한 공포가 사회적 취약 집단에 대한 혐오로 이어진 경우가 많았다.
② 감염병 확산과 관련하여 특정 집단에 대해 편견을 가지고 차별하는 것은 인간 존엄성을 침해하는 행위이다.
③ 세계 보건 기구(WHO)는 새로운 감염병의 명칭에 사람, 동물, 지역명 등을 넣지 않는 것을 원칙으로 한다.
④ 감염병 확산에 따른 혐오와 차별 문제의 해결을 위해 세계 여러 나라에서 혐오와 차별에 대한 금지와 처벌을 명문화하려는 움직임이 나타나고 있다.
⑤ 미국에서 코로나바이러스감염증-19가 크게 유행한 시기에는 아시아인이 운영하는 상업 시설이 밀집한 지역과 그렇지 않은 지역 간에 아시아인 대상의 혐오 범죄 빈도가 큰 차이를 보였다.

**03** 창의 융합
밑줄 친 '이 관점'에서 할 수 있는 주장으로 가장 적절한 것은?

> **지식 Q&A**
> 최근 우리 사회에서 학생의 정치 참여를 확대하고 민주주의를 강화하려는 분위기가 형성되고 있는 배경을 <u>이 관점</u>을 적용하여 설명해 주세요.
>
> **답변하기**
> 「공직 선거법」 개정으로 2020년에는 선거권 연령이 19세에서 18세로 낮아졌고, 2022년에는 국회 의원 피선거권 연령도 25세에서 18세로 낮아졌습니다. 2022년에는 「정당법」도 개정되어 정당 가입 연령이 18세에서 16세로 낮아졌습니다. 이러한 변화에 따라 학교에서도 학생의 정치 활동과 관련한 출결 기준을 마련하는 등 학생의 정치 참여를 확대하고 민주주의를 강화하려는 사회적 분위기가 형성되고 있습니다.

① 도덕적 가치를 중심으로 사회현상을 성찰해야 한다.
② 사회현상은 전문가에 의해 체계적으로 연구되어야 한다.
③ 공간적 상호 작용에 중점을 두고 인간과 세상을 이해해야 한다.
④ 사회 제도가 인간의 행동과 사회에 미치는 영향을 파악해야 한다.
⑤ 복잡한 사회현상을 어느 한 가지 관점에서만 바라보아서는 안 된다.

**04** 다음 글에 나타난 사회현상을 이해하기 위해 윤리적 관점에서 제기할 수 있는 질문으로 가장 적절한 것은?

> '자신만의 시간을 보내려고', '눈치 보지 않고 느긋하게 식사를 즐기고 싶어서', '매번 식사 약속을 잡는 것이 번거로워서' 등 다양한 이유로 혼자서 밥을 먹는 사람이 증가하고 있다.

① 혼밥 문화가 언제부터 시작되었나요?
② 혼밥 문화가 가장 활성화된 지역은 어디인가요?
③ 혼밥 문화는 다른 나라에서도 찾아볼 수 있나요?
④ 혼밥 문화와 1인 가구 증가는 어떤 관계가 있나요?
⑤ 혼밥 문화의 확산은 사회가 나아갈 바람직한 방향인가요?

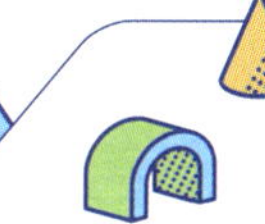

# 수능 준비하기

## 01



교육청 기출 | 응용  지리 + 사회

공정 여행과 관련하여 교사가 제시한 A, B 관점에서 탐구할 수 있는 과제로 적절한 것만을 〈보기〉에서 고른 것은?

> **A:** 사회현상을 시간의 흐름 속에서 이해하는 관점
> **B:** 위치와 장소 등의 공간적 맥락을 중시하는 관점

| 보기 |

ㄱ. A: 공정 여행이 등장한 시대적 배경 조사하기
ㄴ. A: 현지 주민들의 삶과 환경을 보호하고 존중하는 여행자의 태도 알아보기
ㄷ. B: 현지 문화와 지리적 특성을 고려한 지역별 공정 여행 코스 계획하기
ㄹ. B: 공정 여행을 장려하기 위한 국가 및 지방 자치 단체의 지원 정책 조사하기

① ㄱ, ㄴ   ② ㄱ, ㄷ   ③ ㄴ, ㄷ   ④ ㄴ, ㄹ   ⑤ ㄷ, ㄹ

### ❖ 수능 만점 한끝

A 관점과 B 관점이 강조하는 내용에 주목하여 각각 어떤 관점인지 파악한 후, 관점에 따른 탐구 과제의 적절성을 판단한다.

### • 이렇게도 출제될 수 있어요!

한 가지 사회현상과 관련하여 다양한 관점에 따른 탐구 과제를 제시하고, 각 관점의 특징과 필요성 등을 묻는 유형의 문제가 출제될 수 있어요.

## 02



교육청 기출

밑줄 친 ㉠, ㉡의 관점에서 이루어질 수 있는 활동으로 가장 적절한 것은?

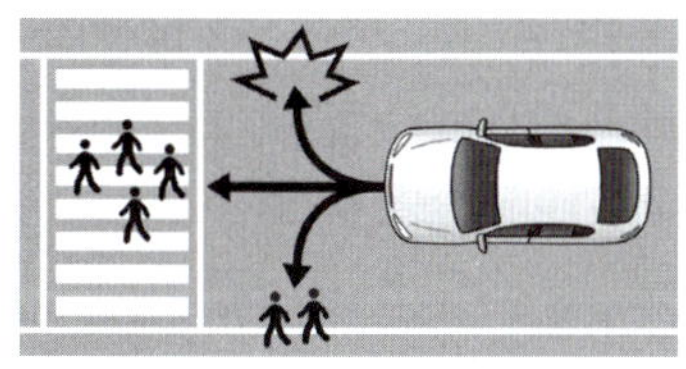

과학기술의 발달로 새롭게 등장한 현대 사회의 문제들을 해결하기 위해서는 다양한 관점에서 총체적 접근이 필요하다. 예를 들어 '자율 주행 자동차의 주행 시스템은 돌발 상황에서 차량 탑승자와 보행자 중 누구를 보호하도록 설계되는 것이 바람직한가?'라는 쟁점이 생길 수 있다. 이를 해결하기 위해서는 무엇보다 ㉠ 윤리적 관점과 ㉡ 사회적 관점의 접근이 요구된다.

① ㉠: 지역별, 연도별 자율 주행 자동차의 구입 현황 비교하기
② ㉠: 자율 주행 자동차가 주행하기 어려운 공간적 특징 분석하기
③ ㉡: 자동차의 역사적 발전 과정을 분석하여 미래 자동차의 모습 예측하기
④ ㉡: 자율 주행 자동차에 적합한 교통 제도를 수립하고 제도의 변화가 사회에 미칠 영향 예측하기
⑤ ㉠, ㉡: 기후와 지리적 환경이 자율 주행 자동차의 운행에 미치는 영향 탐구하기

### ❖ 수능 만점 한끝

제시된 자율 주행 자동차 문제의 해결 방안에 윤리적 관점과 사회적 관점에서 각각 강조하는 개념이 포함되어 있는지를 확인한다.

### • 문제의 핵심

| 윤리적 관점 | 도덕적 가치와 윤리적 규범에 따른 평가 강조 |
| --- | --- |
| 사회적 관점 | 사회 구조나 사회 제도의 영향 강조 |

# 02 인간, 사회, 환경을 바라보는 통합적 관점



## 한끝 더하기

**❶ 오늘날 사회현상의 특징**
여러 가지 요인들이 복잡하게 얽혀 있기 때문에 서로 다른 요인이 어떻게 상호 작용을 하고, 또 얼마나 영향을 미치는지 파악하기가 쉽지 않다. 따라서 사회현상을 한 관점에서만 바라보면 문제와 관련된 다양한 요인을 놓치기 쉽고, 그에 관한 해결책도 일방적일 수밖에 없다.

**❷ 파리 기후 협정**
2015년 12월 12일 국제 연합 기후변화 협약(UNFCC) 당사국 총회에서 채택된 국제 협약으로, 산업화 이전 수준 대비 지구 평균 온도가 2℃ 이상 상승하지 않도록 온실가스 배출량을 단계적으로 감축하는 내용을 담고 있다.

**❸ 온실가스**
이산화 탄소, 메탄 등 지구의 대기를 오염시켜 지구 온난화를 일으키는 대기 중의 가스를 통틀어 이르는 말

**❹ 기후 약자**
기후변화에 취약하여 기후변화에 따른 재난 과정뿐만 아니라 복구, 예방 등 모든 부문에서 어려움을 겪는 노인, 장애인, 저소득층 등을 말한다.

## 1 통합적 관점의 의미와 필요성 （자료 ❶）

### 1. 통합적 관점의 의미

(1) 시간적 관점, 공간적 관점, 사회적 관점, 윤리적 관점 등을 종합적으로 고려하는 관점

(2) 인간과 사회를 역사적 배경과 시대적 맥락, 장소와 지역 및 공간적 상호 작용, 사회 구조와 제도의 영향력, 도덕적 가치와 윤리적 규범 등을 함께 고려하여 이해하는 관점

### 2. 통합적 관점의 필요성 （자료 ❷）

(1) **정확한 이해**: 현대 사회의 불확실하고 복잡한 사회현상❶을 정확하게 이해할 수 있음

(2) **해결책 제시**: 문제에 관한 근본적인 해결책을 찾을 수 있음

(3) **통찰력 배양**: 인간과 사회에 대한 깊이 있는 통찰 → 개인의 삶의 질 향상, 사회 발전

## 2 통합적 관점의 적용 （대표 자료）

### 1. 탐구 주제 선정
일상에서 경험하는 사회현상 중 통합적 관점이 필요한 사례를 탐구 주제로 선정함 → 예 세계의 기후변화 현상을 탐구 주제로 선정함

### 2. 탐구 계획 수립
관점별로 탐구 질문을 만들고, 질문에 답하기 위한 자료 수집 계획을 세움

(1) **탐구 질문 작성** 예

| | |
|---|---|
| 시간적 관점 | 이산화 탄소 배출량은 어떻게 변화해 왔을까? |
| 공간적 관점 | 세계의 이상 기후 분포 현황은 어떻게 나타나고 있을까? |
| 사회적 관점 | 세계는 기후변화에 대응하기 위해 어떤 제도적 노력을 하고 있을까? |
| 윤리적 관점 | 기후변화는 인권과 평등에 어떤 영향을 미치고 있을까? |

(2) **자료 수집 계획**: 도서관 또는 인터넷에서 관련 자료를 수집함

### 3. 자료 수집 및 분석
자료를 수집하여 분석한 후, 통합적 관점에서 내용을 종합함

| | |
|---|---|
| 시간적 관점 | 대기 중 이산화 탄소 농도 증가율 추이를 수집함 → 산업 혁명 이후 이산화 탄소 농도가 25% 증가하는 데 약 200년이 걸렸지만, 50% 증가에는 약 35년밖에 걸리지 않았음을 확인함 |
| 공간적 관점 | 2022년 세계 이상 기후 발생 현황에 대한 지도 자료를 수집함 → 2022년 7월 지구촌 곳곳에서 이상 기후 현상이 나타나고 있음을 확인함 |
| 사회적 관점 | 파리 기후 협정❷ 목표 달성 수준 자료를 수집함 → 2015년 체결한 파리 기후 협정에서 제시한 온실가스❸ 감축 목표에 대부분의 국가가 미달했음을 확인함 |
| 윤리적 관점 | 기후변화에 따른 사망자와 경제적 손실 자료를 수집함 → 사망자와 경제적 손실이 개발 도상국에 집중되어 기후 약자❹에 대한 인권 문제가 대두되고 불평등이 심화됨 |

↓

**통합적 관점**

- 대기 중 이산화 탄소 농도의 증가 속도가 점점 더 빨라지고 있음
- 지구 곳곳에서 예측하기 힘든 자연재해가 빈번하게 일어나고 있음
- 파리 기후 협정에서 설정한 온실가스 감축 목표 달성 수준이 미흡함
- 극단적인 기상 현상이 개발 도상국 등과 같은 기후 약자를 향하면서 빈곤과 불평등이 심화되고 있음

### 4. 해결 방안 모색
다양한 해결 방안 중 가장 적절한 대안을 선택함 → 이산화 탄소를 줄이기 위한 각국의 노력 강화, 개발 도상국의 기후변화 대처를 위한 기술 지원 등

**· 대표 자료 ·** 통합적 관점의 적용(예 감염병 대응 방안 마련) → 문제 해결력 및 의사 결정력

| 탐구 주제 선정 및 탐구 계획 수립 |
| --- |
| 감염병 대응 방안 마련을 탐구 주제로 정하고, 구체적인 탐구 계획 수립 |

↓

| 다양한 관점에서 자료 수집 | |
| --- | --- |
| 시간적 관점 | 공간적 관점 |
| 과거의 감염병 유행 사례 수집 | 감염병 확산 지역과 확산 경로 파악 |
| 사회적 관점 | 윤리적 관점 |
| 감염병 대응과 관련한 의료 지원 체계 확인 | 감염병 확인 과정에서 존엄성 침해 우려 확인 |

↓

| 자료의 비교·분석 및 자료 간 상호 연관성 파악 |
| --- |
| 관점별로 수집한 감염병 대응 관련 자료를 비교 및 분석한 후 자료 간 관계 파악 |

↓

| 통합적 관점에서 문제 해결 |
| --- |
| 시간적, 공간적, 사회적, 윤리적 관점을 통합하여 최적의 감염병 대응 방안 마련 |

**· 시험에서는 이렇게 ·**

> 인간을 둘러싸고 발생하는 사회현상에는 다양한 요인이 영향을 주고 있다. 그러므로 사회현상을 탐구할 때에는 시간적, 공간적, 사회적, 윤리적 관점을 활용하여 통합적으로 살펴보아야 한다.

제시된 자료에는 통합적 관점의 필요성이 나타나 있다. 글의 내용을 바탕으로 통합적 관점에 부합하는 진술을 골라낼 수 있는지 묻는 형태로 출제되었다.

**· 시험 준비 길잡이 ·**

제시된 자료와 같이 통합적 관점에 대한 글을 주고, 통합적 관점에 대한 옳은 설명을 고르는 문제가 출제될 수 있어요. 통합적 관점에서는 사회현상의 복잡성, 종합적 이해의 필요성 등을 강조한다는 점을 꼭 기억해 두세요.

### 자료 ① 통합적 관점의 필요성

> 옛날 어떤 왕이 코끼리를 한 마리 끌고 와서 눈이 보이지 않는 사람들에게 만져 보게 한 후 그들이 만진 것이 무엇과 비슷한지 물었다. 코끼리의 상아를 만진 사람은 무와 같다고 하였고, 다리를 만진 사람은 절구와 같다고 하였으며, 꼬리를 만진 사람은 새끼줄 같다고 하였다. 이 말을 들은 왕은 "각자의 말은 완전하게 틀리지도 않았지만 코끼리를 정확하게 설명하였다고도 할 수 없다."라고 하였다.

특정 관점으로만 사회현상을 바라보면 불완전하고 부정확한 결론에 이르게 되며, 창의적이고 혁신적인 해결 방안을 마련하기가 어려워진다. 사회현상을 통합적 관점에서 바라보면 그 이면에 있는 다양하고 복잡한 문제를 파악할 수 있으며, 근본적인 수준에서 다각적인 해결 방안을 찾을 수 있다.

### 자료 ② 교통 체증의 해결과 통합적 관점

> ○○시에서는 오랫동안 심각한 교통 체증이 나타나고 있다. 교통 체증의 주요 원인은 인근 지역의 과도한 개발과 인구 밀집이고, 이를 근본적으로 해결하기 위해서는 국가 차원에서 오랜 기간 도시 계획을 검토하고 균형 개발을 추구해야 한다. 이런 상황에서 ○○시는 도로를 확장하고 교통 신호 체계를 개선하는 정책을 수립하였지만, 교통 체증은 여전히 해소되지 않았다.

제시된 사례에서 ○○시가 교통 체증 문제를 근본적으로 해결하기 위해서는 시간적 관점, 공간적 관점, 사회적 관점, 윤리적 관점 등을 종합하여 통합적 관점에서 해결 방안을 모색해야 한다. 하지만 ○○시는 도시의 인구 증가와 교통 수요를 고려하지 않고 사회적 관점만을 고려하여 단기적 해결책을 실시하는 데 그쳤기 때문에 도로를 넓혔는데도 교통 체증 문제가 해결되지 않았다.

### 개념 확인하기

**1** 역사적 배경과 시대적 맥락, 장소와 지역 및 공간적 상호 작용, 사회 구조와 사회 제도의 영향력, 도덕적 가치와 윤리적 규범 등을 함께 고려하는 관점은 (　　　) 관점이다.

**2** 다음 설명이 맞으면 ○표, 틀리면 ×표를 하시오.

(1) 우리 주변에서 일어나는 사회현상은 다양하고 복잡하다. (　　)

(2) 어떤 사회현상에 통합적 관점을 적용하여 탐구할 때 가장 먼저 해야 하는 일은 다양한 관점에서 관련 자료를 수집하는 일이다. (　　)

**3** 우리나라 고령화 현상의 대처 방안을 통합적 관점에서 모색할 때 각 관점에서 수집할 수 있는 자료를 〈보기〉에서 골라 기호를 쓰시오.

| 보기 |
| --- |
| ㄱ. 노년층 인구 비율 추이<br>ㄴ. 노인 우대 정책의 종류<br>ㄷ. 농촌과 도시의 노년층 인구 비율<br>ㄹ. 노부모 부양에 대한 책임 의식 약화 |

(1) 시간적 관점 (　　) (2) 공간적 관점 (　　)

(3) 사회적 관점 (　　) (4) 윤리적 관점 (　　)

## [01~02] 대화를 보고 물음에 답하시오.

**이 문제에서 나올 수 있는 모든 선택지 ✓**

**01** 갑의 관점에서 할 수 있는 질문으로 가장 적절한 것은?

① 최초의 교가는 언제 등장하였는가?
② 교가의 내용 중에 성차별적 표현이 있는가?
③ 교가는 어떤 행정적 절차를 거쳐 제정되는가?
④ 교가에는 그 지역의 생활 모습이 어떻게 표현되어 있을까?
⑤ 교가의 내용을 이루는 역사적 사건에는 어떤 것이 있을까?
⑥ 옛날의 교가와 오늘날의 교가는 어떤 공통점과 차이점이 있을까?

**02** 을의 관점에 대한 설명으로 옳은 것은?

① 어떤 현상이나 사건의 시대적 배경을 살펴본다.
② 사회 구조 및 제도의 측면에서 분석하고 대안을 살펴본다.
③ 과거를 돌아봄으로써 현재 나타나고 있는 현상이나 문제를 이해한다.
④ 현상이 나타나는 위치와 장소, 현상의 분포 규칙과 이동 등을 살펴본다.
⑤ 도덕적 가치와 윤리 규범을 바탕으로 사회현상을 해석하고 문제점을 찾아 바람직한 삶의 모습을 살펴본다.

**03** 공유 경제 현상과 관련하여 (가)~(라)의 질문에 나타난 관점에 대한 설명으로 옳은 것은?

> (가) 공유 경제 현상은 언제부터 발달했는가?
> (나) 도시와 촌락에 따라 공유하는 물품에 차이가 있는가?
> (다) 공유 경제의 등장에 영향을 준 사회현상은 무엇인가?
> (라) 물품을 공유할 때 인간의 이기심이 문제가 되지는 않는가?

* 공유 경제: 재화나 공간, 경험과 재능을 다수의 개인이 협업을 통해 다른 사람에게 빌려주고 나눠 쓰는 온라인 기반의 개방형 비즈니스 모델

① (가)는 공유 경제가 어떤 가치를 지향해야 하는지를 살펴본다.
② (나)는 시대적 맥락을 토대로 공유 경제의 추이를 살펴보고자 한다.
③ (다)는 지역 간의 차이와 환경의 영향을 이해하는 데 도움을 준다.
④ (라)는 어떤 행위가 도덕적 행위인지를 알도록 한다.
⑤ 공유 경제 현상을 깊이 있게 통찰하려면 (가)~(라) 중 한 가지 관점에만 집중해야 한다.

**중요해 ★**

**04** 다음 글을 읽고 내릴 수 있는 결론으로 가장 적절한 것은?

> 지역 축제의 경우 어떤 지역에서는 매우 활발하게 운영되지만, 어떤 지역에서는 금방 중단되기도 한다. 그 원인은 해당 지역의 자연환경 또는 인문환경의 특징, 축제에 대한 사람들의 선호, 지역의 지원 정책 등 다양한 요인이 얽혀 있어서 파악하기가 쉽지 않다.

① 특정 관점에 집중하여 문제의 원인을 파악하라.
② 공간적 관점을 중심으로 문제의 원인을 파악하라.
③ 다양한 관점을 종합하여 문제의 원인을 파악하라.
④ 특정 분야의 전문가에게 문제의 원인 파악을 맡겨라.
⑤ 가치 판단을 배제하고 사실 판단만으로 문제에 접근하라.

**서술형 대비하기**

**대표 자료 링크**

**05** 다음 토론에 대한 옳은 설명만을 〈보기〉에서 있는 대로 고른 것은?

> - 진행자: 감염병 대응 방안을 마련하기 위해 각계각층의 전문가를 모셨습니다.
> - 갑: 감염병 확산 지역과 확산 경로를 파악하여 의료 자원을 배분해야 합니다.
> - 을: 과거의 감염병 유행 사례를 분석하여 효과적인 대응 방안을 찾아야 합니다.
> - 병: 감염병 대응과 관련한 법률을 정비하고 지방 자치 단체와 유기적인 협조 체계를 구축해야 합니다.
> - 정: 감염병 확산 방지를 위해 개인 정보를 수집하는 과정에서 개인의 사생활을 지나치게 간섭하는 방식은 자제해야 합니다.

┤ 보기 ├
- ㄱ. 갑의 설명에는 시간적 관점이 적용되어 있다.
- ㄴ. 을은 공간적 관점의 필요성을 제시하고 있다.
- ㄷ. 병은 사회적 관점을 적용하여 감염병 문제의 대응 방안을 제시하고 있다.
- ㄹ. 정의 관점이 반영되지 않으면 인간의 존엄성이라는 가치를 침해하는 문제를 야기할 수 있다.
- ㅁ. 갑과 을의 입장을 반영하면 통합적 관점에서 감염병 대응 방안을 마련할 수 있다.

① ㄱ, ㄴ
② ㄴ, ㅁ
③ ㄷ, ㄹ
④ ㄱ, ㄷ, ㅁ
⑤ ㄴ, ㄷ, ㄹ

**이 문제에서 나올 수 있는 모든 선택지 ✓**

**06** 인권 문제를 통합적 관점에서 탐구할 때 조사할 내용으로 적절하지 않은 것은?

① 지역별 아동 강제 노동 현황
② 인권 확장의 역사적 전개 과정
③ 이주 노동자의 인권 구제 제도
④ 인권을 보장하고 있는 헌법 규정
⑤ 해양 생물 보호를 위한 제도적 노력
⑥ 시기별로 새롭게 등장한 인권의 유형
⑦ 인권 침해가 인간의 존엄성을 침해하는가의 검토

**07** 다음 글을 읽고 물음에 답하시오.

> 우리는 인간과 사회를 역사적 배경과 시대적 맥락, 장소와 지역 및 공간적 상호 작용, 사회 구조와 사회 제도의 영향력, 도덕적 가치와 윤리적 규범을 함께 고려하여 탐구해야 한다.

(1) 윗글에서 강조하는 관점을 쓰시오.

_______________________________________

(2) (1)의 필요성을 두 가지 이상 서술하시오.

_______________________________________
_______________________________________

**3단계 로 완성하기**

**08** (가)~(다)는 고등학생 갑이 아동 노동 문제와 관련하여 다양한 관점에서 탐구한 내용이다. 갑의 탐구가 지니는 한계와 그 해결 방안을 서술하시오.

> (가) 연도별 아동 노동 비율 변화
> (나) 국가별 아동 노동 비율 분포
> (다) 아동 노동과 인권 침해의 관계

**1단계** (가)~(다)와 관련된 관점을 각각 써 보세요.

_______________________________________

**2단계** (가)~(다)에 포함되지 않은 관점을 중심으로 갑의 탐구가 지니는 한계를 추론해 보세요.

_______________________________________

**3단계** 2단계에서 추론한 한계를 해결하기 위한 방안을 서술해 보세요.

_______________________________________
_______________________________________

# 1등급 도전하기 

**01** 형사 미성년자의 연령 하향과 관련하여 밑줄 친 부분에 나타난 관점에서 할 수 있는 질문으로 가장 적절한 것은?

> 우리나라 형법은 14세가 되지 않은 어린이나 청소년을 '형사 미성년자'로 규정하여 범죄를 저질러도 형사 처벌을 할 수 없게 되어 있다. 그러나 최근 소년 범죄가 증가하면서 소년 범죄에 대한 처벌을 강화해야 한다는 국민적 요구가 높아지고 있다. 이에 따라 정부는 관련 법률을 개정하여 형사 미성년자의 나이를 13세 미만으로 낮추는 방안을 고려하고 있다.

① 우리가 살아가는 공간의 특징은 무엇인가?
② 법, 제도, 정책 등이 인간의 삶에 어떤 영향을 미치는가?
③ 이 추세대로라면 우리가 사는 세계는 어떻게 변화할 것인가?
④ 특정 현상이나 문제가 과거부터 현재까지 어떻게 변화해 왔는가?
⑤ 어떤 보편적 가치나 원칙을 중심으로 사회문제를 해결할 것인가?

**02** 통합적 관점을 적용하여 쓰레기 매립지를 둘러싼 지역 갈등의 해결 방안을 마련하는 과정을 순서대로 옳게 나열한 것은?

> (가) 시간적, 공간적, 사회적, 윤리적 관점에서 쓰레기 매립지 관련 갈등에 대한 자료를 수집한다.
> (나) '쓰레기 매립지 관련 갈등의 해결 방안 마련'을 탐구 주제로 정하고, 구체적인 탐구 계획을 수립한다.
> (다) 관점별로 수집한 쓰레기 매립지 관련 갈등에 대한 자료를 비교 및 분석한 후 자료 간의 관계를 파악한다.
> (라) 시간적, 공간적, 사회적, 윤리적 관점을 통합하여 쓰레기 매립지 갈등을 해결하기 위한 최적의 방안을 마련한다.

① (가) - (나) - (다) - (라)
② (가) - (다) - (라) - (나)
③ (나) - (가) - (다) - (라)
④ (다) - (가) - (나) - (라)
⑤ (라) - (가) - (나) - (다)

**03** (창의 융합) (가)~(라)에 대한 옳은 설명만을 〈보기〉에서 고른 것은?

> · **토론 주제:** 지구촌 기후 위기에 어떻게 대응할 것인가?
> · **토론 주제의 이해를 위한 소주제**

| 관점 | 각 관점을 적용하여 선정한 소주제 |
| --- | --- |
| (가) | 국가별 이산화 탄소의 배출량은 어떻게 분포되어 있는가? |
| (나) | 기후 위기에 대처하기 위한 국제적인 협약의 내용은 무엇인가? |
| (다) | 과거부터 현재까지 지구의 표면 온도는 어떻게 변화되어 왔는가? |
| (라) | 인류가 성장이라는 가치에서 벗어나 환경, 평등, 정의 등의 가치를 중시할 필요가 있는가? |

* 단, (가)~(라)는 각각 시간적 관점, 공간적 관점, 사회적 관점, 윤리적 관점 중 하나임.

┤ 보기 ├
ㄱ. (다)는 과거와 현재의 관계를 파악하고 미래의 방향을 예측하려는 특징을 지닌다.
ㄴ. (라)를 적용하면 인류가 나아갈 올바른 방향과 문제 해결을 위한 도덕적 원칙을 찾을 수 있다.
ㄷ. (가)는 공간적 관점, (나)는 시간적 관점, (다)는 사회적 관점, (라)는 윤리적 관점이다.
ㄹ. (가)는 위치와 장소, (나)는 사회 구조와 사회 제도, (다)는 자연환경과 인문환경, (라)는 도덕 규범을 중시한다.

① ㄱ, ㄴ
② ㄱ, ㄷ
③ ㄴ, ㄷ
④ ㄴ, ㄹ
⑤ ㄷ, ㄹ

**04** 반려동물을 통합적 관점에서 바라보기 위한 활동으로 적절한 것만을 〈보기〉에서 있는 대로 고른 것은?

┤ 보기 ├
ㄱ. 공간적 관점에서 반려동물과 관련된 법률을 조사한다.
ㄴ. 윤리적 관점에서 반려동물을 가족으로 보는지에 대한 인식을 조사한다.
ㄷ. 사회적 관점에서 반려동물을 기르는 가구의 지역별 분포 현황을 조사한다.
ㄹ. 시간적 관점에서 인간과 함께 생활하는 반려동물이 언제부터 나타났는지 조사한다.

① ㄱ, ㄴ
② ㄱ, ㄷ
③ ㄴ, ㄹ
④ ㄱ, ㄴ, ㄷ
⑤ ㄴ, ㄷ, ㄹ

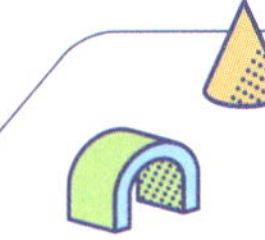

# 수능 준비하기





**교육청 기출**

## 01 ㉠에 들어갈 적절한 진술만을 〈보기〉에서 고른 것은?

> 옛날 어느 왕이 코끼리 한 마리를 몰고 와 눈이 안 보이는 사람들을 불러 코끼리를 만져 보게 한 뒤 이에 대해 설명하도록 하였습니다. 코끼리의 상아를 만진 사람은 무와 같다고 하였고, 꼬리를 만진 사람은 새끼줄과 같다고 하였습니다. 이 이야기는 코끼리의 부분만을 만져 보고 정확한 코끼리의 모습을 알 수 없다는 것을 보여 주고 있습니다. 사회현상에 대한 이해 역시 마찬가지입니다. 복잡한 사회현상을 제대로 이해하기 위해서는         ㉠        

**⊣ 보기 ⊢**

- ㄱ. 다양한 관점에서의 통합적 접근이 요구됩니다.
- ㄴ. 각 학문 간의 고유한 경계를 엄격하게 구분해야 합니다.
- ㄷ. 인간과 사회 및 환경에 대한 종합적 이해가 필요합니다.
- ㄹ. 한 영역의 지식만으로 모든 사회현상에 접근해야 합니다.

① ㄱ, ㄴ     ② ㄱ, ㄷ     ③ ㄴ, ㄷ     ④ ㄴ, ㄹ     ⑤ ㄷ, ㄹ

**➕ 수능 만점 한끝**

제시된 글에서 통합적 관점의 필요성을 설명한다는 점을 파악하고, 통합적 접근, 종합적 이해 등 통합적 관점에서 강조하는 바를 주장하는 진술을 골라낸다.

**이렇게도 출제될 수 있어요!**

제시된 글에서와 같이 통합적 관점이 부족한 사례를 주고 사회현상을 보는 관점의 한계나 그 해결 방안을 묻는 문제가 출제될 수 있어요.

---



**교육청 기출**

## 02 다음은 (가)~(라) 관점에서 '축구'와 관련된 탐구 활동을 선정한 것이다. 이에 대한 설명으로 가장 적절한 것은? (단, (가)~(라)는 각각 공간적, 사회적, 시간적, 윤리적 관점 중 하나이다.)

**(가)** 프로 축구 선수가 소속팀을 옮길 때 지켜야 할 법 제도에는 무엇이 있는지 탐구하기

**(나)** 현대 축구의 기원과 관련된 문헌을 살피고 축구의 발전 과정을 시기 순서대로 정리하기

탐구 대상
축구

**(다)** 축구공 생산 과정에서 발생하는 아동 노동 착취를 인권 보호의 측면에서 비판하기

**(라)** 겨울에 축구 리그를 운영하는 국가를 지도에 표시하고 기후와 연결하여 이유를 생각하기

① (가)는 사회현상을 시간의 흐름 속에서 파악하는 관점이다.
② (나)는 사회가 지향해야 할 가치와 규범을 살펴보는 관점이다.
③ (다)는 어떤 현상이 있기까지의 시대적 배경과 맥락을 살펴보는 관점이다.
④ (라)는 사회현상을 위치와 장소, 분포 등 공간적 맥락에서 살펴보는 관점이다.
⑤ 통합적 관점은 사회현상을 (가)~(라) 중 어느 한 관점에서만 탐구하는 것이다.

**➕ 수능 만점 한끝**

관점별로 중시하는 개념을 기준으로 제시된 탐구 활동과 관련된 관점을 파악하고, 각 관점에 대한 설명의 옳고 그름을 판단한다.

**문제의 핵심**

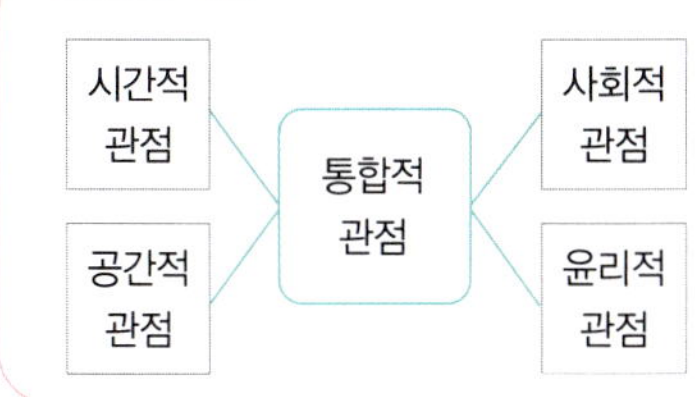

## 01

다음 글에서 인공지능 문제를 바라보는 관점에 대한 설명으로 옳은 것만을 〈보기〉에서 고른 것은?

> 2016년에 미국에서 개발된 챗봇이 백인 우월주의 및 여성 혐오 내용을 학습하면서 출시한 지 16시간 만에 서비스가 중단되었고, 2018년에는 미국의 인터넷 종합 쇼핑몰이 개발한 인공지능 기반의 채용 시스템이 여성들을 불리하게 대우한 것이 알려져 문제가 되기도 하였다. 인공지능은 인간이 축적해 온 데이터를 학습하기 때문에 특정 사회의 편향적 사고가 반영된다. 인공지능의 영향력이 점점 더 커지고 있는 상황에서 여러 정보 통신 기업에서는 인공지능이 사회 문화적 차별과 편견을 학습하여 재생산하는 문제를 해결하고 평등하고 착한 인공지능을 실현하기 위한 규범을 정립하는 추세에 있다.

┤ 보기 ├
ㄱ. 인공지능을 윤리적 관점에서 바라보고 있다.
ㄴ. 국가별 환경이 인공지능의 발달 정도에 미치는 영향을 중시하고 있다.
ㄷ. 인공지능을 활용한 사회 제도가 우리 사회에 미치는 영향을 중시하고 있다.
ㄹ. 보편적 가치를 기준으로 인공지능의 정보를 정제해야 할 필요가 있다고 생각할 것이다.

① ㄱ, ㄴ  　　② ㄱ, ㄹ  　　③ ㄴ, ㄷ
④ ㄴ, ㄹ  　　⑤ ㄷ, ㄹ

## 02

사례에서 교통 약자의 이동 편의 증진을 위해 강조하고 있는 관점은?

> 국토 교통부는 2023년부터 「교통 약자의 이동 편의 증진법」 시행령과 시행 규칙 개정안을 시행한다고 밝혔다. 이 법은 노선버스 차량 교체 시 저상 버스 도입 의무 대상과 예외 승인 절차 등을 규정하고 있다. 이 법에 따라 노후화된 시내·마을버스와 농어촌 버스를 새로운 차량으로 교체할 때는 저상 버스를 의무적으로 도입해야 한다.

① 시간적 관점  　② 공간적 관점  　③ 사회적 관점
④ 윤리적 관점  　⑤ 개인적 관점

## 03

비혼 문화를 바라보는 관점과 관련하여 다음 자료에 대한 평가로 가장 적절한 것은?

> 최근 우리 사회에서는 결혼 인구가 줄어들고 있다. 20~30대를 중심으로 결혼하지 않는 인구가 증가하면서 비혼 문화가 나타나고 있다. 통계청 조사에 따르면, 결혼을 하지 않는 이유가 결혼 자금 부족, 결혼 필요성 못 느낌, 출산·양육 부담, 고용 상태 불안정, 결혼 상대 못 만남 등의 순으로 나타났다. ㉠ 일부 전문가는 이 중 출산·양육 부담과 관련하여 경쟁적 사회 구조가 사교육비 부담을 크게 늘려 양육비 증가로 이어졌다고 분석하였다.

① 윤리적 관점만 반영되어 있고 사회적 관점은 간과하였다.
② 시간적 측면과 공간적 측면이 함께 고려된 관점을 반영하고 있다.
③ 사회적 관점으로 이해해야 할 사안에 대해 윤리적 관점으로 접근하고 있다.
④ 개인의 선택과 관련된 자료이므로 사회의 전체적인 변화 방향을 예측하기는 어렵다.
⑤ ㉠의 전문가는 비혼 문화의 확산과 관련하여 관련 제도의 변화를 대응 방안으로 제시할 가능성이 높다.

## 04

밑줄 친 ㉠~㉣을 고려하지 않을 경우 발생할 수 있는 문제를 옳게 연결한 것만을 〈보기〉에서 고른 것은?

> 도시 계획에 따른 철도 노선 신설 과정에서는 ㉠ 시간적 관점, ㉡ 공간적 관점, ㉢ 사회적 관점, ㉣ 윤리적 관점을 모두 고려해야 한다.

┤ 보기 ├
ㄱ. ㉠ – 과거의 실패 사례를 놓칠 수 있다.
ㄴ. ㉡ – 필요한 지역에 신설되지 못할 수 있다.
ㄷ. ㉢ – 미래 세대의 건강과 생명을 침해할 수 있다.
ㄹ. ㉣ – 관련 제도의 미비로 계획이 지연될 수 있다.

① ㄱ, ㄴ  　　② ㄱ, ㄷ  　　③ ㄴ, ㄷ
④ ㄴ, ㄹ  　　⑤ ㄷ, ㄹ

## 05 밑줄 친 자료에서 식량 위기를 바라보는 관점에 대한 설명으로 가장 적절한 것은?

> 「2022 세계 식량 위기 보고서」에 따르면 식량 위기의 주된 원인은 분쟁 또는 정치적·사회적 불안정으로 나타났다. 2021년 기준으로 식량 위기 '이상'에 처한 53개국 1억 9,280만 명 중 대다수인 1억 3,910만 명이 이러한 원인 때문에 식량 위기에 놓여 있다. 경제적 충격으로 식량 위기를 겪고 있는 인구도 21개국 3,020만 명에 달하였다.

① 공간별로 사회현상이 왜 다른지 살펴본다.
② 사회현상과 관련된 과거와 현재를 비교한다.
③ 역사적 사실에 근거하여 사회현상을 살펴본다.
④ 사회가 나아가야 할 규범적 방향을 설정하고자 한다.
⑤ 사회 구조와의 관련성 속에서 사회현상을 이해한다.

## 06 교사가 제시한 관점에 맞게 탐구 활동 계획을 세운 모둠만을 〈보기〉에서 있는 대로 고른 것은?

┤ 보기 ├
ㄱ. A 모둠: 시대별 자동차 등록 대수 조사하기
ㄴ. B 모둠: 다른 사람에 대한 양보 운전 의식 조사하기
ㄷ. C 모둠: 우리 지역과 다른 지역의 인구 밀도 비교하기
ㄹ. D 모둠: 대중교통 체제와 교통 법규의 문제점 파악하기

① ㄱ, ㄴ　　　② ㄱ, ㄷ　　　③ ㄴ, ㄹ
④ ㄱ, ㄴ, ㄷ　　　⑤ ㄴ, ㄷ, ㄹ

## 07 +단원 통합 밑줄 친 ㉠을 바탕으로 〈사례〉와 관련한 내용을 탐구하고자 한다. 탐구 질문으로 가장 적절한 것은?

> 세상을 바라보는 관점에는 시간적, 공간적, 사회적, 윤리적 관점이 있다. 이들 네 가지 중 ㉠ ○○적 관점에서는 어떠한 사회현상과 사회문제의 원인과 배경, 영향 등을 파악하기 위해 그와 관련된 사회 구조 및 제도의 내용과 특성을 살펴본다.

> 〈사례〉
> 2023년 우리나라의 출생아 수는 23만 명으로 8년 전인 2015년의 절반 수준으로 감소하였다. 합계 출산율은 0.72명으로 이미 경제 협력 개발 기구(OECD) 국가 중 가장 낮지만, 앞으로 더욱 낮아질 전망이다. 2020년부터 인구 자연 감소가 시작되면서 국가적 비상사태에 직면할 우려가 커졌다.

① 우리나라의 인구 구조는 시대별로 어떻게 변해 왔을까?
② 저출생 현상이 가장 심각한 지역은 어디이고 그 까닭은 무엇일까?
③ 저출생 현상이 심화될 경우 우리 사회의 미래는 어떻게 변화될까?
④ 저출생 현상을 막기 위한 정부의 정책은 어느 정도 효과가 있었을까?
⑤ 오늘날 우리 사회의 구성원은 결혼과 출산에 대해 어떤 가치관을 가지고 있을까?

## 08 다음 글의 주장에 부합하는 진술로 적절하지 않은 것은?

> 현대 사회의 불확실하고 복잡한 사회현상에 대처하려면 인간, 사회, 환경을 다양한 관점에서 살펴보아야 한다.

① 사회현상의 복합성을 고려해야 한다.
② 통합적 관점에서 사회현상을 바라보아야 한다.
③ 인간, 사회, 환경을 연구하는 개별 학문의 경계를 강화해야 한다.
④ 사회현상에 영향을 미치는 여러 요인 간의 상호 연관성을 고려해야 한다.
⑤ 시간적 관점, 공간적 관점, 사회적 관점, 윤리적 관점 등을 종합적으로 고려해야 한다.

# Ⅱ 인간, 사회, 환경과 행복


01 행복의 의미와 기준 ········· 024

02 행복한 삶을 실현하기 위한 조건 ········· 030

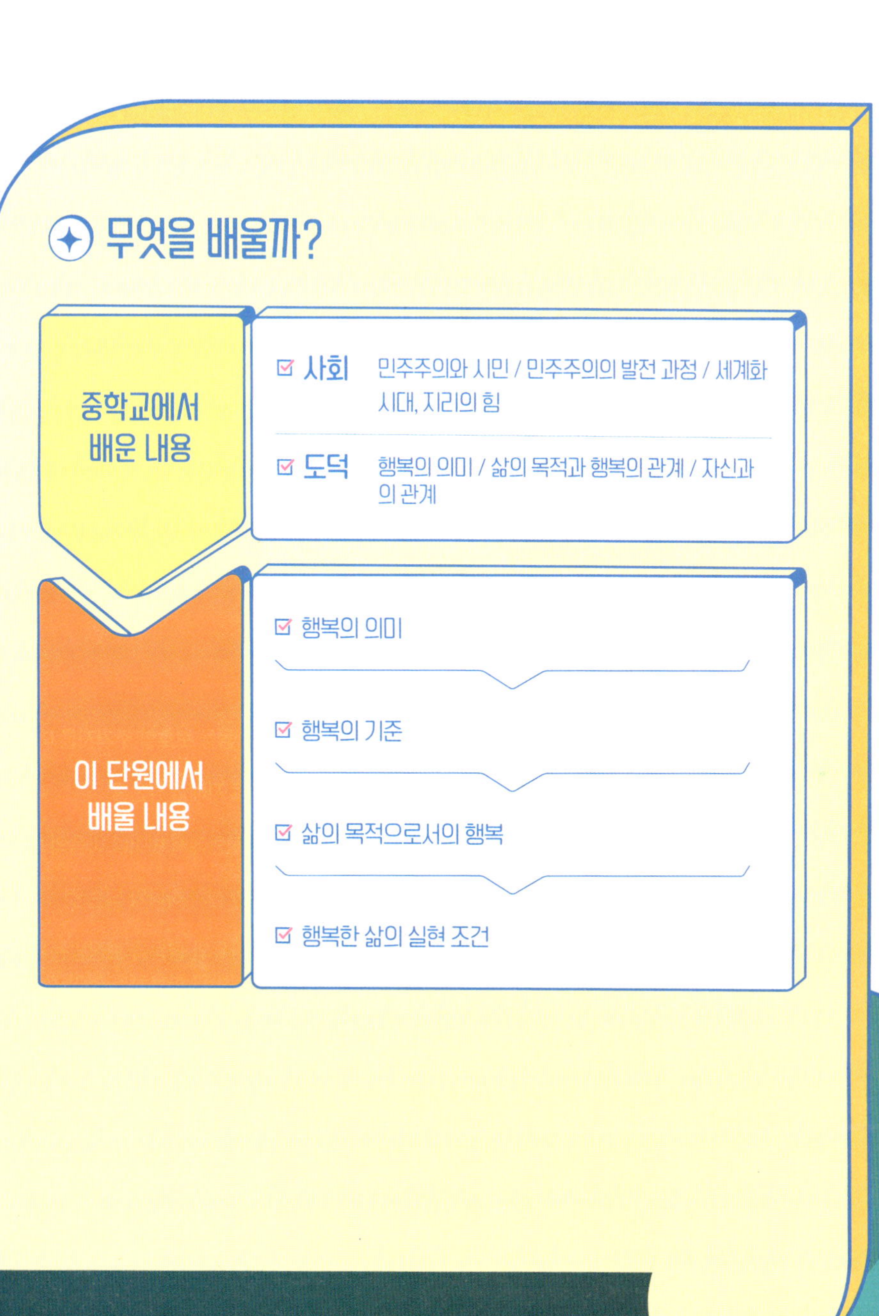

무엇을 배울까?

중학교에서 배운 내용

사회 	민주주의와 시민 / 민주주의의 발전 과정 / 세계화 시대, 지리의 힘

도덕 	행복의 의미 / 삶의 목적과 행복의 관계 / 자신과의 관계

이 단원에서 배울 내용

행복의 의미

행복의 기준

삶의 목적으로서의 행복

행복한 삶의 실현 조건

# 01 행복의 의미와 기준



---

**한끝 더하기**

**❶ 인(仁)**
사랑의 정신이자 사회적 존재로 완성된 인격체의 인간다움

**❷ 불성**
부처가 될 수 있는 모든 인간의 성질

**❸ 서양 사상의 시대적 흐름**

| | |
|---|---|
| 고대 그리스 | 아리스토텔레스 |
| 헬레니즘 시대 | 에피쿠로스 학파, 스토아 학파 |
| 중세 | 아퀴나스 |
| 근대 | 칸트, 공리주의 |

**❹ 정념**
불안, 공포 등과 같이 외부의 자극을 받아 마음에서 일어나는 격렬한 움직임

**❺ 초연**
어떤 일에 얽매이지 않고 영향을 받지도 않아 여유로움

**❻ 환경에 따른 행복의 기준 변화 사례**

| | |
|---|---|
| 자연 환경 | 건조 기후 지역에서는 깨끗한 물이, 일조량 부족 지역에서는 충분한 햇볕이 행복의 기준이 됨 |
| 인문 환경 | 내전이 잦은 지역에서는 정치적 안정과 평화를 실현하는 것이, 정치적 안정을 이룬 지역에서는 전반적 삶의 질 향상이 행복의 기준이 됨 |

**❼ 객관적 요소와 주관적 요소**

| | |
|---|---|
| 객관적 요소 | 주거, 소득, 고용, 수명, 안전과 같이 수량화할 수 있는 요소 |
| 주관적 요소 | 개인이 느끼는 만족감이나 행복감 |

---

## 1 행복의 의미

**1. 행복:** 삶에서 만족감이나 기쁨을 느끼는 상태, 일상생활에서 느끼는 만족감이나 즐거움

**2. 동양의 행복론**

| | |
|---|---|
| 유교 | 하늘로부터 부여받은 도덕적 본성을 보존하고 함양하면서 인(仁)❶을 실천하는 것 |
| 불교 | 불성❷을 바탕으로 고통받는 중생을 구제하고 수행을 통해 해탈의 경지에 이르는 것 |
| 도가 | 타고난 본성에 따라 인위적인 것이 더해지지 않은 자연 그대로의 모습으로 살아가는 것 |

**3. 서양의 행복론❸**

| | |
|---|---|
| 아리스토텔레스 | 이성의 기능을 잘 발휘할 때 삶의 궁극적 목적인 행복에 도달할 수 있다고 봄 **대표 자료** |
| 에피쿠로스 학파 | 육체에 고통이 없고 마음에 불안이 없는 평온한 삶을 행복이라고 봄 **자료 ❶** |
| 스토아 학파 | 정념❹에 방해받지 않는 초연❺한 태도로 자연의 질서에 따라 사는 것을 행복이라고 봄 |
| 아퀴나스 | 영원하고 완전한 신과 하나가 되는 것을 행복이라고 봄 |
| 칸트 | 도덕 법칙을 실천하는 사람이 행복을 누릴 자격이 있다고 봄 |
| 공리주의 | 쾌락의 충족, 고통의 제거를 행복이라고 봄 → '최대 다수의 최대 행복' 추구 |

## 2 행복의 기준

**1. 시대적 상황에 따른 행복의 기준**

| | |
|---|---|
| 선사 시대 | 생존을 위해 먹을 것을 얻고, 몸을 보호할 주거지를 마련하는 것 |
| 고대 그리스 시대 | 이성적 사유와 철학적 성찰로 지혜를 얻는 것 |
| 헬레니즘 시대 | 전쟁과 사회적 혼란에 따른 불안에서 벗어나 마음의 평온을 누리는 것 |
| 중세 시대 | 신앙을 통해 영원하고 완전한 신과 하나가 되는 것 |
| 근대 시대 | • 개인의 기본적 권리로서 자유와 평등을 보장받는 것<br>• 산업화 시기에는 물질적 기반을 확보하는 것이 강조됨 |
| 오늘날 | 개인의 주관적 만족감 중시 → 행복의 기준이 복잡하고 다양해짐 |

**2. 지역적 여건에 따른 행복의 기준❻** **자료 ❷**

| | |
|---|---|
| 자연환경 | 기후나 환경에 따라 행복의 기준이 달라질 수 있음 |
| 인문환경 | 종교, 정치, 사회, 경제 등에 따라 행복의 기준이 달라질 수 있음 |

## 3 삶의 목적으로서의 행복

**1. 진정한 행복:** 우리가 그 자체로 선택하고 추구하는 삶의 궁극적이고 최종적인 목적임

**2. 행복한 삶을 위한 노력**
  (1) **삶에 대한 성찰:** 긍정적인 태도를 가지고 자신이 만족할 수 있는 삶을 살아가야 함
  (2) **의미 있는 삶의 목적 추구:** 일시적·감각적 즐거움보다 지속적·정신적 즐거움을 추구해야 함
  (3) 객관적 요소와 주관적 요소❼를 조화롭게 추구해야 함

## • 대표 자료 • 아리스토텔레스의 행복론　　　　　　✦ 비판적 사고력

행복이 최고의 선이라는 것은 누구나 다 아는 이야기이다. 행복에 관해 조금 더 살펴보려면 인간의 기능에 대해 알아야 한다. 인간의 기능은 크게 세 가지로 나누어 볼 수 있다. 첫째는 영양 섭취와 같이 생존에 꼭 필요한 생존 기능이다. 둘째는 감각과 운동 기능이며, 셋째는 정신의 이성적 활동 기능이다. 인간의 기능 중에서 식물이나 동물과 달리 오직 인간만이 지닌 특별한 기능은 정신의 이성적 활동 기능이다. 그러므로 인간의 기능을 훌륭하게 수행한다는 것은 바로 이성적 활동을 잘 수행한다는 것이다. 그런데 사람의 이성적 활동은 그 활동에 알맞은 덕(탁월성)을 가지고 수행할 때 더 잘할 수 있다. 따라서 행복이란 덕에 일치하는 정신의 활동이며, 참된 행복은 이성을 아주 잘 실현할 때 이루어진다.

－ 아리스토텔레스, 『니코마코스 윤리학』

고대 그리스의 철학자인 아리스토텔레스에 따르면, 행복은 인간이 추구하는 궁극적인 목적이다. 이를 위해 인간의 고유한 기능을 훌륭하게 수행하는 것이 필요하다. 정신의 이성적 활동 기능은 오직 인간만이 가지고 있는 고유한 기능이며, 행복은 인간만이 지닌 이성을 잘 발휘될 때 이루어진다. 따라서 행복을 이루기 위해서는 이성적 성찰을 통해 덕을 실현하고 지혜를 얻어야 한다.

### 자료 ❶ 에피쿠로스의 행복론

"쾌락이 목적이다."라는 말은 방탕한 자의 쾌락이나 육체적 쾌락을 의미하지 않는다. 그러한 쾌락은 오히려 고통을 일으킬 수 있다. 몸의 고통이나 마음의 혼란으로부터 자유로울 때 우리는 행복할 수 있다.

－ 에피쿠로스, 『쾌락』

에피쿠로스는 고대 헬레니즘 시대의 철학자로, 몸에 고통이 없고 마음에 불안이 없는 상태를 행복이라고 보았다. 에피쿠로스는 이러한 행복을 실현하기 위해 위해 검소하고 소박하게 살 것을 주장하였다.

### 자료 ❷ 고대 중국인과 고대 그리스인의 행복의 기준

| 고대 중국인 | 고대 그리스인 |
| --- | --- |
| 조화로운 인간관계를 중시하였다. 그들은 어릴 때부터 자신이 어떤 집단의 구성원, 특히 가족의 구성원이라는 점을 중요하게 생각하도록 교육받았다. 따라서 이들에게 행복이란 '화목한 인간관계를 맺고 평범하게 사는 것'이었다. | 개인의 자율성에 대한 신념이 있었기 때문에 자신이 원하는 대로 자유롭게 행복할 수 있다고 확신하였다. 이들에게 행복이란 '아무런 제약이 없는 상태에서 자신의 능력을 최대한 발휘하여 탁월성을 추구하는 것'이었다. |

－ 리처드 니스벳, 『생각의 지도』

고대 중국인과 고대 그리스인의 행복의 기준이 다른 것은 그들이 처한 자연환경의 영향을 받은 문화의 차이에서 비롯되었다. 중국의 자연환경은 농경에 적합하여 공동 작업이 필요한 쌀농사가 주로 이루어지면서 사람 간의 화목이 강조되었다. 반면, 그리스의 자연환경은 사냥이나 목축, 무역에 적합하여 쌀농사보다 타인과의 공동 작업이 적게 필요하였다. 따라서 행복의 기준에서도 고대 그리스인은 고대 중국인에 비해 개인의 자유를 강조하였다.

---

## • 시험에서는 이렇게 •

- 갑: 삶의 궁극적 목적인 행복은 지적 활동을 통해 얻는 것이라고 하셨습니다. 행복해지려면 구체적으로 어떻게 해야 합니까?
- 을: 인간이 행복해지기 위해서는 동식물에 없는, 인간만이 지닌 탁월성을 발휘해야 합니다. 구체적인 방법은 　(가)　

제시된 대화는 아리스토텔레스의 행복론에 대한 것이다. 아리스토텔레스가 주장한 행복론의 내용을 확인하는 유형으로 자주 출제된다.

### 시험 준비 길잡이

아리스토텔레스의 행복론을 글이나 그림으로 주는 경우가 많아요. 아리스토텔레스는 행복과 관련하여 이성적 활동과 덕, 지혜를 강조하였다는 점을 꼭 기억해 두세요.

### 개념 확인하기

**1** 아리스토텔레스는 (　　　)의 기능을 잘 발휘할 때 행복에 도달할 수 있다고 보았다.

**2** 다음 설명이 맞으면 ○표, 틀리면 ×표를 하시오.

(1) 행복의 구체적인 기준은 지역적 여건이나 시대적 상황과 관계없이 동일하게 나타난다.　　　　　　(　　)

(2) 오늘날에는 개인의 주관적 만족감을 중시함에 따라 행복의 기준이 과거보다 훨씬 단순해졌다.　　　　　　(　　)

**3** 다음 빈칸에 들어갈 동양의 사상을 〈보기〉에서 골라 기호를 쓰시오.

| 보기 |
ㄱ. 유교　　　ㄴ. 불교　　　ㄷ. 도가

(1) (　　)은/는 하늘로부터 부여받은 도덕적 본성을 보존하면서 인(仁)을 실천하는 것을 행복이라고 보았다.

(2) (　　)은/는 타고난 본성에 따라 인위적인 것이 더해지지 않는 자연 그대로의 모습으로 살아가는 것을 행복이라고 보았다.

## 01

㉠에 대한 옳은 설명만을 〈보기〉에서 있는 대로 고른 것은?

> ( ㉠ )은/는 삶에서 충분한 만족감이나 기쁨을 느끼는 상태를 말한다.

**보기**

ㄱ. ㉠의 기준은 모든 사람에게 동일하게 나타난다.
ㄴ. ㉠의 기준은 시대적 상황이나 지역적 여건에 영향을 받는다.
ㄷ. ㉠에 이르기 위해서는 주거, 소득과 같은 주관적 요소를 주로 추구해야 한다.
ㄹ. ㉠은 다른 것을 위한 수단이 아니라 그 자체로 선택하고 추구하는 궁극적 목적이다.

① ㄱ, ㄴ　　　② ㄴ, ㄷ　　　③ ㄴ, ㄹ
④ ㄱ, ㄴ, ㄷ　　　⑤ ㄴ, ㄷ, ㄹ

## 02 중요해

(가)∼(다)와 같은 행복론을 주장한 사상을 옳게 연결한 것은?

> (가) 하늘로부터 부여받은 도덕적 본성을 보존하고 함양하면서 인(仁)을 실천하는 것
> (나) 타고난 그대로의 본성에 따라 인위적인 것이 더해지지 않은 자연 그대로의 모습으로 살아가는 것
> (다) 불성을 바탕으로 고통받는 중생을 구제하고 '나'에 대한 집착을 버리기 위한 수행을 통해 해탈의 경지에 이르는 것

|  | (가) | (나) | (다) |
|---|---|---|---|
| ① | 도가 | 유교 | 불교 |
| ② | 불교 | 도가 | 유교 |
| ③ | 불교 | 유교 | 도가 |
| ④ | 유교 | 도가 | 불교 |
| ⑤ | 유교 | 불교 | 도가 |

## 03 대표 자료 링크

다음을 주장한 사상가의 행복에 대한 입장으로 옳은 것에만 있는 대로 '✓'를 표시한 학생은?

> 인간은 생명의 기능, 감각과 운동의 기능, 정신의 이성적 활동 기능을 지니고 있다. 이 중 동식물에게는 없고 인간만이 지닌 특별한 기능을 훌륭하게 발휘할 때 행복에 도달할 수 있다.

| 구분 | 갑 | 을 | 병 | 정 | 무 |
|---|---|---|---|---|---|
| 인간이 추구하는 삶의 궁극적인 목적이다. | ✓ | ✓ |  | ✓ |  |
| 신의 선택을 받아 구원받을 때 실현된다. |  |  | ✓ | ✓ | ✓ |
| 이성의 기능이 잘 발휘될 때 이루어진다. | ✓ |  | ✓ |  | ✓ |
| 정념에 방해되지 않는 초연한 태도로 자연의 질서에 따라 사는 것이다. |  | ✓ |  | ✓ | ✓ |

① 갑　　② 을　　③ 병　　④ 정　　⑤ 무

## 04 이 문제에서 나올 수 있는 모든 선택지 ✓

대화를 통해 알 수 있는 내용으로 가장 적절한 것은?

> • 갑: 경제적으로 빈곤한 지역에 살고 있는 우리는 음식을 얻을 때 행복해요.
> • 을: 경제적으로 안정된 지역에 살고 있는 우리는 충분한 문화생활을 누릴 때 행복해요.
> • 병: 전쟁이 자주 발생하는 지역에 살고 있는 우리는 더 이상 전쟁이 없고 평화로울 때 행복해요.

① 시대적 상황에 따라 행복의 기준은 다르다.
② 경제적 안정이 행복의 가장 중요한 조건이다.
③ 사람들이 추구하는 행복의 의미는 모두 같다.
④ 지역적 여건에 따라 행복의 기준은 다양하게 나타난다.
⑤ 모든 사회를 관통하는 보편적인 행복의 기준이 존재한다.
⑥ 행복은 모든 사람이 추구하는 것이지만 실현될 수 없는 이상이다.

**서술형 대비하기**

**05** 다음 글에서 추론할 수 있는 행복의 기준에 영향을 주는 요소로 가장 적절한 것은?

> 4개월 이상의 긴 겨울을 보내는 북유럽의 스웨덴에서는 하지 축제가 유독 사람들의 환영을 받는다. 하루에 해가 대여섯 시간밖에 나지 않는 긴 겨울을 지난 사람들에게 낮이 가장 긴 하지를 기념하는 축제는 특별히 반갑고 행복한 행사이다.

① 기후와 지형 등의 자연환경
② 종교와 정치 등의 인문환경
③ 자유가 보장되는 정치적 여건
④ 물질적 풍요가 보장되는 경제적 여건
⑤ 다양한 여가 생활이 가능한 문화적 여건

**06** 다음 글에서 행복한 삶을 실현하기 위한 노력으로서 가장 강조하는 것은?

> 동일한 상황이라도 제시하는 방법에 따라 그 상황에 대한 인식과 의사 결정, 결과가 달라지는 현상을 '프레이밍 효과'라고 한다. 물이 절반 채워진 컵을 보면서 "물이 절반이나 있다."라고 말하는 사람과 "물이 절반밖에 없다."라고 말하는 사람은 전혀 다른 결론을 끌어낼 수 있다. 이처럼 같은 상황을 어떻게 인식하느냐가 행복감의 차이를 가져온다.

① 물질적 풍요로움을 추구한다.
② 다른 사람과 자신을 비교한다.
③ 긍정적인 삶의 태도를 가진다.
④ 자아실현을 통해 만족감을 얻는다.
⑤ 자신이 처한 환경에 불만을 품는다.

**07** 다음 사례들을 종합하여 행복의 기준에 대해 알 수 있는 내용을 서술하시오.

> - 건조 기후 지역에서는 깨끗한 물을 얻는 것이, 일조량이 부족한 지역에서는 충분한 햇볕을 쬐는 것이 행복의 기준이 될 수 있다.
> - 내전이 잦은 지역에서는 정치적 안정과 평화를 실현하는 것이, 정치적 안정을 이룬 지역에서는 전반적 삶의 질 향상이 행복의 기준이 될 수 있다.

**3단계 로 완성하기**

**08** 헬레니즘 시대의 사상이 공통적으로 강조한 행복의 기준을 당시의 사회적 상황과 관련지어 서술하시오.

> 헬레니즘 시대에는 지속된 전쟁으로 사회가 혼란스러웠다. 이러한 상황에서 에피쿠로스 학파와 스토아 학파는 각각 육체에 고통이 없고 마음에 불안이 없는 평온한 삶, 정념에 방해받지 않는 초연한 태도로 자연의 질서에 따라 사는 것을 행복이라고 보았다.

**1단계** 헬레니즘 시대의 사회적 상황을 서술하시오.

**2단계** 헬레니즘 시대의 두 사상이 주장한 행복관의 공통점을 서술하시오.

**3단계** 1단계와 2단계에서 정리한 내용을 활용하여 헬레니즘 시대의 사상이 공통적으로 강조한 행복의 기준을 서술하시오.

# 1등급 도전하기 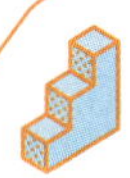

**01** 다음 가상 편지를 쓴 사람이 할 수 있는 주장으로 가장 적절한 것은?

> ○○에게
>
> 요즘 자네가 행복에 이르는 방법에 대해 고민하고 있다고 들었네. 행복은 무위자연의 도(道)를 실현할 때 이루어진다네. 무위자연(無爲自然)의 도가 행해질 때 모두 순수하고 소박하게 살아갈 수 있을 걸세. 인위적인 덕(德) 따위는 쓸 곳이 없다네. 인(仁)과 의(義)라는 인위적인 덕은 자연의 도가 버려지면서 생겨났다네.

① 행복은 명예와 부를 축적하는 것이다.
② 행복은 자연 그대로의 모습으로 살아가는 것이다.
③ 행복은 수행을 통해 해탈의 경지에 이르는 것이다.
④ 행복은 하늘로부터 부여받은 도덕적 본성을 함양하는 것이다.
⑤ 행복은 다른 사람과 더불어 인(仁)을 실현하는 삶을 사는 것이다.

**02** (가)와 같이 주장하는 사상가가 (나) 사례의 갑에게 할 수 있는 조언으로 가장 적절한 것은?

> (가) "쾌락이 목적이다."라는 말은 방탕한 자들의 쾌락이나 육체적인 쾌락을 의미하지 않는다. 그러한 쾌락은 오히려 고통을 일으킬 수 있다. 우리는 육체의 고통이나 마음의 혼란으로부터 자유로울 때 행복할 수 있다.
>
> (나) 갑은 외모에 불만이 많아 성형 수술을 받았지만 여전히 자신의 외모가 마음에 들지 않는다.

① 지나친 욕망을 절제하세요.
② 육체적인 욕망을 최대한 채우세요.
③ 모든 욕망을 부정하는 삶을 살아가세요.
④ 최대 다수의 최대 행복을 가져오는 행위를 하세요.
⑤ 구원을 받기 위해 신의 뜻을 따르려고 노력하세요.

**03** 다음 글을 읽고 추론할 수 있는 내용으로 가장 적절한 것은?

> 집단의 협력을 필요로 하는 농업이 주된 생계유지 수단이었던 고대 중국에서는 집단 속에서 자신의 분수에 만족하며 타인과 조화를 이루는 것이 행복의 중요한 기준이었다. 이에 비해 상업과 민주주의가 발달하였던 고대 그리스의 도시 국가에서는 개인이 정치적 자유를 누리며 자율성을 발휘하는 것이 행복의 중요한 기준이었다.

① 고대인들은 공통적으로 공동체 의식을 강조하였다.
② 행복의 기준은 지역적 여건에 따라 달라질 수 있다.
③ 고대 중국인과 고대 그리스인의 행복의 기준은 같았다.
④ 자연환경은 행복의 기준에 직접적인 영향을 미치지 않는다.
⑤ 지역적 여건이 비슷하더라도 행복의 기준은 사회마다 다를 수 있다.

**04** ✦ 창의 융합

다음 대중가요 가사를 쓴 사람이 행복에 대해 강조할 내용으로 적절한 것만을 〈보기〉에서 고른 것은?

> 전망 좋은 직장과 가족 안에서의 안정과
> 은행 구좌의 잔고 액수가 모든 가치의 척도인가
> 돈, 큰 집, 빠른 차, 명성, 사회적 지위
> 그런 것들에 과연 우리의 행복이 있을까?
> ⋮
> 우리가 찾는 소중함들은 항상 변하지 않아
> 가까운 곳에서 우릴 기다릴 뿐
>
> – 신해철, 「나에게 쓰는 편지」

| 보기 |

ㄱ. 물질적이고 경제적인 가치는 추구하지 말아야 한다.
ㄴ. 다른 사람은 신경 쓰지 말고 자신의 행복만 추구해야 한다.
ㄷ. 겉으로 보이는 것보다 스스로 느끼는 만족감을 중시해야 한다.
ㄹ. 다른 사람보다 자신이 소중하게 여기는 가치를 추구해야 한다.

① ㄱ, ㄴ　　② ㄱ, ㄷ　　③ ㄴ, ㄷ
④ ㄴ, ㄹ　　⑤ ㄷ, ㄹ

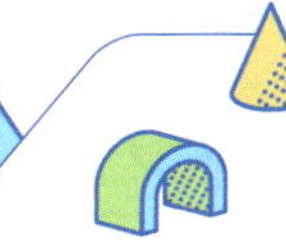

# 수능 준비하기



## 01 수능 기출 | 응용

22학년도 수능 윤리와 사상 3번 응용

**고대 서양 사상가 갑, 근대 서양 사상가 을의 입장으로 옳은 것은?**

> - 갑: 쾌락은 행복한 삶의 시작이자 끝으로, 육체의 고통과 마음의 불안이 없는 상태이다. 삶이 즐거우려면 우리의 정신에서 신과 죽음에 대한 잘못된 믿음들을 몰아내야 한다.
> - 을: 행복은 고통의 부재이며, 불행은 쾌락의 결핍이다. 최대 행복 원리는 사람들이 가능한 한 고통이 없고 양적으로나 질적으로 최대한의 쾌락을 누리는 것을 목적으로 한다.

① 갑: 행복한 삶을 위해서는 육체적 쾌락을 추구해야 한다.
② 갑: 신은 악행을 저지른 사람에게 그에 합당한 징벌을 내린다.
③ 을: 행복한 삶을 위해서는 쾌락이 충족되고 고통이 제거되어야 한다.
④ 을: 행복해지려면 본성에 따라 자연 그대로의 모습으로 살아야 한다.
⑤ 갑, 을: 사회 전체의 쾌락을 증진시키는 행위만이 도덕적 가치가 있다.

### 수능 만점 한끝

갑, 을에 해당하는 서양 사상가를 파악하고, 각 사상가가 주장한 행복론을 바탕으로 각 진술의 적절성을 판단한다.

### 문제의 핵심

에피쿠로스 학파와 공리주의의 행복

| | |
|---|---|
| 에피쿠로스 학파 | 육체에 고통이 없고 마음에 불안이 없는 평온한 삶 |
| 공리주의 | 쾌락의 충족, 고통의 제거 |

## 02 교육청 기출 | 응용 지리 + 사회

19학년도 6월 고1 학평 16번 응용

**밑줄 친 ⊙에 해당하는 지역을 지도의 A~C에서 찾아 (가)에 들어갈 내용과 가장 적절하게 연결한 것은? (단, A~C는 독일, 시리아, 핀란드 중 하나임.)**

> ⊙ 내가 사는 지역은 내전으로 항상 생명의 위협을 받고 있어서 고향을 떠나는 사람이 늘고 있어. 지금 나에게는 ⎡ (가) ⎤ 이/가 가장 필요한 행복의 기준이야. 누구든 가장 부족한 것이 충족될 때 행복해지는 법이거든.

| | ⊙ | (가) |
|---|---|---|
| ① | A | 일조량의 확보 |
| ② | B | 평화와 정치적 안정 |
| ③ | B | 기아와 질병 탈출 |
| ④ | C | 일조량의 확보 |
| ⑤ | C | 평화와 정치적 안정 |

### 수능 만점 한끝

제시된 글의 필자가 쓴 지역의 상황을 파악하고, 그에 맞는 행복의 기준을 연결한다.

### 이렇게도 출제될 수 있어요!

제시된 자료로 지역에서 발생하는 문제 상황을 파악한 후, 문제를 해결하고 지역의 구성원들이 행복해질 수 있는 방안을 추론하는 문제가 출제될 수 있어요.

# 02 행복한 삶을 실현하기 위한 조건

## 한끝 더하기

**❶ 정주 환경**
사람이 일정한 장소에 자리 잡고 살아가는 데 필요한 여러 환경으로, 자연환경과 인문환경으로 구분할 수 있다.

**❷ 사회 보험**
일정 수준의 소득이 있는 개인과 정부, 기업이 보험료를 분담하여 구성원의 위험에 대비하는 제도

**❸ 민주주의**
국민이 스스로 권력을 행사하는 정치 제도 또는 사상으로 자유, 평등, 인간 존엄성 등을 중시한다.

**❹ 의회 제도**
국민의 선거에 의해 구성된 의회를 국가의 정책을 결정하는 대표 기관으로 인정하는 정치 제도

**❺ 도덕적 실천**
다른 사람을 배려하거나 어려움에 처한 사람을 돕는 행동

**❻ 소크라테스의 도덕적 성찰**
소크라테스는 "반성하지 않는 삶은 살 가치가 없다."라고 말하면서 자신의 삶을 끊임없이 돌아보고 무지를 깨달아 도덕적인 삶을 사는 것이 행복이라고 주장하였다.

**❼ 역지사지(易地思之)**
다른 사람의 처지나 입장에서 헤아려 보는 것

---

## 1 질 높은 정주 환경❶ (자료 ❶)

### 1. 질 높은 정주 환경의 필요성
(1) 열악한 환경에서는 쾌적하고 인간다운 삶을 살기가 어려움
(2) 정주 환경은 인간이 기본적인 삶의 문제를 해결하고 생존하는 데 가장 중요한 조건임

### 2. 질 높은 정주 환경을 위한 노력
(1) **자연환경의 보전**: 물, 대기, 토양 등이 깨끗하게 지켜져야 함
(2) **안전하고 풍요로운 삶을 위한 인문환경의 마련**: 치안, 보건, 위생, 교육, 문화 등을 위한 필수적인 시설이 갖추어져야 함

## 2 경제적 안정 (대표 자료)

### 1. 경제적 안정의 필요성 (자료 ❷)
(1) 기본적인 생계를 유지하고 삶의 질을 유지할 수 있음
(2) 다양한 필요를 충족하고, 자아실현의 기회를 가질 수 있음

### 2. 경제적 안정을 위한 노력
(1) **개인의 노력**: 적극적인 경제활동으로 삶의 영위에 필요한 소득을 마련해야 함
(2) **국가의 노력**

| | |
|---|---|
| 고용 안정 | 경제 활성화, 일자리 창출, 최저 임금 보장 |
| 복지 강화 | 실업 급여, 사회 보험❷ 등과 같은 복지 제도를 마련해야 함 |
| 경제적 불평등 완화 | 절대 빈곤이나 상대적 박탈감이 나타나지 않게 지나친 소득 양극화를 해소해야 함 |

## 3 민주주의❸의 발전

### 1. 민주주의 발전의 필요성
(1) 민주주의가 발전한 국가일수록 일반적으로 국민의 행복도가 높음
(2) **자유와 권리의 보장**: 법과 제도를 통해 시민의 자유와 권리가 보장되어 각자가 원하는 삶을 살면서 만족감을 얻을 수 있음

### 2. 민주주의의 발전을 위한 노력
(1) **민주적 제도 마련**: 의회 제도❹, 권력 분립 제도, 복수 정당 제도 등
(2) **민주적 문화 형성**: 시민의 능동적이고 적극적인 정치 참여, 국가 권력의 남용에 대한 감시와 견제 등

## 4 도덕적 실천❺

### 1. 도덕적 실천의 필요성
사회적 신뢰를 형성하여 개인뿐 아니라 사회 전체의 행복도를 높일 수 있음

### 2. 도덕적 실천을 위한 노력
(1) **도덕적 성찰❻**: 자신의 행위와 삶을 도덕적 관점에서 성찰해야 함
(2) **역지사지❼의 태도**: 자신의 행복뿐만 아니라 다른 사람의 행복에도 관심을 두어야 함
(3) **사회적 약자 배려**: 사회적 약자의 고통에 공감하고 자발적으로 도와야 함

### • 대표 자료 • 맹자가 말하는 경제적 안정의 중요성    ✦ 비판적 사고력

> 일정한 생업의 기반이 있는 사람은 일정한 마음을 지니지만, 일정한 생업의 터전이 없는 사람은 일정한 마음이 없습니다. 진실로 일정한 마음이 없으면 방탕함, 편벽됨, 사악함, 사치함 등 하지 않는 것이 없습니다. 죄악에 떨어지고 난 뒤에 쫓아가서 형법으로 처벌한다면, 그것은 그물로 백성들을 잡는 것과 같습니다. 그러므로 지혜로운 왕은 백성들이 생업을 가지게 해 주되 반드시 위로는 부모를 섬기기에 충분하고, 아래로는 자녀를 먹여 살릴 만하게 하여 풍년에는 언제나 배부르고, 흉년에도 죽음을 면하게 합니다.
>
> – 맹자, 『맹자』

맹자는 "일반 백성은 항산(恒産)이 있어야 항심(恒心)이 있을 수 있다."라고 하였다. 즉, 경제적 안정(항산)이 궁극적으로 백성의 도덕성(항심)을 유지하기 위한 토대가 된다고 보았으며, 통치자는 기본적인 생업(항산)을 보장하여 경제적 안정을 이루게 해 주어야 한다고 주장하였다. 백성이 비도덕적 행위를 하는 것은 개인의 도덕성이 부족하기 때문이 아니라 생업이 보장되지 못했기 때문이므로 통치자는 법적 규제가 아니라 백성의 생업 보장에 힘써야 함을 주장하였다. 맹자의 주장을 통해 경제적 요인이 도덕적 삶에 영향을 미친다는 것을 파악할 수 있고, 나아가 삶의 질을 유지할 수 있는 경제적 안정이 행복한 삶을 실현하는 데 중요한 조건이 됨을 알 수 있다.

### 자료 ❶ 『택리지』로 본 정주 환경의 요건

> 사람이 살 터를 정할 때, 첫째는 지리(地理), 둘째는 생리(生利), 셋째는 인심(人心), 넷째는 산수(山水)가 좋아야 한다. 이 네 가지에서 한 가지라도 모자라면 살기 좋은 곳이라고 할 수 없다.
>
> – 이중환, 『택리지』

조선 후기의 학자인 이중환은 저서 『택리지』에서 사람이 살 만한 곳(가거지)의 조건으로 지리, 생리, 인심, 산수를 꼽았다. 여기서 지리는 풍수지리적 명당을, 생리는 경제적으로 유리한 지역을, 인심은 넉넉하고 좋은 이웃 간의 정을 산수는 빼어난 경치를 의미한다.

### 자료 ❷ 소득과 행복의 관계

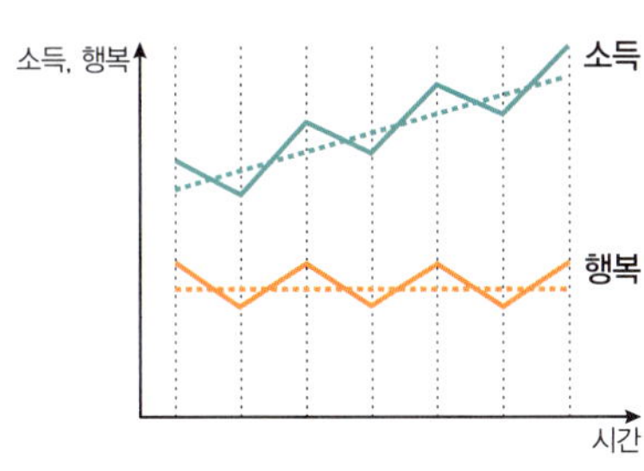


단기적 측면에서는 소득이 증가하면 행복 역시 비례해 증가하지만, 장기적 측면에서는 소득이 증가한다고 해서 반드시 행복이 그에 비례하여 증가하는 것은 아니다. 즉, 소득이 일정 수준에 도달하여 기본적 욕구가 충족되면, 소득 증가가 행복에 미치는 영향의 정도가 감소할 수 있다. 이는 행복에 영향을 주는 요소가 소득 이외에도 건강, 경제 형편, 가정생활, 다른 사람과의 비교 등으로 다양하기 때문이다.

---

### • 시험에서는 이렇게 •

> 일반 백성은 일정한 생업[恒産]이 없으면 흔들림 없는 도덕적인 마음[恒心]도 없어진다. 도덕적인 마음이 없어지면 방자하고 사치스러운 짓을 하게 된다. 그러므로 어질고 지혜로운 통치자는 백성의 생업을 보장해 주어야 하며, 그런 연후에 그가 백성들을 선으로 인도할 때 백성들이 그에 따를 수 있다.

제시된 자료는 항산과 항심에 대한 맹자의 주장이다. 자료의 주장에 부합하는 행복의 조건을 추론할 수 있는지 확인하는 유형으로 자주 출제된다.

#### ＼ 시험 준비 길잡이

맹자의 항산과 항심에 대한 설명을 자료로 주는 경우가 많아요. 맹자가 주장한 항산의 보장이 행복의 조건인 경제적 안정과 연결된다는 점을 꼭 정리해 두세요.

### 개념 확인하기

**1** 행복한 삶을 실현하려면 자연환경의 보전, 안전하고 풍요로운 삶을 위한 인문환경의 마련 등으로 질 높은 (     )을/를 조성해야 한다.

**2** 다음 설명이 맞으면 ○표, 틀리면 ×표를 하시오.

(1) 민주적 제도가 마련되면 시민이 정치에 참여하지 않아도 민주주의가 발전할 수 있다. (    )

(2) 정주 환경은 깨끗한 물, 공기, 토양과 같은 자연환경만을 의미한다. (    )

(3) 행복한 삶을 실현하려면 자신의 행위와 삶을 도덕적으로 성찰해야 한다. (    )

**3** 행복한 삶을 실현하기 위해 필요한 조건을 〈보기〉에서 골라 기호를 쓰시오.

┤ 보기 ├
ㄱ. 경제적 안정
ㄴ. 강력한 지도자
ㄷ. 민주주의의 실현
ㄹ. 질 높은 정주 환경

## 01 다음 사례의 갑에게 필요한 행복의 조건으로 가장 적절한 것은?

> 갑은 필리핀의 빈민촌에 산다. 두세 평 규모의 판잣집에는 작은 방이 하나 있고, 그 방에서 다섯 가족이 함께 산다. 축축한 나무 바닥 아래로는 강물을 따라 쓰레기가 흐르고, 비가 많이 오면 발목까지 강물이 차오른다.

① 민주주의가 실현되어야 한다.
② 정치적 의사를 자유롭게 표현할 수 있어야 한다.
③ 안전하고 위생적인 삶을 누릴 수 있는 환경이 조성되어야 한다.
④ 나의 행동과 삶을 도덕적 측면에서 깊이 있게 살펴보아야 한다.
⑤ 나의 행복뿐만 아니라 다른 사람의 행복에도 관심을 가져야 한다.

#### 대표 자료 링크

## 02 다음 글을 통해 추론할 수 있는 행복의 조건으로 가장 적절한 것은?

> 문공이 맹자를 모셔 나라를 잘 다스리는 방법을 묻자 맹자는 문공에게 "유항산이면 유항심입니다."라고 말하였다. 이것은 '변치 않는 재산이 있으면 변치 않는 마음도 있는 법'이라는 뜻이다. 맹자는 현명한 군주라면 백성이 가족을 돌보는 데 충분한 정도의 생업을 이루게 해 주어야 하며, 그 이후에 그가 백성들을 선으로 인도할 때 백성들이 그에 따를 수 있다고 하였다.

① 통치자가 국민의 경제적 안정을 위해 노력해야 한다.
② 도덕적 삶을 위해 물질적 가치를 모두 배제해야 한다.
③ 국가는 국민의 생업 보장보다는 도덕적 완성을 우선해야 한다.
④ 구성원이 직접 정치에 참여하는 민주적 제도가 확립되어야 한다.
⑤ 행복한 삶을 위해 세상을 긍정적으로 바라보는 마음가짐이 중요하다.

#### 중요해

## 03 다음 글을 통해 추론할 수 있는 내용만을 〈보기〉에서 있는 대로 고른 것은?

> 2018년에 미국 퍼듀 대학교의 연구 팀은 전 세계 164개국 약 171만 명을 대상으로 실시한 여론 조사 결과를 바탕으로 소득이 정서적 행복감과 삶의 만족도에 미치는 영향을 분석하였다. 조사 결과에 따르면, 개인의 연간 소득이 6만 달러에서 7만 5,000달러에 이르면 정서적 행복감은 더 이상 증가하지 않았으며, 연간 소득이 약 9만 5,000달러에 이르면 삶의 만족도도 더 이상 증가하지 않았다.

┤ 보기 ├

ㄱ. 소득이 적을수록 행복한 삶을 살 수 있다.
ㄴ. 소득이 계속 증가할수록 행복은 계속 커진다.
ㄷ. 소득이 증가한다고 반드시 더 행복한 것은 아니다.
ㄹ. 일정 수준 이상의 소득이 발생하면 행복이 소득 이외의 요소에 영향을 받을 가능성이 높다.

① ㄱ
② ㄴ
③ ㄴ, ㄷ
④ ㄷ, ㄹ
⑤ ㄱ, ㄷ, ㄹ

## 04 (가)에 들어갈 내용으로 가장 적절한 것은?

> 기근의 원인을 홍수와 가뭄에서 찾는 사람들이 있지만, 실제로 많은 국가에서는 그와 같은 자연재해를 겪고도 기근이 일어나지 않았다. 왜냐하면 민주적 선거가 이루어지고 정부에 대한 비판과 언론의 자유가 보장된 국가는 자연재해의 피해를 입은 국민을 대상으로 적극적인 구호 활동을 벌이는 등 굶주림의 고통을 방지하고자 신속하고 체계적으로 대응했기 때문이다. 이는 행복한 삶을 위해서는 ________ (가) ________ 이/가 필요함을 보여 준다.

① 강력한 국가 권력
② 질 높은 정주 환경의 조성
③ 타인과 함께하는 공동체의 행복 추구
④ 삶의 질을 함양하는 문화적 기반 마련
⑤ 시민의 참여가 보장되는 민주주의의 실현

**이 문제에서 나올 수 있는 모든 선택지 ✓**

## 05 (가)에 들어갈 내용으로 적절하지 않은 것은?

민주주의의 발전 방안 토론회

① 집회 참여
② 정당 활동
③ 투표권 행사
④ 시민 단체 활동
⑤ 이익 집단 활동
⑥ 제한 없는 권력 행사

## 06 다음 글에서 강조하는 행복한 삶을 위한 자세로 가장 적절한 것은?

절제 있는 사람은 올바르고 용감하며 경건한 사람이니 좋은 사람의 본보기가 된다. 그리고 좋은 사람은 어떤 일을 하든지 훌륭하게 잘 행하기 마련이며, 잘 행하는 사람은 축복받고 행복하기 마련이다. 하지만 나쁘게 행하는 사람은 비참하기 마련이다. 행복하고 싶은 사람은 절제를 추구하고 실행하되 무절제를 피해야 한다. 이것이 우리가 평생 눈여겨보아야 할 목표이다. 우리는 정의와 절제를 갖추어 행복해지는 일에 각 개인과 공동체의 모든 노력을 기울여야 한다.

① 자신의 욕망을 충족하는 삶을 살아가야 한다.
② 공동체에서 벗어나 은둔의 삶을 살아야 한다.
③ 일시적이고 감각적인 즐거움을 추구해야 한다.
④ 세속적 성공을 도덕적인 가치보다 우선시해야 한다.
⑤ 자신의 삶을 스스로 점검하고 성찰하는 태도를 함양해야 한다.

## 07 그래프를 보고 소득과 행복의 관계를 단기적 측면과 장기적 측면에서 비교하여 서술하시오.

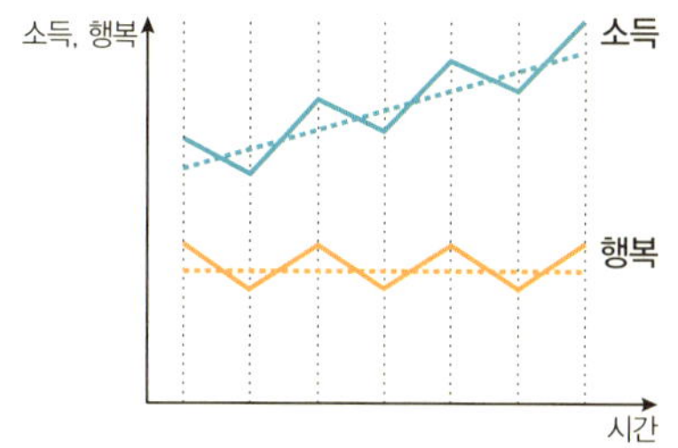




## 08 사례에서 갑국이 민주주의의 발전을 이루고 국민의 행복한 삶을 실현하기 위한 조건을 서술하시오.

갑국에서는 국민이 선거에 의해 의회를 구성하고, 복수 정당 제도를 실시하고 있다. 하지만 선거로 선출된 갑국의 대통령은 정치적 경쟁자와 비판적인 언론인을 탄압하였고, 시민들의 언론, 집회, 결사의 자유를 억압하였다. 이런 상황에서 시민들은 정치에 관심을 두지 않고 잘못된 권력 행사를 바로잡으려는 노력도 하지 않았다.

**1단계** 행복한 삶의 실현 조건으로서 민주주의의 발전을 이루기 위한 조건을 정리해 보세요.

**2단계** 1단계에서 정리한 내용을 기준으로 갑국의 민주주의 발전 상태를 평가해 보세요.

**3단계** 2단계에서 평가한 내용을 바탕으로 갑국이 민주주의의 발전을 이루고 국민의 행복한 삶을 실현하기 위한 조건을 서술해 보세요.

# 1등급 도전하기 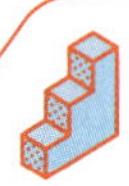

**01** 다음을 주장한 사상가의 입장으로 적절하지 <u>않은</u> 것은?

> 무릇 살 곳을 잡는 데는 첫째 지리(地理)가 좋아야 하고, 다음 생리(生利)가 좋아야 하며, 다음으로 인심(人心)이 좋아야 하고, 또 다음은 산수(山水)가 좋아야 한다. 이 네 가지에서 하나라도 모자라면 살기 좋은 땅이 아니다.

① 지리적 조건을 고려하여 주거지를 정해야 한다.
② 행복한 삶을 위해 질 높은 정주 환경을 조성해야 한다.
③ 경제적 이익은 주거지 선정 시 고려해야 할 요소가 아니다.
④ 인심은 풍속이 아름답고 사람들의 인정이 넘치는 곳을 말한다.
⑤ 지리, 생리, 인심, 산수의 조건이 모두 충족되어야 좋은 땅이다.

**02** 갑의 입장에 대해 을이 제기할 수 있는 비판으로 가장 적절한 것은?

> • 갑: 한 나라 안에서 소득이 많은 사람이 적은 사람보다 행복하다. 소득이 늘어나면 선택의 기회가 많아지고 일을 줄여 더 건강해질 수 있다.
> • 을: 소득이 일정 수준에 도달하고 기본적 욕구가 충족되면, 소득이 증가하더라도 이전과 달리 행복에는 큰 영향을 미치지 않을 수 있다.

① 모든 인간은 부를 추구한다는 점을 간과한다.
② 국가가 국민의 소득을 보장해야 한다는 점을 간과한다.
③ 부유한 국가일수록 국민들이 행복하다는 점을 간과한다.
④ 소득이 늘어나면 선택의 기회가 많아진다는 점을 간과한다.
⑤ 소득의 변화가 반드시 행복의 변화로 이어지는 것은 아님을 간과한다.

**03** 그래프는 민주주의 지수와 행복 지수 간의 관계를 나타낸 것이다. 이에 대한 설명으로 옳은 것만을 〈보기〉에서 있는 대로 고른 것은?

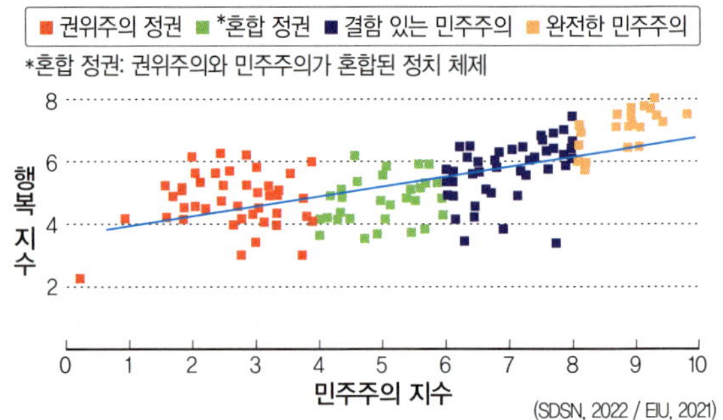


> **보기**
> ㄱ. 민주주의 지수와 행복 지수는 반비례한다.
> ㄴ. 민주주의의 실현 정도는 행복에 큰 영향을 미치지 않는다.
> ㄷ. 일반적으로 민주주의 지수가 높으면 행복 지수도 높게 나타난다.
> ㄹ. 권위주의 국가에서는 기본권을 보장받기 어렵기 때문에 국민의 행복감이 낮게 나타난다.

① ㄱ  ② ㄴ  ③ ㄴ, ㄷ
④ ㄷ, ㄹ  ⑤ ㄱ, ㄷ, ㄹ

**04** 〔창의〕〔융합〕 다음은 어느 모둠의 프로젝트 활동의 일부이다. (가), (나)에 들어갈 내용으로 적절한 것만을 〈보기〉에서 고른 것은?

| 〈주제: 행복한 학교 만들기〉 | |
| --- | --- |
| **행복의 조건** | **제안 내용** |
| 질 높은 정주 환경 | (가) |
| 민주주의의 발전 | (나) |

> **보기**
> ㄱ. (가) – 학생들이 사용할 수 있는 문화 시설을 늘린다.
> ㄴ. (가) – 경제적으로 어려운 학생들에게 장학금을 지원한다.
> ㄷ. (나) – 학생 자치 활동의 활성화를 유도한다.
> ㄹ. (나) – 어려운 이웃을 돕기 위한 기부 활동을 실시한다.

① ㄱ, ㄴ  ② ㄱ, ㄷ  ③ ㄴ, ㄷ
④ ㄴ, ㄹ  ⑤ ㄷ, ㄹ

# 수능 준비하기

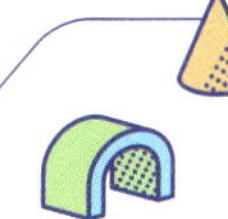

**교육청 기출**

22학년도 6월 고1 학평 7번

## 01 다음 가상 편지를 쓴 사람이 강조하는 내용으로 가장 적절한 것은?

○○에게

행복한 삶을 위해서는 의식주가 어느 정도 충족되어야 한다는 자네의 의견에 공감하네. 경제적 풍요로움은 삶을 윤택하게 하는 데 도움이 되기 때문일세. 그러나 물질적인 요소에 얽매여 바람직한 삶에 대한 숙고와 인간으로서 마땅히 행해야 할 바를 결코 잊어서는 안 되네. 공자는 예(禮)가 아니면 보지도 말며, 듣지도 말며, 말하지도 말며, 움직이지도 말라고 하셨네. 자네가 공자의 가르침을 되새기며 진정으로 행복한 삶이 어떠한 삶인지 고민해 보기 바라네. … (후략).

① 명예와 부의 축적은 행복한 삶의 궁극적 목표이다.
② 윤리적 성찰과 실천은 행복한 삶의 핵심을 이룬다.
③ 정치적으로 안정되지 않으면 행복한 삶이 불가능하다.
④ 질 높은 정주 환경은 행복한 삶의 유일한 선결 조건이다.
⑤ 경제적 안정이 보장되면 행복한 삶은 필연적으로 실현된다.

### 🔶 수능 만점 한끝

제시된 편지에서는 바람직한 삶에 대한 숙고, 인간으로서 마땅히 행해야 할 바, 공자의 가르침 등을 강조하고 있다. 이를 바탕으로 편지의 필자가 행복한 삶과 관련하여 강조하는 바를 추론할 수 있다.

### ● 문제의 핵심

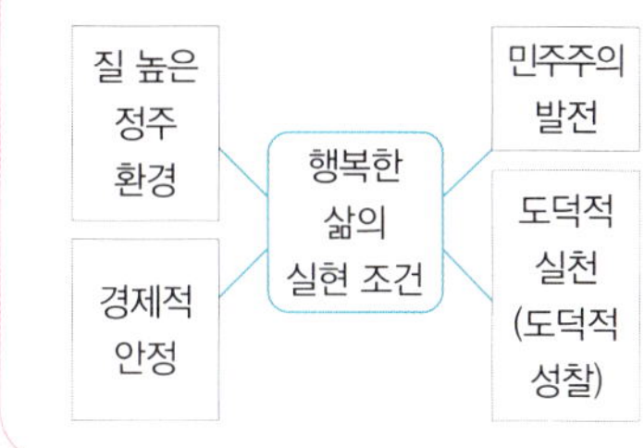


---

**교육청 기출**

23학년도 9월 고1 학평 4번

## 02 (가), (나)에 나타난 행복의 조건에 대한 옳은 설명만을 〈보기〉에서 고른 것은?

(가) A국은 ○○국으로부터 독립하였으나 권위주의 정권이 수립되어 국민들을 과도하게 통제하고 있다. 이로 인해 정치 과정에 참여할 방법이 없어진 국민들은 무력감과 고통에 시달리고 있다.

(나) B국의 세대별 행복 지수를 분석한 결과, 청년층과 노년층의 점수가 낮게 나타났다. 이에 대한 주요 원인으로 청년층은 심각한 취업난으로 인한 경제적 어려움을, 노년층은 부족한 생활비와 미흡한 복지 정책을 손꼽았다.

┤ 보기 ├

ㄱ. (가)를 통해 주권 회복이 행복을 보장하는 유일한 조건임을 알 수 있다.
ㄴ. (가)를 통해 시민 참여를 보장하는 민주주의의 실현이 행복의 조건임을 알 수 있다.
ㄷ. (나)를 통해 노년층의 행복 지수는 사회 제도와 무관하게 결정됨을 알 수 있다.
ㄹ. (나)를 통해 경제적인 안정이 청년층과 노년층의 행복에 중요한 요소임을 알 수 있다.

① ㄱ, ㄴ ② ㄱ, ㄷ ③ ㄴ, ㄷ ④ ㄴ, ㄹ ⑤ ㄷ, ㄹ

### 🔶 수능 만점 한끝

A국과 B국의 상황을 분석하여 다양한 행복의 조건 중에서 각 국가에 부족한 부분과 관련하여 진술의 적절성을 판단한다.

### ● 이렇게도 출제될 수 있어요!

제시된 자료에서 부족한 행복의 조건을 파악하고, 행복한 삶의 실현을 위한 해결 방안을 모색하는 문제가 출제될 수 있다.

# 대단원 마무리하기

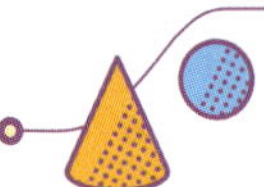

**01** 다음을 주장한 사상가가 긍정의 대답을 할 질문만을 〈보기〉에서 고른 것은?

> "쾌락이 목적이다."라는 말은 방탕한 사람의 쾌락이나 육체적인 쾌락을 의미하지 않는다. 그러한 쾌락은 오히려 고통을 일으킬 수 있다. 몸의 고통이나 마음의 혼란으로부터 자유로울 때 우리는 행복할 수 있다.

**| 보기 |**

ㄱ. 행복은 검소하고 절제하는 삶을 통해 실현되는가?
ㄴ. 행복은 영원하고 완전한 신과 하나가 되는 것인가?
ㄷ. 행복은 도덕 법칙을 실천하는 사람만 누릴 수 있는 것인가?
ㄹ. 행복은 육체에 고통이 없고 마음에 불안이 없는 평온한 상태인가?

① ㄱ, ㄴ  ② ㄱ, ㄹ  ③ ㄴ, ㄷ
④ ㄴ, ㄹ  ⑤ ㄷ, ㄹ

**02** 다음은 어느 모둠이 작성한 보고서이다. 밑줄 친 ㉠~㉤ 중 옳지 <u>않은</u> 것은?

> **〈시대에 따른 행복의 기준〉**
>
> 1. 조사 내용
> (1) 선사 시대: ㉠ 식량을 안정적으로 확보하고 외부의 위협으로부터 안전하게 사는 것
> (2) 서양의 중세 시대: ㉡ 신앙심을 바탕으로 신의 구원과 은총을 받는 것
> (3) 산업화·민주화 시기: ㉢ 물질적 기반을 마련하고, 개인의 자유와 권리를 보장받는 것
> (4) 오늘날: ㉣ 경제적 안정과 관계없이 정신적인 만족감과 여유가 충족되는 것
> 2. 결론: ㉤ 행복의 기준은 사람들이 살아가는 시대의 지배적인 가치나 사상 등의 영향을 받아 달라질 수 있다.

① ㉠  ② ㉡  ③ ㉢  ④ ㉣  ⑤ ㉤

**03** 사례에서 갑이 행복에 대해 말할 수 있는 내용으로 가장 적절한 것은?

> 빵집을 운영하는 갑은 매일 아침 등교하는 학생들에게 무료로 빵과 요구르트를 나누어 주고 있다. 가난한 어린 시절을 보낸 그는 학생들이 잘 먹으면서 밝고 건강하게 자라기를 바라는 마음에서 이 일을 시작하였다고 한다. 갑은 학생들에게 "감사합니다.", "잘 먹었습니다."라는 인사를 들을 때 가장 행복하다고 말한다.

① 물질적 풍요가 행복한 삶을 보장해 준다.
② 행복은 나와 다른 사람을 비교할 때 느낄 수 있다.
③ 행복은 주관적 요소보다 객관적 요소의 영향을 더 크게 받는다.
④ 행복한 삶을 위해서는 교육, 문화, 의료 등의 다양한 혜택을 제공받아야 한다.
⑤ 다른 사람의 행복에도 관심을 두고 도덕적 삶을 실천할 때 진정한 행복을 경험할 수 있다.

**04** 자료를 근거로 설명할 수 있는 행복한 삶의 조건으로 가장 적절한 것은?

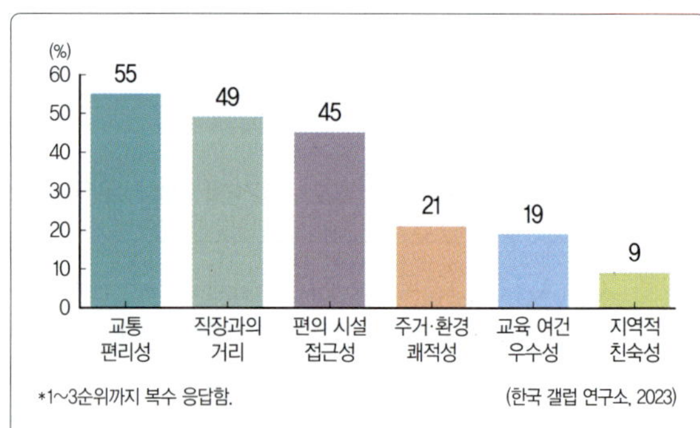


한 설문 조사에 따르면, 오늘날 사람들은 거주지를 선택할 때 교통 편리성, 직장과의 거리, 편의 시설 접근성, 주거 환경 쾌적성 등과 같은 요소를 우선적으로 고려하는 것으로 나타났다.

① 타인을 위한 도덕적 실천
② 질 높은 정주 환경의 조성
③ 다른 사회 구성원과의 신뢰와 협력
④ 삶의 질을 유지하기 위한 경제적 안정
⑤ 시민 참여가 활성화된 민주주의의 실현

**05** 다음 사례를 활용하여 설명할 수 있는 행복한 삶의 실현 조건으로 가장 적절한 것은?

> 스위스 몇몇 주에서는 일 년에 한 번씩 지역 주민들이 광장에 모여 지역의 중요한 문제에 대해 토론하고 결정하는 '란츠게마인데'를 실시하고 있다. 이 제도를 통해 지역 주민들은 자신의 권리를 보장받으며 자유롭게 의견을 제시할 수 있다.

① 시민의 참여가 보장되는 민주주의가 발전해야 한다.
② 질 높은 정주 환경에서 안전하고 위생적으로 살아야 한다.
③ 도덕적 성찰을 바탕으로 삶의 가치와 의미를 깨달아야 한다.
④ 복지 제도의 실시로 사회 구성원 간의 경제적 불평등이 해소되어야 한다.
⑤ 일정 수준 이상의 소득이 지속적으로 보장되어 경제적 안정을 이루어야 한다.

**06** 다음 글을 분석한 내용으로 가장 적절한 것은?

> 미국의 경제학자인 이스털린에 따르면, 단기적으로는 소득이 증가하면 행복도 증가하는 것처럼 보일 수 있지만 장기적으로는 소득의 변화가 반드시 행복의 변화로 이어지는 것은 아니다. 즉, 어떤 나라에서 소득이 상승하는 추세를 보인다고 해서 행복이 반드시 상승하는 추세에 있는 것은 아니다. 행복에는 소득 외에도 건강, 경제 형편, 가정생활, 다른 사람과의 비교 등 다양한 요소가 영향을 미치기 때문이다.

① 소득이 증가하면 반드시 행복하다.
② 소득이 증가할수록 행복은 계속 커진다.
③ 소득 증가는 행복한 삶과 상관관계가 없다.
④ 부유한 국가일수록 국민의 삶의 만족도가 낮다.
⑤ 소득은 행복에 영향을 미치는 여러 요소 중 하나이다.

**07** 다음은 두 나라의 다양한 순위를 비교한 표이다. 이에 대한 분석으로 옳은 것만을 〈보기〉에서 고른 것은?

| 구분 | A국 | B국 |
|---|---|---|
| 부정부패 인식 지수 | 31위 | 1위 |
| 1인당 국내 총생산 | 32위 | 9위 |
| 세계 행복 지수 | 57위 | 2위 |

* 부정부패 인식 지수는 순위가 높을수록 부정부패 정도가 덜하고, 세계 행복 지수는 순위가 높을수록 행복도가 높음.

┤ 보기 ├
ㄱ. A국은 B국보다 국민의 삶의 질과 행복도가 높다.
ㄴ. A국은 B국보다 정치인의 부정부패가 나타날 가능성이 크다.
ㄷ. B국은 A국보다 국민에게 일정 수준의 소득이 보장될 가능성이 작다.
ㄹ. B국은 A국보다 시민 참여가 활성화되는 민주주의가 실현될 가능성이 크다.

① ㄱ, ㄴ  ② ㄱ, ㄷ  ③ ㄴ, ㄷ  ④ ㄴ, ㄹ  ⑤ ㄷ, ㄹ

**+단원 통합**

**08** 다음은 어떤 학생이 작성한 형성 평가 답안지이다. 이 학생이 받을 점수로 옳은 것은?

### 형성 평가

행복한 삶에 대한 설명이 맞으면 ○표, 틀리면 X표를 하시오. (단, 문항당 배점은 2점임.)

1학년 ○○반 김□□

| 번호 | 문제 | 답안 |
|---|---|---|
| (1) | 행복은 시대 상황이나 지역 여건에 따라 다르게 인식될 수 있다. | X |
| (2) | 아리스토텔레스는 인간의 고유한 기능인 감각적 기능을 잘 발휘할 때 행복할 수 있다고 보았다. | ○ |
| (3) | 질 높은 정주 환경이 보장되어야 행복한 삶을 살 수 있다. | ○ |
| (4) | 국민 소득이 늘어날수록 인간이 느끼는 행복감도 비례하여 계속 늘어난다. | ○ |
| (5) | 행복을 실현하기 위해서는 시민의 참여가 보장되어야 한다. | X |

① 2점  ② 4점  ③ 6점  ④ 8점  ⑤ 10점

# 자연환경과 인간


01 자연환경과 인간 생활 ···················· 040

02 인간과 자연의 관계

03 환경 문제 해결을 위한 다양한 노력 ··········· 050

◈ 무엇을 배울까?

중학교에서
배운 내용

☑ 사회   세계 각 지역의 기후 특성 /
         기후변화에 대한 지역별 대응 노력 /
         자연재해의 지리적 특성과 대응 노력

☑ 도덕   도덕적 고려의 대상 / 자연과의 관계 / 인간과 자
         연의 관계 / 자연과 공존하는 태도

☑ 역사   지속가능한 삶을 위한 가치관

이 단원에서
배울 내용

☑ 자연환경이 인간 생활에 미치는 영향: 자연환경, 기후, 지
  형, 자연재해, 안전권

☑ 자연에 대한 인간의 다양한 관점: 인간 중심주의 관점, 생
  태 중심주의 관점

☑ 환경 문제 해결을 위한 노력: 정부, 시민사회, 기업 등의
  다양한 노력 및 생태시민으로서의 실천 방안

# 01 자연환경과 인간 생활



## 한끝 더하기

### ❶ 세계의 기후 구분

| | |
|---|---|
| 열대 기후 | 열대 우림 기후, 열대 몬순 기후, 사바나 기후 |
| 건조 기후 | 스텝 기후, 사막 기후 |
| 온대 기후 | 온난 습윤 기후, 서안 해양성 기후, 지중해성 기후, 온대 겨울 건조 기후 |
| 냉대 기후 | 냉대 겨울 건조 기후, 냉대 습윤 기후 |
| 한대 기후 | 툰드라 기후, 빙설 기후 |

### ❷ 플랜테이션
선진국의 자본과 기술, 원주민의 노동력이 결합된 형태의 상업적 농업으로 카카오, 커피 등을 대규모로 재배하여 수출한다.

### ❸ 계절풍
동일한 장소에서 계절에 따라 방향이 크게 바뀌는 바람

### ❹ 혼합 농업
작물 재배와 가축 사육을 함께 하는 농업

### ❺ 지중해 연안 지역의 가옥

고온 건조한 여름에 뜨거운 햇볕을 막기 위해 창문이 작고 벽이 두꺼우며, 외벽이 흰색으로 칠해져 있다.

## 1 자연환경이 인간 생활에 미치는 영향

### 1. 인간 생활의 토대로서의 자연환경
(1) 인간은 자연환경과 끊임없는 상호 작용 → 지역마다 고유한 생활양식을 형성함
(2) 인간은 생계에 필요한 의식주의 재료를 자연에서 얻으며 생활함

### 2. 자연환경에 따라 달라지는 인간 생활
(1) **자연환경을 대하는 인간의 자세**: 인간은 자연환경에 순응하며 살아가기도 하고, 자연환경의 제약을 극복하고 이용하기도 함
(2) **자연환경과 다양한 생활양식**: 기후, 지형, 식생, 토양 등 지역의 자연환경 특성에 따라 의복, 주거 양식, 음식 문화, 농업 방식 등이 서로 다르게 나타남
(3) **자연환경과 인간의 거주**

| 인간 거주에 유리한 지역 | 강가, 바닷가의 평야, 대체로 기후가 온화하고 물을 구하기 쉬운 곳 |
|---|---|
| 인간 거주에 불리한 지역 | 물이 부족한 사막, 추운 극지방, 해발 고도가 높은 고산 지역 등 |

## 2 기후와 인간 생활

### 1. 세계의 기후 [대표 자료]
(1) **기후 특성**: 위도, 수륙 분포, 해발 고도 등 여러 기후 요인의 영향으로 기온, 강수량, 바람 등 기후 요소가 변화하여 기후의 지역적 차이가 발생함
(2) **기후 구분❶**: 기온과 강수의 특성에 따라 열대·건조·온대·냉대·한대 기후로 구분함

### 2. 기후에 따른 생활양식 [자료 ❶]
(1) **열대 기후 지역**
① **의식주**: 얇고 가벼운 옷차림, 향신료와 기름을 많이 사용하는 음식 문화, 개방적 가옥 구조, 급경사의 지붕, 바닥을 지면에서 띄워 지은 고상 가옥 등이 나타남
② **산업**: 숲의 나무를 태운 뒤 농작물을 재배하는 이동식 화전 농업(근대 이후 플랜테이션❷ 발달), 아시아의 계절풍❸ 지역은 벼농사 발달

(2) **건조 기후 지역**

| 사막 기후 지역 | 온몸을 감싸는 헐렁한 옷차림, 벽이 두껍고 지붕이 평평한 흙벽돌집, 밀이나 대추야자를 재배하는 오아시스 농업 발달 |
|---|---|
| 스텝 기후 지역 | 전통적으로 유목 생활 → 조립과 분해가 쉬운 이동식 가옥에 거주 |

(3) **온대 기후 지역**: 인간 생활에 유리, 계절별로 다른 옷차림 발달

| 서부 유럽 | 온화하고 연중 고른 강수 → 혼합 농업❹과 목축업 발달 |
|---|---|
| 지중해 연안 지역❺ | 여름철에 고온 건조 → 창이 두껍고 창문이 작은 가옥, 수목 농업(포도, 올리브 등) |
| 동아시아 지역 | 계절풍의 영향으로 여름철에 강수량 풍부 → 벼농사 발달 |

(4) **냉대 기후 지역**: 창문이 작고 폐쇄적인 가옥 구조(보온에 유리), 침엽수를 이용한 통나무집, 임업 발달, 밀이나 호밀 등 주로 재배
(5) **한대 기후 지역**: 연중 기온이 낮아 농업이 거의 불가능, 순록 유목이나 수렵·어로 생활, 가죽이나 털로 만든 두꺼운 옷차림, 열량이 높은 육류 위주의 음식 문화 발달

## · 대표 자료 · 세계의 기후 분포

✦ 창의적 사고력

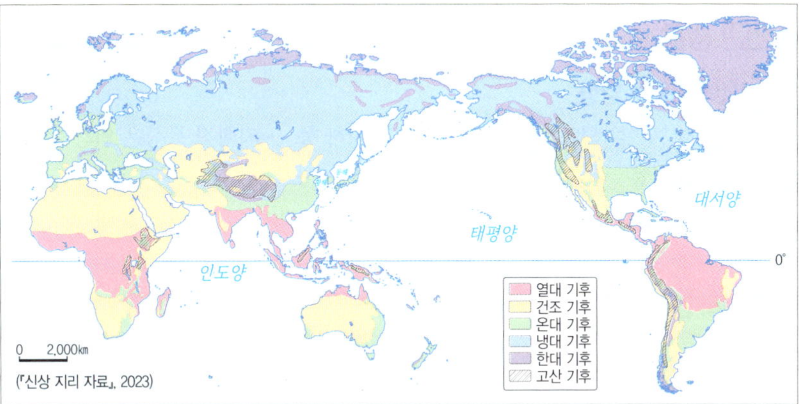


적도 주변에 분포하는 열대 기후 지역은 연중 기온이 높고 강수량이 많으며, 건조 기후 지역은 기온의 일교차가 크며 연 강수량보다 연 증발량이 많다. 중위도에 주로 분포하는 온대 기후 지역은 계절 변화가 비교적 뚜렷하고 기온이 온화하며, 고위도에 주로 분포하는 냉대 기후 지역은 기온의 연교차가 매우 크고 겨울이 춥고 길다. 극지방과 가까운 곳에서 나타나는 한대 기후 지역은 강수량이 적고, 연중 기온이 매우 낮아 인간이 거주하기에 불리하다. 한편, 고산 기후는 고도가 높은 산지에서 나타나며, 이 중 열대 고산 기후는 연중 서늘한 기후가 나타난다.

### · 시험에서는 이렇게 ·

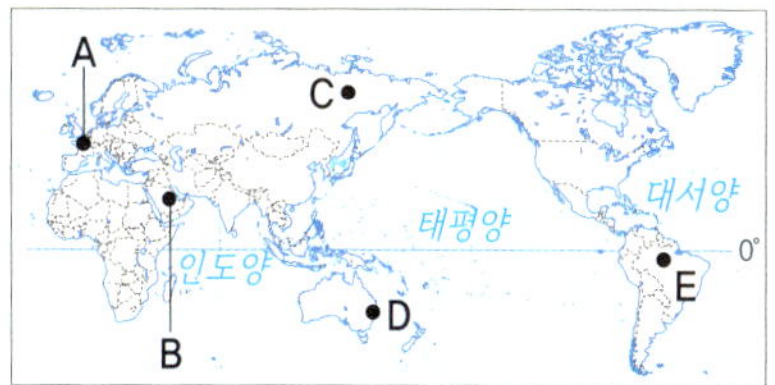


제시된 자료는 세계 지도에 서로 다른 기후가 나타나는 지역을 나타낸 것이다. A와 D는 온대 기후, B는 건조 기후, C는 냉대 기후, E는 열대 기후 지역이다. 지도에 지역만 제시하고 기후를 구분할 수 있는지 확인하는 유형으로 자주 출제된다.

### 시험 준비 길잡이

국가 경계만 표시된 세계 지도에서 특정 지역의 기후를 질문하는 경우가 많아요. 기후는 대체로 저위도인 적도 지방에서 고위도인 극지방으로 가면서 열대·건조·온대·냉대·한대 기후 순으로 나타난다는 점을 기억해 두세요.

## 자료 ❶ 기후에 따른 여러 지역의 생활 모습

🔺 열대 기후 지역의 고상 가옥

🔺 사막 기후 지역의 흙벽돌집

🔺 스텝 기후 지역의 이동식 가옥

고온 다습한 열대 기후 지역에서는 열기와 습기를 피하기 위해 바닥을 지면에서 띄운 고상 가옥을 짓고, 사막 기후 지역에서는 낮의 열기와 밤의 추위를 막기 위해 벽이 두껍고 지붕이 평평한 흙벽돌집을 짓는다. 그리고 스텝 기후 지역에서는 동물의 털로 짠 천이나 가죽으로 이동식 가옥을 만든다.

🔺 사막 기후 지역의 의복

🔺 한대 기후 지역의 의복

🔺 고산 기후 지역의 의복

사막 기후 지역에서는 강한 햇볕과 모래바람을 막기 위해 온몸을 감싸는 헐렁한 옷을 입고, 한대 기후 지역에서는 추위를 견디려고 두꺼운 옷을 입는다. 그리고 일교차가 크고 햇빛이 강한 고산 기후 지역에서는 겉옷과 모자가 발달하였다. 즉, 세계의 기후 지역에서 사람들의 의식주는 기후의 영향을 받아 다양하게 나타난다.

### 개념 확인하기

**1** 인간은 (　　　　)과/와 끊임없이 상호 작용을 하면서 지역마다 고유한 생활양식을 형성한다.

**2** 다음 설명이 맞으면 ○표, 틀리면 ×표를 하시오.

⑴ 강가나 바닷가의 평야는 인간 거주에 불리하다. （　　）

⑵ 열대 기후 지역에서는 이동식 화전 농업과 플랜테이션 농업이 발달하였다. （　　）

⑶ 건조 기후 지역에서는 바닥을 지면에서 띄운 고상 가옥이 발달하였다. （　　）

**3** 다음 의복 문화가 나타나는 기후 지역을 〈보기〉에서 골라 기호를 쓰시오.

| 보기 |
ㄱ. 열대 기후 지역
ㄴ. 건조 기후 지역
ㄷ. 한대 기후 지역

⑴ 얇고 가벼운 옷 （　　）
⑵ 온몸을 감싸는 헐렁한 옷 （　　）
⑶ 가죽이나 털로 만든 두꺼운 옷 （　　）

# 자연환경과 인간 생활



**⑥ 카르스트 지형**
석회암의 주성분인 탄산 칼슘이 이산화 탄소를 포함한 빗물이나 지하수에 녹아서 나타나는 지형

**⑦ 고산 도시**
해발 고도가 높은 산지 지역에 발달한 도시이다. 적도 부근의 고산 지대는 연중 온화한 열대 고산 기후가 나타나 고온 다습한 저지대보다 인간 생활에 유리하다. 예 에콰도르 키토, 볼리비아 라파스 등

**⑧ 우리나라의 계절별 자연재해**
봄에는 가뭄, 여름에는 홍수, 늦여름과 초가을에는 태풍, 겨울에는 폭설과 한파 등이 주로 피해를 준다.

**⑨ 자연재해와 관련된 헌법 조항**

- 제34조 ⑥ 국가는 재해를 예방하고 그 위험으로부터 국민을 보호하기 위하여 노력하여야 한다.
- 제35조 ① 모든 국민은 건강하고 쾌적한 환경에서 생활할 권리를 가지며, 국가와 국민은 환경 보전을 위하여 노력하여야 한다.

**⑩ 풍수해 보험**
태풍, 폭설 등 자연재해로 재산 피해를 입었을 경우 피해 복구 비용을 보상받을 수 있는 보험으로, 보험료의 일부를 국가와 지방 자치 단체에서 보조해 준다.

**⑪ 스마트 재난 관리 시스템**
기상 정보, 교통 정보, 119 신고 내용 등 기관이나 부서별로 관리되는 영상 정보, 통계 정보 등 각종 재난 정보를 통합하고 연계한 재난 정보 통합 시스템

## ③ 지형과 인간 생활

### 1. 지형이 인간 생활에 미치는 영향

**(1) 다양한 지형**: 산지, 평야, 해안, 하천, 사막, 화산, 빙하 등 → 지형적 특성은 인간의 생활 양식에 큰 영향을 미침

**(2) 지형을 이용한 인간 생활**: 과학기술의 발달로 지형을 이용할 수 있는 범위 확대, 화산·빙하·카르스트 지형⑥ 등은 수려한 자연경관을 활용해 관광 산업 발달 〔자료 ②〕

### 2. 다양한 지형에서의 인간 생활

| 구분 | 특성 | 인간 생활 |
|---|---|---|
| 산지 지역 | 해발 고도가 높고 경사가 급하여 인간 거주 불리 | 밭농사·임업·광업 발달, 경관이 수려한 곳은 관광 산업 발달, 적도 부근에는 고산 도시⑦ 발달 |
| 평야 지역 | 평탄하여 경지를 개간하기 좋은 지역은 인간 거주 유리 | 대하천 주변 비옥한 평야 지역에 인구 밀집, 다양한 형태의 농업 발달, 교통로 건설에 유리하여 도시 발달 |
| 해안 지역 | 육지와 바다가 만나는 곳으로 인간 거주 유리 | 농업·어업·양식업 발달, 항구 및 산업 단지 조성, 모래 해안과 갯벌 등 해안 지형을 이용한 관광 산업 발달 |

## ④ 자연재해와 안전할 권리

### 1. 인간의 안전을 위협하는 자연재해

**(1) 자연재해의 의미**: 기후, 지형 등 자연환경 요소들이 인간 생활에 피해를 주는 현상

**(2) 자연재해의 유형과 피해⑧**

| 기후와 관련한 자연재해 | ・홍수: 많은 비로 하천 등이 범람 → 농경지와 주택 등 침수<br>・가뭄: 장기간 비가 내리지 않음 → 농작물 피해, 식수 부족, 넓은 지역에 피해<br>・태풍(열대 저기압): 강풍과 집중 호우 동반 → 시설물 침수 및 파괴 등 풍수해<br>・폭설: 한꺼번에 많은 눈이 내림 → 시설물 붕괴, 교통 마비 등 |
|---|---|
| 지형과 관련한 자연재해 | ・지진: 땅이 갈라지고 흔들림 → 건축물과 도로 붕괴, 산사태 발생 등<br>・화산 활동: 용암, 화산재 등 분출 → 건축물과 농작물 피해, 항공기 운항에 지장<br>・산사태: 토양층이 순식간에 흘러 내려감 → 도로나 건물 피해 발생 |

**(3) 인간 활동의 영향**: 기후변화로 자연재해 발생 횟수와 피해 규모 증가, 해수면 상승과 인공 구조물 설치로 인한 해안 침식, 공사 부실로 인한 땅꺼짐(싱크홀) 등

### 2. 안전하고 쾌적한 환경에서 살아갈 시민의 권리

**(1) 헌법에 보장된 기본권**: 헌법 제34조와 제35조⑨에 안전권과 환경권 보장

**(2) 헌법 정신에 따른 법률 제정**: 자연재해와 관련된 헌법 조항을 바탕으로 「자연재해 대책법」, 「재난 및 안전 관리 기본법」, 「국민 안전 교육 진흥 기본법」 등을 제정함 〔자료 ③〕

**(3) 안전하고 쾌적한 환경에서 살아가기 위한 노력**

| 국가·사회적 차원 | ・평상시 예보 활동과 대응 훈련 시행, 재해 발생 시 신속한 복구 및 지원 등<br>・재해 예방·복구·지원 관련 정책 수립 예 특별 재난 지역 선포, 풍수해 보험⑩ 지원<br>・자연재해 저감 종합 계획 및 스마트 재난 관리 시스템⑪ 구축 등 |
|---|---|
| 개인적 차원 | ・국민 스스로 안전에 대한 권리 인식 → 국가나 지방 자치 단체에 안전 조치 요청<br>・재해·재난 대비 안전 교육 및 대응 훈련에 적극적으로 참여 |

## • 대표 자료 • 주요 자연재해에 의한 피해     + 비판적 사고력

| 홍수 | 가뭄 | 지진 |
|---|---|---|
|  |  |  |
| 집중 호우의 빈도가 증가하여 홍수가 자주 발생하고 있다. 홍수가 발생하면 농경지와 주택이 침수되어 인명과 재산 피해가 나타난다. | 오랫동안 비가 내리지 않는 가뭄이 지속되면, 식량과 식수가 부족해진다. 또한 토양 건조화가 심각해져 산불이 증가할 수 있다. | 지진이 발생하면 짧은 시간에 많은 건물과 도로가 붕괴되어 재산과 인명 피해가 나타난다. 또한 지진 해일로 큰 피해가 발생하기도 한다. |

시민의 안전을 위협하는 자연재해에는 홍수, 가뭄, 지진 외에도 폭설, 화산 활동, 태풍, 해수면 상승 등 다양한 유형이 있다. 자연재해는 인간의 힘으로 완전히 막을 수는 없지만, 사전 예측에 따른 예방 조치와 방어 시설물 구축, 재해 발생 시 신속한 복구 대책 수립 등으로 재해에 따른 피해를 최소화할 수 있다. 시민은 안전하고 쾌적한 환경 속에서 살아갈 권리가 있으므로, 정부는 자연재해의 위협으로부터 시민을 보호하기 위해 재해 예방 대책을 수립할 필요가 있다.

## • 시험에서는 이렇게 •

| (가) 발생 시 국민 행동 요령 | (나) 발생 시 국민 행동 요령 |
|---|---|
| • 산사태, 절벽 붕괴에 주의하고, 해안에서 해일 특보가 발령되면 높은 곳으로 대피합니다. <br> • 떨어지는 물건에 다치지 않게 가방이나 손으로 머리를 보호합니다. | • 경보 발령 시 어업 활동을 중단하고, 피서객·저지대 주민은 신속히 안전 지대로 대피합니다. <br> • 강풍에 대비하여 비닐하우스·재배 시설 등은 단단히 고정합니다. |

(가)는 지진, (나)는 태풍이다. 시험에서는 자연재해의 종류를 구분하고, 특징과 대응 방안을 파악할 수 있는지 확인하는 유형으로 자주 출제된다.

### 시험 준비 길잡이

제시된 글이나 사진으로 자연재해의 유형을 확인하고, 그 특징과 대응 방안을 묻는 문제가 많이 출제되고 있어요. 지진은 해일, 태풍은 강풍 등 각 자연재해와 관련된 주요 개념을 정리해 두세요.

## 자료 ❷ 지형을 이용한 인간 생활

△ 수력 발전

△ 지열 발전

△ 카르스트 지형(튀르키예)

과학기술의 발달로 인간이 지형을 이용할 수 있는 범위가 넓어졌다. 에너지 생산에서 산지 지형을 이용한 수력 발전, 풍력 발전, 화산 지형을 이용한 지열 발전, 해안 지역의 조차를 이용한 조력 발전 등이 이루어지고 있다. 한편 화산, 빙하, 카르스트 지형 등은 수려한 자연경관을 바탕으로 관광 산업이 발달하였다.

## 자료 ❸ 자연재해와 관련된 법률

---

**「재난 및 안전 관리 기본법」**

**제4조**(국가 등의 책무) 국가와 지방 자치 단체는 재난이나 그 밖의 각종 사고로부터 국민의 생명·신체 및 재산을 보호할 책무를 지고, …… 발생한 피해를 신속히 대응·복구하여 일상으로 회복할 수 있도록 지원하기 위한 계획을 수립·시행하여야 한다.

---

국가는 각종 법률을 제정하여 국민의 생명과 재산을 보호하고 있다. 따라서 자연재해로 인한 인명 및 재산상의 피해를 입은 국민은 법률에 따라 국가 또는 지방 자치 단체에 복구를 요청하거나 복구 비용을 지원받을 수 있다.

## 개념 확인하기

**4** ( ) 지역은 해발 고도가 높고 경사가 급하여 인간 거주에 불리하지만, 적도 부근에는 고산 도시가 발달한다.

**5** 다음과 같은 피해가 발생하는 자연재해를 〈보기〉에서 골라 기호를 쓰시오.

| 보기 | |
|---|---|
| ㄱ. 가뭄 | ㄴ. 태풍 |
| ㄷ. 지진 | ㄹ. 화산 활동 |

(1) 도로 붕괴, 산사태 ( )
(2) 농작물 피해, 식수 부족 ( )
(3) 화산재로 항공기 운항에 지장 ( )
(4) 시설물 침수 및 파괴 등 풍수해 ( )

**6** 다음 설명이 맞으면 ○표, 틀리면 ×표를 하시오.

(1) 가뭄, 홍수, 폭설, 열대 저기압 등은 지각 변동과 관련한 자연재해이다. ( )
(2) 국가는 재해를 예방하고 그 위험으로부터 국민을 보호해야 하며, 국민은 안전하고 쾌적한 환경에서 살아갈 권리가 있다.
( )

**01** 사례를 통해 알 수 있는 내용으로 적절한 것만을 〈보기〉에서 있는 대로 고른 것은?

> 바오바브나무는 마다가스카르의 생태계를 유지하는 데 큰 역할을 할 뿐만 아니라 마다가스카르 사람들의 생활에도 다양하게 활용된다. 마다가스카르 사람들은 바오바브나무의 껍질을 이용하여 지붕, 밧줄, 바구니 등과 같은 생활 도구를 만든다. 또한, 바오바브나무의 열매와 잎을 음식과 약의 재료로 쓰고 화장품을 만드는 데 이용한다.

┤ 보기 ├
ㄱ. 자연환경은 인간 생활의 토대를 제공한다.
ㄴ. 인간은 자연환경을 활용하면서 생활양식을 형성한다.
ㄷ. 인간의 생활양식은 지역에 관계없이 비슷하게 나타난다.
ㄹ. 마다가스카르 사람들은 과학기술의 발달로 자연환경을 극복하였다.

① ㄱ  ② ㄷ  ③ ㄱ, ㄴ
④ ㄴ, ㄷ  ⑤ ㄴ, ㄷ, ㄹ

**대표 자료** **링크**

**02** 지도는 세계의 기후 지역을 나타낸 것이다. A~E 기후 지역에 대한 설명으로 옳은 것은?

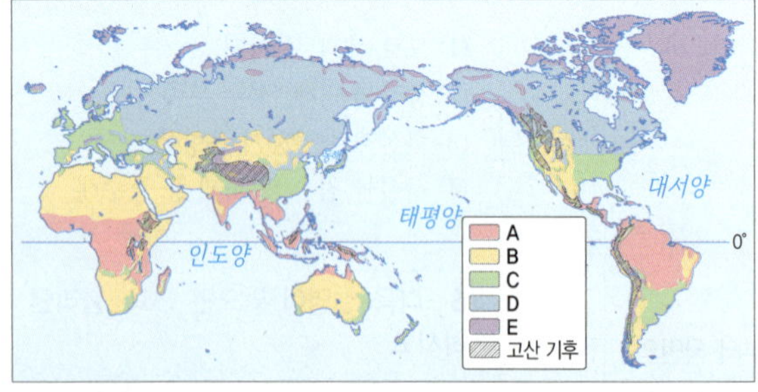


① A는 연 강수량이 적어 물이 부족하다.
② B는 C보다 아프리카 내에서 분포하는 면적이 좁다.
③ C는 A보다 계절 변화가 뚜렷하다.
④ E는 D보다 단위 면적당 수목의 밀집도가 높다.
⑤ A~E 중 기온의 연교차는 A가 가장 크다.

**03** 다음은 서로 다른 기후 지역에서 나타나는 가옥의 모습이다. (가), (나) 기후 지역에 대한 옳은 설명만을 〈보기〉에서 고른 것은?

(가)  (나)

┤ 보기 ├
ㄱ. (가)의 지붕 경사가 급한 것은 강수량의 영향이 크다.
ㄴ. (나)는 조립과 분해 절차가 비교적 단순하다.
ㄷ. (가)는 (나)보다 대체로 고위도 지역에서 볼 수 있다.
ㄹ. (가), (나)는 모두 주재료를 침엽수림으로부터 얻는다.

① ㄱ, ㄴ  ② ㄱ, ㄷ  ③ ㄴ, ㄷ
④ ㄴ, ㄹ  ⑤ ㄷ, ㄹ


**이 문제에서 나올 수 있는 모든 선택지** ✓

**04** 다음은 학생이 작성한 학습 카드의 일부이다. (가)에 들어갈 내용으로 적절한 것은?

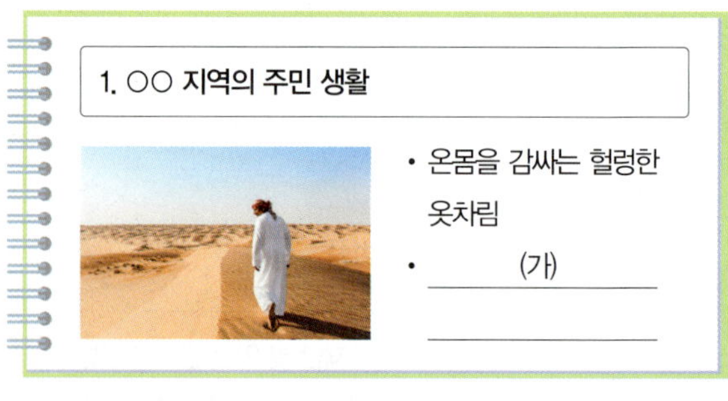


① 포도, 올리브 등 수목 농업 발달
② 바닥을 지면에서 띄운 집에서 생활
③ 추위를 잘 견디는 순록을 주로 유목
④ 쌀로 만든 밥과 국수를 주식으로 이용
⑤ 이동식 화전 농업으로 카사바, 얌 등 재배
⑥ 흙을 이용해 벽을 두껍게 만든 집에서 생활

**중요해**

**05** 사진에 나타난 사람들의 생활 모습을 통해 알 수 있는 내용으로 적절하지 <u>않은</u> 것은?

▲ 냉대 기후 지역의 가옥

▲ 고산 기후 지역의 의복

① 지역의 기후는 가옥과 사람들의 의복에 영향을 미친다.
② 냉대 기후 지역에서는 주변의 침엽수림을 이용하여 통나무집을 짓는다.
③ 사람들은 자연환경에 적응하면서 지역마다 고유한 생활양식을 만들어 왔다.
④ 일단 만들어진 사람들의 생활양식은 자연환경의 변화와 관계없이 계속 유지된다.
⑤ 고산 기후 지역에서는 큰 일교차와 강한 햇빛에 대비해 겉옷과 모자가 발달하였다.

**06** 밑줄 친 ㉠~㉤에 대한 설명으로 옳은 것은?

> 지표면에는 산지, 평야, 해안, ㉠하천, 사막, 화산, 빙하 등 다양한 지형이 발달한다. 이러한 지형은 ㉡교통로 건설과 ㉢산업 단지 조성 등 인간의 삶에 많은 영향을 미친다. 대표적으로 평야 지역, 산지 지역, ㉣해안 지역은 각 특성에 따라 다양한 주민 생활을 살펴볼 수 있다. 한편, 자연경관이 독특한 화산, 빙하, ㉤카르스트 지형 등은 이를 이용한 관광 산업이 발달하기도 하였다.

① ㉠의 주변은 일반적으로 인구 밀집도가 낮다.
② ㉡에 유리한 지역은 주로 임업과 밭농사가 발달하였다.
③ ㉢은 주로 사람이 거주하기에 불리한 지역에 조성된다.
④ ㉣은 수력 발전을 하기에 유리하다.
⑤ ㉤은 석회암이 빗물이나 지하수에 녹아서 나타나는 지형이다.

**07** 다음은 서로 다른 지형이 발달한 지역의 모습이다. (가), (나) 지형에 대한 옳은 설명만을 〈보기〉에서 고른 것은?

(가)

▲ 지열 발전

(나)

▲ 파묵칼레(튀르키예)

| 보기 |
ㄱ. (가) - 갯벌이 발달한다.
ㄴ. (가) - 땅 속의 열에너지를 이용해 전력을 생산한다.
ㄷ. (나) - 빙하를 관광 상품으로 이용한다.
ㄹ. (나) - 석회암이 주로 기반암을 이루고 있다.

① ㄱ, ㄴ  ② ㄱ, ㄷ  ③ ㄴ, ㄷ
④ ㄴ, ㄹ  ⑤ ㄷ, ㄹ

**대표 자료 링크**

**08** 다음은 서로 다른 자연재해로 나타날 수 있는 피해이다. (가)~(다) 자연재해에 대한 설명으로 옳은 것은?

> (가) 집중 호우로 농경지와 주택이 물에 잠겨 많은 사람이 죽고 재산 피해가 나타날 수 있다.
> (나) 오랫동안 비가 내리지 않아 식량과 식수가 부족해질 수 있고, 토양 건조화가 심각해져 산불이 증가할 수 있다.
> (다) 짧은 시간에 많은 건물과 도로가 붕괴되어 재산과 인명 피해가 나타날 수 있고, 해안 지역에서는 해일로 큰 피해가 발생하기도 한다.

① (가)는 홍수, (나)는 가뭄, (다)는 폭설이다.
② (나)는 열대 저기압의 영향이 미칠 때 주로 발생한다.
③ (다)는 우리나라에는 거의 영향을 미치지 않는다.
④ (가)~(다)에 대해 사전 예측에 따른 예방 조치 등으로 피해를 최소화하려는 노력이 이루어지고 있다.
⑤ (가)~(다)는 모두 오늘날 과학기술의 발달에 따라 피해 규모가 감소하고 있다.

**09** 그림에서 지적하는 문제에 대한 옳은 설명만을 〈보기〉에서 있는 대로 고른 것은?

┤ 보기 ├

ㄱ. 해수면 상승으로 가속화되고 있다.
ㄴ. 해안 주변의 인공 구조물 설치로 모래 공급이 줄어든 결과이다.
ㄷ. 인간 활동으로 자연환경이 변화하여 시민의 안전이 위협받은 대표 사례이다.

① ㄱ      ② ㄴ      ③ ㄱ, ㄴ
④ ㄱ, ㄷ      ⑤ ㄱ, ㄴ, ㄷ

**10** 이 문제에서 나올 수 있는 **모든 선택지 ✓**

다음 우리나라 헌법 조항을 통해 추론할 수 있는 내용으로 가장 적절한 것은?

· 제34조 ⑥ 국가는 재해를 예방하고 그 위험으로부터 국민을 보호하기 위하여 노력하여야 한다.
· 제35조 ① 모든 국민은 건강하고 쾌적한 환경에서 생활할 권리를 가지며, 국가와 국민은 환경 보전을 위하여 노력하여야 한다.

① 국민의 생명과 재산의 보호는 법적으로 보장된다.
② 자연재해 예방 및 복구는 국민의 기본적인 의무이다.
③ 국가는 국민의 안전보다 자연 보호를 중시해야 한다.
④ 환경 보전의 주된 책임은 국가보다 일반 시민에게 있다.
⑤ 사회 전체의 이익을 위해 개인의 안전권을 제한할 수 있다.
⑥ 자연환경과 관련한 모든 문제는 법과 제도로 해결할 수 있다.

**11** 사진을 보고 물음에 답하시오.

🔎 지중해 연안 지역의 가옥

(1) 위 가옥의 특징을 <u>두 가지</u> 이상 서술하시오.

_______________________________________

(2) (1)의 특징이 나타나는 이유를 기후와 관련지어 서술하시오.

_______________________________________

_______________________________________

**3단계** 로 완성하기

**12** 다음 사례를 바탕으로 자연재해와 관련하여 국가가 져야 할 책임을 서술하시오.

북아프리카의 모로코에서는 2023년에 대규모 지진이 발생하여 수많은 사람이 죽거나 다치고 집을 잃었다. 모로코에서는 평소에 큰 지진이 발생하지 않았기 때문에 대비가 제대로 이루어지지 않아 피해 규모가 상대적으로 더 컸다.

**1단계** 위 사례에 나타난 자연재해로 인한 피해를 시민의 권리와 관련지어 써 보세요.

**2단계** 1단계에서 정리한 피해가 상대적으로 더 커진 이유를 국가의 노력과 관련하여 추론해 보세요.

_______________________________________

**3단계** 1단계와 2단계에서 정리한 내용을 바탕으로 자연재해와 관련한 국가의 책임을 서술해 보세요.

_______________________________________

_______________________________________

# 1등급 도전하기 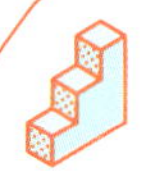

**01** 창의 융합

다음은 서로 다른 지역을 표현한 그림이다. (가), (나) 지역에 대한 옳은 설명만을 〈보기〉에서 있는 대로 고른 것은?

(가)

(나)

🔺 영국 웨스트민스터 다리 밑의 템스강을 표현한 그림

🔺 프랑스 프로방스의 올리브 나무들을 표현한 그림

| 보기 |

ㄱ. (가)는 계절풍의 영향을 크게 받는다.
ㄴ. (가)는 혼합 농업과 목축업이 발달하였다.
ㄷ. (나)는 여름철에 기온이 높고 비가 적게 내린다.
ㄹ. (나)의 전통 가옥은 지붕의 경사가 급한 고상 가옥이다.

① ㄱ  ② ㄴ  ③ ㄱ, ㄹ
④ ㄴ, ㄷ  ⑤ ㄱ, ㄴ, ㄹ

**02** 다음은 서로 다른 기후 지역의 특성이다. (가)~(다) 기후 지역에서 나타나는 주민 생활에 대한 설명으로 옳은 것은?

(가) 연중 기온이 낮아 나무가 자라지 못한다.
(나) 연중 기온이 높고 일 년 내내 강수량이 많다.
(다) 날씨가 온화하고 연중 고른 강수량을 나타낸다.

① (가)에서는 주로 온몸을 감싸는 헐렁한 옷을 입는다.
② (나)는 육류 위주의 음식 문화가 발달하였다.
③ (다)는 계절풍의 영향으로 벼농사가 발달하였다.
④ (가)는 (나)보다 농사를 짓기 어렵다.
⑤ (나)는 (다)보다 계절별로 다른 옷차림이 발달하였다.

**03** 사례를 통해 알 수 있는 내용으로 가장 적절한 것은?

해발 고도가 높고 경사가 급한 스위스에서는 산악 열차를 타고 알프스의 아름다운 봉우리를 체험하는 관광 산업이 발달하였다.

호남평야는 여러 개의 강이 지나는 곳에 펼쳐진 넓은 평야로, 벼농사가 발달하여 우리나라 최대의 곡창 지대가 되었다.

① 산지 지역은 벼농사가 발달하는 데 유리하다.
② 산지 지역은 경사가 급해 관광 산업이 발달하기 어렵다.
③ 평야 지역은 여러 개의 하천이 지나는 곳에 발달하기 어렵다.
④ 산지 지역은 평야 지역보다 인간이 거주하는 데 유리하다.
⑤ 지형적 특성은 인간의 거주 공간과 생활양식에 큰 영향을 미친다.

**04** (가), (나)는 우리나라에서 많이 발생하는 자연재해이다. 이에 대한 설명으로 옳은 것은?

(가) 열대 저기압이 발달하여 나타나는 거대한 공기의 소용돌이로, 태평양 남서부에서 발생하여 우리나라로 불어온다. 발생 지역에 따라 허리케인, 사이클론 등으로 불린다.
(나) 한꺼번에 많은 눈이 내리는 자연 현상으로, 우리나라에서는 차가운 시베리아 기단이 한반도 주변의 따뜻한 바다를 건너오면서 따뜻하고 습윤한 공기 덩어리와 만나 눈구름을 형성하며 발생한다.

① (가)는 강풍과 많은 비를 동반해 피해가 발생한다.
② (나)는 저위도의 열대 해상에서 주로 발생한다.
③ (가)는 (나)보다 겨울철 발생 빈도가 높다.
④ (나)는 (가)보다 해일 피해를 유발하는 경우가 많다.
⑤ (가)는 기후적 요인에 의해 발생하고, (나)는 지형적 요인에 의해 발생한다.

**01** **교육청 기출 | 응용**

23학년도 7월 고3 학평 세계지리 15번 응용

다음 자료는 두 지역의 전통 음식을 소개한 것이다. (가), (나) 지역에 대한 설명으로 옳은 것만을 〈보기〉에서 고른 것은?

| 지역 | 전통 음식 소개 | |
| --- | --- | --- |
| (가) | 카오팟은 밥에 해산물과 채소 등을 넣어 볶은 음식으로 '카오'는 쌀을, '팟'은 볶는 것을 의미한다. | |
| (나) | 아에쉬는 '생명'이라는 뜻의 전통 빵이다. 건조하고 척박한 땅에서도 잘 자라는 밀을 소량의 물로 반죽하여 화덕에 구운 음식이다. | |

┤ 보기 ├
ㄱ. (가)는 여름철이 고온 건조하다.
ㄴ. (나)는 연 강수량보다 연 증발량이 많다.
ㄷ. (가)는 (나)보다 단위 면적당 나무가 많다.
ㄹ. (나)는 (가)보다 기온의 일교차가 작다.

① ㄱ, ㄴ　　② ㄱ, ㄷ　　③ ㄴ, ㄷ　　④ ㄴ, ㄹ　　⑤ ㄷ, ㄹ

**➕ 수능 만점 한끝**

제시된 자료의 전통 음식을 볼 수 있는 기후 지역을 파악한 뒤에 그 기후 지역에서 나타나는 특성에 대한 설명이 맞는지 판단한다.

**● 문제의 핵심**

| 열대 기후 | 연중 기온이 높고, 강수량이 많음 |
| --- | --- |
| 건조 기후 | 강수량이 적고, 기온의 일교차가 큼 |

**02** **수능 기출 | 응용**

24학년도 수능 세계지리 12번 응용

지도의 A~E 지역에 대한 설명으로 옳은 것은?

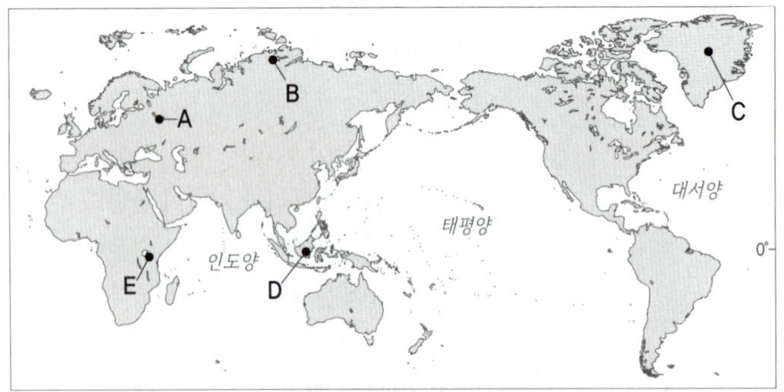


① A에는 카사바, 얌 등의 식량 작물이 주로 재배된다.
② B는 연중 기온이 낮아 농업이 거의 불가능하다.
③ C에는 타이가라고 불리는 침엽수림대가 넓게 분포한다.
④ D의 전통 가옥은 이동식 천막인 유르트이다.
⑤ E의 사바나에는 일 년 내내 비가 적게 내린다.

**➕ 수능 만점 한끝**

지도에 제시된 지역별로 기후를 파악하고, 각 기후 지역의 특징을 바탕으로 주민 생활을 추론한다.

**● 문제의 핵심**

| 열대 기후 | 이동식 화전 농업, 플랜테이션이 이루어짐 |
| --- | --- |
| 냉대 기후 | 넓은 침엽수림이 분포함 |
| 한대 기후 | 기온이 낮아 나무가 자라지 못함 |

22학년도 수능 세계지리 2번 응용

## 03 여행 상품 정보에서 (가), (나) 여행지에 대한 설명으로 옳은 것은?

○○ 투어

**[ (가) ] 블루라군 + 화산과 간헐천**

온천욕을 즐기며 오로라 현상을 감상할 수 있는 '블루라군'은 이 지역의 대표적 관광지이다. 또한, 주변 지역에서는 최근까지 분출이 있었던 화산과 땅속에서 솟구쳐 오르는 간헐천 등 다양한 화산 지형을 볼 수 있다.

#오로라 #온천욕 #화산 ★★★★★

**[ (나) ] 포스토이나 동굴 + 카르스트 지형**

유럽의 유명한 석회 동굴 중 하나로 손꼽히는 '포스토이나 동굴'은 이 지역의 대표적 관광지이다. 동굴 내부에는 오랜 시간에 걸쳐 형성된 다양한 형태의 종유석과 석순이 있다. 그 규모는 관광용 기차를 타고 관람할 수 있을 만큼 크다.

#카르스트 지형 #석회 동굴 ★★★★★

① (가)는 건조 기후 지역에 위치한 지역이다.
② (나)에 분포하는 지형은 우리나라에서 볼 수 없다.
③ (가)의 화산은 인간의 안전을 위협하지 않는다.
④ (나)의 지형은 석회암이 빗물이나 지하수에 녹아서 나타난다.
⑤ (가), (나)에서는 기후를 활용한 관광 산업이 발달하였다.

**수능 만점 한끝**

제시된 자료에 나타난 여행 상품의 특징을 이해하고, 화산 지형과 카르스트 지형에 대한 선택지의 설명이 옳은지 판단한다.

**이렇게도 출제될 수 있어요!**

화산 지형과 카르스트 지형을 나타낸 자료를 제시하고, 두 지형이 나타나는 지역에서 공통으로 발달하는 산업의 유형을 묻는 문제가 출제될 수 있어요.

---

 

24학년도 6월 고1 학평 11번 응용

## 04 다음은 자연재해에 관한 안전 안내 문자 내용의 일부이다. 이에 대한 옳은 설명만을 〈보기〉에서 있는 대로 고른 것은? (단, (가)~(다)는 각각 대설, 태풍, 황사 중 하나임)

⚠ ○○ 지역

[ (가) ] 경보 발생, 창문을 닫아 유입 차단, 외출 시 마스크 착용, 실외 활동 가급적 자제, 호흡기 환자 주의

⚠ △△시

[ (나) ] 경보 발생, 출퇴근 시 대중교통 이용, 차량 운행 시 월동 장비 구비하여 안전 운행, 미끄럼 사고 주의

⚠ □□시

[ (다) ] 접근으로 강풍에 의한 창문 파손 주의, 낙하물 주의, 외출 자제, 야외 활동 중단, 하천 주변 진입 주의

┤ 보기 ├

ㄱ. (가)는 대기 중 미세 먼지 농도를 증가시킨다.
ㄴ. (나)에 대비하여 건물의 내진 설계를 실시한다.
ㄷ. (다)는 (가)보다 많은 강수를 동반하는 자연재해이다.
ㄹ. (나), (다) 모두 국가에서 풍수해 보험료의 일부를 지원해 준다.

① ㄱ  ② ㄴ  ③ ㄴ, ㄷ  ④ ㄷ, ㄹ  ⑤ ㄱ, ㄷ, ㄹ

**수능 만점 한끝**

제시된 자연재해의 유형을 파악하고, 자연재해별 피해와 국가의 대응 방안에 대한 설명이 옳은지 판단한다.

**이렇게도 출제될 수 있어요!**

제시된 자료로 자연재해의 유형을 파악한 후, 개인적 차원의 대응 방안을 모색하는 문제가 출제될 수 있어요.

# 02~03 인간과 자연의 관계 ~ 환경 문제 해결을 위한 다양한 노력

**한끝 더하기**

**❶ 전일론**
전체는 단순히 부분들의 집합이 아니라 각 부분이 밀접하게 연결·결합되어 하나의 독립적인 실체를 이룬다는 관점

**❷ 환경 파시즘**
생태계 전체의 선(善)을 위해 인간이 포함된 개별 생명체의 선을 희생할 수 있다고 보는 극단적 생태 중심주의 입장을 비판하는 말이다.

**❸ 유기적 관계**
전체를 구성하고 있는 각 부분이 서로 밀접하게 관련이 있어서 떼어 낼 수 없는 관계

**❹ 생태 도시**
도시를 하나의 유기적 생명체로 인식하는 개념으로, 사람과 자연환경이 조화를 이루며 함께 살아갈 수 있는 체계를 갖춘 도시

**❺ 슬로 시티(slow city)**
공해 없는 자연 속에서 전통문화와 자연을 잘 보호하면서 느림의 삶을 추구하는 국제 운동

**❻ 자연 휴식년제**
생태계를 보전하기 위해 훼손의 우려가 있는 지역을 지정하여 일정 기간 출입을 통제하는 제도

## 1 자연을 바라보는 다양한 관점 〔대표 자료〕

### 1. 인간 중심주의 자연관

**(1) 의미:** 자연을 바라볼 때 인간의 이익이나 행복을 먼저 고려하는 관점

**(2) 특징** 〔자료 ❶〕

| | |
|---|---|
| **이분법적 관점** | 인간과 자연을 분리하여 바라봄 → 인간을 자연과 구별되는 우월한 존재로서 유일하게 본래적 가치를 지닌다고 봄 |
| **자연의 도구적 가치 강조** | 자연을 인간의 풍요로운 삶을 위한 수단으로 여김 → 자연을 인간의 풍요를 위한 개발과 극복의 대상으로 여김 |

**(3) 장점:** 과학기술의 발전과 경제 성장을 이루어 인간의 삶을 풍요롭게 함

**(4) 한계:** 무분별한 자연 개발과 자원 남용으로 생태계를 파괴하고, 자연을 훼손할 우려가 있음

### 2. 생태 중심주의 자연관

**(1) 의미:** 인간을 포함한 자연 전체의 균형과 안정을 먼저 고려하는 관점

**(2) 특징**

| | |
|---|---|
| **전일론❶적 관점** | 인간을 포함한 자연 전체를 하나로 바라봄 → 모든 생명체가 자연의 일부이며, 인간도 자연을 구성하는 일부라고 인식함 |
| **자연의 내재적 가치 강조** | 자연은 그 자체로 본래의 가치를 지님 → 자연은 인간에게 주는 유용성과 관계없이 그 자체로 존중받을 가치가 있음 |

**(3) 장점:** 인간과 자연이 공존하는 새로운 관점을 제시하여 환경 문제 해결의 실마리를 제공함

**(4) 한계:** 생태계 보호를 위해 자연에 대한 인간의 어떤 개입도 허용하지 않는다는 점에서 비현실적이라는 비판을 받음 → 환경 파시즘❷으로 이어질 우려가 있음

## 2 인간과 자연의 공존을 위한 노력

### 1. 인간과 자연의 유기적 관계❸
인간은 생태계의 일부로서, 인간과 자연은 유기적 관계를 맺고 영향을 주고받음 → 인간과 자연은 서로 공존하는 관계임

### 2. 인간과 자연의 관계를 성찰하는 동양의 자연관

| | |
|---|---|
| **유교** | 인간과 자연이 조화를 이루는 천인합일(天人合一)의 경지를 지향함 |
| **불교** | 모든 존재가 원인과 조건으로 연결되어 서로 영향을 주고받는다는 연기(緣起)의 원리에 따라 모든 생명을 소중히 여길 것을 강조함 |
| **도가** | 자연이 내재된 질서에 따라 스스로 알아서 자연스럽게 움직인다는 무위자연(無爲自然) 원리를 바탕으로 인간이 자연과 조화를 이루어야 함을 주장함 |

### 3. 인간과 자연의 공존을 위한 노력 〔자료 ❷〕

| | |
|---|---|
| **개인적 차원** | • 환경친화적인 가치관을 지니고 이를 실천해야 함 ⑩ 자원 재활용, 대중교통 이용 등<br>• 생태 공동체 의식을 정립하여 미래 세대의 생존, 생태계 전체의 보전을 고려해야 함 |
| **사회적 차원** | • 생태계 유지가 가능한 범위에서 자연을 개발해야 함 ⑩ 생태 도시❹ 및 슬로 시티❺ 지정, 생태 통로 건설 등<br>• 개발 과정에서 파괴된 생태계를 복원하려는 노력이 필요함 ⑩ 자연 휴식년제❻ 도입, 산지나 하천 등의 생태계 복원 사업 등 |

### • 대표 자료 • 인간 중심주의 생태 중심주의 자연관을 지닌 사상가 → 비판적 사고력

> 자연이 인간에게 이롭도록 지식을 활용해야 한다. 방황하고 있는 자연을 사냥해서 노예로 만들어 인간의 이익에 봉사하도록 해야 한다. 지식은 인간이 자연을 의도에 맞게 변형하여 자연에 대한 지배력을 강화하는 데 유용하다. — 베이컨

> 바람직한 대지 이용을 오직 경제적 문제로만 생각하면 안 된다. 낱낱의 물음을 경제적으로 무엇이 유리한가 하는 관점뿐만 아니라 윤리적, 심미적으로 무엇이 옳은가의 관점에서도 검토해야 한다. — 레오폴드

베이컨은 인간 중심주의 자연관의 대표적인 사상가로, 인간을 위해 자연을 지배하고 활용해야 하며, 자연을 잘 이용하려면 자연에 관한 지식이 필요하다고 본다. 이를 바탕으로 인간 중심주의 자연관은 산업화, 도시화 과정에서 자연을 개발하는 데 정당성을 부여하였고 인간의 삶을 풍요롭게 하는 토대가 되었다. 한편, 레오폴드는 생태 중심주의 자연관의 대표적인 사상가로, 공동체의 범위를 식물, 동물, 토양, 물을 포함하는 대지 전체로 확대시키는 대지 윤리를 주장하였다. 대지 윤리에서는 대지를 지배와 이용의 대상이 아닌 서로 균형을 맞추며 살아가는 공동체로 파악하고 이를 존중할 것을 강조한다. 그 밖에 자연을 바라보는 관점에는 도덕적 고려의 대상을 어디까지 인정할 것인가에 따라 동물 중심주의 자연관, 생명 중심주의 자연관 등도 있다.

### • 시험에서는 이렇게 •

- 갑: 방황하고 있는 자연을 사냥해서 노예로 만들어 인간의 이익에 봉사하도록 해야 한다.
- 을: 어떤 것의 가치는 그것이 생명 공동체의 안정성과 아름다움의 보존에 얼마나 이바지하는가에 달려 있다.

갑은 인간 중심주의 자연관을 지닌 베이컨, 을은 생태주의 자연관을 지닌 레오폴드이다. 시험에서는 두 사상가의 관점을 비교하는 유형이 주로 출제된다.

#### 시험 준비 길잡이

인간과 자연의 관계를 인간 중심주의 관점 또는 생태 중심주의 관점에서 바라보는 글이나 대화를 자료로 주는 경우가 많아요. 인간 중심주의는 자연을 인간을 위한 도구로 여기는 반면, 생태 중심주의는 인간을 포함한 생태계의 가치를 존중해야 한다고 여긴다는 것을 꼭 정리해 두세요.

---

### 자료 ❶ 산악 열차 건설에 대한 인간 중심주의와 생태 중심주의의 입장

- 갑: ○○산 산악 열차가 생기면 겨울철에 폭설로 불편을 겪는 주민들에게 교통 기본권을 제공하고 지역 경제에 도움을 줄 수 있습니다.
- 을: 무게가 150톤 정도인 ○○산 산악 열차를 운행하려면 대규모 공사를 해야 하고, 자연을 훼손할 수밖에 없을 것입니다. 따라서 산악 열차 설치에 반대합니다.

갑은 주민들에게 편리함을 제공하고 지역 경제 활성화에 도움된다는 이유로 ○○산 산악 열차 건설에 찬성하고 있다. 따라서 갑은 인간이 자연을 이용할 권리를 지닌다고 보므로, 인간 중심주의 자연관을 지니고 있다. 을은 자연에 대한 인간의 개입으로 자연이 파괴되며, 자연은 원형대로 유지해야 한다는 이유로 ○○산 산악 열차 건설에 반대하고 있다. 따라서 을은 인간이 자연의 질서에 함부로 개입하면 안 된다고 보므로, 생태 중심주의 자연관을 지니고 있다.

### 자료 ❷ 인간과 자연의 공존을 위한 노력

◆ 생태 통로

생태 통로는 인간이 만든 도로나 철도 등에 의해 동식물의 서식 환경이 단절되는 것을 막기 위해 만든 것이다. 이는 인간의 필요에 따른 자연 개발은 인정하면서도 개발이 생태계에 미칠 악영향은 최소화하려는 노력이다. 이처럼 우리는 인간 중심주의와 생태 중심주의의 장점을 조화롭게 추구하면서 인간과 자연이 공존할 수 있게 노력해야 한다.

### 개념 확인하기

**1** 다음 내용이 인간 중심주의의 입장이면 '인', 생태 중심주의의 입장이면 '생'이라고 쓰시오.

(1) 자연은 그 자체로 본래적 가치를 지닌다.
( )

(2) 인간은 자연과 구별되는 우월한 존재이다.
( )

(3) 인간의 이익이나 필요에 따라 자연의 가치를 평가한다.
( )

**2** 인간은 생태계를 구성하는 자연의 일부로서 다른 생명체와 ( ) 관계를 맺으며 살아가고 있다.

**3** 다음에서 설명하는 자연관을 지닌 사상을 〈보기〉에서 골라 기호를 쓰시오.

| 보기 |
| ㄱ. 도가   ㄴ. 불교   ㄷ. 유교 |

(1) 연기(緣起)를 깨닫는다. ( )
(2) 천인합일(天人合一)을 지향한다. ( )
(3) 무위자연(無爲自然)을 추구한다. ( )

# 02~03 인간과 자연의 관계
## ~ 환경 문제 해결을 위한 다양한 노력

**한끝 더하기**

**❼ 자정 능력**
오염된 물이나 땅 등이 물리학적·화학적·생물학적 작용으로 저절로 깨끗해지는 능력

**❽ 염화 플루오린화 탄소(CFCs)**
염소와 불소를 포함한 유기 화합물을 총칭하는 것으로, 프레온 가스로 알려져 있다. 냉장고나 에어컨의 냉매, 발포제, 분사제 등으로 사용된다.

**❾ 환경 영향 평가 제도**
대규모 개발 사업 계획을 수립할 때 환경에 미치는 영향을 미리 예측하여 평가하는 제도

**❿ 온실가스 배출권 거래 제도**
온실가스의 배출 허용량을 정해 주고 남거나 모자랄 때 사고팔 수 있도록 하는 제도

**⓫ 저탄소 녹색 성장**
온실가스 배출량을 줄이고, 청정에너지와 녹색 기술을 개발하여 일자리를 창출하는 등 경제 발전과 환경 보전이 조화를 이루는 성장을 말한다.

**⓬ 신·재생 에너지**
기존의 화석 연료를 변환하여 이용하거나 햇빛, 물, 바람 등 재생 가능한 에너지를 변환하여 이용하는 에너지

**⓭ 녹색 소비**
제품의 생산, 유통, 판매, 소비, 폐기의 전 과정에 걸쳐 환경친화적인 가치를 고려한 소비를 말한다.

## ❸ 오늘날의 다양한 환경 문제

### 1. 환경 문제의 원인과 특징

(1) **환경 문제의 원인**: 산업 발달, 인구 증가, 생활 수준 향상, 자원 소비 증가 → 오염 물질 배출, 생태계 파괴, 자연의 자정 능력❼ 상실

(2) **환경 문제의 특징**: 환경 문제가 발생한 지역이나 국가뿐만 아니라 전 지구적 차원의 문제로 확산됨, 환경 문제로 인한 피해를 복구하는 데 많은 시간과 비용이 필요함

### 2. 다양한 환경 문제 `대표 자료`

| 구분 | 원인 | 영향 |
|---|---|---|
| 지구 온난화 | 석탄이나 석유 등의 화석 에너지 소비 증가, 온실가스 배출량 증가 | 빙하 면적 감소, 해수면 상승으로 해안 저지대와 섬 지역 침수, 기상 이변 및 자연재해 발생 등 → 기후변화 협약 체결 |
| 오존층 파괴 | 염화 플루오린화 탄소(CFCs)❽의 사용 증가 | 자외선 증가로 피부 및 눈 질환 발생, 농작물 수확량 감소 등 → 몬트리올 의정서 채택 |
| 산성비 | 화력 발전소와 공장 매연, 자동차 배기가스 등 오염 물질 배출량 증가 | 삼림과 농작물 피해, 하천과 호수 오염, 건축물과 조각상 부식 등 |
| 사막화 | 극심한 가뭄, 과도한 경작과 목축 | 사막 지역 확대, 농경지 감소로 식량 부족, 물 부족 문제 발생, 황사 심화 등 |
| 열대림 파괴 | 농경지나 목초지를 조성하기 위한 무분별한 벌목과 경지 개간, 목축 | 동식물 서식지 파괴로 생물종 감소, 지구 온난화 가속화 등 |
| 해양 오염 | 바다로 유입되는 쓰레기, 원유 유출 사고 등 | 바닷물 수질 악화, 해양 생태계 파괴 등 |
| 미세 먼지 | 자동차, 공장 등에서 나오는 오염 물질 | 폐 질환, 심장 질환, 뇌 질환 등 발생, 첨단 산업 및 항공 산업에 악영향을 미침 |

## ❹ 환경 문제 해결을 위한 노력

### 1. 정부의 노력

(1) **환경 보전을 위한 제도 마련**: 환경 관련 법률 제정, 환경 영향 평가❾ 제도 시행, 온실가스 배출권 거래 제도❿, 재생 에너지 발전 확대 등 저탄소 녹색 성장⓫ 추진 등

(2) **국제 사회와의 협력**: 환경 문제 해결을 위한 국제 환경 협약 가입 `자료 ❸`

### 2. 기업의 노력
노후화된 시설 정비 및 교체, 환경 오염 방지 시설 설치, 신·재생 에너지⓬ 사용 확대 등 상품의 생산, 유통, 폐기 시 환경에 미치는 부정적 영향을 최소화하고자 함

### 3. 시민 단체의 노력
정부의 환경 정책 및 사업 감시, 환경 문제의 사회적 쟁점화, 기업의 활동 감시, 환경 보호를 실천하는 시민운동 및 환경 보호 캠페인 전개

### 4. 생태시민으로서의 노력 `자료 ❹`

(1) **생태전환적 사고 함양**: 다양한 환경 문제 해결에 연대하고 실천할 수 있는 생태시민임을 깨닫고, 환경친화적인 가치관을 수립함

(2) **환경친화적인 생활방식 실천**: 일상생활에서 대중교통 이용, 재활용품 사용과 쓰레기 분리배출 생활화, 녹색 소비⓭ 실천, 환경 정책이나 제도에 적극 참여

## 대표 자료 · 지구촌의 다양한 환경 문제 ✦ 창의적 사고력

△ 사막화된 아랄해
(우즈베키스탄)

△ 미세 먼지로 뒤덮인 도시
(대한민국)

△ 생활 쓰레기로 오염된 해양
(브라질)

18세기에 일어난 산업 혁명으로 생산력이 높아지고, 과학기술이 발달하면서 인간의 삶은 더욱 편리해졌지만, 자원 소비량과 오염 물질의 배출량 등이 지구의 자정 능력의 한계를 넘어설 정도로 환경 문제가 심각해졌다. 사막화로 인한 물과 식량 부족, 미세 먼지 농도 증가로 인한 질병 증가, 바다로 유입되는 쓰레기와 원유 유출 사고 등으로 바닷물의 수질이 악화되고, 오염된 물을 통해 전염병이 발생하는 등 다양한 환경 문제가 발생하고 있으며, 지구 온난화에서 비롯된 환경 문제와 오염 물질 배출로 발생한 대기·수질·토양·해양 오염 등은 전 지구적 차원에 영향을 주고 있다.

### · 시험에서는 이렇게 ·

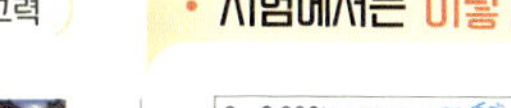

A는 사막화, B는 열대림 파괴, C는 산성비 피해 지역이다. 사례에 나타난 환경 문제는 무엇인지 파악한 후, 그 환경 문제가 주로 나타나는 지역의 위치를 찾는 문제가 자주 출제된다.

### 시험 준비 길잡이

자료에 제시된 환경 문제를 분석하고 그 문제가 주로 나타나는 지역을 지도에서 찾는 문제도 출제되고 있어요. 3-1단원에서 배운 세계의 기후 지도를 떠올리며 열대림 감소는 주로 적도 근처, 사막화는 주로 사막 주변 지역에서 나타난다는 것을 기억해 두세요.

---

## 자료 ❸ 환경 문제 해결을 위한 주요 국제 환경 협약

△ 환경 문제 해결을 위한 주요 국제 환경 협약

전 지구적으로 발생하고 있는 환경 문제는 개별 국가의 노력만으로는 해결하기 어려워 국제 사회의 공조와 협력이 필요하다. 이러한 이유로 많은 국가가 환경 문제 해결 노력에 적극적으로 동참하고 있으며, 국제 협약을 체결·이행하고 있다.

## 자료 ❹ 환경 문제 해결을 위한 개인의 노력

### '용기 내 챌린지' 열풍

'용기 내 챌린지'는 식재료를 구매하거나 음식을 포장할 때 플라스틱 용기 대신 재사용 용기에 물건을 포장해 오는 것으로, 용기(courage)를 내서 용기(container)에 음식을 받는다는 의미를 담아 사회 관계망 서비스(SNS)를 통해 확산되고 있다.

오늘날 발생하는 환경 문제를 해결하려면 정부, 기업, 시민 단체 등 다양한 주체의 노력과 함께 개인의 노력이 더해져야 한다. 따라서 제시된 사례처럼 개인은 일상생활 속에서 다회용기를 사용하고 녹색 소비를 실천하는 등 생태시민으로서 제품이 환경에 미치는 영향을 고려하고 환경친화적인 생활 습관을 지니려고 노력해야 한다.

### 개념 확인하기

**4** 환경 문제가 발생하는 원인으로 옳은 것을 〈보기〉에서 골라 기호를 쓰시오.

┤ 보기 ├
ㄱ. 급속한 인구 증가
ㄴ. 무분별한 자원 개발
ㄷ. 자정 능력 한계 내에서의 개발
ㄹ. 생활 수준 향상에 따른 자원 소비 증가

**5** 석탄이나 석유 등의 화석 에너지 소비 증가와 삼림 파괴로 인한 온실가스 배출량 증가로 지구의 평균 기온이 상승하는 (        ) 현상이 나타나고 있다.

**6** 다음은 환경 문제 해결을 위한 주체별 노력이다. 빈칸에 들어갈 내용을 쓰시오.
(1) (        )은/는 정부의 환경 정책이나 기업의 활동을 감시하고 비판하는 역할을 한다.
(2) 정부는 대규모 개발 사업이 환경에 어떤 영향을 미치는지 예측하기 위해 (        ) 제도를 실시한다.

**01** 다음은 어느 사상가의 주장이다. 이 사상가의 입장으로 적절한 것만을 〈보기〉에서 고른 것은?

> "아는 것이 힘이다. 자연이 인간에게 이롭도록 지식을 활용해야 한다. 방황하고 있는 자연을 사냥해서 노예로 만들어 인간의 이익에 봉사하도록 해야 한다."

┤ 보기 ├
ㄱ. 유용성의 관점에서 자연을 평가해야 한다.
ㄴ. 인간과 자연은 엄연히 분리되어 있는 존재이다.
ㄷ. 자연과 인간은 그 자체로 내재적 가치를 지닌다.
ㄹ. 인간은 생태계의 안정을 위해 노력해야 할 의무가 있음을 강조한다.

① ㄱ, ㄴ  ② ㄱ, ㄹ  ③ ㄴ, ㄷ
④ ㄴ, ㄹ  ⑤ ㄷ, ㄹ

**02** 다음 결과를 초래한 자연관과 관련된 사례로 적절하지 <u>않은</u> 것은?

> 스마트폰은 현대인의 삶을 편리하게 해 준다. 그러나 스마트폰의 전기 부품을 연결하는 납땜 재료인 주석을 채굴하는 과정에서 생태계가 파괴되었다. 인도네시아 일부 섬의 주변 해저에 매장되어 있던 주석을 대규모로 파내면서 산호 생태계가 파괴되고, 산호에서 알을 낳던 해양 생물들의 개체 수가 급격하게 줄어든 것이다. 그뿐만 아니라 콩고 민주 공화국에서는 코발트를 채굴하면서 토지가 황폐해져 경작지가 사라지고, 채광 폐기물 때문에 물, 토양, 공기가 중금속에 오염되고 있다.

① 오름에 자연 휴식년제를 시행하였다.
② 숲을 없애고 팜나무 농장을 만들었다.
③ 홍수를 예방하기 위해 하천 공사를 하였다.
④ 공업 단지를 조성하기 위해 갯벌을 매립하였다.
⑤ 농경지 확보를 위해 산비탈에 계단식 논을 조성하였다.
⑥ 전염병을 옮기는 모기를 없애기 위해 살충제를 대량 살포하였다.

**03** ㉠에 들어갈 자연관에 대한 설명으로 옳은 것은?

> 2017년 뉴질랜드 의회에서 황가누이강에 인간과 동등한 법적 권리와 지위를 부여하는 법안이 통과되었다. 법안의 내용은 황가누이강을 사람처럼 생각하여 강을 해치거나 더럽히면 범죄로 취급하여 처벌한다는 것이다. 황가누이강은 마오리족의 삶의 터전으로서 마오리족이 '나는 강, 강은 나'라고 할 만큼 신성시하는 장소이다. 자연 그 자체의 가치를 존중하여 황가누이강에 법적 지위를 부여한 뉴질랜드의 결정은 ( ㉠ ) 자연관이 반영된 사례이다.

① 인간만이 유일하게 이성을 지닌 존재이다.
② 인간은 자연과 독립적으로 존재할 수 있다.
③ 자연은 그 자체로 본래의 가치를 지니고 있다.
④ 자원 고갈과 환경 오염 등 환경 문제를 초래하였다.
⑤ 자연을 이용할 수 있는 인간의 권리를 중시하고 있다.

**04** 다음은 기사를 보고 학생들이 토론한 내용을 정리한 것이다. (가), (나)에 들어갈 옳은 내용만을 〈보기〉에서 있는 대로 고른 것은?

> ○○산 인근 주민들이 산악 열차 설치 추진 위원회를 만들어 산악 열차가 건설되면 이동에 어려움을 겪는 주민들에게 도움이 될 거라고 주장하고 있다. 하지만, 환경 단체의 반대로 산악 열차 설치는 백지화될 예정이다.

| 모둠 의견 | 설치를 찬성함 | 설치를 반대함 |
| --- | --- | --- |
| 주장 및 근거 | (가) | (나) |

┤ 보기 ├
ㄱ. (가) – 관광객이 늘어나 지역 경제가 활성화된다.
ㄴ. (가) – ○○산의 가치를 인간의 이익만을 위한 수단으로 보아서는 안 된다.
ㄷ. (나) – ○○산의 생태계가 파괴될 수 있다.
ㄹ. (나) – ○○산이 아무리 아름답게 보존된다 해도 감상하는 사람이 없다면 그 의미가 없다.

① ㄱ  ② ㄴ  ③ ㄱ, ㄷ
④ ㄴ, ㄹ  ⑤ ㄴ, ㄷ, ㄹ

## 05 그림에 대한 설명으로 옳은 것만을 〈보기〉에서 고른 것은?

- 작품명: 의암관수도
- 작가: 박제가
- 그림 속 문구: '귀는 물이 되고 몸은 돌이 되었다. 생긴 모양은 셋이지만 마음은 하나이다.'

| 보기 |
ㄱ. 자연이 지닌 수단적 가치를 중시한다.
ㄴ. 인간과 자연의 유기적 관계를 강조한다.
ㄷ. 자연을 정복해야 할 대상으로 보고 있다.
ㄹ. 인간이 자연과 조화를 이루어야 함을 보여 준다.

① ㄱ, ㄴ  ② ㄱ, ㄹ  ③ ㄴ, ㄷ
④ ㄴ, ㄹ  ⑤ ㄷ, ㄹ

## 06 다음 글에 나타난 환경 문제의 특징으로 가장 적절한 것은?

> 과거에는 환경이 파괴되는 정도가 심하지 않았기 때문에 자연스럽게 회복되는 경우가 많았다. 환경은 어느 정도 심하지 않은 파괴에 대해서는 탄력적으로 대응할 능력이 있기 때문이다. 그러나 오늘날에는 그 파괴 정도가 심각해져 환경이 쉽게 회복되지 못하는 상태에 이르렀다.

① 산업 혁명 이후 환경 문제는 완화되고 있다.
② 자연의 자정 능력을 초과하여 오염되고 있다.
③ 생활 수준이 낮은 개발 도상국에서만 나타난다.
④ 미래 세대에게는 직접적인 영향을 미치지 않는다.
⑤ 인간 활동보다 자연적인 요인에 의해 발생하고 있다.

## 중요해 07 교사의 질문에 옳게 답변한 학생만을 있는 대로 고른 것은?

① 갑, 을  ② 갑, 병  ③ 병, 정
④ 갑, 을, 병  ⑤ 을, 병, 정

## 대표 자료 링크 08 사진은 환경 문제로 인한 피해 모습이다. 이와 같은 환경 문제에 대한 설명으로 가장 적절한 것은?

① 산성비에 의해 토양이 산성화된다.
② 주로 사막 주변 지역에서 발생하고 있다.
③ 해수면이 상승함에 따라 저지대가 침수한다.
④ 선박에서 유출된 원유로 바닷물의 수질이 악화된다.
⑤ 대기 중 온실가스가 증가하면서 기상 이변이 발생한다.

**09** 지도는 주요 국제 환경 협약을 나타낸 것이다. A~D에 대한 설명으로 옳은 것만을 〈보기〉에서 고른 것은?

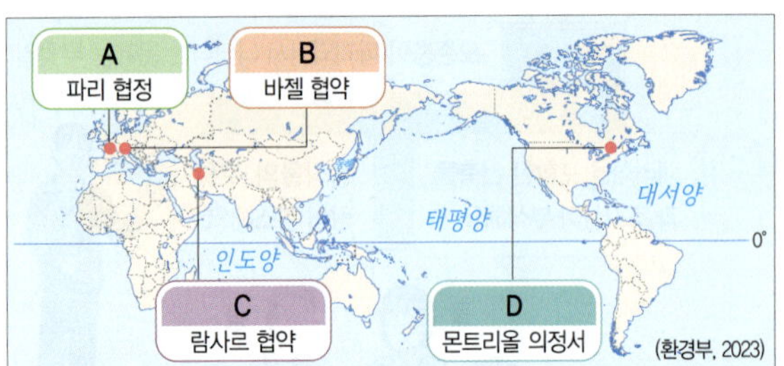


> **보기**
> ㄱ. A는 선진국에만 온실가스 감축 의무를 부여하였다.
> ㄴ. B는 유해 폐기물의 국가 간 이동 및 교역을 규제한다.
> ㄷ. C는 국제적으로 중요한 습지를 보호하기 위한 협약이다.
> ㄹ. D는 가뭄이 심각한 국가들의 사막화 방지 협약이다.

① ㄱ, ㄴ  ② ㄱ, ㄷ  ③ ㄴ, ㄷ
④ ㄴ, ㄹ  ⑤ ㄷ, ㄹ

**11** 다음 자료를 보고 물음에 답하시오.

> 제주특별자치도의 약 360여 개의 오름은 너무 많은 탐방객이 오름을 찾아 탐방로가 파이거나 식생이 파괴되는 등 자연이 크게 훼손되었다. 이에 제주특별자치도는 피해 정도가 심한 오름에 일정 기간 출입을 통제하는 ( ㉠ )을/를 시행하여 오름의 생태계를 복원하려고 노력하고 있다.

(1) ㉠에 들어갈 명칭을 쓰시오.

_______________________________

(2) (1)과 관련 깊은 자연관의 등장 배경을 서술하시오.

_______________________________

_______________________________

**10** 다음 사례들을 활용한 학습 주제로 가장 적절한 것은?

> • A사는 옷을 만들 때 미세 플라스틱을 배출하는 화학 섬유 사용을 지양하고, 버려진 옷의 원단이나 친환경 섬유를 사용하는 등의 노력을 하고 있다.
> • B사는 'RE100*'에 참여하며 풍력 에너지가 풍부한 네덜란드에 데이터 센터를 설립하고, 2017년부터는 센터 운영에 필요한 전력을 모두 풍력 등 재생 에너지로만 사용하고 있다.
> *RE100: 기업이 생산 활동에 사용하는 전력의 100%를 재생 에너지로 대체하겠다는 국제 캠페인

① 지속가능한 발전을 위한 정부의 노력
② 지구 온난화로 인한 지구 환경의 변화 모습
③ 사막화 방지를 위한 동북아시아의 국제 협약 체결
④ 환경 문제 대응 방안을 홍보하기 위한 시민 단체의 활동
⑤ 생산 과정에서 발생하는 환경 오염 요소를 최소화하는 기업의 노력

**3단계** 로 완성하기

**12** 사진에 나타난 환경 문제가 지구에 미치는 영향은 무엇인지 서술하시오.

◁ 침수 위기에 놓인 해안 저지대 모습

**①단계** 사진에 나타난 환경 문제는 무엇인지 써 보세요.

_______________________________

**②단계** 1단계에서 파악한 환경 문제가 발생한 원인을 정리해 보세요.

_______________________________

**③단계** 2단계에서 파악한 환경 문제의 원인이 해결되지 않을 경우 우리 사회에 나타나게 될 현상을 서술해 보세요.

_______________________________

_______________________________

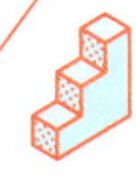

# 1등급 도전하기

**01** 대화를 보고 갑, 을의 입장을 A~D에서 옳게 연결한 것은?

> • 갑: 대지 윤리는 인간을 대지 공동체의 정복자에서 그 구성원으로 변화시키는 것입니다. 공동체의 구성원은 전체 공동체에 대해 존경심을 가져야 합니다.
> • 을: 과학의 목적은 자연을 인간의 의도에 맞도록 변형함으로써 인간의 활동 영역을 넓히는 것입니다. 자연이 인간에게 이롭도록 지식을 활용해야 합니다.

| 구분 | A | B | C | D |
|---|---|---|---|---|
| 인간은 자연보다 우월한 존재인가? | 예 | 예 | 아니요 | 아니요 |
| 자연은 인간의 이익과 무관하게 가치를 지니는가? | 예 | 아니요 | 예 | 아니요 |

| | 갑 | 을 | | 갑 | 을 |
|---|---|---|---|---|---|
| ① | A | C | ② | B | C |
| ③ | B | D | ④ | C | B |
| ⑤ | C | D | | | |

**02** 다음 글의 입장에 부합하는 진술에만 모두 '✓' 표시를 한 학생은?

> 오늘날 인간의 무분별한 개발로 생태계의 위기가 초래되면서 자연은 물론 인간의 삶까지도 위협받고 있다. 인간이 기본적인 삶을 유지하면서 살아가려면 자연을 개발의 대상이 아닌 인간과 유기적으로 연결되어 있는 공존의 대상으로 인식하는 사고의 전환이 이루어져야 한다.

| 진술 \ 학생 | 갑 | 을 | 병 | 정 | 무 |
|---|---|---|---|---|---|
| 개발 전 환경 영향 평가를 시행한다. | ✓ | ✓ | | | ✓ |
| 동양의 친환경적 자연관을 살펴본다. | | ✓ | ✓ | ✓ | ✓ |
| 미래 세대까지 고려하는 가치관을 갖는다. | | ✓ | | ✓ | |
| 인간은 자연으로부터 독립되어 있다는 사고방식을 가진다. | | | ✓ | ✓ | ✓ |

① 갑　②  을　③  병　④  정　⑤  무

**03** 지도는 환경 문제의 주요 피해 지역을 나타낸 것이다. A~C 환경 문제에 대한 옳은 설명만을 〈보기〉에서 있는 대로 고른 것은? (단, A~C는 각각 사막화, 산성비, 열대림 파괴 중 하나임.)

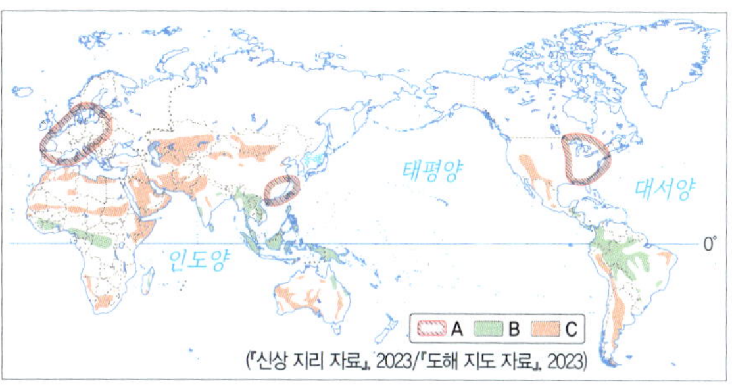

(「신상 지리 자료」 2023/「도해 지도 자료」 2023)

> **보기**
> ㄱ. A는 오염 물질이 빗물과 결합하여 내린다.
> ㄴ. B를 해결하기 위해 바젤 협약을 체결하였다.
> ㄷ. C로 인해 피부암, 백내장의 발병률이 증가한다.
> ㄹ. A는 C보다 강수량이 적은 지역에서 발생할 가능성이 높다.

① ㄱ　②  ㄷ　③  ㄱ, ㄴ
④ ㄴ, ㄷ　⑤  ㄴ, ㄷ, ㄹ

**04** 창의 융합

다음은 사회 관계망 서비스(SNS)에서 이루어지는 챌린지이다. 이 챌린지 활동을 활용한 학습 주제로 가장 적절한 것은?

방과 후에 떡볶이를 샀는데, 용기를 내서 재사용 용기에 포장해 왔더니 매우 뿌듯해.
# 환경 문제  # 생태시민  # 용기 내 챌린지

① 환경 오염을 최소화하는 기술 개발
② 지속가능한 발전을 위한 정부의 노력
③ 지구 온난화로 인한 지구 환경의 변화 모습
④ 사막화 방지를 위한 동북아시아의 국제 협약 체결
⑤ 친환경적 생활 방식을 홍보하기 위한 개인의 활동

# 수능 준비하기



**01** (평가원 기출)

갑, 을 사상가들 중 적어도 한 사람이 긍정할 진술로 적절한 것만을 〈보기〉에서 있는 대로 고른 것은?

> - 갑: 인간은 생명 공동체의 한 구성원에 지나지 않는다. 대지 윤리는 인간의 역할을 생명 공동체의 정복자에서 평범한 구성원으로 변화시킨다.
> - 을: 인간은 생명이 있는 일부 피조물을 폭력적으로 다루어서는 안 된다. 왜냐하면 그것은 인간의 자기 자신에 대한 의무에 배치되기 때문이다.

┤ 보기 ├

ㄱ. 인간은 토지를 단지 자원으로만 이용해서는 안 된다.
ㄴ. 생명 없는 존재의 파괴가 도덕적으로 정당한 경우는 없다.
ㄷ. 자연에 속하면서 권리를 가질 수 있는 개별 존재가 있다.
ㄹ. 자신 이외의 존재에 대한 도덕적 의무는 성립 불가능하다.

① ㄱ, ㄴ  ② ㄱ, ㄷ  ③ ㄴ, ㄹ  ④ ㄱ, ㄷ, ㄹ  ⑤ ㄴ, ㄷ, ㄹ

### ✚ 수능 만점 한끝

사상가들의 자연관을 분석하고 각 사상가의 입장을 묻는 문제이다. 특히 생태 중심주의 자연관에서 인간 중심주의 자연관에 대해 비판하거나, 인간 중심주의 자연관의 관점에서 생태 중심주의 자연관의 한계를 묻는 문제가 출제되기도 한다.

**문제의 핵심**

| 인간 중심주의 자연관 | • 이분법적 관점: 인간과 자연을 분리하여 바라봄<br>• 대지를 지배와 이용의 대상으로 간주함 |
| --- | --- |
| 생태 중심주의 자연관 | • 전일론적 관점: 인간을 포함한 자연 전체를 하나로 바라봄<br>• 대지를 공동체로 존중할 것을 강조함 |

---



**02** (교육청 기출) 지리 + 사회

다음 편지에서 강조하는 내용으로 가장 적절한 것은?

> 당신들은 이 땅에 와서, 무엇을 세우려 하십니까? 내가 보기에 당신들은 그저 땅을 파헤치고 건물을 세우고 나무들을 쓰러뜨릴 뿐입니다. 또한 우리는 하늘과 땅을 사고판다는 당신들의 생각을 이해할 수 없습니다. 공기의 신선함이나 물의 광채가 우리 것이 아닌데 어떻게 팔 수 있나요? 우리는 대지의 일부분이며, 대지는 우리의 일부분입니다. 들꽃은 우리의 누이이고, 순록과 말과 독수리는 우리의 형제입니다. …(중략)… 세상의 모든 것은 하나로 연결되어 있습니다.
>
> – 인디언 추장의 편지 中 일부 –

① 인간 이외의 자연 만물은 경제적 가치로만 평가되어야 한다.
② 인간은 동·식물을 포함하는 모든 자연에 대한 소유권을 가진다.
③ 인간은 대지의 일부로 자연과 유기적 관계임을 인식해야 한다.
④ 인간은 대지에 속한 다른 존재보다 더 가치 있고 우월한 존재이다.
⑤ 인종과 상관없이 모든 인간에게 자연을 지배할 동등한 권리를 부여해야 한다.

### ✚ 수능 만점 한끝

자료에서 강조하는 자연관은 무엇인지 파악하고, 그 자연관에 대한 옳은 설명을 찾으며 인간과 자연의 바람직한 관계를 묻는 문제가 출제된다.

**이렇게도 출제될 수 있어요!**

인간과 자연을 분리하여 바라보는 인간 중심주의 자연관과 관련된 글을 지문으로 제시하고 이에 대한 설명을 찾는 문항으로 출제될 수 있어요.

**수능 기출**

## 03 (가), (나)에 해당하는 국제 환경 협약/협정으로 옳은 것은?

- 국제 사회는 폐기물 및 기타 물질의 투기로 인한 해양 오염을 방지하기 위한 목적으로 1972년에 [ (가) ]을 체결하였다. 최근 인간 활동이 해양 환경에 미치는 영향이 증가하면서 다시 이 협약/협정의 중요성이 부각되고 있다.
- 국제 사회는 습지를 보호하기 위해 1971년에 [ (나) ]을 체결하였다. 최근 한 저명한 학술지는 바다와 숲은 물론 습지도 이산화 탄소의 주요 저장고라는 연구 결과를 발표하면서 습지의 중요성을 재차 강조하였다.

|  | (가) | (나) |
|---|---|---|
| ① | 런던 협약 | 람사르 협약 |
| ② | 런던 협약 | 바젤 협약 |
| ③ | 파리 협정 | 런던 협약 |
| ④ | 파리 협정 | 람사르 협약 |
| ⑤ | 람사르 협약 | 바젤 협약 |

**수능 만점 한끝**

환경 문제 해결을 위한 주요 국제 환경 협약 및 협정에는 무엇이 있으며, 어떤 내용을 담고 있는지 찾아본다.

**문제의 핵심**

주요 국제 환경 협약

| 런던 협약 | 폐기물 해양 투기 방지 |
|---|---|
| 바젤 협약 | 유해 폐기물의 국가 간 이동과 교역 규제 |
| 파리 협정 | 선진국과 개발 도상국에 모두 온실가스 감축 의무를 부여한 협약 |
| 람사르 협약 | 국제적으로 중요한 습지 보호 |

**교육청 기출** **지리 + 사회**



## 04 환경 문제 해결을 위한 (가), (나)의 활동만을 〈보기〉에서 고른 것은? (단, (가), (나)는 각각 정부, 시민 단체 중 하나임.)

과도한 일회용 플라스틱 포장재를 제조업체나 유통업체에 반납하는 '플라스틱 어택(Plastic Attack)' 운동이 우리 사회에 변화를 불러오고 있다. 환경 문제에 관심을 가진 사람들이 자발적으로 조직한 [ (가) ]은/는 길거리에 버려진 일회용 컵을 주워 해당 매장에 반납하고 일회용품 사용 규제를 촉구하는 서명 운동을 진행하였다. 이에 [ (나) ]은/는 일회용 컵 보증금제를 2022년 6월부터 부활시키는 등 자원 재사용과 재활용 촉진을 위한 제도를 마련하겠다고 밝혔다.

┤ 보기 ├
ㄱ. (가)는 환경과 관련된 법을 만들고 집행한다.
ㄴ. (나)는 이윤 추구를 위해 친환경 상품을 생산·유통한다.
ㄷ. (가)는 여론을 형성하여 (나)의 환경 정책 결정 과정에 영향을 미친다.
ㄹ. (가), (나)는 환경 보호 실천 방안 등에 관한 홍보 및 교육 활동을 한다.

① ㄱ, ㄴ    ② ㄱ, ㄷ    ③ ㄴ, ㄷ    ④ ㄴ, ㄹ    ⑤ ㄷ, ㄹ

**수능 만점 한끝**

제시된 자료에 나타난 환경 문제 해결 노력과 관련된 환경 주체를 파악하고, 각 주체별 활동에 대해 추론한다.

**이렇게도 출제될 수 있어요!**

제시된 자료 중 일부를 개인으로 변경하고 각 주체별 환경 문제 해결 방안을 추론하는 문제가 출제될 수 있어요.

# 대단원 마무리하기

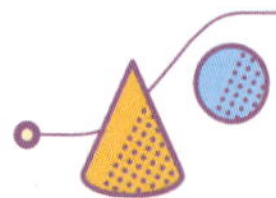



**01** 대화를 통해 파악할 수 있는 자연환경과 인간 생활의 관계에 대한 설명으로 가장 적절한 것은?

① 인간은 자연환경에 영향을 미치지 않는다.
② 자연환경은 인간의 생활양식에 영향을 미친다.
③ 인간은 과학기술의 발달로 자연환경을 극복하였다.
④ 불리한 자연환경은 인간의 발전에 장애 요인으로 작용한다.
⑤ 자연환경이 다르더라도 인간의 의식주는 비슷하게 나타난다.

**02** 다음은 서로 다른 온대 기후 지역의 농업 경관을 나타낸 것이다. (가), (나) 지역에 대한 설명으로 옳은 것만을 〈보기〉에서 고른 것은?

(가)　　　　　　　　(나)

⬥ 벼농사(대한민국)　　⬥ 올리브 재배(프랑스)

┤ 보기 ├
ㄱ. (가) - 계절풍의 영향으로 여름철 강수량이 풍부하다.
ㄴ. (나) - 여름철에 기온이 높고 강수량이 적어 건조하다.
ㄷ. (가), (나) - 일 년 내내 얇고 가벼운 옷차림을 볼 수 있다.
ㄹ. (가), (나) - 열량이 높은 육류 위주의 음식 문화가 발달하였다.

① ㄱ, ㄴ　　② ㄱ, ㄷ　　③ ㄴ, ㄷ
④ ㄴ, ㄹ　　⑤ ㄷ, ㄹ

**03** 지도에 표시된 A~E 지역의 주민 생활에 대한 설명으로 옳은 것은?

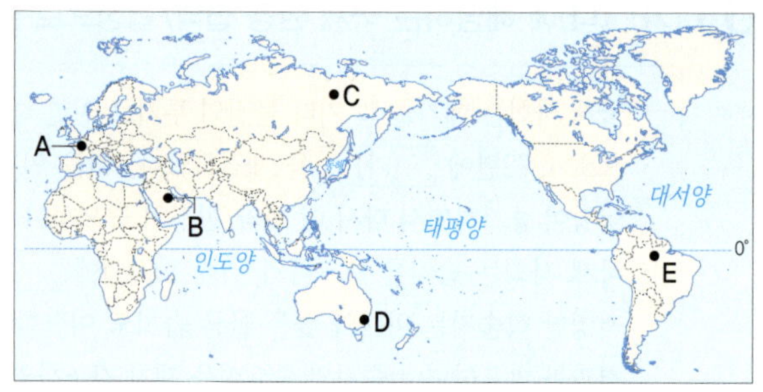


① A는 온몸을 감싸는 헐렁한 옷을 입는다.
② B는 향신료를 사용하거나 기름에 튀긴 음식을 많이 먹는다.
③ C는 통나무로 만든 전통 가옥이 발달하였다.
④ D는 일 년 내내 비슷한 옷차림을 한다.
⑤ E는 전통적으로 유목 생활을 하며 이동식 가옥을 많이 볼 수 있다.

**04** 갑~병에 대한 설명으로 옳은 것은?

- 갑: 나는 지면에서 바닥을 띄운 고상 가옥에 살아. 내가 사는 지역은 비가 많이 내리기 때문에 빗물이 잘 흘러내리도록 지붕의 경사가 급한 편이야.
- 을: 내가 사는 지역은 비가 잘 내리지 않기 때문에 가옥의 지붕이 평평해. 그리고 낮의 열기와 밤의 추위를 막아 줄 수 있도록 벽을 두껍게 만든 흙벽돌집을 많이 볼 수 있어.
- 병: 내가 사는 지역의 사람들은 동물의 털로 짠 천 등으로 만든 '게르'라는 이동식 가옥에 주로 살아. 전통적으로 유목 생활을 많이 하기 때문에 집도 조립과 분해가 쉬워야 하거든.

① 갑은 을보다 연 강수량이 많은 지역에 거주한다.
② 을은 갑보다 나무가 더 많은 지역에 거주한다.
③ 갑, 을, 병 중에서 갑이 가장 고위도에 거주한다.
④ 갑, 을, 병 중에서 병이 기온의 일교차가 가장 작은 지역에 거주한다.
⑤ 갑은 열대 기후 지역, 을은 건조 기후 지역, 병은 온대 기후 지역에 거주한다.

**05** 생성형 인공지능의 답변 중에서 옳지 <u>않은</u> 것은?

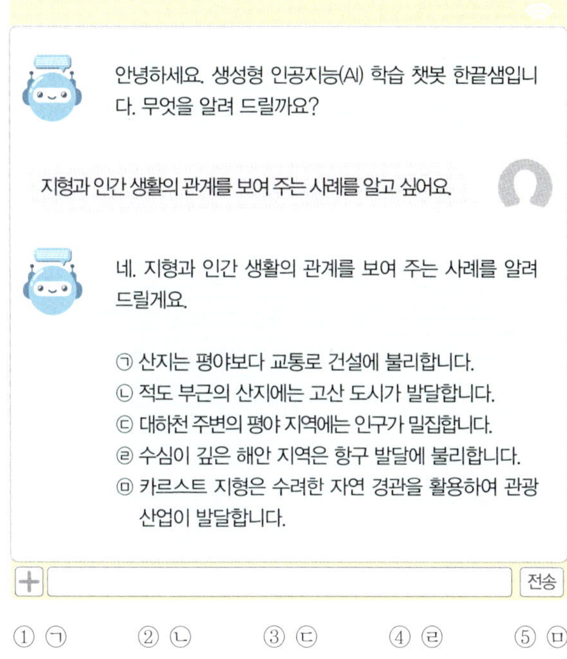


① ㉠　　② ㉡　　③ ㉢　　④ ㉣　　⑤ ㉤

**06** 다음 현상들에 의한 피해를 줄이기 위한 시민의 노력으로 적절한 것만을 〈보기〉에서 있는 대로 고른 것은?

- 땅이 갈라지고 흔들린다.
- 한 번에 많은 눈이 내린다.
- 많은 비가 내려 하천 등이 범람한다.
- 용암과 화산 가스, 화산재 등이 분출한다.

┤ 보기 ├

ㄱ. 정확하게 예측할 수 있는 현상이므로 국가적 대응 훈련에 적극적으로 참여해야 한다.
ㄴ. 안전이 우려되는 상황에서는 국가나 지방 자치 단체에 신속하게 안전 조치를 요청해야 한다.
ㄷ. 국가의 정책적 지원을 요구하면서 안전하고 쾌적한 환경에서 살아가기 위한 개인적 실천은 최소화해야 한다.

① ㄱ　　② ㄴ　　③ ㄱ, ㄴ
④ ㄴ, ㄷ　　⑤ ㄱ, ㄴ, ㄷ

**07** ┼단원 통합

밑줄 친 '최근 발생하는 도시 내 땅꺼짐 현상'의 원인이 된 자연관의 특징으로 옳은 것은?

최근 도시에서는 땅이 가라앉아 지면에 커다란 웅덩이와 구멍이 생기는 땅꺼짐 현상이 발생하여 도로가 붕괴되거나 사람이 다치는 등의 피해가 증가하고 있다. 땅꺼짐 현상은 원래 자연적인 현상의 하나로 여겨졌으나, <u>최근 발생하는 도시 내 땅꺼짐 현상</u>은 상·하수관의 손상에 따른 누수, 도시 개발에 따른 대규모 공사 후 다짐 불량 등으로 지반이 약해지면서 발생하는 것으로 추정된다.

① 인간과 자연 전체의 균형과 안정을 중요시한다.
② 인간이 자연의 질서에 함부로 개입하면 안 된다고 본다.
③ 인간을 포함한 자연 전체를 하나로 보는 전일론적 관점을 취한다.
④ 인간의 이익을 위해 자연을 개발하는 것을 비판하면서 등장하였다.
⑤ 자연의 수단적 가치를 강조하며 자연을 인간의 도구로 이용해도 된다고 본다.

**08** 다음은 어느 자연관에 대한 한 학생의 질문 응답지이다. 응답이 모두 옳다고 할 때, (가), (나)에 들어갈 옳은 질문만을 〈보기〉에서 있는 대로 고른 것은?

| 질문 | 예 | 아니요 |
| --- | --- | --- |
| 자연은 그 자체로 가치를 지니고 있는가? | ✓ | |
| 개별 구성원의 존속이 생태계 전체의 보전보다 우선하는가? | | ✓ |
| (가) | | ✓ |
| (나) | ✓ | |

┤ 보기 ├

ㄱ. (가) - 자연의 내재적 가치를 인정하고 존중해야 하는가?
ㄴ. (가) - 인간은 자연의 주인으로서 책임감을 가져야 하는가?
ㄷ. (나) - 생태계 전체를 도덕적으로 대우해야 하는가?
ㄹ. (나) - 풍족함을 누리기 위해 자연을 정복해야 하는가?

① ㄱ　　② ㄴ　　③ ㄴ, ㄷ
④ ㄴ, ㄹ　　⑤ ㄱ, ㄷ, ㄹ

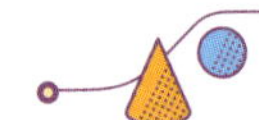

**09** (가)의 갑, 을 사상가들의 입장을 (나) 그림으로 탐구하고자 할 때 A∼C에 들어갈 옳은 진술만을 〈보기〉에서 있는 대로 고른 것은?

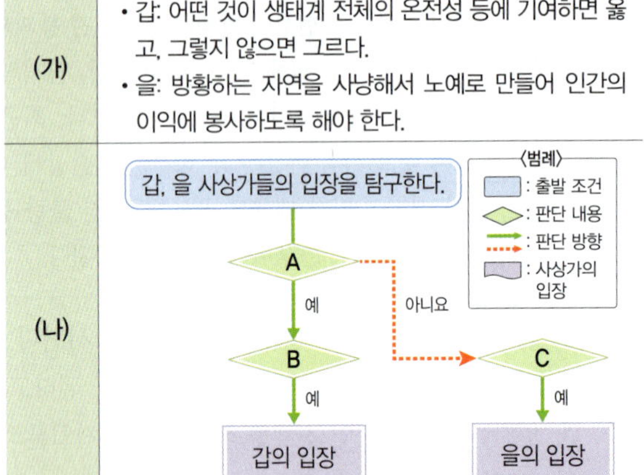

| (가) | • 갑: 어떤 것이 생태계 전체의 온전성 등에 기여하면 옳고, 그렇지 않으면 그르다.<br>• 을: 방황하는 자연을 사냥해서 노예로 만들어 인간의 이익에 봉사하도록 해야 한다. |
| --- | --- |



┤ 보기 ├
ㄱ. A – 모든 생명체는 자연을 구성하는 일부이다.
ㄴ. B – 인간과 자연을 이분법적 관점으로 바라본다.
ㄷ. C – 인간은 자연과 구별되는 우월한 존재이다.

① ㄱ  ② ㄴ  ③ ㄱ, ㄷ
④ ㄴ, ㄷ  ⑤ ㄱ, ㄴ, ㄷ

**10** 밑줄 친 ㉠∼㉤ 중 옳지 <u>않은</u> 것은?

동양의 자연관에는 인간과 자연의 조화를 중시하는 사고방식이 잘 나타나 있다. 유교는 ㉠ 만물이 본래적 가치를 지닌다고 보았다. 불교에서는 ㉡ 인간과 자연이 조화를 이루는 천인합일(天人合一)의 경지를 지향하고, ㉢ 만물이 서로 연결되어 상호 의존하고 있다는 연기(緣起)를 깨닫는 것을 강조하였다. 도가에서는 ㉣ 사람의 힘이 더해지지 않은 자연 그대로의 질서를 따르는 무위자연을 추구하며 ㉤ 자연의 한 부분인 인간이 자연과 조화를 이루어야 한다고 보았다.

① ㉠  ② ㉡  ③ ㉢  ④ ㉣  ⑤ ㉤

**11** 다음 글에 나타난 문제를 해결하기 위한 방안으로 옳은 것만을 〈보기〉에서 고른 것은?

꽃가루를 옮겨 꽃을 수정하게 하여 식량 공급에 중요한 역할을 하는 꿀벌이 멸종 위기에 처하였다. 꿀벌이 감소하는 주요 원인은 지구 온난화에 따른 이상 기후 때문이다. 이상 기후로 꽃이 이른 시기에 피면서 꿀벌의 활동 시기와 꽃이 피는 시기에 차이가 나고, 꿀벌이 기온 변화에 적응하는 데 어려움을 겪으면서 점점 사라지는 것이다. 꿀벌이 사라지면 과일과 채소, 밀, 쌀 등 농작물의 생산량이 감소하여 인류가 식량난을 겪게 되며, 더 나아가 생태계가 무너지게 될 것이다.

┤ 보기 ├
ㄱ. 환경 보전을 위해 모든 개발을 금지해야 한다.
ㄴ. 자연의 효용성과 유용성을 더욱 중시해야 한다.
ㄷ. 인간과 자연이 서로 공존 관계임을 인식해야 한다.
ㄹ. 동양의 자연관을 바탕으로 인간과 자연의 관계를 성찰해야 한다.

① ㄱ, ㄴ  ② ㄱ, ㄷ  ③ ㄴ, ㄷ
④ ㄴ, ㄹ  ⑤ ㄷ, ㄹ

**12** 밑줄 친 '이러한 상황'에 해당하는 사례로 옳은 것은?



① 인도네시아의 열대림이 파괴된다.
② 동유럽에서 산성비 피해가 확산된다.
③ 우리나라의 미세 먼지 농도가 증가한다.
④ 사헬 지대에서 사막화된 면적이 넓어진다.
⑤ 오존층 파괴로 남극의 자외선 지수가 높아진다.

**13** 다음은 다양한 환경 문제의 발생 원인과 영향을 정리한 것이다. (가)~(라)에 들어갈 옳은 내용만을 〈보기〉에서 있는 대로 고른 것은?

| 환경 문제 | 발생 원인 | 영향 |
| --- | --- | --- |
| 지구 온난화 | (가) | 해수면 상승으로 저지대 침수 |
| 사막화 | 장기간 가뭄, 과도한 방목 및 경작 | (나) |
| 오존층 파괴 | (다) | 자외선 증가로 피부 및 눈 질환 발생 |
| 미세 먼지 | 자동차, 공장 등에서 나오는 오염 물질 | (라) |

| 보기 |

ㄱ. (가) – 화석 연료의 사용 증가
ㄴ. (나) – 토양 황폐화, 황사 심화
ㄷ. (다) – 이산화 탄소 배출량 증가
ㄹ. (라) – 폐 질환, 심장 질환, 뇌 질환 등 질환 발생

① ㄱ, ㄴ　　② ㄷ, ㄹ　　③ ㄱ, ㄴ, ㄷ
④ ㄱ, ㄴ, ㄹ　　⑤ ㄴ, ㄷ, ㄹ

**14** 다음은 탄소 중립과 관련된 신문 기사이다. (가)에 들어갈 내용으로 적절하지 <u>않은</u> 것은?

탄소 중립은 기업이나 개인이 발생시킨 이산화 탄소의 배출량을 줄이고 흡수량을 늘려 순 배출량을 '0'으로 만드는 것이다. 우리나라는 국제 사회의 기후변화 문제 해결 노력에 동참하기 위해 2020년 12월 '2050 탄소 중립'을 선언하였다. 또한 이산화 탄소 배출량 감축 및 탄소 중립 이행을 위해 「탄소 중립 기본법」을 제정하고 2022년 3월 시행하였다.

① 물건을 구입할 때는 항상 장바구니를 휴대하는
② 자가용보다는 대중교통이나 자전거를 이용하는
③ 환경 관련 시민 단체에 가입해 봉사 활동을 하는
④ 일회용품의 사용을 줄이고 쓰레기를 분리배출하는
⑤ 가능하면 먼 지역에서 이동해 온 식료품을 구입하는

**15** 어느 학생이 수업 시간에 필기한 내용이다. ㉠~㉤에 대한 설명으로 가장 적절한 것은?

〈환경 문제 해결을 위한 주체별 노력〉

· 정부
　- 국제: 국제 사회와의 협력 ·············· ㉠
　- 국내: 환경 보전을 위한 제도 시행 ·········· ㉡
· 기업: 사회적 책임 의식 준수 ············· ㉢
· 시민 단체: 기업의 활동 감시 ············· ㉣
· 생태시민: 녹색 소비 실천 ·············· ㉤

① ㉠ – 폐기물 해양 투기 방지를 위해 교토 의정서를 준수한다.
② ㉡ – 온실가스 배출권 거래제를 시행한다.
③ ㉢ – 정부의 환경 정책 및 제도를 비판한다.
④ ㉣ – 환경 영향 평가를 시행을 제도화한다.
⑤ ㉤ – 탄소 배출량 감축 제도를 실시한다.

**+단원 통합**

**16** 밑줄 친 ㉠~㉣에 대한 설명으로 옳은 것만을 〈보기〉에서 고른 것은?

오늘날 지구촌 곳곳에서 ㉠ 자연환경이 훼손되면서 인류의 생존을 위협하는 ㉡ 환경 문제가 발생하고 있다. 오존층 파괴, 지구 온난화, 열대림 감소, 사막화, 산성비 피해, 동식물의 멸종 등은 전 세계적으로 발생하는 대표적인 환경 문제이다. 이러한 문제를 해결하기 위해 국제적인 협력과 규제가 강조되었고, ㉢ 다양한 환경 협약이 체결되었다. 그뿐만 아니라 환경 문제 해결을 위해 ㉣ 시민 단체도 활발하게 활동하고 있다.

| 보기 |

ㄱ. ㉠ – '인구 감소', '자원 소비량 감소' 등이 주요 원인이다.
ㄴ. ㉡ – 책임 소재를 구분하기 어려운 경우가 많다.
ㄷ. ㉢ – 개발 도상국의 온실가스 감축 목표치를 규정한 교토 의정서가 대표적이다.
ㄹ. ㉣ – 환경 문제의 심각성을 알리고 환경 보전의 중요성을 홍보하는 활동을 하고 있다.

① ㄱ, ㄴ　　② ㄱ, ㄷ　　③ ㄴ, ㄷ
④ ㄴ, ㄹ　　⑤ ㄷ, ㄹ

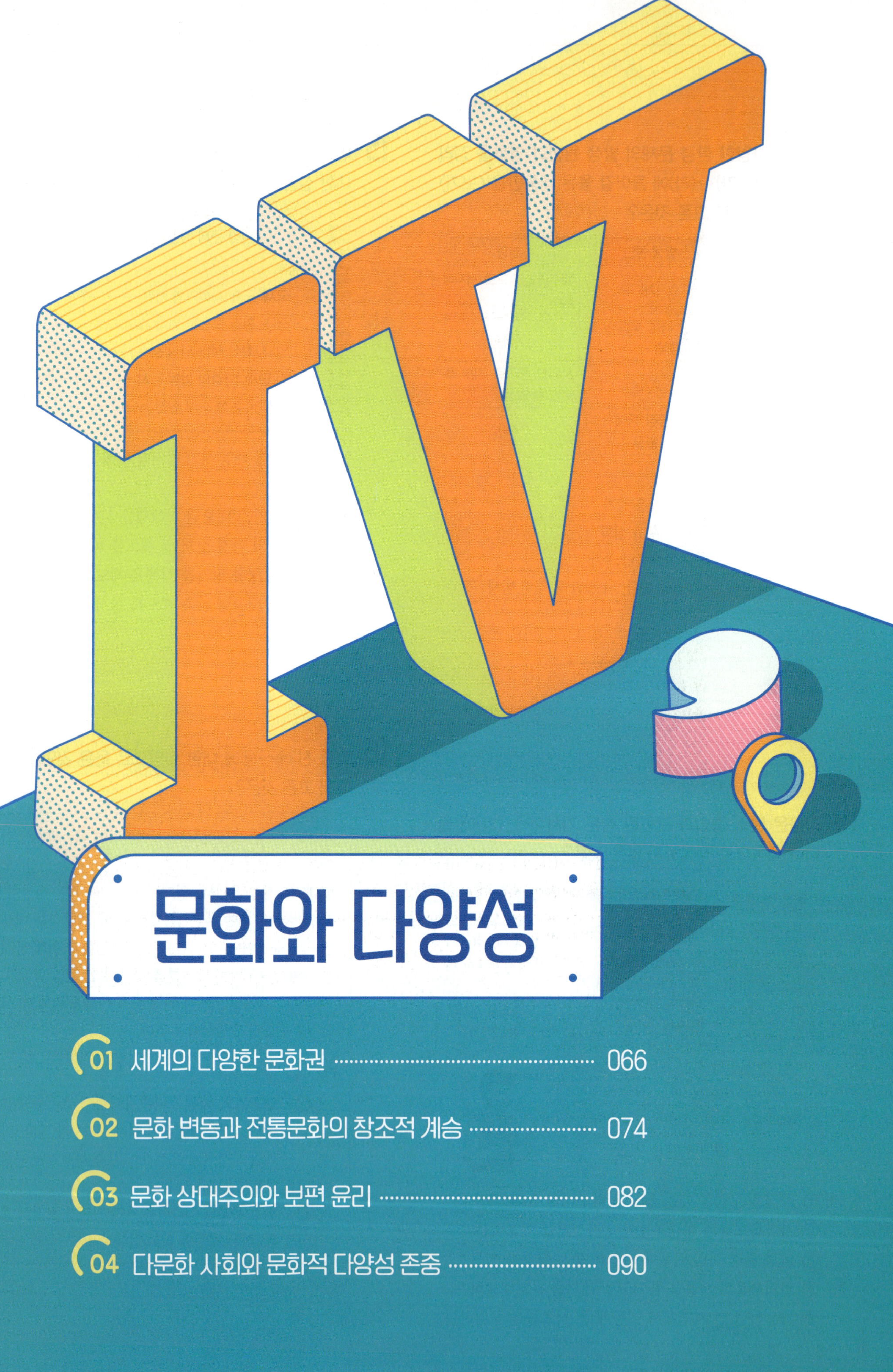

# IV

## 문화와 다양성


01 세계의 다양한 문화권 ································· 066

02 문화 변동과 전통문화의 창조적 계승 ················· 074

03 문화 상대주의와 보편 윤리 ························· 082

04 다문화 사회와 문화적 다양성 존중 ················· 090

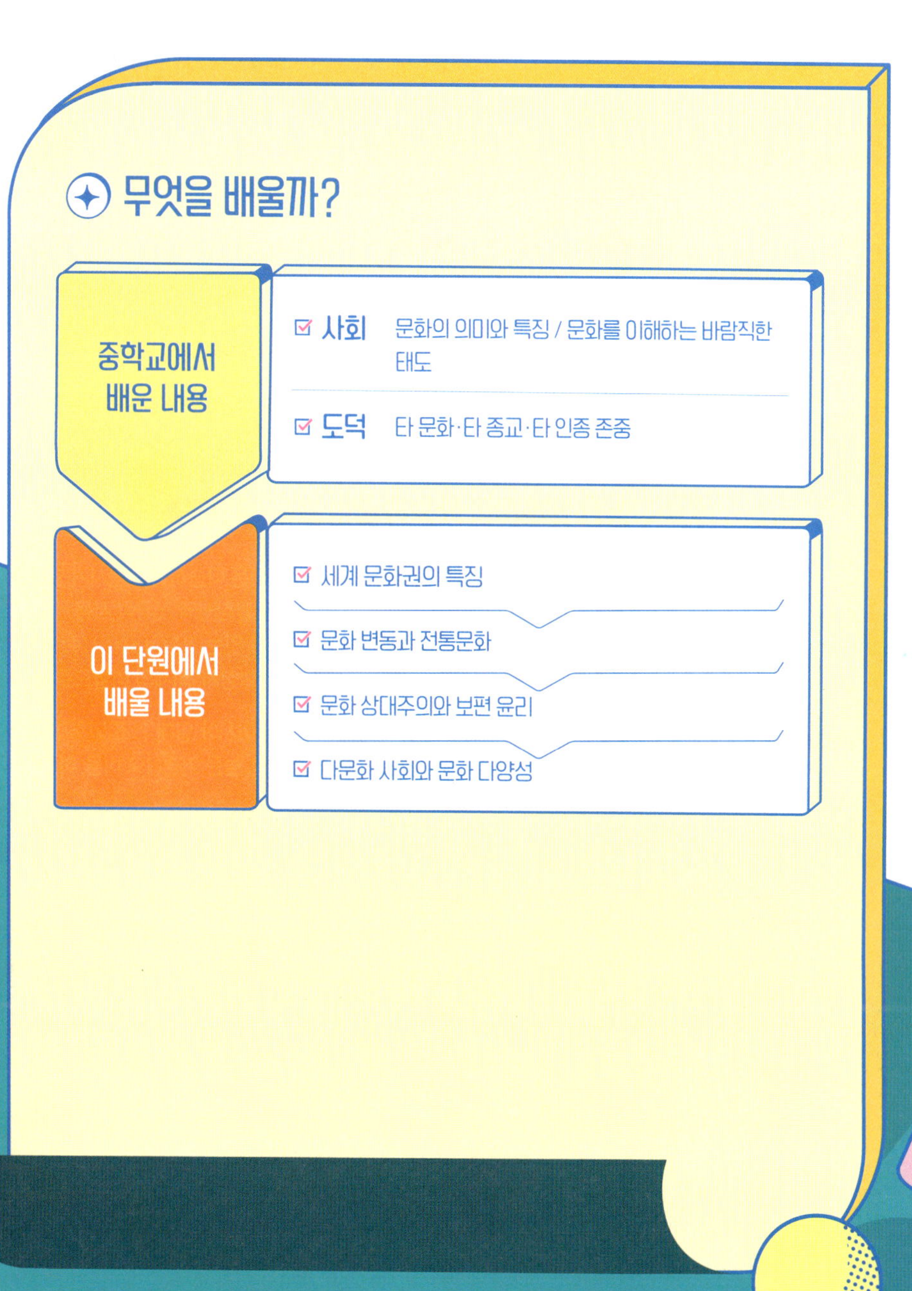
무엇을 배울까?

중학교에서 배운 내용

사회 문화의 의미와 특징 / 문화를 이해하는 바람직한 태도

도덕 타 문화·타 종교·타 인종 존중

이 단원에서 배울 내용

세계 문화권의 특징
문화 변동과 전통문화
문화 상대주의와 보편 윤리
다문화 사회와 문화 다양성

# 세계의 다양한 문화권

**한끝 더하기**

**❶ 점이 지대**
서로 인접한 지역의 특성이 함께 섞여서 나타나는 지리적 범위

**❷ 문화 경관**
인간이 자연환경에 적응하는 과정에서 땅 위에 만들어 놓은 생활 모습

**❸ 세계의 다양한 종교**

| | |
|---|---|
| 크리스트교 | 십자가, 스테인드글라스, 교회나 성당에서 예배 |
| 이슬람교 | 모스크와 첨탑, 술과 돼지고기 금기, 할랄 산업 발달 |
| 힌두교 | 다신교, 갠지스강에서의 종교 의식, 소고기 금기 |
| 불교 | 불상과 탑, 육식과 살생 금지 |

**❹ 이동식 화전 농업**
나무를 태워 얻은 농경지에서 농사를 하고, 지력이 떨어지면 다른 장소로 이동하여 같은 방식으로 농사를 짓는 방식

**❺ 수목 농업**
지중해성 기후에서도 잘 자라는 올리브, 코르크 등의 나무를 주로 재배하는 농업

## 1 문화권의 형성

### 1. 문화와 문화권

**(1) 문화**: 인간이 환경과 상호 작용하면서 형성한 의식주, 종교, 언어 등 사회 전반의 생활양식

**(2) 문화권**: 문화적 특성이 유사하게 나타나 주변과 구별되는 공간 범위 → 인구이동이나 문화 전파로 변화하기도 하며, 문화권 간 경계에는 점이 지대❶가 나타남

### 2. 문화권 형성에 영향을 주는 요인

**(1) 자연환경**: 기후, 지형 등 → 의식주와 같은 기본적인 생활양식에 영향을 미침

| | |
|---|---|
| 의복 문화 | 기후 환경에 적응하기 위한 의복 발달 ⓔ 열대 기후 지역의 통풍이 잘되는 옷, 한대 기후 지역의 보온에 유리한 털옷 등 |
| 음식 문화 | 자연환경에 따라 생산되는 재료를 활용하면서 발달 ⓔ 쌀 문화권, 밀 문화권 등 (자료 ❶) |
| 주거 문화 | 지역별로 가옥 구조 차이 발생 ⓔ 사막 지역의 흙집, 산지 지역의 돌집 등 |

**(2) 인문환경**: 종교, 산업 등 → 문화 경관❷, 사람들의 가치관 등에 영향을 미침

| | |
|---|---|
| 종교❸ | 종교가 사람들의 의식, 규범 가치관에 영향을 주어 문화 경관이 다르게 나타남 (자료 ❷) |
| 산업 | 농경, 유목, 상공업 등 발달한 산업에 따라 문화 경관이 다르게 나타남 |

## 2 다양한 문화권의 특징과 삶의 방식 (대표 자료)

| | |
|---|---|
| 동양 문화권 | • 계절풍의 영향으로 여름철이 고온 다습하여 벼농사가 발달함<br>• 동아시아: 유교와 불교문화 발달, 한자와 젓가락 사용<br>• 동남아시아: 태평양과 인도양을 잇는 교통의 요충지로 동서양의 다양한 문화 혼재<br>• 남부 아시아: 힌두교와 불교의 발상지, 외세의 영향으로 민족·언어·종교 다양함 |
| 건조 문화권 | 북부 아프리카·서남아시아·중앙아시아 일대 건조 기후 지역 → 유목 및 오아시스 농업과 관개 농업 발달, 석유 산업 발달, 높은 이슬람교 비율, 아랍어 사용 |
| 아프리카 문화권 | 사하라 이남의 중남부 아프리카 지역 → 이동식 화전 농업❹과 유럽 식민 지배의 영향으로 플랜테이션 발달, 잦은 분쟁 발생, 부족 단위의 생활로 언어와 종교가 다양함 |
| 유럽 문화권 | • 크리스트교 문화 발달, 민주주의와 자본주의가 시작됨<br>• 북서 유럽: 혼합 농업·낙농업 발달, 높은 개신교·게르만족 비율, 산업 혁명의 발상지<br>• 남부 유럽: 수목 농업❺ 발달, 높은 가톨릭교·라틴족 비율, 그리스·로마 문화의 발상지<br>• 동부 유럽: 상대적으로 높은 농업 비중, 동방 정교(정교회)·슬라브족 비율 높음 |
| 아메리카 문화권 | • 다양한 기후, 인종, 문화 분포, 유럽 문화의 영향, 리오그란데강을 기준으로 앵글로아메리카와 라틴 아메리카를 구분함<br>• 앵글로아메리카: 북서 유럽 문화의 영향으로 높은 개신교 비율, 주로 영어 사용, 세계 경제의 중심지, 기업적 농업 발달<br>• 라틴 아메리카: 남부 유럽 문화의 영향으로 높은 가톨릭교 비율, 에스파냐어·포르투갈어 사용, 다양한 인종(유럽계와 아프리카계, 원주민과 혼혈족 등)과 문화가 나타남 |
| 북극 문화권 | 북극해 연안 러시아 북부·북아메리카 북부·그린란드의 한대 기후 지역 → 네네츠족, 이누이트 등의 순록 유목·수렵·어로 활동, 현대 문명 전파로 전통적 생활양식이 약화됨 |
| 오세아니아 문화권 | 오스트레일리아, 뉴질랜드, 남태평양 도서 지역 등 → 영국 식민 지배의 영향으로 영어 사용·높은 개신교 비율, 청정한 자연환경 보존, 목축업·관광업 발달 |

## 대표 자료 — 세계의 문화권
✦ 정보 활용 능력

문화권은 종교, 민족, 언어, 전통적인 산업 등에 따라 구별된다. 세계의 문화권은 동양 문화권, 유럽 문화권, 아메리카 문화권처럼 대체로 대륙의 구분과 비슷한데, 이는 지리적으로 가까운 지역 간에는 오랜 기간의 교류를 통해 유사한 문화가 나타나기 때문이다. 서로 다른 문화권이 만나는 경계에서는 두 문화권의 특성이 함께 섞여서 점이 지대가 나타나기도 한다.

## 시험에서는 이렇게

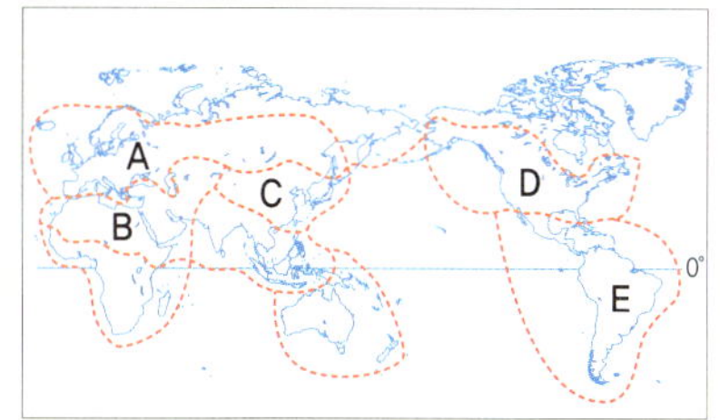


제시된 지도의 A는 유럽, B는 건조, C는 동아시아, D는 앵글로아메리카, E는 라틴 아메리카 문화권이다. 지도에서 세계의 문화권 분포를 파악한 뒤 각 문화권의 특징을 비교할 수 있는지 묻는 유형이 자주 출제된다.

### 시험 준비 길잡이

제시된 자료와 지도에서 문화권을 찾을 수 있는지 묻는 문제가 자주 출제돼요. 지도를 통해 각 문화권의 위치를 파악하고 문화권의 특징을 정리해 두세요.

## 자료 ❶ 세계의 음식 문화권

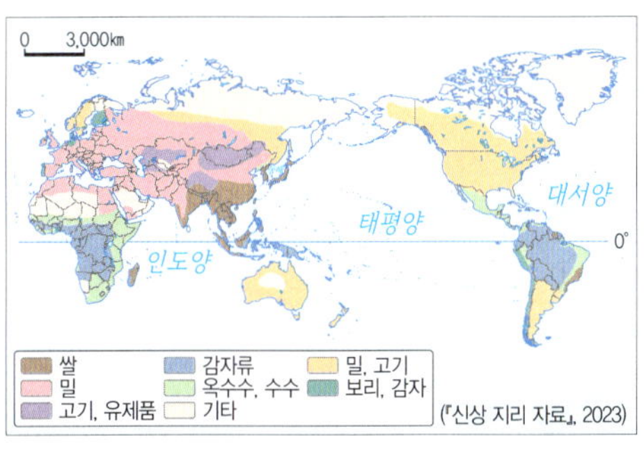


쌀은 여름철이 고온 다습한 아시아 계절풍 기후 지역의 주식이며, 밀은 강수량이 적은 지역에서 잘 자라는 특성 때문에 건조 기후 지역과 유럽의 주식이다. 한편, 냉량한 기후에서 잘 자라는 감자와 옥수수는 라틴 아메리카의 고산 지역에서 많이 먹는다.

## 자료 ❷ 세계의 종교 문화권

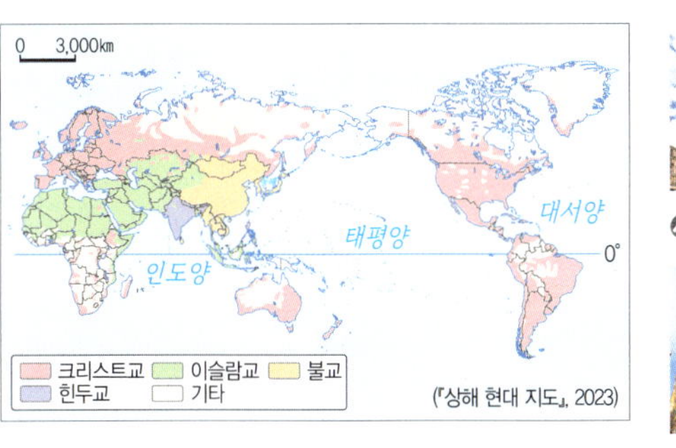

크리스트교

이슬람교

불교

힌두교

종교에 따라 다양한 문화 경관이 나타난다. 크리스트교에서는 십자가와 종탑을, 이슬람교 문화권에서는 둥근 지붕의 모스크와 첨탑을, 불교 문화권에서는 사찰과 불상, 탑을, 힌두교 문화권에서는 다양한 신이 조각된 사원을 볼 수 있다.

## 개념 확인하기

**1** 문화적 특성이 유사하게 나타나는 공간적 범위를 (      )(이)라고 한다.

**2** 다음 설명이 맞으면 ○표, 틀리면 ×표를 하시오.

(1) 문화권은 대체로 국경선을 기준으로 구분한다. (      )
(2) 동양 문화권은 계절풍의 영향으로 벼농사가 발달하였다. (      )
(3) 건조 문화권에서는 크리스트교 신자의 비율이 높게 나타난다. (      )

**3** 다음 내용과 관련된 문화권을 〈보기〉에서 골라 기호를 쓰시오.

| 보기 |
ㄱ. 북서 유럽 문화권
ㄴ. 남부 아시아 문화권
ㄷ. 라틴 아메리카 문화권

(1) 힌두교 신도 수가 가장 많다. (      )
(2) 산업 혁명의 발상지이며 게르만족의 비율이 높다. (      )
(3) 식민 지배의 영향으로 에스파냐어와 포르투갈어를 많이 사용한다. (      )

## 01 밑줄 친 ㉠, ㉡에 대한 설명으로 옳은 것은?

> ㉠ 문화는 인간이 환경과 상호 작용하면서 만들어 낸 의식주나 종교, 언어 등의 생활양식이다. 이러한 문화의 특성이 유사하게 나타나 주변과 구별되는 공간 범위를 ㉡ 문화권이라고 한다.

① ㉠은 좁은 지역에서 단기간에 형성된다.
② ㉠은 변하지 않는 고정된 특성을 가진다.
③ ㉡은 단일 민족으로 구성된다.
④ ㉡을 구분하는 경계는 대부분 국경과 일치한다.
⑤ 산맥, 하천, 사막 등은 대체로 ㉡의 경계를 이룬다.

## 02 ㉠에 대한 설명으로 옳지 <u>않은</u> 것은?

튀르키예의 이스탄불은 유럽과 아시아 사이에 위치해 동서양의 문화가 동시에 나타나는 ( ㉠ )에 해당한다.

① ㉠는 점이 지대이다.
② 문화권 간 경계에서 주로 나타난다.
③ 인구이동의 영향을 받아 만들어진다.
④ 한 번 형성되면 영구적으로 유지된다.
⑤ 서로 인접한 지역의 특성이 함께 섞여서 나타난다.

중요해

## 03 지도는 세계의 음식 문화권을 나타낸 것이다. A~C에 대한 설명으로 옳은 것은?

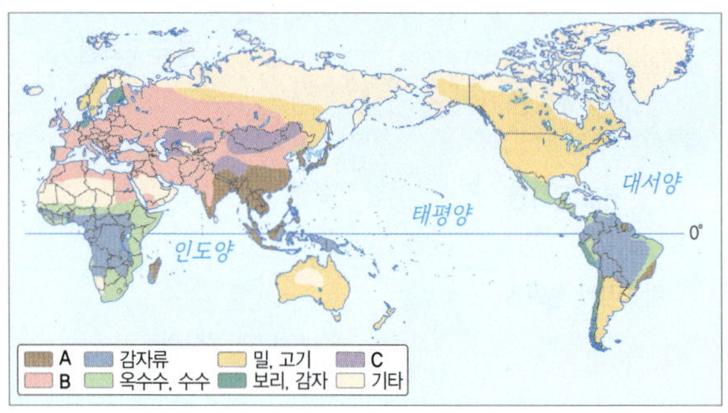


① A는 건조 문화권의 주식이다.
② B는 고온 다습한 지역의 주식이다.
③ C는 유목 생활을 하는 문화권에서 주로 소비한다.
④ A는 B보다 연 강수량이 적은 지역에 주로 재배된다.
⑤ A는 밀, B는 쌀, C는 고기 및 유제품이다.

## 04 (가)~(다)의 전통 가옥이 나타나는 지역을 지도의 A~C에서 골라 옳게 연결한 것은?

(가)   (나)   (다)

△ 지붕이 평평하고 창문이 작은 가옥

△ 순록의 가죽으로 만든 이동식 가옥

△ 돌로 만든 가옥

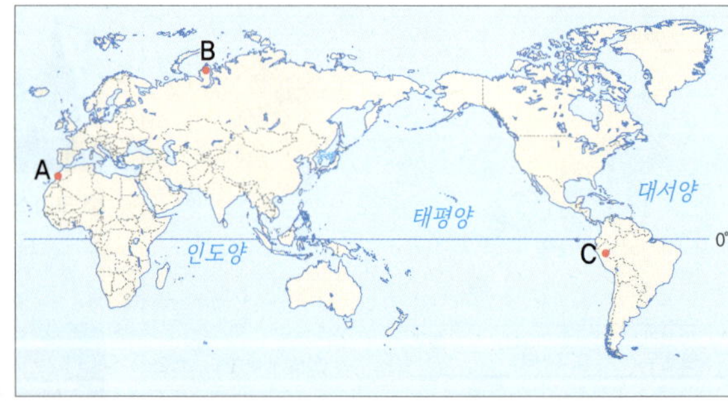


| | (가) | (나) | (다) | | (가) | (나) | (다) |
|---|---|---|---|---|---|---|---|
| ① | A | B | C | ② | A | C | B |
| ③ | B | A | C | ④ | C | A | B |
| ⑤ | C | B | A | | | | |

**05** 지도는 세계의 종교 문화권을 나타낸 것이다. A~D 종교에 대한 설명으로 옳은 것은?

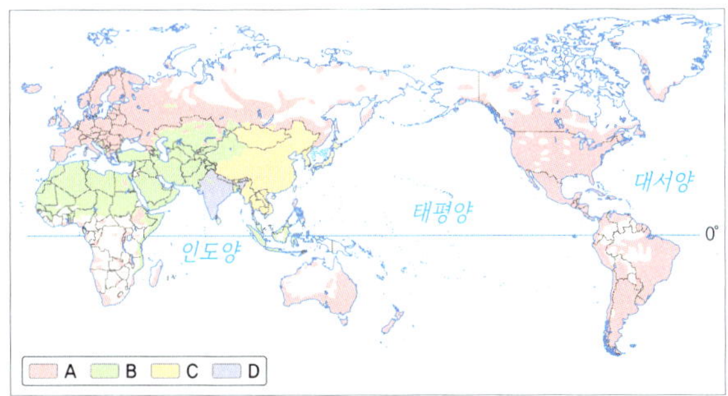


① A는 여러 신을 믿는 다신교이다.
② B는 여성들이 히잡, 차도르 등을 착용한다.
③ C는 소를 신성시하여 소고기를 먹지 않는다.
④ D는 일요일에 교회에 모여 예배를 한다.
⑤ B는 A보다 1인당 돼지고기 소비량이 많다.
⑥ D는 B보다 1인당 소고기 소비량이 많다.

**06** 다음은 (가), (나) 종교 경관을 묘사한 것이다. 이에 대한 옳은 설명만을 〈보기〉에서 있는 대로 고른 것은?

> (가) 모스크에 나타난 돔형 지붕과 첨탑, 사원 곳곳의 아라베스크 문양이 무척 아름다웠다.
> (나) 갠지스강에 몸을 담그고 자신의 죄를 씻어내기 위해 기도하는 사람들의 모습이 인상깊었다.

┤ 보기 ├
ㄱ. (가)는 힌두교, (나)는 이슬람교이다.
ㄴ. (가)는 건조 문화권에서 신자 비율이 높다.
ㄷ. (나)는 아프리카 문화권에서 신자 비율이 높다.

① ㄱ  　　② ㄴ  　　③ ㄱ, ㄴ
④ ㄴ, ㄷ  　　⑤ ㄱ, ㄴ, ㄷ



**07** 지도는 세계의 문화권을 구분한 것이다. A~E 문화권에 대한 설명으로 옳은 것은?

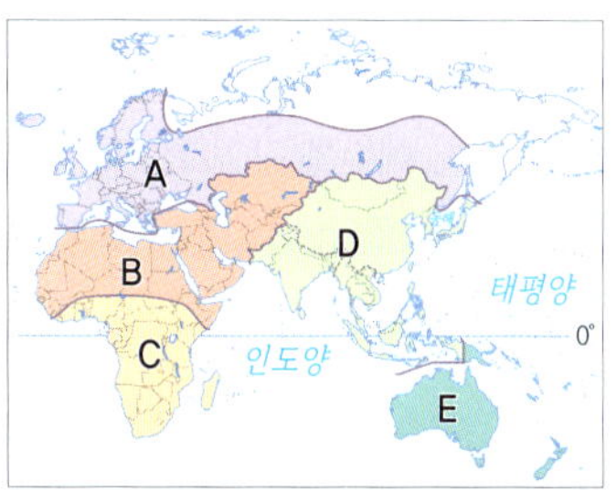


① A는 옥수수 가루를 이용한 음식 문화가 발달하였다.
② B는 해상 교통의 요지로 동서양 문화가 혼재되어 있다.
③ C는 부족 단위의 공동체 생활을 하는 경우가 많다.
④ D는 유목 및 오아시스 농업이 주로 이루어진다.
⑤ E는 계절풍 지대로 벼농사가 발달하였다.

**08** 자료는 (가), (나) 문화권에 관한 수행 평가의 일부이다. A, B에 들어갈 내용을 〈보기〉에서 골라 옳게 연결한 것은?

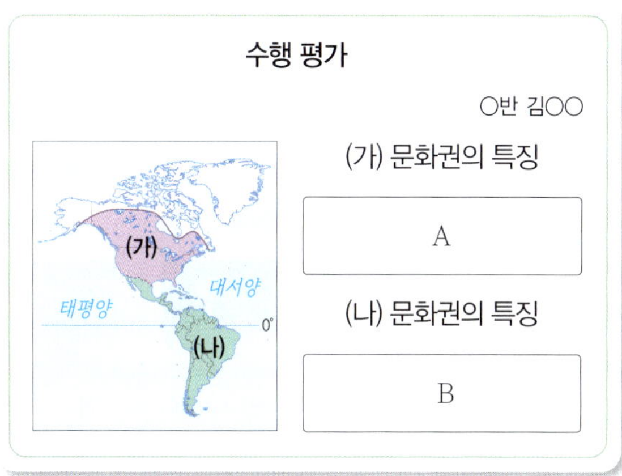


┤ 보기 ├
ㄱ. 가톨릭교 신자 비율이 높다.
ㄴ. 영국의 식민 지배 영향으로 영어를 사용한다.
ㄷ. 이누이트, 라프족 등 소수 민족이 유목 생활을 한다.

| | A | B | | | A | B |
|---|---|---|---|---|---|---|
| ① | ㄱ | ㄴ | | ② | ㄱ | ㄷ |
| ③ | ㄴ | ㄱ | | ④ | ㄴ | ㄷ |
| ⑤ | ㄷ | ㄴ | | | | |

**09** 다음과 같은 특징이 나타나는 문화권을 지도에서 고른 것은?

> 산업 혁명과 민주주의가 시작된 지역으로, 세계 여러 지역에 영향을 미쳤다. 또한, 예수를 구원자로 믿는 종교와 관련한 생활양식이 발달하였다.

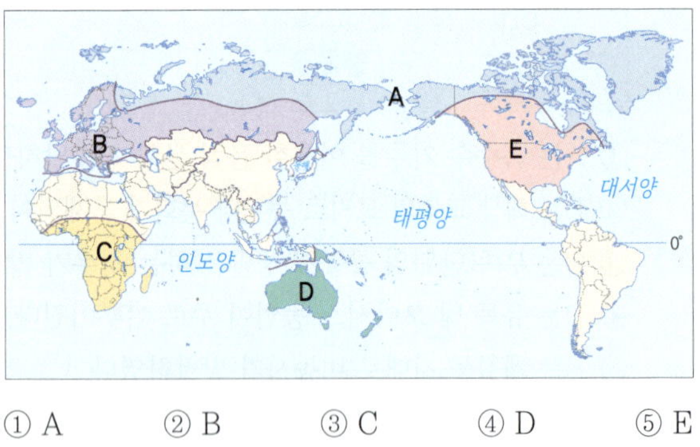


① A    ② B    ③ C    ④ D    ⑤ E

**10** 다음은 어느 국가에 대한 이미지 카드이다. 이 국가가 속한 문화권에 대한 설명으로 옳은 것만을 〈보기〉에서 고른 것은?

| 자연 경관 | 원주민 | 화폐 |
|---|---|---|
|  |  |  |
| 지구의 배꼽이라 불리는 울루루 | 부메랑을 사냥에 사용하는 애버리지니 | 영국의 엘리자베스 여왕이 그려진 화폐 |

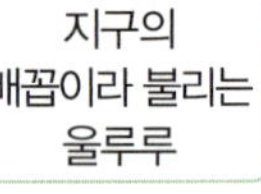

┤ 보기 ├
ㄱ. 남부 유럽의 영향으로 가톨릭교를 주로 믿는다.
ㄴ. 유럽인의 유입으로 원주민 고유 문화가 약화되었다.
ㄷ. 소, 양 등을 사육하는 목축업과 관광업이 발달하였다.
ㄹ. 유럽계와 아프리카계, 원주민과 혼혈족 등이 분포한다.

① ㄱ, ㄴ     ② ㄱ, ㄷ     ③ ㄴ, ㄷ
④ ㄴ, ㄹ     ⑤ ㄷ, ㄹ

**11** 다음 글을 읽고 물음에 답하시오.

> 라틴 아메리카 문화권은 ( ㉠ ) 이남 지역으로 중·남부 아메리카에 해당한다. 라틴 아메리카 문화권은 대서양을 두고 지리적으로 멀리 떨어져 있는 ㉡ 남부 유럽과 문화적으로 매우 유사한 특성을 보인다.

(1) ㉠에 들어갈 알맞은 말을 쓰시오.

_______________________________

(2) ㉡의 내용을 언어와 종교 측면에서 서술하시오.

_______________________________
_______________________________

3단계 로 완성하기

**12** 다음 화폐가 사용되는 지역이 포함된 문화권의 특징을 서술하시오.

요르단의 화폐에는 종교 성지인 예루살렘의 바위의 돔이 그려져 있다.

**①단계** 화폐에 그려진 모습에 나타난 생활 모습을 분석해 보세요.

_______________________________

**②단계** 화폐에 나타난 모습을 바탕으로 이 지역의 문화권을 유추해 보세요.

_______________________________
_______________________________

**③단계** 1단계와 2단계에서 정리한 내용으로 바탕으로 이 지역이 포함된 문화권의 특징을 서술해 보세요.

_______________________________
_______________________________

# 1등급 도전하기 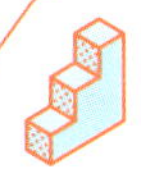

**01** (가), (나) 문화에 영향을 미친 문화 요인을 옳게 연결한 것은?

> (가) 덥고 습한 저위도 지역에서는 음식이 상하는 것을 막기 위해 향신료를 이용하거나 기름에 튀기는 조리법이 발달하였다.
>
> (나) 남부 아시아 지역에서는 갠지스강을 신성하게 여겨 강에서 목욕을 하고, 소를 신이 타고 다니던 동물로 여겨 소고기를 먹지 않는다.

| | (가) | (나) | | (가) | (나) |
|---|---|---|---|---|---|
| ① | 기후 | 종교 | ② | 기후 | 산업 |
| ③ | 종교 | 산업 | ④ | 지형 | 종교 |
| ⑤ | 지형 | 산업 | | | |

**02** 사진은 (가)~(다) 지역의 의복 경관이다. 이에 대한 설명으로 적절하지 않은 것은?

| (가) | (나) | (다) |
|---|---|---|
|  |  |  |

① (가)는 일 년 내내 기온이 높은 지역이다.
② (나)는 강수량이 매우 적은 지역이다.
③ (다)는 근처에서 순록을 볼 수 있을 것이다.
④ (가)는 (다)보다 위도가 높은 지역이다.
⑤ (나)와 (다)는 전통적으로 유목이 발달한 지역이다.

**03** (가)~(다) 문화권을 지도의 A~E에서 골라 옳게 연결한 것은?

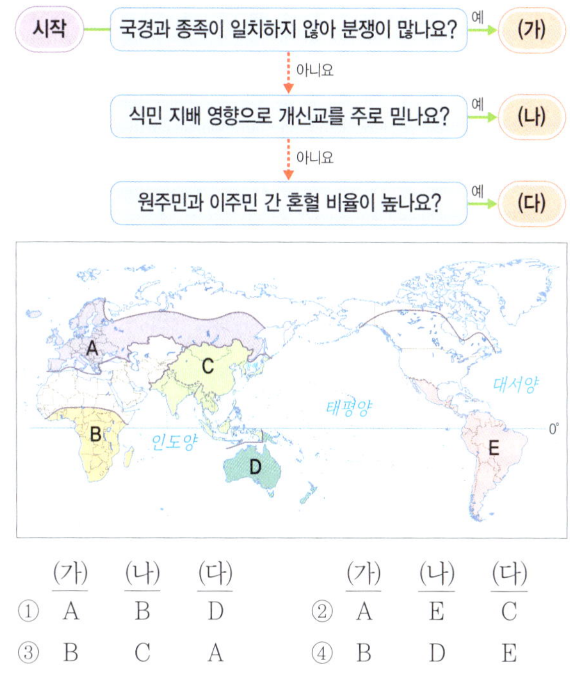


| | (가) | (나) | (다) | | (가) | (나) | (다) |
|---|---|---|---|---|---|---|---|
| ① | A | B | D | ② | A | E | C |
| ③ | B | C | A | ④ | B | D | E |
| ⑤ | C | B | E | | | | |

**04** 〔창의〕〔융합〕 자료는 (가)~(다) 문화권에 속한 국가의 국기를 나타낸 것이다. 이에 대한 설명으로 옳은 것은?

| 문화권 | (가) | (나) | (다) |
|---|---|---|---|
| 대표 국가의 국기 | 노르웨이 | 사우디아라비아 | 오스트레일리아 |

① (가)에서는 소를 신성시한다.
② (나)에서는 주로 믿는 종교는 라마단 기간 동안 낮에 금식한다.
③ (다)에서는 과거 유럽 국가의 식민 지배에 따른 국경 분쟁이 빈번하다.
④ (가)는 (나)보다 오아시스 농업이 발달하였다.
⑤ (나)에는 게르만족, (다)에는 슬라브족의 비중이 가장 높다.

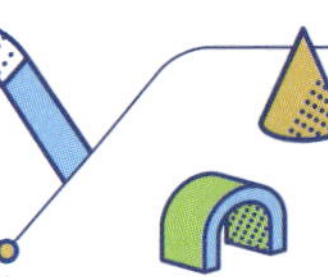

# 수능 준비하기

교육청 기출 | 응용

20학년도 3월 고2 학평 세계지리 3번 응용

**01** 다음은 형성 평가지의 일부이다. ㉠~㉣ 중 답이 옳게 표시된 것만을 고른 것은?

※ 그림은 두 종교의 대표적인 경관이다. (가), (나) 종교에 대한 내용이 맞으면 '예', 틀리면 '아니요'에 ✓표 하시오. (단, (가), (나)는 각각 크리스트교와 힌두교 중 하나임.)

〈다양한 신의 모습이 조각된 (가)의 사원〉

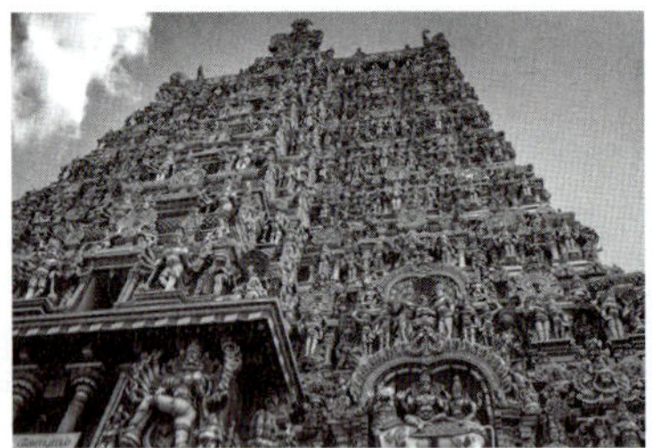

〈십자가와 종탑이 있는 (나)의 사원〉

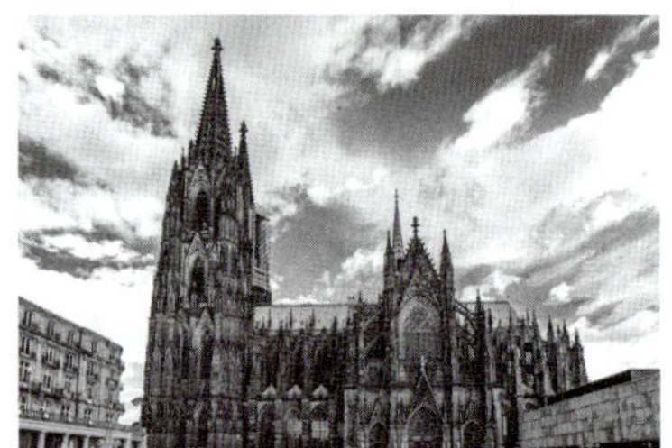

1. (가)는 남부 아시아에서 기원하였다.
   예 □ 아니요 ☑ ········ ㉠
2. (가)의 신도들은 성스러운 강에서 몸을 씻는 의식을 한다.
   예 ☑ 아니요 □ ········ ㉡
3. (나)의 신도들은 돼지고기를 금기시한다.
   예 ☑ 아니요 □ ········ ㉢
4. (나)는 주로 유럽, 아메리카 및 오세아니아 지역에서 믿는다.
   예 ☑ 아니요 □ ········ ㉣

① ㉠, ㉡　② ㉠, ㉢　③ ㉡, ㉢　④ ㉡, ㉣　⑤ ㉢, ㉣

**수능 만점 한끝**

자료에 나타난 종교 문화권을 파악하고, 각 종교의 특징을 구분하는 문항이 자주 출제된다.

**문제의 핵심**

| | |
|---|---|
| 힌두교 | 다신교, 갠지스강에서의 종교 의식, 소고기 금기 |
| 크리스트교 | 십자가, 스테인드글라스, 교회나 성당에서 예배 |

교육청 기출 | 응용

23학년도 3월 고2 학평 세계지리 4번 응용

**02** 다음은 세계지리 수업 장면의 일부이다. 교사의 질문에 옳게 대답한 학생만을 고른 것은?

교사: (가), (나)는 서로 다른 문화권의 경관을 묘사한 것입니다. (가), (나)의 특성에 대해 발표해 볼까요?

(가) 전통적으로 유목민을 중심으로 가축에게 먹일 물과 풀을 찾아 이동하는 문화가 발달하였다. 오늘날에는 석유 자원의 개발로 정착 생활을 하는 인구가 늘어났다.

(나) 동물의 가죽으로 만든 두꺼운 옷을 입고, 바다표범, 고래 등을 사냥하며 생활하는 모습을 볼 수 있다.

| 보기 |

갑: (가)에서는 플랜테이션이 활발합니다.
을: (가)의 주민들은 대부분 이슬람교를 믿습니다.
병: (나)에서는 순록을 유목하는 모습을 볼 수 있습니다.
정: (나)는 (가)보다 아랍어를 사용하는 주민의 비율이 높습니다.

① 갑, 을　② 갑, 병　③ 을, 병　④ 을, 정　⑤ 병, 정

**수능 만점 한끝**

제시된 자료의 내용을 분석하여 문화권을 파악하고, 각 문화권의 특징을 구분하는 문항이 자주 출제된다.

**이렇게도 출제될 수 있어요!**

지도에 문화권의 위치를 표시하고, 문화권의 특징을 묻는 형태로 출제될 수 있어요.

21학년도 11월 고1 학평 20번

**교육청 기출**

## 03 다음은 통합사회 온라인 수업 장면이다. 교사의 질문에 옳게 대답한 학생은?

통합사회 온라인 학습방

교사: A, B 문화권의 특징에 대해 말해 보세요.

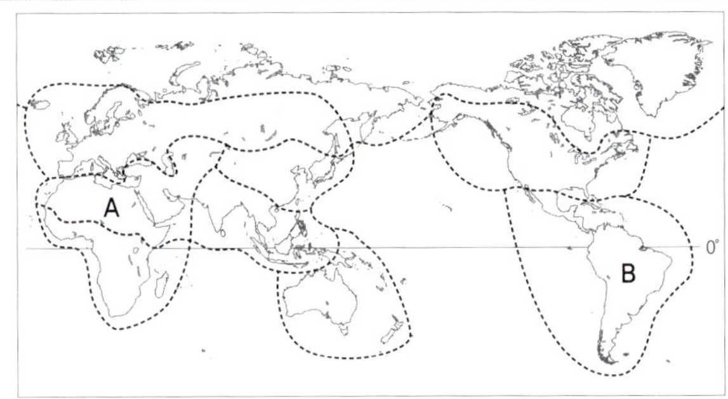


└ 갑: A의 주민 대부분은 전통적으로 이동식 화전 농업을 해요.

└ 을: A에서 시작된 산업 혁명이 전 세계로 확산되었어요.

└ 병: A의 주민 대부분은 이슬람교를 믿어 돼지고기를 먹지 않아요.

└ 정: B는 영국 식민 지배의 영향으로 영어 사용자의 비율이 높아요.

└ 무: B의 주민 대부분은 음식을 먹을 때 젓가락을 사용해요.

① 갑　　　② 을　　　③ 병　　　④ 정　　　⑤ 무

**⊕ 수능 만점 한끝**

제시된 지도에 표시된 두 문화권이 무엇인지 파악하고 각 문화권의 특징을 비교한다.

**• 이렇게도 출제될 수 있어요!**

여러 문화권을 A~E로 지칭하여 각 문화권의 특징을 묻는 문제가 출제될 수 있어요.

---

23학년도 11월 고1 학평 2번

**교육청 기출**

## 04 다음 자료는 어떤 문화권의 특징을 워드 클라우드로 표현한 것이다. (가)에 해당하는 문화권을 지도의 A~E에서 고른 것은?

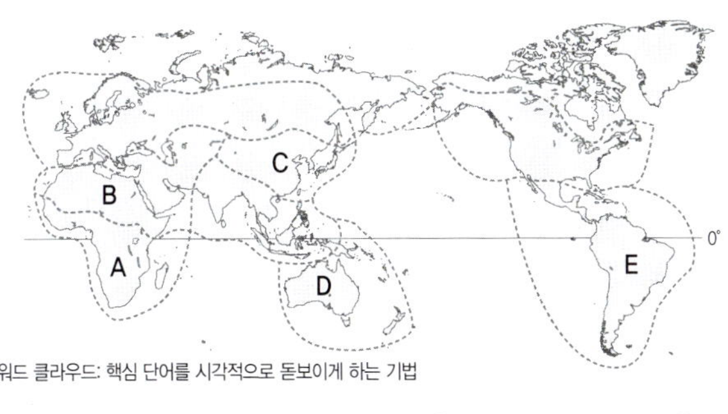


① A　　　② B　　　③ C　　　④ D　　　⑤ E

**⊕ 수능 만점 한끝**

워드 클라우드에 제시된 낱말 등 핵심 용어들로 문화권을 유추하고 그 위치를 찾는 문항이 출제된다.

**• 문제의 핵심**

| 라틴 아메리카 문화권 | • 남부 유럽의 영향으로 가톨릭교 신자 비율 높음<br>• 에스파냐어·포르투갈어 사용<br>• 다양한 인종과 문화가 나타남 |
| --- | --- |

# 문화 변동과 전통문화의 창조적 계승



**핵심 미리 보기**
- ☑ 문화 변동의 요인과 양상 이해하기
- ☑ 전통문화의 창조적 계승 방안 이해하기

**한끝 더하기**

**❶ 문화 요소**
기술, 언어, 상징, 예술, 가치, 규범 등 문화를 이루는 기본 요소

**❷ 문화 변동의 요인**

| 내재적<br>(내부적)<br>요인 | 한 사회의 내부에서부터 발생하여 새로운 문화 요소가 등장하는 것 |
|---|---|
| 외재적<br>(외부적)<br>요인 | 한 사회의 문화 요소가 다른 사회로 전해져서 정착되는 현상 |

**❸ 문화 접변의 유형**

| 자발적<br>문화 접변 | 다른 사회의 문화 요소를 자발적으로 받아들여 나타나는 것 |
|---|---|
| 강제적<br>문화 접변 | 정복이나 식민 지배 등의 상황에서 지배 사회의 문화 요소가 피지배 사회에 강제적으로 이식되어 나타나는 것 |

**❹ 문화 접변의 성격**

| 구분 | 자기 문화<br>정체성<br>상실 | 제3의<br>문화 형성 |
|---|---|---|
| 문화 동화 | ○ | X |
| 문화 병존 | X | X |
| 문화 융합 | X | ○ |

## 1 문화 변동의 요인과 양상

### 1. 문화 변동의 의미와 요인

(1) **문화 변동**: 새로운 문화 요소❶의 등장이나 다른 문화와의 접촉으로 문화가 변화하는 현상

(2) **문화 변동의 요인**❷

① **내재적 요인**

| 발명 | 이전에 없었던 문화 요소를 만들어 내는 것 ⓓ 세탁기의 발명, 자전거의 발명 |
|---|---|
| 발견 | 이미 존재하고 있었지만 알려지지 않았던 문화 요소를 찾아내는 것 ⓓ 페니실린의 발견 |

② **외재적 요인(문화 전파)** (자료 ❶)

| 직접 전파 | • 의미: 서로 다른 사회 구성원 간에 직접적인 접촉을 통해 문화 요소가 전해지는 것<br>• 사례: 알렉산드로스 대왕이 원정길에서 돌아올 때 사탕수수를 가져온 것 |
|---|---|
| 간접 전파 | • 의미: 인쇄물, 영상 매체, 인터넷 등 매개체를 통해 문화 요소가 전해지는 것<br>• 사례: 우리나라 드라마가 인터넷을 통해 전 세계로 퍼지는 것 |
| 자극 전파 | • 의미: 다른 사회의 문화 요소에서 아이디어를 얻어 새로운 문화 요소가 만들어지는 것<br>• 사례: 미국 원주민이 알파벳을 접한 후 이를 바탕으로 체로키족 고유의 문자를 만든 것 |

### 2. 문화 변동의 양상

(1) **문화 접변**❸: 두 문화 체계의 전면적인 장기간의 접촉으로 변동이 일어나는 것

(2) **문화 접변에 따른 문화 변동의 양상**❹ (대표 자료)

| 문화 동화 | • 의미: 기존의 문화 요소가 외래문화 요소로 완전히 대체되는 현상<br>• 사례: 백인들이 아메리카로 이주해 오면서 아메리카 원주민들의 문화가 사라진 것 |
|---|---|
| 문화 병존 | • 의미: 기존의 문화 요소와 외래문화 요소가 나란히 존재하는 현상<br>• 사례: 우리나라에 서양 의학이 들어왔지만 한의원과 서양식 병원이 함께 존재하는 것 |
| 문화 융합 | • 의미: 기존의 문화 요소와 외래문화 요소가 결합하여 새로운 문화가 만들어지는 현상<br>• 사례: 미국에서 아프리카 흑인 음악 리듬과 유럽 백인 음악 악기가 결합해 재즈가 탄생한 것 |

### 3. 문화 변동 시 필요한 자세
: 문화의 고유성·정체성을 유지하면서도 다양성 증진에 이바지해야 함

## 2 전통문화의 의의와 창조적 계승

### 1. 전통문화의 의미와 의의

(1) **전통문화**: 한 사회에서 오랜 기간 유지되면서 그 사회의 고유한 가치로 인정받는 문화

(2) **전통문화의 의의**

① **공통의 고유한 정체성 확립**: 사회 구성원으로서의 소속감을 느끼고 정체성을 확립함

② **사회 유지와 통합**: 자신의 문화에 대한 자긍심으로 사회 유지와 통합에 기여함

③ **세계 문화의 다양성 증진**: 국가 간 교류를 통해 세계의 문화를 다양하게 함

### 2. 전통문화의 창조적 계승과 발전 (자료 ❷)

(1) 전통문화를 현대 사회 구성원들의 요구와 특성에 맞게 재해석하는 노력이 필요함

(2) 전통문화의 고유성을 유지하면서 외래문화를 비판적으로 수용하여 전통문화와의 조화를 이루도록 노력해야 함

### • 대표 자료 • 문화 변동의 다양한 양상 ------- ✦ 창의적 사고력

> (가) 강화도에 있는 대한 성공회 강화 성당의 외관은 한옥처럼 보이지만 내부 구조는 성당 건축에 많이 사용하는 바실리카 양식을 따르고 있다.
>
> 
>
> (나) 미국 로스앤젤레스의 코리아타운에서는 미국의 문화뿐만 아니라 다양한 한국 음식과 문화를 즐길 수 있으며, 한국어로 제작된 간판을 볼 수 있다.
>
> 
>
> (다) 유럽 사람들이 오스트레일리아로 이주하여 식민 지배를 하면서 약 250개 이상 사용되던 오스트레일리아 원주민의 언어가 대부분 소멸 위기에 처하였다.

(가)는 서로 다른 문화 요소가 결합하여 새로운 문화가 나타났으므로 문화 융합, (나)는 한 사회 내에서 서로 다른 문화가 공존하므로 문화 병존, (다)는 기존 문화 요소가 새로운 문화에 흡수되어 정체성을 상실하였으므로 문화 동화의 사례이다. 문화 융합이나 문화 병존은 기존 문화의 고유성과 정체성을 유지하여 문화적 다양성을 높인다. 한편, 문화 동화는 외래문화와 교류하는 과정에서 고유문화의 정체성을 상실하게 하여 문화적 다양성을 해친다.

---

### 자료 ❶ 자극 전파의 사례

△ 임신서기석에 남은 신라 시대 이두

이두는 과거 한자의 음과 뜻을 이용하여 우리말의 어순대로 문장을 표기한 것이다. 신라 시대의 설총이 중국에서 전해진 한자에서 아이디어를 얻어 이두라는 새로운 문화를 창조하였다. 이는 다른 사회의 문화 요소에서 아이디어를 얻어 새로운 문화 요소가 만들어지는 것으로, 자극 전파의 사례이다.

### 자료 ❷ 전통문화의 창조적 계승

> 한국 관광 공사에서는 현대적인 밴드 음악과 전통 음악인 판소리를 접목하여 우리나라의 관광지를 소개하는 홍보 영상을 제작하였다. 이는 우리나라의 전통 춤, 전통 음악, 전통 복식 등을 재해석하여 전 세계적으로 긍정적인 반응을 얻었으며, 우리나라 문화를 전 세계에 널리 알리는 데 활용되었다.

제시된 사례에는 우리나라의 전통 음악인 국악을 현대적으로 재해석하여 창조적으로 발전시킨 모습이 나타나 있다. 이처럼 전통문화를 창조적으로 계승하려면 사회 구성원들이 전통문화에 관심을 가지고 즐기면서도 전통 음악과 춤 등을 현대의 감각에 맞게 재해석하여 표현하려는 노력이 필요하다.

---

### • 시험에서는 이렇게 •

| A | B | C |
|---|---|---|
| □＋▲ | ◇＋◆ | ○＋★ |

↓

| ▲ | ◈ | ○．★ |
|---|---|---|

* □, ◇, ○는 자문화 요소이고, ▲, ◆, ★은 유입된 문화 요소이다.
* ◈은 ◇과 ◆가 결합되어 나타난 새로운 문화 요소이다.
* '＋'는 접촉을, '↓'는 접촉에 따른 변화를 의미한다.

문화 변동의 양상을 도식화한 자료로, A는 문화 동화, B는 문화 융합, C는 문화 병존이다. 자료에서 문화 요소의 변동 양상을 파악하고 그 사례를 찾는 유형이 자주 출제된다.

### 시험 준비 길잡이

도식화된 자료나 사례를 통해 문화 변동의 양상을 구분하는 문제가 자주 출제돼요. 자문화의 정체성이 상실되면 문화 동화, 제3의 문화가 형성되면 문화 융합, 두 문화가 나란히 존재하면 문화 병존임을 기억해 두세요.

### 개념 확인하기

**1** 다음 괄호 안의 내용 중 알맞은 말에 ○표를 하시오.

(1) ( 발견, 발명 )은 이미 존재하고 있지만 알려지지 않은 것을 찾아내는 것을 말한다.

(2) 매개체를 통해 문화 요소가 전달되는 것을 ( 직접 전파, 간접 전파 )라고 한다.

**2** 다음 사례에 해당하는 문화 변동 양상을 〈보기〉에서 골라 기호를 쓰시오.

| 보기 |
> ㄱ. 문화 동화    ㄴ. 문화 병존
> ㄷ. 문화 융합

(1) 말레이시아에 다양한 종교 기념일이 공존하는 것  (     )

(2) 아메리카 원주민이 유럽 문화와 접촉하면서 고유 언어를 상실한 것  (     )

(3) 멕시코 과달루페 성모상이 원주민의 모습을 하고 전통 의상을 입은 것  (     )

**3** 한 사회에서 과거로부터 오랫동안 전해 내려오는 것 중 오늘날까지 구성원들에게 영향을 미치는 생활양식을 (          )(이)라고 한다.

---

**01** 다음은 문화 변동에 대한 설명이다. 밑줄 친 ㉠∼㉤ 중 옳지 <u>않은</u> 것은?

> 문화는 시간이 흐르면서 끊임없이 변화한다. 이렇게 문화가 ㉠ 새로운 문화 요소가 등장하거나 다른 문화와 접촉하면서 문화가 변화하는 현상을 문화 변동이라고 한다. ㉡ 문화 변동의 내재적 요인으로는 발명과 발견이 있고, ㉢ 외재적 요인으로는 문화 전파가 있다. ㉣ 문화 전파에는 직접 전파, 간접 전파, 자극 전파가 있는데, ㉤ 오늘날에는 발명과 발견이 문화 변동의 가장 큰 요인이 되고 있다.

① ㉠   ② ㉡   ③ ㉢   ④ ㉣   ⑤ ㉤

**02** ㉠, ㉡에 대한 옳은 설명만을 〈보기〉에서 있는 대로 고른 것은?

> • 최초의 항생제인 페니실린의 ( ㉠ )(으)로 전염병 치료, 수술 방식 등 의료 문화가 변화하였다.
> • 스웨덴의 통계학자는 세탁기의 ( ㉡ )이/가 여성의 가사 노동에 대한 부담을 줄이고, 여성이 사회 활동을 하도록 하는 변화를 이끌었다고 주장하였다.

┤보기├
ㄱ. ㉠은 발명, ㉡은 발견이다.
ㄴ. ㉠과 달리 ㉡은 문화 변동의 외재적 요인에 해당한다.
ㄷ. '한글 창제'는 ㉡에 해당하는 사례이다.
ㄹ. ㉠, ㉡ 모두 문화 변동의 결과이다.

① ㄱ   ② ㄷ   ③ ㄱ, ㄴ
④ ㄴ, ㄷ   ⑤ ㄴ, ㄷ, ㄹ

**03** (가), (나)의 사례에 나타난 문화 변동의 요인을 옳게 연결한 것은?

> (가) 인더스강을 점령한 알렉산드로스 대왕은 원정길에서 돌아올 때 설탕의 원료인 사탕수수를 가져와 지중해 동부 지역에 전파하였다.
> (나) 우리나라 드라마가 인터넷을 통해 전 세계에서 큰 인기를 끌면서 드라마에 나온 우리나라의 놀이 문화를 다른 나라 사람들도 즐기고 있다.

|   | (가) | (나) |
|---|---|---|
| ① | 직접 전파 | 간접 전파 |
| ② | 직접 전파 | 자극 전파 |
| ③ | 간접 전파 | 자극 전파 |
| ④ | 간접 전파 | 직접 전파 |
| ⑤ | 자극 전파 | 직접 전파 |

**중요해**
**04** 사례에 나타난 문화 변동의 요인에 대한 옳은 설명만을 〈보기〉에서 고른 것은?

> 신라 시대의 설총은 중국에서 전해진 한자의 음과 뜻을 빌려 이두라는 새로운 문자를 창조하였다. 한자와는 다른 독창적인 문자였던 이두는 이후 널리 사용되었다.

┤보기├
ㄱ. 사회 내부의 요인에 의해서 문화 변동이 일어났다.
ㄴ. 문화 변동으로 기존에 없던 새로운 문화 요소가 나타났다.
ㄷ. 두 문화 간 직접적인 접촉에 의해 문화 요소가 전파되었다.
ㄹ. 다른 사회의 문화 요소에서 아이디어를 얻어 문화 변동이 일어났다.

① ㄱ, ㄴ   ② ㄱ, ㄷ   ③ ㄴ, ㄷ
④ ㄴ, ㄹ   ⑤ ㄷ, ㄹ

**05** 다음에서 설명하는 문화 접변의 결과에 해당하는 사례만을 〈보기〉에서 있는 대로 고른 것은?

> 한 사회의 문화가 다른 사회의 문화 체계 속에 흡수되어 정체성을 상실하는 현상이다.

| 보기 |

ㄱ. 인도는 영국의 식민 지배에서 독립한 후에도 헌법상 공용어인 15개의 언어를 사용하여 화폐에 금액을 표시하고 있다.
ㄴ. 백인들이 아메리카 대륙으로 이주해 오면서 아메리카 원주민들의 문화는 사라지고 백인들의 문화만 남게 되었다.
ㄷ. 멕시코의 과달루페 성모상은 검은 머리에 갈색 피부를 갖고 있으며, 중남미의 전통 의상을 입은 원주민의 모습을 보인다.
ㄹ. 온돌을 사용하던 우리나라의 난방 방식과 서양식 주거 문화의 실용적 요소가 접목되어 바닥 난방식 아파트가 만들어졌다.

① ㄱ ② ㄴ ③ ㄱ, ㄷ
④ ㄴ, ㄹ ⑤ ㄷ, ㄹ

**06** 사례에 나타난 문화 변동의 양상에 대한 설명으로 옳은 것은?

> 1900년에 건립된 강화도에 있는 대한 성공회 강화 성당은 동양과 서양의 문화가 어우러진 독특한 곳이다. 성당의 외부는 한옥의 모습을 하고 있지만, 내부는 성당 건축에 사용되는 바실리카 양식으로 지어졌다.

① 주로 자문화의 정체성이 약한 사회에서 나타난다.
② 외부의 강제적인 힘에 의해 일어난 문화 접변이다.
③ 한 사회의 문화가 다른 사회의 문화로 흡수되어 소멸되었다.
④ 기존 문화와 외래문화가 결합하여 새로운 문화가 만들어졌다.
⑤ 서로 다른 사회의 문화가 한 사회의 문화 체계 속에 함께 존재하고 있다.

**07** 이 문제에서 나올 수 있는 모든 선택지 ✓

(가), (나) 문화 변동의 차이를 설명할 수 있는 질문으로 옳은 것은?

> (가) 우리나라에 서양 의학이 들어온 이후에도 한방 진료를 받을 수 있는 한의원과 서양식 진료를 받을 수 있는 서양식 병원이 함께 존재하고 있다.
> (나) 유럽인들이 오스트레일리아로 이주하여 식민 지배를 하면서 약 250개 이상이던 오스트레일리아 원주민의 언어가 대부분 소멸 위기에 처하였다.

① 외재적 요인에 의한 변동인가?
② 자발적 요인에 의한 변동인가?
③ 자문화의 정체성을 유지하였는가?
④ 새로운 문화 요소가 발견되었는가?
⑤ 서로 다른 문화 요소의 접촉이 있었는가?
⑥ 장기간에 걸쳐 문화 변동이 발생하였는가?

**08** 표는 A~C국만의 접촉으로 인한 문화 변동의 양상을 나타낸 것이다. 접촉 후 A~C국에서 각각 나타난 문화 변동의 양상을 옳게 연결한 것은?

| A국 | B국 | C국 |
|---|---|---|
| □+▲ | ◇+◆ | ○+★ |

↓

| | | |
|---|---|---|
| ▲ | ◈ | ○, ★ |

* □, ◇, ○는 자문화 요소이고, ▲, ◆, ★은 유입된 문화 요소이다.
* ◈은 ◇과 ◆이 결합되어 나타난 새로운 문화 요소이다.
* '+'는 접촉을, '↓'는 접촉에 따른 변화를 의미한다.

| | A국 | B국 | C국 |
|---|---|---|---|
| ① | 문화 동화 | 문화 병존 | 문화 융합 |
| ② | 문화 동화 | 문화 융합 | 문화 병존 |
| ③ | 문화 병존 | 문화 동화 | 문화 융합 |
| ④ | 문화 융합 | 문화 병존 | 문화 동화 |
| ⑤ | 문화 융합 | 문화 동화 | 문화 병존 |

## 09 (가)에 들어갈 내용으로 가장 적절한 것은?

> 강릉 단오제는 전통 제천 의식과 세시 풍속이 잘 구현되어 유네스코 인류 무형 문화유산으로 등재된 축제이다. 강릉 단오제에서는 다양한 무형유산 공연과 민속놀이를 관람하거나 이에 직접 참여할 수 있다. 전통문화를 함께 즐기는 과정에서 _______________ (가) _______________ 때문에 현대 사회에서도 전통문화의 가치를 인정하고 발전시켜야 한다.

① 사회 구성원의 소속감이 낮아지기
② 사회의 고유한 정체성을 확인하기 어렵기
③ 사회 구성원들의 행동 양식이 획일화되기
④ 사회 구성원들 간의 유대감을 낮출 수 있기
⑤ 사회 구성원들이 문화에 대한 자긍심을 느낄 수 있기

## 10 기사를 보고 추론할 수 있는 전통문화의 발전 방안으로 가장 적절한 것은?

중요해★

> 최근 국립 박물관이 우리나라의 전통 문화유산을 소재로 만든 상품이 젊은 세대에게 인기를 끌고 있다. 특히 금동 미륵보살 반가 사유상을 본떠 만든 소품이나 은은한 푸른 빛깔과 상감 기법으로 유명한 우리나라의 고려청자를 활용한 휴대 전화 케이스, 무선 이어폰 케이스 등의 상품이 출시되면서 전통 문화를 소재로 한 상품이 더 큰 인기를 끌기 시작하였다.

① 전통문화를 있는 그대로 전 세계에 소개해야 한다.
② 낡고 오래된 문화는 다른 나라의 우수한 문화로 대체해야 한다.
③ 전통문화를 현대 사회 구성원들의 요구에 맞춰 재해석해야 한다.
④ 자기 문화의 정체성을 바탕으로 외래문화를 비판적으로 수용해야 한다.
⑤ 발견이나 발명보다는 문화 전파를 통해 전통문화를 발전시키려는 태도가 요구된다.

## 11 다음 사례가 전통문화의 계승과 발전에 시사하는 바를 서술하시오.

> 한국 관광 공사에서는 현대적인 밴드 음악과 전통 음악인 판소리를 접목하여 우리나라의 관광지를 소개하는 홍보 영상을 제작하였다. 이는 우리나라의 전통 춤, 전통 음악, 전통 복식 등을 재해석하여 전 세계적으로 긍정적인 반응을 얻었으며, 우리나라 문화를 전 세계에 널리 알리는 데 활용되었다.

_______________________________________________

_______________________________________________



## 12 사례에 나타난 문화 변동 양상의 특징을 서술하시오.

> 미국 로스앤젤레스의 코리아타운에서는 미국의 문화뿐만 아니라 다양한 한국 음식과 문화를 즐길 수 있으며, 한국어로 제작된 간판을 볼 수 있다.

**1단계** 사례에 나타난 문화 변동 양상은 무엇인지 써 보세요.

_______________________________________________

**2단계** '자기 문화의 정체성 유지' 측면에서 제시된 사례에 나타난 문화 변동 양상을 분석해 보세요.

_______________________________________________

_______________________________________________

**3단계** 1단계, 2단계에서 정리한 내용을 바탕으로 제시된 사례에 나타난 문화 변동 양상의 특징을 서술해 보세요.

_______________________________________________

_______________________________________________

# 1등급 도전하기 

**01** 그림은 문화 변동의 요인을 구분한 것이다. A~D에 대한 설명으로 옳은 것은? (단, A~D는 각각 발명, 발견, 직접 전파, 자극 전파 중 하나임.)

① 영국의 식민 지배를 받은 나라에서 영국에서 시작된 크리켓을 배워 즐기게 된 사례는 A에 해당한다.
② 자국의 전통 음료에 전통 식재료를 가미하여 새로운 음료를 만든 사례는 B에 해당한다.
③ 외국에서 유행하는 새로운 춤이 인터넷을 통해 자국으로 확산된 사례는 C에 해당한다.
④ D로 나타난 문화 요소가 C로 인해 타국에서 B를 발생시키면, 이는 A에 해당한다.
⑤ A~D는 모두 한 사회에 새로운 문화 요소를 추가하는 요인으로 작용한다.

**02** 표는 문화 변동의 양상 (가)~(다)를 구분한 것이다. 이에 대한 옳은 설명만을 〈보기〉에서 있는 대로 고른 것은? (단, (가)~(다)는 문화 동화, 문화 병존, 문화 융합 중 하나임.)

| 질문＼관점 | (가) | (나) | (다) |
|---|---|---|---|
| 기존의 자기 문화가 소멸되었는가? | 예 | 아니요 | 아니요 |
| 새로운 제3의 문화가 만들어졌는가? | 아니요 | 예 | 아니요 |

┤ 보기 ├
ㄱ. (가)는 알려지지 않았던 문화 요소를 새롭게 찾아내는 것이다.
ㄴ. (나)로 인해 전체 사회의 문화적 다양성이 확대될 수 있다.
ㄷ. (다)의 사례로 '우리나라에 서양 의학이 들어온 이후에도 한방 진료를 받을 수 있는 한의원과 서양식 병원이 함께 존재하는 것'을 들 수 있다.
ㄹ. (가)는 (나), (다)와 달리 직접적인 접촉에 의해 나타난다.

① ㄱ, ㄴ ② ㄴ, ㄷ ③ ㄷ, ㄹ
④ ㄱ, ㄴ, ㄷ ⑤ ㄴ, ㄷ, ㄹ

**03** A~D국에 나타난 문화 변동에 대한 설명으로 옳은 것은?

> A국 사람들은 생선을 주원료로, 식초와 소금 등 향신료를 넣어 톡 쏘는 맛을 낸 케치압이라는 음식을 만들었다. 이후 A국의 케치압이 B국으로 전파되었고, A국과 B국을 방문한 C국 선원들이 케치압을 맛본 후 고향에 돌아와 직접 만들면서, 케치압이 C국에도 알려졌다. 이후 D국에서는 케치압에 토마토를 섞어 토마토케첩을 만들었다.

① A국은 외재적인 요인에 의한 문화 변동이 나타났다.
② B국에서는 매체를 통해 문화 요소가 전해졌다.
③ C국에서는 문화 변동 결과 문화 동화가 나타났다.
④ A국은 B국과 달리 문화 변동 결과 자기 문화의 정체성을 상실하였다.
⑤ D국에서는 A국과 달리 다른 사회와 접촉하면서 새로운 문화 요소가 만들어졌다.

**04** (창의·융합) 다음은 세계 각국의 전통문화 축제를 소개하는 영상 스토리보드 일부이다. 세계 각국의 전통문화 축제를 통해 기대할 수 있는 효과만을 〈보기〉에서 고른 것은?

> 〈장면〉 #2 세계 각국의 전통문화 축제 – 태국의 송끄란 축제
>
> 태국에서 새해가 시작되는 것을 기념하는 송끄란 축제를 소개하며, 우기에 비가 충분히 내려 농사가 풍요롭게 이루어지기를 기원하는 의미에서 물을 뿌리며 송끄란 축제를 즐기는 사람들의 모습을 보여 준다.

┤ 보기 ├
ㄱ. 세계 각국의 고유한 문화를 접할 수 있다.
ㄴ. 문화 향유 대상과 범위를 확대할 수 있다.
ㄷ. 외래문화에 비해 우수한 자국의 전통문화를 홍보할 수 있다.
ㄹ. 외국인 거주민의 문화를 자국의 문화에 동화시킬 수 있다.

① ㄱ, ㄴ ② ㄱ, ㄷ ③ ㄴ, ㄷ
④ ㄴ, ㄹ ⑤ ㄷ, ㄹ

# 수능 준비하기



**01** 다음 〈자료 1〉의 A~D에 해당하는 문화 변동의 요인을 〈자료 2〉의 (가)~(라)에 옳게 연결한 것은? (단, A~D는 각각 발견, 발명, 직접 전파, 자극 전파 중 하나임.)

〈자료 1〉
- B, D를 통해 기존에 없었던 문화 요소가 창조된다.
- B, C는 A, D와 달리 타 문화와의 접촉으로 발생한다.

〈자료 2〉
갑국의 선조들은 자연에서 광물을 __(가)__ 하였고, 이를 활용하여 금속 그릇을 __(나)__ 하였다. 이 금속 그릇은 갑국의 상인들에 의해 을국에 __(다)__ 되었다. 이 과정에서 을국 사람들은 갑국의 금속 그릇에서 아이디어를 얻어 새로운 금관 악기를 만들게 되었는데, 이는 __(라)__ 의 사례로 볼 수 있다.

|   | (가) | (나) | (다) | (라) |
|---|---|---|---|---|
| ① | A | B | C | D |
| ② | A | D | C | B |
| ③ | B | C | A | D |
| ④ | B | D | C | A |
| ⑤ | D | A | C | B |

### 수능 만점 한끝

주어진 조건을 분석하여 자료에 제시된 문화 변동의 요인은 무엇인지 구분하고, 분석한 내용을 사례에 적용해 보는 문제이다. 글의 맥락을 파악하여 문화 변동의 요인을 분석해야 한다.

**문제의 핵심**

| 내재적 요인 | · 발명<br>· 발견 |
|---|---|

| 외재적 요인 | · 직접 전파<br>· 간접 전파<br>· 자극 전파 |
|---|---|





**02** A~C국에 나타난 문화 변동에 대한 옳은 설명만을 〈보기〉에서 있는 대로 고른 것은?

A국은 전쟁에 필요한 군량을 보관하기 위해 조리한 음식을 뜨거운 물로 살균한 유리병에 넣은 병조림을 만들었다. 전쟁 중에 B국은 A국의 병조림에서 아이디어를 얻어 철제 통조림을 개발하였다. 한편 B국에서 유학하고 돌아온 C국의 한 발명가가 철제 통조림 뚜껑을 안전하게 분리하는 따개를 개발하였다. 훗날 C국의 기업이 통조림 뚜껑을 쉽게 열 수 있는 원터치 캔을 개발하고 A국과 B국 현지 공장에서 상품을 생산하여 판매하였다. 이후, 세 나라 모두 원터치 캔을 일상적으로 사용하였다.

| 보기 |

ㄱ. A국에서는 직접 전파에 의한 문화 변동이 나타났다.
ㄴ. C국에서는 간접 전파에 의한 문화 변동이 나타났다.
ㄷ. A, C국에서는 B국과 달리 내재적 요인에 의한 문화 변동이 나타났다.
ㄹ. A, B국에서는 C국과 달리 자극 전파가 나타났다.

① ㄱ   ② ㄴ   ③ ㄱ, ㄷ   ④ ㄴ, ㄷ   ⑤ ㄱ, ㄷ, ㄹ

### 수능 만점 한끝

여러 나라의 문화 변동 모습을 제시하고, 각 나라의 문화 변동 요인 및 양상을 분석하는 문항이 출제된다.

**이렇게도 출제될 수 있어요!**

주어진 질문을 통해 문화 변동 요인을 파악하고, 이에 정형화된 사례를 통해 문화 접변의 유형을 구분하는 문제가 출제되기도 해요.

24학년도 수능 사회·문화 14번

## 03 다음 자료에 대한 설명으로 옳은 것은?

### ○○국의 음식 문화 변동 양상에 대한 모둠 과제 우수 사례

| 〈1모둠〉 | 〈2모둠〉 |
|---|---|
| ○○국 내에 갑국 이주민 거주 지역에서나 볼 수 있던 갑국의 전통 음식 A가 전국적으로 유행함. 특히 ○○국 젊은 세대 사이에서 자극적인 맛으로 A가 인기임. | ○○국 음료 회사는 다이어트 열풍으로 을국의 무설탕 음료 B의 제조법에 자극받아 새로운 무열량 음료를 개발함. 젊은 층의 선호로 ○○국에서 전통 음료와 B의 판매량을 추월함. |
| 〈3모둠〉 | 〈4모둠〉 |
| ○○국 제과 회사가 만든 과자 C는 병국의 과자에 ○○국의 식재료인 황태 가루를 넣은 새로운 과자임. 병국의 유명 연예인이 C가 병국 과자를 대체할 수 있을 만큼 맛있다고 하자 ○○국보다 병국에서 많이 판매됨. | 막대기에 과일 사탕을 꽂은 정국의 디저트 D가 SNS를 통해 ○○국에 알려짐. 이후 ○○국 젊은이들이 인터넷에서 배운 조리법대로 D를 만들어 먹기 시작하며 D가 젊은 세대 문화로 스며듦. |

① 1모둠과 2모둠이 작성한 내용에 모두 문화 공존(문화 병존)이 나타난다.

② 3모둠과 4모둠이 작성한 내용에 모두 문화 융합이 나타난다.

③ 1모둠이 작성한 내용에 발명이, 2모둠이 작성한 내용에 직접 전파가 나타난다.

④ 3모둠이 작성한 내용에 문화 동화가, 4모둠이 작성한 내용에 간접 전파가 나타난다.

⑤ 1모둠과 2모둠이 작성한 내용에 모두 자극 전파가, 3모둠과 4모둠이 작성한 내용에 모두 자발적 문화 접변이 나타난다.



---



19학년도 수능 사회·문화 13번 응용

## 04 표는 특정 시기 갑국의 문화 변동 양상을 나타낸 것이다. 이에 대한 옳은 설명만을 〈보기〉에서 있는 대로 고른 것은?

| 구분 | 문화 변동 양상 |
|---|---|
| 의복 | • 전통 의복을 서구식으로 개량한 새로운 의복 등장<br>• 개량 의복과 서구 의복의 혼재 |
| 음식 | • 전통 음식과 외래 음식이 결합된 새로운 음식 등장<br>• 주변국의 음식 및 조리법 도입으로 전통식과 외래식 혼재 |
| 주거 | • 전통 가옥 형태 유지<br>• 신분에 따른 가옥 규모 제한 폐지 |

┌ 보기 ┐

ㄱ. 의복 분야에서는 자기 문화의 정체성이 상실되었다.

ㄴ. 음식 분야에서는 발견으로 인한 문화 변동이 발생하였다.

ㄷ. 주거 분야에서는 음식 분야와 달리 외재적 요인에 의한 문화 변동이 나타났다.

ㄹ. 의복, 음식 분야에서는 주거 분야와 달리 문화 융합이 발생하였다.

① ㄴ　　② ㄹ　　③ ㄱ, ㄷ　　④ ㄴ, ㄹ　　⑤ ㄱ, ㄷ, ㄹ



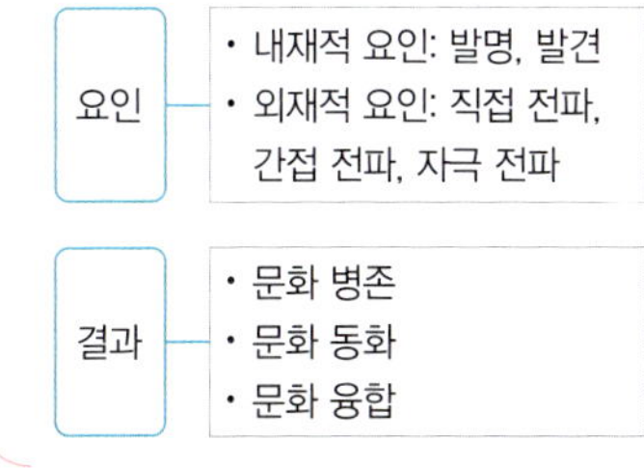

# 03 문화 상대주의와 보편 윤리

**한끝 더하기**

**① 문화 이해의 태도 비교**

| 문화 간 우열을 가림 | 자문화 중심주의, 문화 사대주의 |
|---|---|
| 문화 간 우열을 가리지 않음 | 문화 상대주의 |

**② 국수주의**
다른 민족이나 국가의 문화를 열등하다고 여겨 자기 민족이나 국가의 문화만 고수하려는 태도

**③ 명예 살인**
가족이나 공동체의 명예를 더럽혔다는 이유로 남자 가족 구성원이 해당 여성을 살해하는 관습

**④ 황금률**
다양한 종교, 도덕, 철학에서 찾아볼 수 있는 도덕 원칙으로, 자신과 다른 사람에게 똑같은 도덕 원칙을 적용하라는 내용을 담고 있다.

**⑤ 연고주의**
혈연, 학연, 지연이라는 전통적 사회관계를 우선시하거나 중요하게 여기는 사고 방식에서 나타난 사회현상

**⑥ 권위주의**
어떠한 일에 있어 권위를 내세우거나 권위에 순종하는 태도

---

## ① 문화적 차이와 문화 상대주의의 필요성 〔대표 자료〕

**1. 문화적 차이가 발생하는 이유**

(1) **문화적 차이**: 음식, 언어, 종교, 학문, 도덕 등 문화의 요소는 모든 사회에 보편적으로 존재하지만, 구체적 형태는 사회마다 다르게 나타남

(2) **문화적 차이가 나타나는 이유**: 한 사회를 둘러싼 자연환경과 산업, 종교, 관습 등이 각 사회의 독특한 문화 형성에 영향을 미치기 때문임

**2. 문화를 이해하는 태도❶**

(1) **자문화 중심주의**

| 의미 | 자기 문화의 우월성에 빠져 다른 문화를 부정적으로 평가하는 태도 |
|---|---|
| 장점 | 자기 문화에 대한 자부심을 느끼게 하고 사회의 결속력을 높일 수 있음 |
| 문제점 | • 다른 문화를 배척하여 다른 사회와의 갈등을 초래할 수 있음<br>• 국수주의❷로 이어져 자기 문화의 발전 가능성을 저해할 우려가 있음 |

(2) **문화 사대주의**

| 의미 | 다른 문화를 자기 문화보다 우월하다고 믿고, 다른 문화를 무비판적으로 동경하는 태도 |
|---|---|
| 장점 | 다른 사회의 문화를 수용하여 자기 사회의 문화를 개선하는 데 기여할 수 있음 |
| 문제점 | • 자기 문화의 존속이나 발전을 어렵게 하고, 주체적인 문화 형성을 저해할 수 있음<br>• 자기 문화의 주체성과 자부심을 상실할 우려가 있음 |

(3) **문화 상대주의**

| 의미 | 문화 간에 우열을 가리지 않으며 각 사회의 문화를 그것이 형성된 환경과 역사적 맥락 속에서 이해하려는 태도 → 문화 간에 우열이 존재하지 않는다고 봄 |
|---|---|
| 필요성 | • 다양한 문화를 편견 없이 객관적으로 이해할 수 있도록 도와줌<br>• 문화적 차이에 따른 갈등을 방지하고, 문화의 다양성을 보존하는 데 기여함<br>• 오늘날 급속한 세계화로 문화 간 교류가 활발해지면서 필요성이 더욱 커짐 |

## ② 문화에 대한 보편 윤리적 성찰의 필요

**1. 극단적 문화 상대주의 의미와 문제점** 〔자료 ❶〕

(1) **극단적 문화 상대주의**: 문화 상대주의를 극단적으로 적용하여 어떤 문화든 무조건 존중하고 인정해야 한다는 태도 ⑩ 명예 살인❸ 등 인간의 존엄성을 해치는 문화까지 인정하는 태도

(2) **극단적 문화 상대주의의 문제점**: 살인, 폭력과 같이 인류가 보편적으로 받아들이기 어려운 문화까지도 허용하게 되어 인류의 보편적 가치를 훼손함, 문화의 질적 발전을 위협함

**2. 보편 윤리의 의미와 필요성** 〔자료 ❷〕

(1) **보편 윤리**: 시대와 지역을 초월하여 적용되는 객관적이고 일반적인 도덕 원리 ⑩ 황금률❹

(2) **보편 윤리의 필요성**: 보편 윤리는 인류 공통이 추구하는 가치를 포함하고 있어 인간의 기본적 권리를 존중하고 극단적 문화 상대주의로 흐르는 것을 막아 줌

**3. 보편 윤리에 근거한 문화 성찰**: 보편 윤리 차원에서 자문화와 타 문화를 비판적으로 성찰해야 함(⑩ 연고주의❺, 권위주의❻에 대한 비판적 성찰) → 문화 상대주의적 태도를 바탕으로 각 문화의 고유한 가치를 인정하면서도 객관적으로 문화를 바라보아야 함

**• 대표 자료 •** 문화적 차이와 문화 상대주의      ✦ 비판적 사고력

> 티베트에는 사람이 죽으면 시신을 독수리의 먹이로 주는 장례 문화가 있다. 이러한 문화는 춥고 건조하기 때문에 매장하더라도 시신이 잘 썩지 않는 티베트의 기후와 시신을 먹은 새가 날아가면 죽은 사람의 영혼도 하늘을 향한다는 종교적 믿음에 배경을 두고 있다. 한편, 가나에서는 토착 종교의 영향으로 사람이 죽으면 좋은 곳에 간다고 믿는다. 따라서 이들은 관을 옮기는 과정에서 고인이 기분 좋게 떠나길 바라며 함께 춤을 추기도 한다.

제시된 사례와 같이 장례 문화는 지역이나 사회마다 다르게 나타난다. 이때 한 사회를 둘러싼 자연환경과 인문환경이 각 사회의 독특한 문화 형성에 영향을 미치며, 이것이 문화적 차이를 만들어 내는 것이다. 특정한 문화를 기준으로 다른 문화를 평가하는 태도를 지니면 문화에 대한 깊이 있는 이해가 어려워지고, 서로 다른 문화 간에 갈등이 발생할 수 있다. 따라서 한 사회의 문화를 이해하려면 자연환경과 산업, 종교, 관습 등 그 사회의 문화에 영향을 준 여러 요소를 잘 살펴보아야 한다. 그 사회가 처한 고유한 배경과 상황에 따라 문화가 형성된다는 문화 상대주의적 태도를 지닌다면, 문화적 차이에 따른 갈등을 방지하고 문화적 다양성을 보존하는 데 도움이 된다.

**• 시험에서는 이렇게 •**

> 1년 중 여름이 긴 베트남에서는 시원하고 경치가 좋은 강가가 오히려 좋은 무덤 자리이다. 그러므로 강가의 무덤은 고인이 편안한 휴식을 취하길 바라는 베트남 사람들의 입장에서 이해되어야 한다.

제시문의 필자는 문화 상대주의적 태도를 지니고 있다. 제시문의 문화 이해의 태도에 대한 옳은 설명을 찾는 문제가 출제된다.

**시험 준비 길잡이**

제시된 사례나 자료에 나타난 문화 이해의 태도를 파악하고, 그 태도에 대한 설명을 묻는 문제가 자주 출제돼요. 문화의 차이를 우열 관계로 평가하는지, 아닌지를 기준으로 자료를 분석하는 연습을 해 두세요.

---

### 자료 ❶ 극단적 문화 상대주의

> - 사회 관계망 서비스(SNS)에서 양성평등을 주장하며 자유로운 행동으로 주목받았던 파키스탄 출신 여성 모델이 친오빠에게 '명예 살인'을 당하였다. 오늘날 대부분의 이슬람 국가들은 명예 살인을 법으로 금지하고 있지만 일부 국가에는 여전히 남아 있다.
> - 인도에서는 결혼할 때 지참금을 적게 가져온 부인을 학대하거나 살해하는 '지참금 살인'이 드물지 않게 발생하고 있다. 이러한 인도의 관습은 남성에 비해 상대적으로 낮은 여성의 지위를 보여 준다.

제시된 명예 살인이나 인도의 지참금 문화는 인류의 보편적 가치를 훼손하는 문화이므로, 문화 상대주의를 적용하는 것은 바람직하지 않다. 문화적 차이를 존중하더라도 살인이나 폭력 등과 같이 인류의 보편적 가치를 훼손하는 문화까지 허용해서는 안 되기 때문이다. 따라서 문화의 차이를 올바르게 이해하려면 극단적 문화 상대주의로 치우치지 않도록 유의해야 한다.

### 자료 ❷ 황금률에 담긴 보편 윤리

> - **유교:** 자기가 하고 싶은 것이 아니면 다른 사람에게 시키지 마라.    –『논어』
> - **불교:** 어떤 일로 고통받았다면 그 방식으로 남에게 상처를 주지 마라.   –『우다나바르가』
> - **크리스트교:** 남에게 대접받고자 하는 대로 너도 남을 대접하라.    –『성경』
> - **유대교:** 너에게 해로운 일을 이웃에게 행하지 마라.    –『탈무드』
> - **이슬람교:** 나를 위하는 만큼 남을 위하지 않는 사람은 신앙인이 아니다.   –『쿠란』
> - **힌두교:** 너에게 고통스러운 일을 다른 사람에게 강요하지 마라.   –『마하바라타』

황금률은 '다른 사람이 너에게 해 주었으면 하는 행위를 다른 사람에게 하라.'라는 원칙이다. 황금률과 같은 보편 윤리는 인간의 존엄성, 생명 존중, 자유와 평등, 평화와 정의 등의 가치를 인류가 보편적으로 추구해야 한다고 본다.

---

### 개념 확인하기

**1** 다음 설명이 맞으면 ○표, 틀리면 ×표를 하시오.

(1) 문화적 차이는 인문환경이 아닌 자연환경의 차이에 의해서만 나타난다.    (   )

(2) 보편 윤리는 시대와 지역을 초월하여 적용되는 객관적인 도덕 원리이다.    (   )

**2** 다음 설명에 해당하는 문화 이해 태도를 〈보기〉에서 골라 기호를 쓰시오.

> **│ 보기 │**
> ㄱ. 문화 사대주의    ㄴ. 자문화 중심주의
> ㄷ. 문화 상대주의

(1) 각 사회의 문화를 그 사회의 환경과 맥락에서 이해하려는 태도    (   )

(2) 다른 문화를 더 우월하다고 보고 자기 문화를 낮게 평가하는 태도    (   )

(3) 자기 문화를 우월하다고 보고 다른 문화를 열등하다고 평가하는 태도    (   )

**3** 시대와 사회를 초월하여 모든 인간과 사회에 타당한 객관적이고 일반적인 도덕 원리를 (    )(이)라고 한다.

**01** (가)에 들어갈 내용으로 가장 적절한 것은?

> 국토의 대부분이 산지인 스위스는 목축업이 발달하여, 스위스 사람들은 유제품을 활용한 치즈 요리를 즐겨 먹는다. 반면, 국토 전체가 바다로 둘러싸여 있는 일본은 수산업이 발달하여, 일본 사람들은 해산물을 활용한 요리를 즐겨 먹는다. 이처럼 ________________ (가)

① 모든 사회에는 동일한 문화가 나타난다.
② 문화를 평가하는 절대적인 기준이 존재한다.
③ 사회마다 문화가 형성된 역사적 맥락이 비슷하다.
④ 문화는 그 사회를 둘러싼 자연환경에 따라 다르게 나타난다.
⑤ 문화의 각 요소는 서로에게 영향을 주지 않고 독립적으로 나타난다.

**02** 밑줄 친 '유럽의 선교사들'이 가진 문화 이해 태도의 문제점으로 가장 적절한 것은?

> 아마존 밀림에서 나체로 생활하는 자파테크족을 본 유럽의 선교사들은 신체를 드러내는 것을 미개하다고 여겨 이들에게 옷을 입을 것을 강요하였다. 하지만 옷을 입은 원주민들은 덥고 습한 날씨로 인해 피부병에 걸렸고, 신분을 나타내던 문신이 가려져 사회적 혼란이 발생하였다.

① 주체적인 자기 문화 형성을 저해한다.
② 자기 문화에 대한 정체성을 상실한다.
③ 자기 집단 내부의 단결을 약화시킨다.
④ 자기 문화가 가진 고유성을 과소평가한다.
⑤ 다른 문화를 배척하고 차별을 정당화한다.

**03** 다음 사례에 나타난 문화 이해의 태도에 대한 옳은 설명만을 〈보기〉에서 고른 것은?

> 요즘 거리의 간판을 보면 영어로만 쓰인 것을 많이 볼 수 있다. 안내문이나 제품 포장에도 영어 단어를 한글로 그대로 옮겨 쓰거나 아예 영문으로 표기하는 경우도 많이 접한다. 영어를 쓰는 것이 고급스럽다는 편견 때문이다.

┤ 보기 ├
ㄱ. 다른 문화의 장점을 받아들이지 못한다.
ㄴ. 자기 문화에 대한 정체성을 상실할 수 있다.
ㄷ. 다른 문화를 기준으로 자기 문화를 낮게 평가한다.
ㄹ. 모든 문화의 가치를 맹목적으로 인정하여 수용한다.

① ㄱ, ㄴ  ② ㄱ, ㄷ  ③ ㄴ, ㄷ
④ ㄴ, ㄹ  ⑤ ㄷ, ㄹ

🔗 대표 자료 링크

**04** 다음은 어떤 학생이 작성한 형성 평가 답안지이다. 이 학생이 받을 점수로 옳은 것은?

> **형성 평가**
>
> 다음 사례에 나타난 문화 이해 태도에 대한 설명이 맞으면 ○표, 틀리면 X표를 하시오. (단, 문항당 배점은 2점임.)
>
> > 티베트에는 사람이 죽으면 시신을 독수리의 먹이로 주는 장례 문화가 있는데, 이것은 시신을 먹은 새가 날아가면 죽은 사람의 영혼도 하늘을 향한다는 종교적 믿음에 배경을 두고 있다.
>
> | 번호 | 문항 | 답안 |
> |---|---|---|
> | (1) | 문화의 다양성 확보에 용이하다. | X |
> | (2) | 문화 이해의 절대적 기준을 부정한다. | ○ |
> | (3) | 자기 문화를 매우 부정적으로 평가한다. | X |
> | (4) | 문화는 그 사회의 맥락에서 이해해야 한다고 본다. | X |
> | (5) | 오늘날 급속한 세계화에 따라 필요성이 더욱 커지고 있다. | X |

① 2점  ② 4점  ③ 6점  ④ 8점  ⑤ 10점

**05** 두 사람에게 공통으로 필요한 문화 이해 태도로 옳은 것은?

① 윤리의 상대성을 인정해야 한다.
② 문화를 평가의 대상으로 바라보아야 한다.
③ 다양한 문화의 고유한 가치를 존중해야 한다.
④ 특정한 가치를 기준으로 문화를 평가해야 한다.
⑤ 자기 문화를 기준으로 다른 문화를 수용해야 한다.
⑥ 편견을 바탕으로 각 사회의 문화적 차이를 바라보아야 한다.

**중요해**

**06** 문화 이해 태도 (가)~(다)에 대한 설명으로 옳은 것은? (단, (가)~(다)는 자문화 중심주의, 문화 사대주의, 문화 상대주의 중 하나임.)

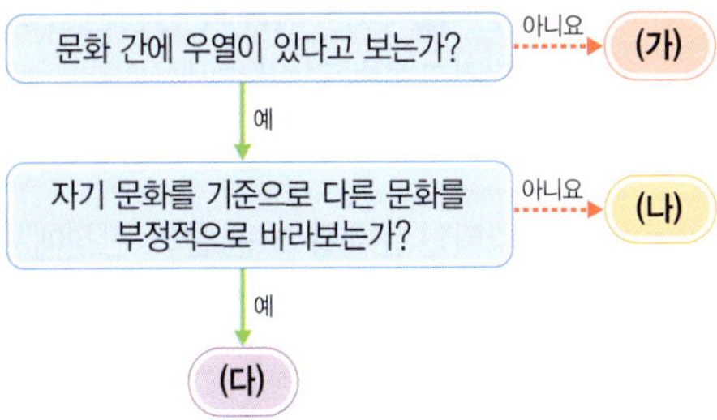


① (가)는 자기 문화에 대한 정체성을 상실할 우려가 있다.
② (나)는 문화 제국주의로 변질될 가능성이 크다.
③ (다)는 문화를 평가가 아닌 이해의 대상으로 본다.
④ (가)는 (나), (다)와 달리 다양한 문화가 공존할 수 있는 기초가 된다.
⑤ (다)는 (가)와 달리 문화를 해당 사회의 맥락에서 이해하려고 한다.

**07** 밑줄 친 '어떤 사람들'에게 해 줄 수 있는 충고로 가장 적절한 것은?

> '알라 카추'는 '잡아 달아난다.'라는 뜻으로, 여성을 납치하여 강제로 결혼하는 키르기스스탄의 옛 풍습이다. 1970년대 이후 동의 없는 강제 납치 결혼이 증가하였고 2013년에는 강력 범죄로 구분되었으나, 어떤 사람들은 그 사회의 분위기와 문화 등을 고려하였을 때 이러한 풍습을 함부로 비난해서는 안 된다고 주장하였다.

① 문화의 상대성을 부정해서는 안 된다.
② 다른 문화를 맹목적으로 추종해서는 안 된다.
③ 각 사회의 문화가 갖는 특수성을 인정해야 한다.
④ 자기 문화를 기준으로 다른 문화를 평가해서는 안 된다.
⑤ 인류가 보편적으로 추구해야 하는 가치를 부정하는 문화를 인정해서는 안 된다.

**08** 갑과 을의 태도에 대한 설명으로 옳은 것은?

> - 교사: "다른 사람이 너에게 해 주었으면 하는 행위를 다른 사람에게 하라."라는 황금률에 대해 어떻게 생각하는지 발표해 볼까요?
> - 갑: 윤리는 문화마다 상대적인 것이므로 옳고 그름에 대한 보편적인 기준이 존재하지 않습니다. 따라서 황금률도 모든 사회에 적용되어서는 안 됩니다.
> - 을: 황금률은 인간의 존엄성, 생명과 같은 기본권을 중시하는 윤리 원칙입니다. 이러한 가치는 인류가 지켜야 할 보편적인 가치이므로 이를 침해하는 문화까지 인정해서는 안 됩니다.

① 갑은 보편적 윤리를 강조한다.
② 갑은 문화를 이해하는 절대적 기준을 강조한다.
③ 갑은 시대와 장소를 초월하여 모든 사람이 존중하고 따라야 할 가치를 중시한다.
④ 을은 윤리의 상대성을 보편성보다 우선시한다.
⑤ 을은 "무고한 사람을 죽이지 마라."와 같은 도덕 원리에 동의한다.

**09** 다음과 같은 문화 이해의 태도를 경계해야 하는 이유로 가장 적절한 것은?

> 과거 인간을 물건처럼 사고파는 노예제가 있던 사회가 있었다. 일부 아랍 문화권에서는 가족의 수치스러움을 씻어 내기 위해 명예 살인이 일어나기도 한다. 이런 문화가 나타난 것은 그 사회의 나름의 이유가 있기 때문에 비난해서는 안 된다.

① 문화는 나름대로의 특수성을 가지고 있기 때문이다.
② 절대적인 기준을 가지고 문화를 평가하기 때문이다.
③ 각 지역의 문화는 그 사회의 입장에서 이해해야 하기 때문이다.
④ 문화는 그 사회의 환경에 적응하는 과정에서 형성되기 때문이다.
⑤ 인간의 존엄성과 같은 보편적 가치는 어느 사회에서든 존중받아야 하기 때문이다.

**중요해**

**10** 밑줄 친 '바람직하지 못한 것'에 대한 설명으로 옳은 것은?

> 우리는 사회에서 종종 혈연, 학연, 지연 등 연고를 중시하는 모습을 볼 수 있다. 이는 공동체와 인간관계를 소중히 여기는 전통문화의 특성이 반영된 것이다. 그러나 이런 우리 사회의 문화도 비판적으로 성찰하여 <u>바람직하지 못한 것</u>들은 개선해 나가야 한다.

① 공동체의 정서적 유대감을 약화시킨다.
② 개인의 능력이나 전문성을 중요하게 여긴다.
③ 개인이 속한 사회의 소속감을 감소시키게 된다.
④ 개인이 누려야 할 공정한 기회가 박탈되기도 한다.
⑤ 본인이 속한 집단보다 타 집단에 우선적으로 이익을 주게 된다.

**11** 다음 글을 읽고 물음에 답하시오.

> 아파트에서 관리 사무소를 '매니지먼트 오피스(Management Office)', 노인정을 '시니어 클럽(Senior Club)'이라고 영문으로만 된 표지를 붙여 놓은 것을 보았다. 우리말보다 외국어로 표현하면 더 고급스럽고 세련된 느낌이 든다.

(1) 윗글을 쓴 사람이 지닌 문화 이해의 태도를 쓰시오.

___________________________________________

(2) (1)의 문화 이해 태도의 문제점을 타 문화와 자문화 간의 관계에서 서술하시오.

___________________________________________
___________________________________________

**3단계로 완성하기**

**12** 기사에 나타난 문화를 보편 윤리의 관점에서 평가해 보시오.

> 한국 고용 정보원이 취업자 32만여 명을 대상으로 실시한 취업 경로 조사(2020)에서 '인맥을 통한 취업'이라고 답한 비율이 21.9%에 달하는 것으로 나타났다. 인맥을 통한 채용 방식은 한국 사회에서 오랜 논란의 대상이 되었으며, 특히 학연, 지연, 혈연 등 연고를 통한 채용은 많은 취업 준비생에게 상대적 박탈감과 좌절감을 느끼게 하고 있다.

**1단계** 기사의 '인맥을 통한 취업'과 관련된 우리 문화를 무엇이라고 하는지 써 보세요.

___________________________________________

**2단계** 기사에 나타난 문화를 보편 윤리 관점에서 정당화할 수 있는지 분석해 보세요.

___________________________________________
___________________________________________

**3단계** 1단계, 2단계에서 정리한 내용을 바탕으로 기사에 나타난 우리 문화를 보편 윤리의 관점에서 평가해 보세요.

___________________________________________
___________________________________________

# 1등급 도전하기

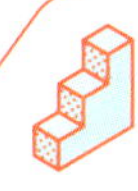

**01** 문화 이해의 태도 (가)~(다)에 대한 설명으로 옳은 것은? (단, (가)~(다)는 문화 사대주의, 문화 상대주의, 자문화 중심주의 중 하나임.)

| 구분 | (가) | (나) | (다) |
|---|---|---|---|
| 문화를 평가가 아닌 이해의 대상으로 보는가? | 예 | 아니요 | 아니요 |
| 특정한 타 문화를 기준으로 자기 문화를 열등하다고 여기는가? | 아니요 | 예 | 아니요 |

① (가)는 문화 사대주의이다.
② (나)는 자기 집단에 대한 구성원의 결속을 강화시킨다.
③ (다)는 각 문화의 고유한 의미와 가치를 인정한다.
④ (가)는 (나)와 달리 문화 다양성을 보존하는 데 기여한다.
⑤ (나)는 (다)와 달리 각 문화를 객관적으로 인식하는 태도이다.

**02** 갑과 을이 가진 문화 이해의 태도에 대한 옳은 설명만을 〈보기〉에서 있는 대로 고른 것은?

- 갑: 티베트에서는 사람이 죽으면 그 시신을 독수리의 먹이로 주는 장례 문화가 있는데, 우리 문화와 비교해서 아직도 이런 야만스러운 문화를 가지고 있는 것이 이해가 안 됩니다.
- 을: 티베트는 기후적으로 춥고 건조하기 때문에 매장을 하더라도 시신이 잘 썩지 않아서 그런 장례 문화를 가지고 있는 겁니다. 각 사회의 문화에 대해 함부로 나쁘게 평가해서는 안 됩니다.

| 보기 |

ㄱ. 갑은 다른 문화를 객관적으로 이해하고 있다.
ㄴ. 을은 각각의 문화가 나름의 의미를 가진다고 본다.
ㄷ. 갑은 을과 달리 자문화가 타 문화보다 우월하다고 본다.
ㄹ. 을은 갑과 달리 문화를 그 문화가 형성된 환경과 맥락 속에서 이해하려고 한다.

① ㄱ, ㄴ     ② ㄴ, ㄷ     ③ ㄷ, ㄹ
④ ㄱ, ㄴ, ㄷ     ⑤ ㄴ, ㄷ, ㄹ

**03** 창의 융합 다음은 개인 블로그에 게시된 글이다. 글을 쓴 사람의 주장에 대한 반론으로 가장 적절한 것은?

전족은 어린 소녀의 발을 인위적으로 묶어 자라지 못하게 하는 중국의 옛 풍습이다. 전족을 하게 되면 발이 정상적으로 자라지 못해 뼈가 부러지거나 근육이 오그라드는 등 발 모양이 기형적으로 변한다. 전족은 옛 중국에서 아름다움의 기준이자 결혼을 위한 사회적 도구로 사용된 것으로, 그들의 풍습은 야만적이라고 비난할 수 없으며 그 풍습은 무조건적으로 존중해야 한다.

① 각 문화를 보편적 윤리로 성찰해 보아야 한다.
② 각 문화를 그 사회의 맥락에서 평가해야 한다.
③ 문화를 이해의 대상으로 바라보지 말아야 한다.
④ 특정 가치만 가지고 문화를 평가해서는 안 된다.
⑤ 윤리적 기준으로 문화를 평가하는 것을 경계해야 한다.

**04** ㉠에 대한 설명으로 옳은 것은?

'무고한 사람을 죽이지 마라.', '다른 사람의 물건을 훔치지 마라.' 등의 도덕 원리들은 개별 문화의 특수성을 넘어 대부분의 사회에서 바람직한 행동으로 인정되는데, 이런 원리나 원칙을 ( ㉠ )(이)라고 한다.

① 윤리의 상대성을 인정하고자 한다.
② 어떤 문화든 인정하고 수용하는 태도이다.
③ 시대와 장소를 초월하여 언제나 존중해야 하는 원칙이다.
④ 인간의 존엄성, 자유, 생명 등의 가치를 인정하지 않는 원칙이다.
⑤ 타 문화를 성찰할 수는 있으나, 자문화를 성찰하는 기준으로 사용되어서는 안 된다.

**01** [평가원 기출]

밑줄 친 ㉠과 같은 문화 이해 태도에 부합하는 진술만을 〈보기〉에서 있는 대로 고른 것은?

> ○○족 문화를 연구하러 현지 조사를 떠난 A는 우연히 마을 장로들과 셰익스피어의 『햄릿』에 대하여 대화를 나누게 된다. 『햄릿』은 아버지의 갑작스러운 죽음 이후, 아버지 대신 왕이 된 삼촌과 어머니의 결혼에 괴로워하던 햄릿이 아버지를 죽인 삼촌에게 복수하는 이야기이다. 그런데 형이 죽으면 동생이 형수와 결혼하는 것을 당연시하고, 아버지의 복수를 아들이 직접 하는 것도 금지하는 ○○족 사회에서 햄릿의 행동은 전혀 다르게 해석되었다. 그들과의 대화를 통해 A는 보편적으로 통용될 것이라 믿었던 『햄릿』에 대한 해석도 특정 문화의 관점에서 만들어진 것에 불과하다는 것을 알게 되었다. 이를 통해 타 문화를 이해하기 위해서는 그 사회의 문화가 형성되는 상황이나 맥락을 고려하는 ㉠ 문화 이해 태도가 중요하다는 사실을 깨닫게 되었다.

---| 보기 |---

ㄱ. 이웃 나라에서 체면을 중시하는 문화가 왜 지배적인지 그 사회 내부의 논리와 체계 속에서 이해할 필요가 있어.

ㄴ. 음식을 손으로 집어 먹는 우리 문화는 열등해. 서구 사회처럼 포크와 나이프를 사용하는 세련된 문화를 받아들여야 해.

ㄷ. 시신을 화장하는 우리의 장례 문화와 비교할 때, 시신을 새나 다른 동물의 먹이로 들판에 방치하는 △△ 부족의 관습은 너무 야만적이야.

① ㄱ    ② ㄴ    ③ ㄱ, ㄷ    ④ ㄴ, ㄷ    ⑤ ㄱ, ㄴ, ㄷ





**02** [평가원 기출]

다음은 문화 이해의 태도를 구분하기 위한 질문과 답변이다. 자문화 중심주의, 문화 사대주의, 문화 상대주의 중 하나의 태도에서 일관되게 응답한 학생은?

| 질문 \ 학생 | 갑 | 을 | 병 | 정 | 무 |
|---|---|---|---|---|---|
| 문화 간에 우열이 존재한다고 보는가? | X | O | O | O | X |
| 문화 제국주의로 변질될 가능성이 있다는 비판을 받는가? | O | O | X | X | O |
| 문화를 평가가 아닌 이해의 대상으로 보는가? | X | X | O | O | X |
| 자신의 문화가 상대적으로 열등하다고 보는가? | O | X | O | X | X |

(O: 예, X: 아니요)

① 갑    ② 을    ③ 병    ④ 정    ⑤ 무

**수능 기출**

24학년도 수능 사회·문화 16번

## 03 갑~병의 문화 이해 태도에 대한 설명으로 옳은 것은?

① 갑의 태도는 선진 문물 수용에 적극적이지 않다는 비판을 받는다.

② 을의 태도는 자국의 문화 정체성을 약화한다는 비판을 받는다.

③ 병의 태도는 문화 제국주의로 나아갈 수 있다는 비판을 받는다.

④ 갑, 을의 태도는 모두 문화의 다양성을 저해할 수 있다는 비판을 받는다.

⑤ 을, 병의 태도는 모두 특정 문화를 기준으로 문화 간 우열을 가린다는 비판을 받는다.

---

**수능 만점 한끝**

제시된 대화를 보고 사람들이 각각 문화 간에 우열이 존재한다고 보는지, 다른 사회의 문화에 어떤 태도를 취하는지 등을 파악하고 이를 바탕으로 제시된 사람들의 문화 이해의 태도를 비교하는 문제가 자주 출제된다.

**문제의 핵심**

| 자문화 중심주의 | 자기 문화가 가장 우월하다고 보는 태도 |
| --- | --- |
| 문화 사대주의 | 타 문화를 맹목적으로 추종하는 태도 |
| 문화 상대주의 | 다른 사회의 문화를 그 사회의 입장에서 이해하려는 태도 |

---

**교육청 기출**

20학년도 3월 고2 학평 윤리와 사상 16번

## 04 ㉠에 들어갈 진술로 가장 적절한 것은?



① 모든 사회에 보편적으로 적용되는 윤리를 부정해야 합니다.

② 자문화를 기준으로 하여 타 문화들의 우열을 가려야 합니다.

③ 다른 나라의 문화를 무조건 존중하는 시각을 갖춰야 합니다.

④ 생명권을 침해하는 문화에 대해 비판적으로 고찰해야 합니다.

⑤ 타 문화와 비교하여 자문화를 열등한 것으로 평가해야 합니다.

---

**수능 만점 한끝**

극단적인 문화 상대주의를 경계하기 위해 보편적 윤리로 성찰해야 한다는 것을 강조하는 문제가 출제된다.

**이렇게도 출제될 수 있어요!**

문화 상대주의의 특징과 극단적인 문화 상대주의를 구분하여 분석하는 문제가 출제될 수 있어요.

# 04 다문화 사회와 문화적 다양성 존중

**한끝 더하기**

**❶ 외국인 주민**
국내에서 90일을 초과 거주한 한국 국적을 가지지 않은 자(외국인 근로자, 결혼 이민자, 유학생, 외국 국적 동포, 기타 외국인), 한국 국적을 취득한 자, 외국인 주민 자녀로 구분된다.

**❷ 제노포비아**
그리스어로 '낯선 사람'을 의미하는 '제노스(Xenos)'와 '공포'를 의미하는 '포보스(Phobos)'를 합친 말로, 다른 문화권에서 온 사람을 혐오하거나 기피하는 현상을 말한다.

**❸ 문화적 다양성**
한 문화에 속한 사람들이 공유하는 자연환경이나 사회적·역사적 배경 등에 따라 각 집단이나 지역의 문화가 여러 가지 모습으로 나타나면서 지니는 각각의 독특한 특성을 의미한다.

## 1 다문화 사회의 모습

### 1. 다문화 사회의 의미와 영향

(1) **다문화 사회**의 의미: 서로 다른 인종, 민족, 종교, 언어 등 다양한 문화적 배경을 지닌 사람들이 함께 어우러져 살아가는 사회

(2) 다문화 사회의 형성 배경
① 교통, 통신 기술의 발달로 국가 간 이동이 활발해짐
② 문화 교류가 확대되면서 다양한 문화권에 속한 사람들 간의 접촉 기회가 많아짐
③ 취업, 결혼, 학업 등을 목적으로 외국인 주민❶ 수가 지속적으로 증가함 `대표 자료`

(3) 다문화 사회로의 변화가 우리 사회에 미치는 영향

| | |
|---|---|
| 다양한 문화 경험 | • 구성원들이 선택할 수 있는 문화의 폭이 넓어짐<br>• 타 문화를 경험하면서 다른 문화에 대한 편견이나 고정 관념을 극복하고 서로의 문화를 존중하는 태도를 기를 수 있음<br>• 문화 간 상호 작용으로 새로운 문화를 창조하기도 하면서 기존 문화를 발전시킬 수 있음 |
| 노동력 부족 문제 해소 | • 여러 산업 분야에 우수한 인력이 유입되어 경제 발전에 도움을 줌<br>• 저출생·고령화 현상에 따른 노동력 부족 문제 해결에 도움을 줌 |

## 2 문화적 다양성 존중을 위한 노력

### 1. 다문화 사회의 갈등 `자료 ❶`

(1) **발생 원인**: 여러 인종, 민족, 종교, 언어가 공존하는 가운데 서로의 문화에 대한 이해가 부족하거나 무지할 경우 갈등이 발생할 수 있음

(2) **갈등 양상**: 자신의 문화를 절대시하여 상대 문화를 부정적으로 평가하는 행동은 문화적 소수자에 대한 편견과 차별, 제노포비아❷와 같은 심각한 사회 갈등을 초래함

### 2. 다문화 사회의 갈등을 해결하기 위한 노력

(1) 개인적 차원의 노력

| | |
|---|---|
| 관용의 자세 확립 | 다른 문화에 대한 잘못된 편견이나 고정 관념을 버리고 이주민을 우리 사회의 구성원으로 인정해야 함 |
| 문화 상대주의적 태도 함양 | 문화 간 차이를 인정하고, 문화적 다양성❸을 존중하며 다른 사회의 문화를 그 사회의 특수한 상황과 맥락을 고려하여 이해해야 함 |

(2) 사회적 차원의 노력

| | |
|---|---|
| 정부 | 이주민이 우리 사회에 안정적으로 정착할 수 있도록 법적·제도적 장치 마련 ⑩「외국인 근로자의 고용 등에 관한 법률」,「다문화 가족 지원법」 `자료 ❷` |
| 지역 사회 | 다문화 가족 지원 센터에서 이주민들에게 한국어 교육 제공, 다문화 지역 축제 개최 |
| 기업 | 직장 체험, 가족 캠프 개최, 장학금 지급 등 다양한 다문화 지원 사업 시행 |
| 학교 | 다문화 이해 교육을 확대하여 서로 다른 문화를 지닌 학생들에게 소통 및 협력하는 능력 향상, 다양한 캠페인을 전개하여 문화적 다양성을 존중하는 사회적 분위기 형성에 동참 |

## 대표 자료 · 우리나라의 다문화 사회 현황 — 정보 활용 능력

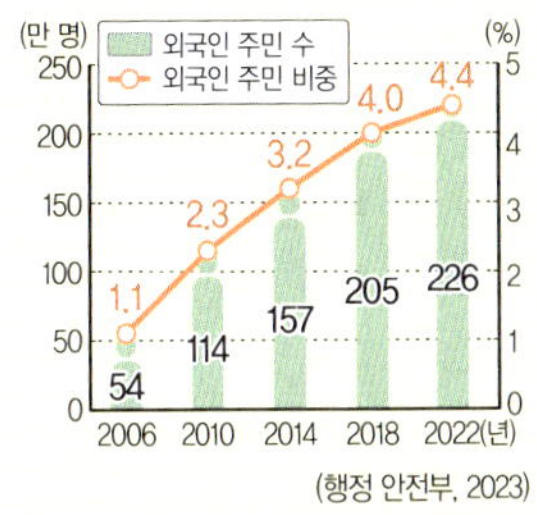

🔺 국내 거주 외국인 주민 수

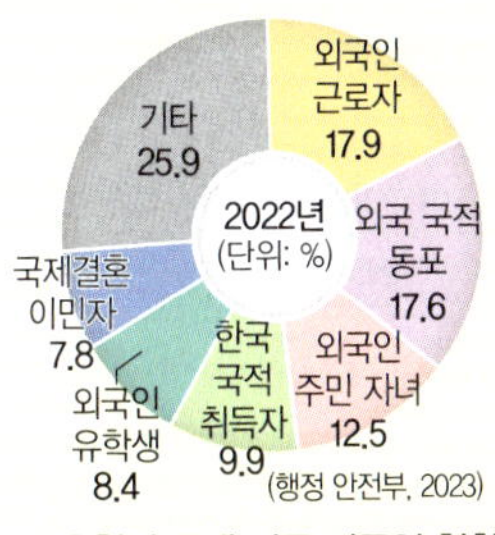

🔺 유형별 국내 거주 외국인 현황

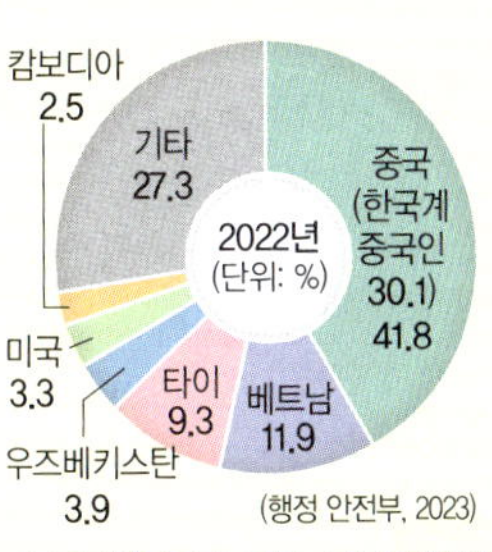

🔺 국적별 국내 거주 외국인 현황

다른 나라와 교류가 활발해지면서 우리나라에 거주하는 외국인 주민 수는 전체적으로 증가하였다. 2022에는 우리나라에 거주하는 외국인 주민 수가 약 226만 명으로, 전체 인구의 4.4%를 차지하고 있다. 우리 사회는 1990년대부터 취업, 결혼, 학업 등을 목적으로 이주민이 증가하면서 다양한 문화가 공존하는 다문화 사회로 변화하였다. 우리나라에 거주하는 외국인 주민의 유형을 살펴보면 외국인 근로자 비율이 가장 높고, 외국 국적 동포, 외국인 주민 자녀, 한국 국적을 취득한 자 순으로 나타났다. 한편, 외국인 주민의 국적을 살펴보면 한국계 중국인을 포함한 중국 국적 외국인, 베트남, 타이, 우즈베키스탄, 미국, 캄보디아 순으로 나타났다.

### 자료 ❶ 다문화 사회의 갈등

> 무더운 여름, 에스파냐 출신의 국제결혼 이민자 갑은 점심식사 후 낮잠을 잔다. 에스파냐는 여름이 매우 덥고 건조하여 하루 중 기온이 가장 높은 한낮에는 낮잠을 자는 문화가 있기 때문이다. 에스파냐 사람들은 이때 낮잠을 자거나 휴식을 취하면서 체력을 보충한다. 그런데 갑의 시어머니는 이를 보고 갑이 게으르다고 꾸중하면서 고부 간 갈등이 나타나고 있다.

제시된 사례는 다른 문화에 대해 알지 못하거나 다른 나라의 문화에 대한 이해가 부족하여 갈등이 발생한 경우이다. 다른 가치관이나 생활양식 등 문화적 차이에 따른 갈등뿐만 아니라 피부색이나 언어, 종교, 출신 국가가 다르다는 이유에서 비롯한 편견이나 고정 관념은 이주민을 차별 대우하거나 배제하여 갈등이 나타나기도 한다.

### 자료 ❷ 다문화 사회의 이주민 정책

| | |
|---|---|
| 동화주의<br>(용광로 이론) | 용광로 속에 여러 가지 재료를 넣으면 녹아서 하나가 되듯, 주류를 이루고 있는 기존 문화에 다양한 문화를 동화시켜 사회를 통합하고자 함 |
| 다문화주의<br>(샐러드 볼 이론) | 샐러드는 다양한 재료들이 고유의 맛과 색을 유지하면서 하나의 그릇에 담기듯, 다양한 문화가 어우러져 조화를 이루며 사회를 통합하고자 함 |

다문화 사회의 이주민에 대한 정책에는 다문화 사회를 용광로에 비유한 동화주의와 샐러드 볼에 비유한 다문화주의가 있다. 동화주의는 다양한 문화를 융합하여 하나의 정체성을 갖는 국가를 만들고자 여러 민족의 다양한 문화를 그 사회의 주류 문화에 동화시켜야 한다는 입장이다. 한편, 다문화주의 관점에서는 서로 다른 문화가 각각의 정체성을 유지하면서 조화를 이루고자 다양한 문화의 각각의 고유한 특성을 보장하고 인정해야 한다는 입장이다.

## 시험에서는 이렇게

우리나라의 외국인 주민 수는 2006년 54만 명에서 꾸준히 증가하여 2018년에는 200만 명을 넘어섰고, 2022년에는 전체 주민 등록 인구 대비 4.4%에 이르렀다. 또한 우리나라는 현재 국내에 체류하고 있는 외국인의 구성도 다양해지고 있다.

우리나라에 거주하는 외국인 주민 수와 비중이 늘어나는 신문 기사를 보고 우리나라가 다문화 사회로 변화하고 있음을 파악하는 문제가 출제된다.

### 시험 준비 길잡이

우리나라에 거주하는 외국인 수가 늘어나는 것을 이해하고 이러한 변화의 발생 원인, 이러한 변화가 우리 사회에 미치는 영향 등을 기억해 두세요.

## 개념 확인하기

**1** (        )은/는 서로 다른 인종, 민족, 종교, 언어 등 다양한 문화적 배경을 지닌 사람들이 함께 어우러져 살아가는 사회를 의미한다.

**2** 다음 설명이 맞으면 ○표, 틀리면 ×표를 하시오.

(1) 오늘날 우리 사회는 교통, 통신 기술의 발달로 다문화 사회로 변화하고 있다. (        )

(2) 다문화 사회로 접어들면서 우리나라에는 외국에서 온 이주민 수가 감소하였다. (        )

(3) 우리나라에 거주하는 외국인 근로자들은 저출생·고령화에 따른 국내의 노동력 부족 문제를 심화시켰다. (        )

**3** 다문화 사회의 갈등 해결 노력으로 적절한 것을 〈보기〉에서 골라 기호를 쓰시오.

| 보기 |
ㄱ. 다문화 교육 강화
ㄴ. 문화 다양성 존중
ㄷ. 문화 동화주의적 태도 강화
ㄹ. 다문화 관련 법적·제도적 장치 마련

# 실력 다지기

**[01~02]** 다음은 수업 시간의 모습이다. 이를 보고 물음에 답하시오.

**01** 윗글의 ㉠에 대한 설명으로 옳은 것은?

① 갑: 통신 기술의 발전으로 약화되고 있어요.
② 을: 문화 교류가 축소되면서 나타나는 현상이에요.
③ 병: 인구이동이 제한적일수록 강화되는 현상이에요.
④ 정: 교통 수단의 발달로 우리나라에서도 심화되고 있어요.
⑤ 무: 다양한 문화권에 속한 사람들이 서로 접촉할 기회를 축소시켜요.

**02** 교사의 설명을 뒷받침하기 위한 근거 자료를 인터넷에서 찾을 때, 적절하지 <u>않은</u> 것은?

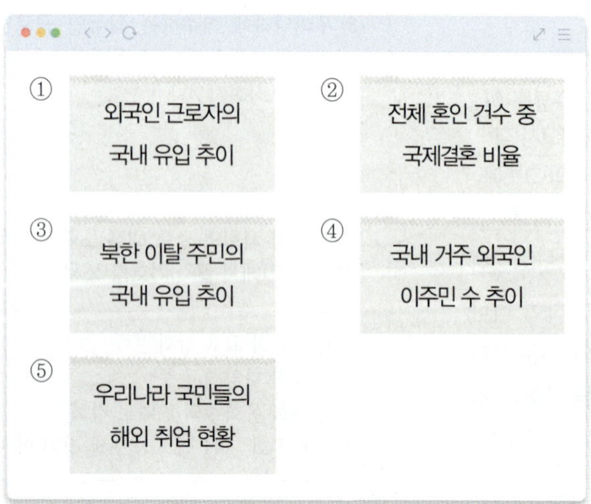


**03** 밑줄 친 현상이 나타나게 된 원인만을 〈보기〉에서 있는 대로 고른 것은?

> 우리나라는 1990년대부터 취업, 결혼, 학업 등의 이유로 외국 출신 이주민 수가 지속적으로 증가하면서 다양한 문화가 공존하는 사회로 변화하였다.

┤ 보기 ├

ㄱ. 외국인 국내 유입에 대한 내국인의 기피 현상 심화
ㄴ. 노동력 부족 문제 해결을 위한 외국인 근로자 유입 증가
ㄷ. 세계화 추세 속 국내 대학에 대한 외국인 유학생 유입 증가
ㄹ. 국제결혼에 대한 부정적 인식 확대로 인한 국제결혼 선호 감소

① ㄱ　　　② ㄴ　　　③ ㄴ, ㄷ
④ ㄴ, ㄹ　　　⑤ ㄱ, ㄷ, ㄹ

**대표 자료 링크**

**04** 그림은 우리나라에 거주하는 외국인 이주민 현황을 나타낸다. 이에 대한 옳은 분석 및 추론만을 〈보기〉에서 고른 것은?

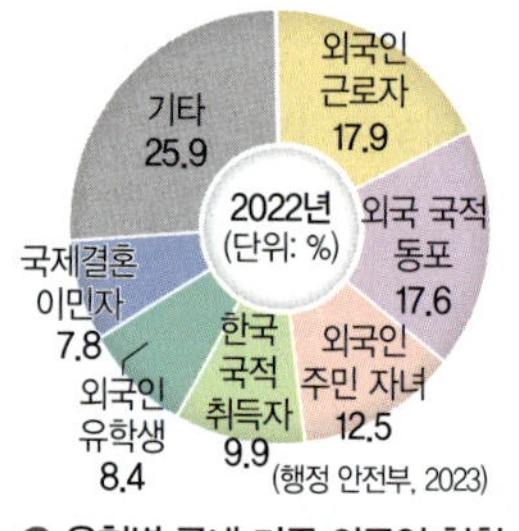


△ 유형별 국내 거주 외국인 현황

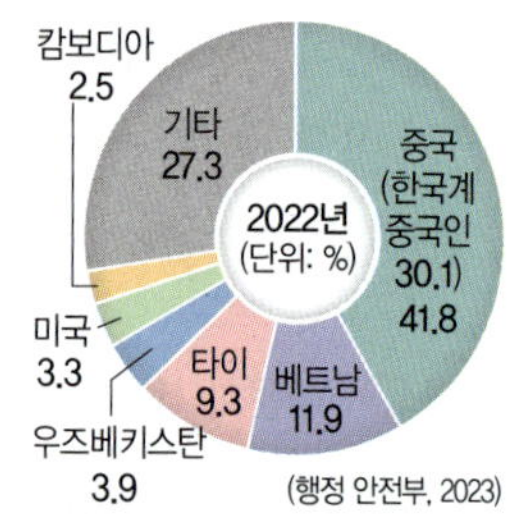


△ 국적별 국내 거주 외국인 현황

┤ 보기 ├

ㄱ. 국내 거주 외국인 중 과반이 아시아 지역 사람이다.
ㄴ. 외국인 근로자의 절반 이상이 중국 국적의 사람이다.
ㄷ. 외국인 유학생 수는 외국인 근로자 수의 50%보다 적다.
ㄹ. 국내 거주 외국인 중 한국계 중국인이 베트남 국적의 사람보다 적다.

① ㄱ, ㄴ　　　② ㄱ, ㄷ　　　③ ㄴ, ㄷ
④ ㄴ, ㄹ　　　⑤ ㄷ, ㄹ

**중요해**
**05** 그래프는 우리나라 거주 외국인 주민 수의 변화를 나타낸 것이다. 이러한 변화가 우리 사회에 미친 긍정적 영향만을 〈보기〉에서 고른 것은?

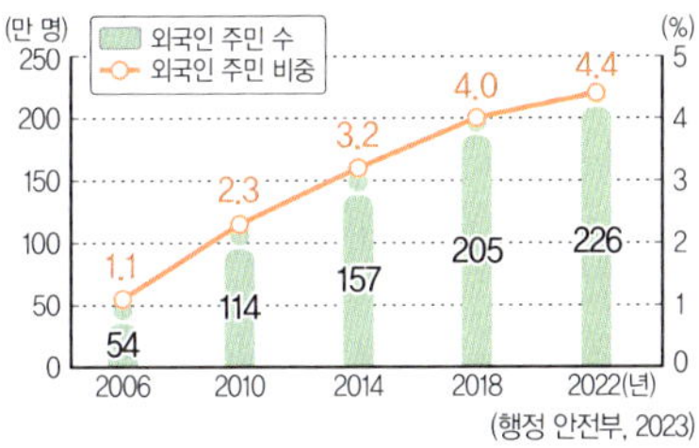


┤ 보기 ├
ㄱ. 상호 문화에 대한 이해 부족으로 갈등이 줄어든다.
ㄴ. 다양한 문화를 통해 새로운 문화를 창조할 수 있다.
ㄷ. 저출생 현상에 따른 노동력 부족 문제를 심화시킨다.
ㄹ. 여러 문화의 공존으로 풍부한 문화를 경험하게 된다.

① ㄱ, ㄴ　　　② ㄱ, ㄷ　　　③ ㄴ, ㄷ
④ ㄴ, ㄹ　　　⑤ ㄷ, ㄹ

**이 문제에서 나올 수 있는 모든 선택지 ✓**
**06** 기사를 통해 유추할 수 있는 다문화 사회로의 변화에 따른 영향으로 가장 적절한 것은?

우리나라 정부는 내년 외국인 근로자 도입 규모를 11만 명으로 정하였다. 이는 고용 허가제를 시작한 2004년 이후 가장 큰 규모이며, 업종별로는 제조업이 7만 5,000명으로 가장 많다.

*고용 허가제: 고용주가 정부에 필요한 외국인 인력을 신청하고, 정부가 기업에게 외국인 근로자를 합법적으로 고용할 있도록 허가해 주는 제도

① 다른 나라 문화에 대한 이해력이 높아진다.
② 지역 경제와 산업 전반의 생산성을 떨어뜨린다.
③ 일손이 부족한 노동력 부족 문제 해결에 도움을 준다.
④ 문화 간 상호 작용으로 새로운 문화가 창조되기도 한다.
⑤ 다양한 문화적 경험을 할 수 있는 선택의 폭이 좁아지고 있다.
⑥ 다문화 교육을 통해 서로의 문화를 존중하는 태도를 가지게 된다.

**07** 다음 현상이 나타나게 된 원인만을 〈보기〉에서 있는 대로 고른 것은?

'제노포비아'는 그리스어로 '낯선 사람'을 의미하는 '제노스'와 공포를 의미하는 '포보스'를 합친 말로, 다른 문화권에서 온 사람을 혐오하거나 기피하는 현상을 말한다.

┤ 보기 ├
ㄱ. 문화 상대주의적 태도를 가지고 있기 때문이다.
ㄴ. 서로 다른 문화에 대한 이해가 부족하기 때문이다.
ㄷ. 문화적 소수자에 대한 편견과 차별이 나타나기 때문이다.
ㄹ. 자기 문화를 중심으로 하여 타 문화에 대한 부정적 평가를 하기 때문이다.

① ㄱ　　　② ㄷ　　　③ ㄱ, ㄴ
④ ㄴ, ㄷ　　　⑤ ㄴ, ㄷ, ㄹ

**08** 다음 사례에서 외국인 근로자들이 시위를 하는 까닭으로 가장 적절한 것은?

세계 인종 차별 철폐의 날을 앞두고 우리나라에 들어와 있는 외국인 근로자들이 '인종 차별 철폐'를 주장하는 시위를 펼쳤다. 그들은 한국말이 서툴다는 이유로 폭언을 들었던 경험, 회식에서 종교적인 이유로 먹지 못하는 음식을 먹도록 강요받았던 경험 등으로 인해 어려움을 겪고 있다고 주장하였다.

① 문화 소수자에 대한 차별로 인한 사회적 갈등 문제가 해소된다.
② 문화적 차이에 대한 이해 부족으로 인한 인권 침해가 줄어든다.
③ 외국 이주민에 대한 편견으로 인한 차별 대우 현상이 감소한다.
④ 여러 문화의 공존을 통한 새로운 문화가 창조되거나 기존 문화가 발전한다.
⑤ 의사소통 문제와 문화적 차이로 인한 이주민의 사회 적응의 어려움이 나타난다.

**09** 갑과 을이 공통으로 겪은 문제점을 해결하기 위한 노력으로 적절한 것만을 〈보기〉에서 있는 대로 고른 것은?

> • 베트남에서 온 갑은 어른들 앞에서 팔짱을 꼈다가 오해를 많이 받았다. 베트남에서는 어른들 앞에서 팔짱을 끼면 존경한다는 뜻인데 한국에서는 이를 불편하게 보는 사람들이 많았기 때문이다.
> • 방글라데시인 아버지와 한국인 어머니 사이에서 태어난 다문화 가정 2세인 을은 일을 마치고 귀가하던 중 봉변을 당했다. 길을 가던 사람 두 명이 을의 피부색만 보고 불법 체류자가 아니냐며 욕설을 한 것이다.

┤ 보기 ├
ㄱ. 이주민들의 문화를 그 사회의 맥락에서 이해하고 존중하는 태도를 기른다.
ㄴ. 문화 다양성 교육을 실시하여 내국인들의 이주민에 대한 인식을 개선시킨다.
ㄷ. 우리 사회에 적응하기 힘들어하는 외국 이주민들은 고국으로 귀국하도록 한다.
ㄹ. 이주민들이 우리 사회에 빨리 적응하도록 그들의 문화는 사용하지 못하게 법으로 제한한다.

① ㄱ, ㄴ　　② ㄴ, ㄷ　　③ ㄷ, ㄹ
④ ㄱ, ㄴ, ㄷ　　⑤ ㄴ, ㄷ, ㄹ

**중요해**
**10** (가)에 들어갈 내용으로 적절하지 않은 것은?

> 오늘날 다문화 사회에서 나타나는 갈등을 해결하려면 이주민이 우리 사회에 빠르고 안정적으로 정착할 수 있도록 ________(가)________ 등과 같이 사회적 차원에서 이주민을 위한 장치가 뒷받침되어야 한다.

① 다문화 가족 지원법 제정 및 운영
② 지역 사회의 다문화 가족 지원 센터 운영
③ 기업의 다문화 가정 직원 자녀 학습 지원 프로그램
④ 문화적 다양성 존중을 위한 학교의 다문화 이해 교육 진행
⑤ 다른 문화를 깊이 있게 이해하기 위한 개인의 가치관과 태도 함양

**11** 다음 사례에서 '가정 통신문 번역 서비스'를 제공하는 이유를 〈보기〉의 단어를 활용하여 서술하시오.

> 제주 다문화 교육 센터에서는 전체 초등학교를 대상으로 다문화 가정을 위한 가정 통신문 번역 서비스 운영을 시작한다. 이 서비스는 다문화 가정 부모의 모국어로 번역된 가정 통신문을 제공하는 것이다.

┤ 보기 ├
의사소통, 정착

________________________________________

________________________________________

**3단계** 로 완성하기
**12** 다음 글을 읽고 우리 사회가 나아가야 할 방향에 대해 서술하시오.

> 다문화 정책 중 A 정책은 기존 문화와 이주민 문화의 공존을 추구하는 정책으로, 서로 다른 문화가 각각의 정체성을 유지함을 중시한다. 반면, B 정책은 다양한 문화를 융합하여 하나의 정체성을 갖는 국가를 만들고자 하는 정책으로, 기존 문화에 이주민 문화를 흡수시켜 문화적 동질성을 추구한다.

**①단계** 윗글의 'A 정책', 'B 정책'은 무엇인지 써 보세요.

________________________________________

**②단계** 윗글의 'A 정책', 'B 정책'의 특징을 비교해 보세요.

________________________________________

________________________________________

**③단계** 1단계, 2단계에서 정리한 내용을 바탕으로 여러 사람들이 각자의 정체성을 유지하며 살아가려면 어떤 정책을 적용해야 할지 서술해 보세요.

________________________________________

________________________________________

# 1등급 도전하기

## 01 (가)에 들어갈 내용으로 적절하지 <u>않은</u> 것은?

오늘날 우리 사회는 세계화의 영향으로 인구이동이 활발해지면서 다른 문화권에 속한 사람들 간의 접촉이 빈번해지고 있다. 이를 통해 우리 사회가 다문화 사회로 변화함에 따라 ___________________ (가) ___________________ 하는 등 여러 어려움이 나타나고 있다.

① 노동력 부족 문제가 심화
② 이주민 지원에 필요한 사회적 비용이 증가
③ 다른 문화를 가진 사람에 대한 차별이 발생
④ 언어가 서로 달라서 의사소통에 문제가 발생
⑤ 기존 문화와 새로 유입된 다양한 문화 간의 충돌이 발생

## 02 <sub>창의 융합</sub> 다음은 A~C국의 다문화 수용성 지수 관련 통계이다. 이에 대한 분석 및 추론으로 옳은 것은?

### 〈A~C국의 다문화 수용성 지수〉

| 구분 | 자신을 세계시민으로 생각한다. | 일자리가 귀할 때 자국민 우선 고용에 찬성한다. | 외국인 근로자나 이주민을 이웃으로 삼고 싶지 않다. |
|---|---|---|---|
| A국 | 55.30% | 60.40% | 31.80% |
| B국 | 79.50% | 51.00% | 10.60% |
| C국 | 82.00% | 14.50% | 3.50% |

① A국은 B국보다 다문화 수용성 정도가 높을 것이다.
② B국은 C국보다 일자리를 둘러싼 자국민과 외국인 근로자 간의 갈등이 적을 것이다.
③ C국은 A국보다 이주민에 대한 혐오도가 낮을 것이다.
④ A~C국 중 다문화 사회 변화로 인한 갈등이 제일 적은 나라는 A국일 것이다.
⑤ A~C국 모두 국민의 과반수가 외국인 근로자나 이민자를 이웃으로 삼는 것에 부정적 인식을 갖고 있다.

## 03 '모자이크 정책'과 목적이 같은 정책만을 〈보기〉에서 있는 대로 고른 것은?

캐나다는 다문화주의를 선언하고 각각의 문화의 특성을 유지하면서 평등하게 캐나다 사회에 참여할 수 있다는 정책을 실시하였는데, 이는 여러 개의 조각이 조화를 이루는 '모자이크'와 같다고 하여 <u>모자이크 정책</u>이라고 한다.

┤ 보기 ├
ㄱ. 외국인 근로자에게 국내 근로자와 동등한 대우를 해 주는 제도를 마련한다.
ㄴ. 다문화 가정의 삶의 질 향상을 위해 「다문화 가족 지원법」을 제정하여 시행한다.
ㄷ. 이주민들이 우리 사회의 가치관과 문화를 흡수하도록 우리 문화 체험 교육을 강화한다.
ㄹ. 의사소통 문제 해결을 위해 우리나라로 유입되는 국제결혼 이주민에게 한국어 관련 시험을 보게 한다.

① ㄱ, ㄴ     ② ㄴ, ㄷ     ③ ㄷ, ㄹ
④ ㄱ, ㄴ, ㄷ     ⑤ ㄴ, ㄷ, ㄹ

## 04 밑줄 친 ㉠, ㉡에 대한 설명으로 옳은 것은?

다문화 사회에 대응하기 위한 정책 중 한 가지 방법은 용광로처럼 <u>㉠ 이주민들이 주류 문화에 용해되어 하나가 되록 하는 것</u>이다. 다른 한 가지 방법은 샐러드 볼처럼 여러 <u>㉡ 이주민들의 문화들이 각자의 정체성을 유지하면서 조화를 이루는 것</u>이다.

① ㉠은 ㉡과 달리 서로 다른 문화와의 공존을 모색한다.
② ㉠은 ㉡과 달리 문화 상대주의적 태도로 이주민 문화를 이해한다.
③ ㉡은 ㉠과 달리 사회적 통합과 기존 사회의 문화 정체성 유지를 강조한다.
④ ㉡에 근거한 정책이 ㉠에 근거한 정책에 비해 우리 사회의 문화 다양성 향상에 도움이 된다.
⑤ 주류 사회의 언어를 이주민에게 교육하는 것은 ㉠보다 ㉡에 가까운 정책이다.

**01** 교육청 기출

갑, 을의 입장으로 가장 적절한 것은?

① 갑: 다양한 문화의 고유한 정체성을 인정해야 한다.
② 갑: 문화 간의 우열을 구분하여 위계질서를 세워야 한다.
③ 을: 기존 문화를 버리고 이주민 문화로 대체해야 한다.
④ 을: 문화의 단일성이 아닌 문화의 다양성을 추구해야 한다.
⑤ 갑, 을: 이주민 문화를 기존 문화로 흡수하고 통합해야 한다.

**⊕ 수능 만점 한끝**

우리 사회가 다문화 사회로 진입하면서 우리 사회에 나타난 갈등을 해결하기 위한 노력을 묻는 문제가 출제된다.

**● 문제의 핵심**

| 개인적 차원 | 관용의 자세, 문화 상대주의 태도 함양 |
| 사회적 차원 | 다문화 교육 강화, 다문화 정책과 제도 마련 |

---



**02** 교육청 기출

다음 신문 칼럼의 ㉠에 들어갈 진술로 가장 적절한 것은?

○○ 신문　　　　　　　　　　○○년 ○○월 ○○일

**칼럼**

통계청 조사에 의하면 2019년 국내 거주 외국인의 수가 200만 명을 넘어섰다. 우리 사회의 민족, 인종 구성이 다양해진 만큼 다양한 문화가 일상생활에 스며들게 되었다. 이에 대해 어떤 사람들은 이민자들의 문화를 인정하면 사회 질서 유지가 어려우므로 이민자들이 자신의 문화를 포기하고 우리 문화에 적응해야 한다고 주장한다. 그러나 다문화 시대에는 다양한 문화가 대등한 입장을 유지하면서 조화를 이룰 수 있도록 해야 한다. 이를 위해서는

㉠

① 주류 문화의 정체성만을 인정해야 한다.
② 각 문화의 고유성을 존중하고 배려해야 한다.
③ 다양한 문화들을 주류 문화로 흡수해야 한다.
④ 문화들 간에 위계를 세워 질서를 유지해야 한다.
⑤ 주류 문화를 중심으로 비주류 문화를 수용해야 한다.

**⊕ 수능 만점 한끝**

다문화 사회에서 다양한 문화가 조화를 이루기 위해 필요한 것은 무엇인지 생각해 보게 하는 문제가 출제되기도 한다.

**● 이렇게도 출제될 수 있어요!**

다문화 사회로의 진입 후 한국 사회의 변화나 나타나는 현상을 파악하는 문제로 출제될 수 있습니다.

**평가원 기출**

24학년도 6월 모평 생활과 윤리 17번

## 03 (가), (나)의 입장으로 가장 적절한 것은?

> (가) 사회를 통합하기 위해 비주류 문화를 주류 사회의 문화에 편입시키고 융합하여 국가 구성원 전체가 공유하는 통일된 정체성을 확보해야 한다.
>
> (나) 이민자의 고유한 문화와 자율성을 존중하고 유지하는 것이 진정한 사회 통합의 방법이다. 문화적 다양성을 대등하게 수용하고 다양한 문화의 평화적 공존을 모색해야 한다.

① (가): 문화의 통합성과 집단 간 결속력의 관계는 상호 배타적이다.

② (가): 사회 제도와 질서의 유지는 문화들의 평화적 공존으로부터 온다.

③ (나): 자문화 중심주의를 고집하는 태도는 사회 갈등의 원인이 된다.

④ (나): 주류 문화로 통일된 문화 정체성은 사회 발전의 원동력이 된다.

⑤ (가)와 (나): 사회 통합을 위해 문화 간 차별 없는 정책과 관용이 필요하다.

**🔷 수능 만점 한끝**

사례를 통해 이주민 문화에 대한 정책을 비교하거나 이해하는 문제가 출제되고 있다.

**이렇게도 출제될 수 있어요!**

문화 상대주의와 극단적 문화 상대주의와 함께 이주민 문화를 대하는 태도를 비교하는 문제가 출제될 수 있습니다.

---

**수능 기출 | 응용**　**윤리 + 사회**

23학년도 수능 생활과 윤리 8번 응용

## 04 다음 가상 편지에서 강조하는 내용으로 적절한 것만을 〈보기〉에서 있는 대로 고른 것은?

> **○○ 국가 다문화 정책 담당자께**
>
> 지난번에 의뢰해 주신 귀국의 다문화 정책의 추진 방향에 대한 답변을 드리고자 합니다. 귀국에서는 외국인과의 혼인 및 외국인 노동자의 이주가 증가하면서 이주민 문화와 기존 문화 간에 갈등이 발생하고 있습니다. 이러한 갈등을 해소하기 위해서는 다양한 문화를 주류 문화 속에 융합하여 하나의 문화를 형성하는 정책이 아니라, 다양한 문화가 조화를 이루며 평등하게 공존할 수 있는 정책을 추진해야 합니다. 비유하자면, 샐러드처럼 양상추, 당근, 오이 등이 각각 그 고유한 맛을 유지하면서도 다채로운 맛을 낼 수 있도록 해야 한다는 것입니다. 이러한 정책이 각 문화의 특수성을 존중하면서도 자유, 평등, 정의와 같은 보편적 가치를 실현하는 데 기여할 수 있습니다.

**| 보기 |**

ㄱ. 문화의 다양성을 인정함으로써 문화적 역동성을 증진해야 한다.

ㄴ. 보편 윤리를 실현하기 위해 각 문화의 특수성을 배제해야 한다.

ㄷ. 문화 간 갈등이 발생하지 않도록 동화주의 정책을 추진해야 한다.

ㄹ. 이주민 문화를 주류 문화에 편입시켜 사회적 결속력을 강화해야 한다.

① ㄱ　　② ㄴ　　③ ㄴ, ㄷ　　④ ㄴ, ㄹ　　⑤ ㄱ, ㄷ, ㄹ

**🔷 수능 만점 한끝**

다문화 정책에 대한 문항은 주로 다문화주의와 동화주의를 비교하는 방식으로 출제되거나 각 입장의 특징을 구체적인 사례를 통해 해석하는 방식으로 출제된다.

**문제의 핵심**

| | |
|---|---|
| 동화주의 | 다양한 문화를 융합하여 하나의 정체성을 갖는 국가를 만들고자 함 |
| 다문화주의 | 각 문화의 정체성을 인정하고 보장해 주면서 조화를 이루고자 함 |

# 대단원 마무리하기

## 01 지도의 A~E 문화권에 대한 설명으로 옳은 것은?

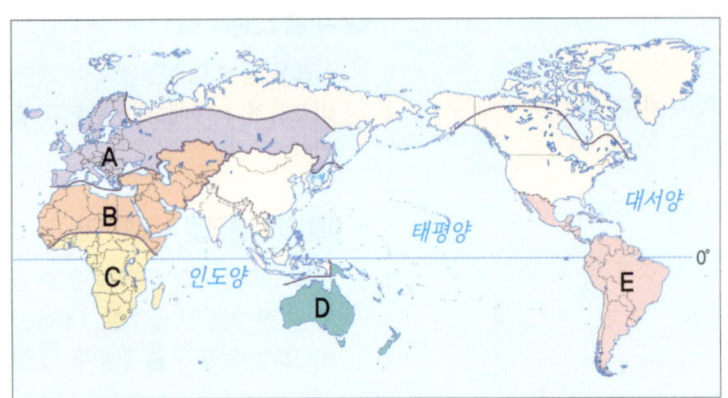


① A에서는 전통적으로 순록 유목이 이루어졌다.
② B에서는 주로 이동식 화전 농업이 이루어진다.
③ C는 주로 에스파냐어와 포르투갈어를 사용한다.
④ D는 개신교 신자의 비율이 높다.
⑤ E에서는 토속 신앙의 비중이 높다.

## 02 사진은 (가)~(다) 문화권을 대표하는 음식이다. 이에 대한 설명으로 옳은 것만을 〈보기〉에서 고른 것은? (단, (가)~(다)는 동양 문화권, 유럽 문화권, 라틴 아메리카 문화권 중 하나임.)

(가) (나) (다)

△ 쌀국수　　　△ 피자　　　△ 타코

| 보기 |
ㄱ. (가)는 혼합 농업과 낙농업이 발달하였다.
ㄴ. (나)는 전통적으로 유목과 오아시스 농업이 발달하였다.
ㄷ. (다)는 유럽계와 아프리카계, 원주민과 혼혈족 등 다양한 인종이 분포한다.
ㄹ. (가)는 (다)보다 계절풍의 영향을 많이 받는다.

① ㄱ, ㄴ　　　② ㄱ, ㄷ　　　③ ㄴ, ㄷ
④ ㄴ, ㄹ　　　⑤ ㄷ, ㄹ

## 03 그림은 다양한 문화권을 나타낸 것이다. (가)~(다) 문화권에 대한 설명으로 옳은 것만을 〈보기〉에서 고른 것은?

(가) (나) (다)

| 보기 |
ㄱ. (가)에서는 수목 농업이 발달하였다.
ㄴ. (나)에서는 할랄 산업이 발달하였다.
ㄷ. (다)에서는 유교와 불교가 발달하였다.
ㄹ. (나)는 (가)보다 1인당 돼지고기 소비량이 많다.

① ㄱ, ㄴ　　　② ㄱ, ㄷ　　　③ ㄴ, ㄷ
④ ㄴ, ㄹ　　　⑤ ㄷ, ㄹ

## 04 그림은 지도에 표시된 A~C 문화권을 질문에 따라 구분한 것이다. (가), (나)에 들어갈 질문으로 적절한 것을 〈보기〉에서 골라 옳게 연결한 것은?

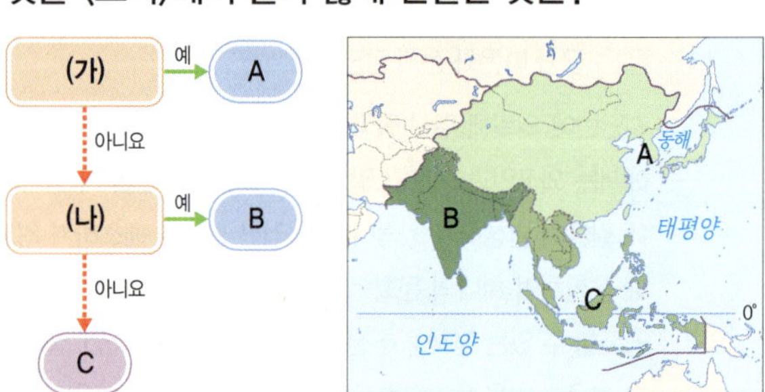


| 보기 |
ㄱ. 한자와 젓가락을 사용한다.
ㄴ. 태평양과 인도양을 잇는 교통의 요충지이다.
ㄷ. 인더스 문명의 발상지이며 힌두교를 중심으로 불교와 이슬람교 문화가 함께 나타난다.

|  | (가) | (나) |  |  | (가) | (나) |
|---|---|---|---|---|---|---|
| ① | ㄱ | ㄴ | | ② | ㄱ | ㄷ |
| ② | ㄴ | ㄱ | | ④ | ㄴ | ㄷ |
| ③ | ㄷ | ㄴ | | | | |

## 05

표는 문화 변동의 요인 (가)~(라)를 구분한 것이다. 이에 대한 설명으로 옳은 것은? (단, (가)~(라)는 발명, 발견, 자극 전파, 간접 전파 중 하나임.)

| 구분 | (가) | (나) | (다) | (라) |
|---|---|---|---|---|
| 새로운 문화 요소가 만들어졌는가? | 아니요 | 예 | 예 | 아니요 |
| 문화 변동의 원인이 그 사회 안에 있는가? | 아니요 | 아니요 | 예 | 예 |

① (가)는 발견, (나)는 자극 전파이다.
② (가)는 (나)와 달리 직접적인 접촉을 통해 이루어진다.
③ (나)는 (가)와 달리 인터넷과 같은 매개체를 통해 이루어진다.
④ (다)는 (라)와 달리 다른 사회의 문화 요소에서 아이디어를 얻어 이루어진다.
⑤ (라)는 (다)와 달리 이미 존재하였으나 알려지지 않은 것을 찾아내는 것이다.

## 06 +단원 통합

다음 사례에 나타난 문화 변동 양상에 대한 옳은 설명만을 〈보기〉에서 고른 것은?

> 말레이시아의 국교는 이슬람교로 전체 인구의 약 60%가 이슬람교도이다. 하지만 종교의 자유가 보장되어 불교, 힌두교, 크리스트교 등 다양한 종교가 공존한다. 말레이시아에서는 각 종교 기념일을 공휴일로 지정하고 있으며 모스크를 비롯하여 사찰, 힌두 사원, 교회와 성당 등 다양한 종교 경관을 쉽게 찾아볼 수 있다.

┤ 보기 ├
ㄱ. 자기 문화의 정체성은 상실되지 않는다.
ㄴ. 제3의 새로운 문화가 형성되어 나타났다.
ㄷ. 기존 문화 요소와 더불어 전파된 다른 문화 요소가 함께 존재하고 있다.
ㄹ. 한 사회의 문화가 다른 사회의 문화로 흡수되거나 대체되어 나타나는 현상이다.

① ㄱ, ㄴ    ② ㄱ, ㄷ    ③ ㄴ, ㄷ
④ ㄴ, ㄹ    ⑤ ㄷ, ㄹ

## 07

갑국과 을국의 문화 변동의 양상에 대한 설명으로 옳은 것은?

> 서로 교류가 없던 시기에 갑국과 을국은 교류 전 갑국은 고유한 음식 문화 요소 ●, 을국은 고유한 음식 문화 요소 ■를 가지고 있었다. 이후 교통의 발달로 갑국과 을국 사람들이 직접 교류하게 되면서 서로의 문화가 전파되었다. 이후 갑국에서는 ●는 사라지고 ■가 남게 되었고, 을국에서는 ●와 ■가 합쳐져 ◆가 나타나게 되었다.

① 갑국은 문화 융합, 을국은 문화 병존이 나타났다.
② 갑국은 을국과 달리 새로운 제3의 문화가 나타났다.
③ 을국은 갑국과 달리 문화의 정체성을 유지하고 있다.
④ 갑국과 을국 모두 한 사회의 문화가 다른 사회의 문화로 흡수되어 소멸되었다.
⑤ 갑국은 내재적 요인으로 을국은 외재적 요인에 의한 문화 변동이 나타났다.

## 08

다음 사례에 대한 분석으로 적절한 것만을 〈보기〉에서 있는 대로 고른 것은?

> 우리나라에 여행 온 해외 관광객들의 전통 한옥 체험에 대한 인기가 높아지고 있다. 외국인들도 생활하기 편하게 현대식 마루와 창틀을 접목하여 재구성하였기 때문이다.

┤ 보기 ├
ㄱ. 우리 문화의 정체성을 약화시킬 수 있다.
ㄴ. 세계화 시대에 걸맞는 문화 콘텐츠로 발전시키고자 하였다.
ㄷ. 전통문화를 창조적으로 계승하고 발전시키려는 노력에 해당한다.
ㄹ. 전통문화보다 외래문화의 우수성을 강조하여 전통문화가 소멸되고 외래문화로 대체되었다.

① ㄱ    ② ㄷ    ③ ㄱ, ㄴ
④ ㄴ, ㄷ    ⑤ ㄴ, ㄷ, ㄹ

**09** 다음 글에 나타난 문화 이해 태도에 대한 설명으로 옳은 것만을 〈보기〉에서 고른 것은?

> 다른 사회의 문화가 우리 사회에 들어온다면 우리 사회에 악이 된다. 다른 사회의 문화가 형성된 사회적 맥락은 우리의 것과 다르며 우리의 우수한 역사와 전통 수준을 따라올 수 없다. 그러므로 우리 사회에 다른 문화가 들어와 우리의 찬란한 문화를 훼손하는 것을 용인할 수 없다.

┤ 보기 ├
- ㄱ. 자기 문화의 고유성을 잃을 수 있다.
- ㄴ. 국수주의로 이어질 수 있는 태도이다.
- ㄷ. 특정 문화를 기준으로 문화 간 우열을 가릴 수 있다고 본다.
- ㄹ. 같은 문화를 공유하는 사회 구성원의 소속감을 약화시킬 수 있다.

① ㄱ, ㄴ　　　② ㄱ, ㄷ　　　③ ㄴ, ㄷ
④ ㄴ, ㄹ　　　⑤ ㄷ, ㄹ

**10** 갑과 을이 가진 문화 이해 태도에 대한 설명으로 옳지 <u>않은</u> 것은?

> - 갑: 우리나라의 젓가락 문화는 불편하기만 해. 우리나라 문화를 버리고 서양의 고급스러운 포크 문화를 배우고 따라야 한다고 생각해.
> - 을: 각 나라의 문화를 그렇게 판단하면 안 된다고 생각해. 젓가락 문화와 포크 문화는 모두 그 나라의 환경과 상황에 맞게 발달해 온 거야. 그러므로 우리나라의 젓가락 문화도 우리나라의 역사적 맥락 속에서 이해해야 해.

① 갑은 자신이 속한 문화를 낮게 평가하고 있다.
② 을은 문화를 평가하는 절대적인 기준이 없다고 본다.
③ 갑은 을과 달리 문화 사대주의적 태도를 가지고 있다.
④ 갑은 을과 달리 문화 간 접촉과 교류가 활발한 시기에 공존을 위해서 필요한 태도를 지니고 있다.
⑤ 을은 갑과 달리 자국의 문화 정체성을 보존하는 데 유리한 태도를 지니고 있다.

**11** 표는 문화 이해 태도 A~C를 구분한 것이다. 이에 대한 설명으로 옳은 것은? (단, A~C는 문화 사대주의, 문화 상대주의, 자문화 중심주의 중 하나임.)

| 구분 | A | B | C |
|---|---|---|---|
| 자기 문화만을 우월하다고 보는가? | 예 | 아니요 | 아니요 |
| 각 문화가 지닌 고유한 가치를 인정하는가? | 아니요 | 아니요 | 예 |
| (가) | 아니요 | 예 | 아니요 |

① A는 자문화에 대한 객관적 이해를 가능하게 한다.
② B는 자문화를 다른 사회에 이식하는 것을 당연시한다.
③ B는 A와 달리 자문화의 고유성을 상실할 우려가 높다.
④ C는 A와 달리 각 사회의 문화가 형성된 역사와 사회적 맥락을 고려하지 않는다.
⑤ (가)에는 '자문화와 다른 사회 문화 간 갈등을 초래할 가능성이 높은가?'가 들어갈 수 있다.

**+단원 통합**

**12** (가)에 들어갈 내용으로 가장 적절한 것은?

> 열대 지방에서는 눈이 내리지 않기 때문에 눈을 표현하는 단어가 거의 없다. 반면, 이누이트가 거주하는 북극 지방에서는 늘 눈 속에서 생활하기 때문에 '내리는 눈(gana), 땅에 쌓인 눈(aput), 바람에 휘날리는 눈(pigsirpog)' 등 북극 지방에서는 눈을 표현하는 단어가 많은 편이다. 이처럼 ________(가)________ 때문에 각 사회의 문화적 차이를 인정해야 한다.

① 모든 사회에서는 동일한 형태의 문화가 나타나기
② 문화를 형성하는 사회적 맥락은 모든 사회가 같기
③ 문화를 평가하기 위해서는 절대적 기준이 필요하기
④ 각각의 문화 요소는 서로 관계없이 독립적으로 존재하기
⑤ 문화는 그 사회가 처한 자연환경에 따라 다르게 나타날 수 있기

**13** 을의 입장에서 갑의 의견을 비판한 것으로 옳은 것은?

> • 갑: 각 사회의 문화는 각각 고유한 의미와 가치를 가지고 있으므로 모든 문화에 대해서는 인정하고 수용해야 하는 거야.
> • 을: 아니야. 각 문화를 그 사회의 맥락에서 이해하고 인정하는 태도는 다문화 사회에 필요하고 중요한 태도이지만, 그렇다고 해서 모든 문화에 대해 그러한 태도를 보이는 것은 문제가 될 수 있어.

① 인류 보편적 가치가 훼손되는 문화까지 존중해야 하는 것은 아니다.
② 각 사회의 문화를 수용하면 국수주의나 제국주의로 이어질 수 있다.
③ 극단적 문화 상대주의의 입장에서 다른 사회의 문화를 평가하고 있다.
④ 특정한 문화를 절대적인 기준으로 삼고 다른 사회의 문화를 평가하고 있다.
⑤ 문화적 차이를 이해할 때 서로 다른 문화의 다양성과 특수성을 인정하지 않는다.

**14** 다음은 수업 내용 중 일부이다. ㉠~㉣에 대한 옳은 설명만을 〈보기〉에서 있는 대로 고른 것은?

> **〈다문화 사회로 변화하는 우리나라〉**
> ㉠ 다문화 사회의 의미
> ㉡ 다문화 사회의 형성 배경
> ㉢ 우리 사회의 다문화 모습
> ㉣ 다문화로 인한 우리 사회의 영향

> ┤ 보기 ├
> ㄱ. ㉠ - 다양한 인종, 종교, 언어 등 서로 다른 문화적 배경을 가진 사람들이 함께 살아가는 사회이다.
> ㄴ. ㉡ - 교통과 통신의 발달로 인해 다문화 사회의 확장이 지연되고 있다.
> ㄷ. ㉢ - 외국인 근로자, 유학생, 국제결혼 이주민 등 외국인 이주민 수가 계속 늘고 있다.
> ㄹ. ㉣ - 저출생·고령화 현상에 따른 노동력 부족 문제를 해결할 수 있다.

① ㄱ, ㄴ ② ㄷ, ㄹ ③ ㄱ, ㄴ, ㄷ
④ ㄱ, ㄷ, ㄹ ⑤ ㄴ, ㄷ, ㄹ

**15** 밑줄 친 ㉠, ㉡에 대한 옳은 설명만을 〈보기〉에서 있는 대로 고른 것은?

> 다문화 사회에서는 문화적 차이에 관한 무지와 이해 부족, 다른 문화를 가진 사람에 대한 편견과 차별 등으로 갈등이 나타나고 있습니다. 이런 갈등을 해결하기 위해서는 ㉠ 개인적 차원의 노력과 더불어 ㉡ 사회적 차원의 노력이 요구됩니다.

> ┤ 보기 ├
> ㄱ. ㉠ - 관용의 자세를 갖추어야 한다.
> ㄴ. ㉠ - 문화 상대주의적 태도는 지양해야 한다.
> ㄷ. ㉡ - 이주민의 권리 보장을 위한 법적·제도적 창치를 마련해야 한다.
> ㄹ. ㉡ - 사회 통합을 높이기 위해 다문화 교육 대신 우리나라의 전통문화 교육을 강화해야 한다.

① ㄱ, ㄴ ② ㄱ, ㄷ ③ ㄴ, ㄹ
④ ㄱ, ㄷ, ㄹ ⑤ ㄴ, ㄷ, ㄹ

**16** 다문화 정책 ㉠, ㉡에 대한 설명으로 옳지 <u>않은</u> 것은?

> 요즘 다문화 사회로 진입한 갑국은 다문화 정책의 방향성에 대한 논의가 활발하다. 이주민을 갑국의 문화로 흡수하려는 ( ㉠ )과/와 이주민의 문화를 존중하며 문화 다양성을 강조하는 ( ㉡ )을/를 놓고 정책 결정을 논의하고 있다.

① ㉠은 문화 동화, ㉡은 문화 병존을 추구할 것이다.
② ㉠은 ㉡과 달리 다양한 문화를 융합하여 하나의 정체성을 갖는 국가를 만들고자 한다.
③ ㉡은 ㉠과 달리 여러 민족과 이주민들의 다양한 문화를 갑국의 문화로 대체시키고자 한다.
④ 다문화 가정을 위한 외국어 표기 가정 통신문을 제작하는 것은 ㉠이 아닌 ㉡의 사례이다.
⑤ 이주민에 대한 다문화 정책으로 ㉠은 동화주의를, ㉡은 다문화주의를 지지할 것이다.

# 생활공간과 사회


01 산업화와 도시화 ·········································· 104

02 교통·통신과 과학기술의 발달

03 우리 지역의 공간 변화 ······························· 114

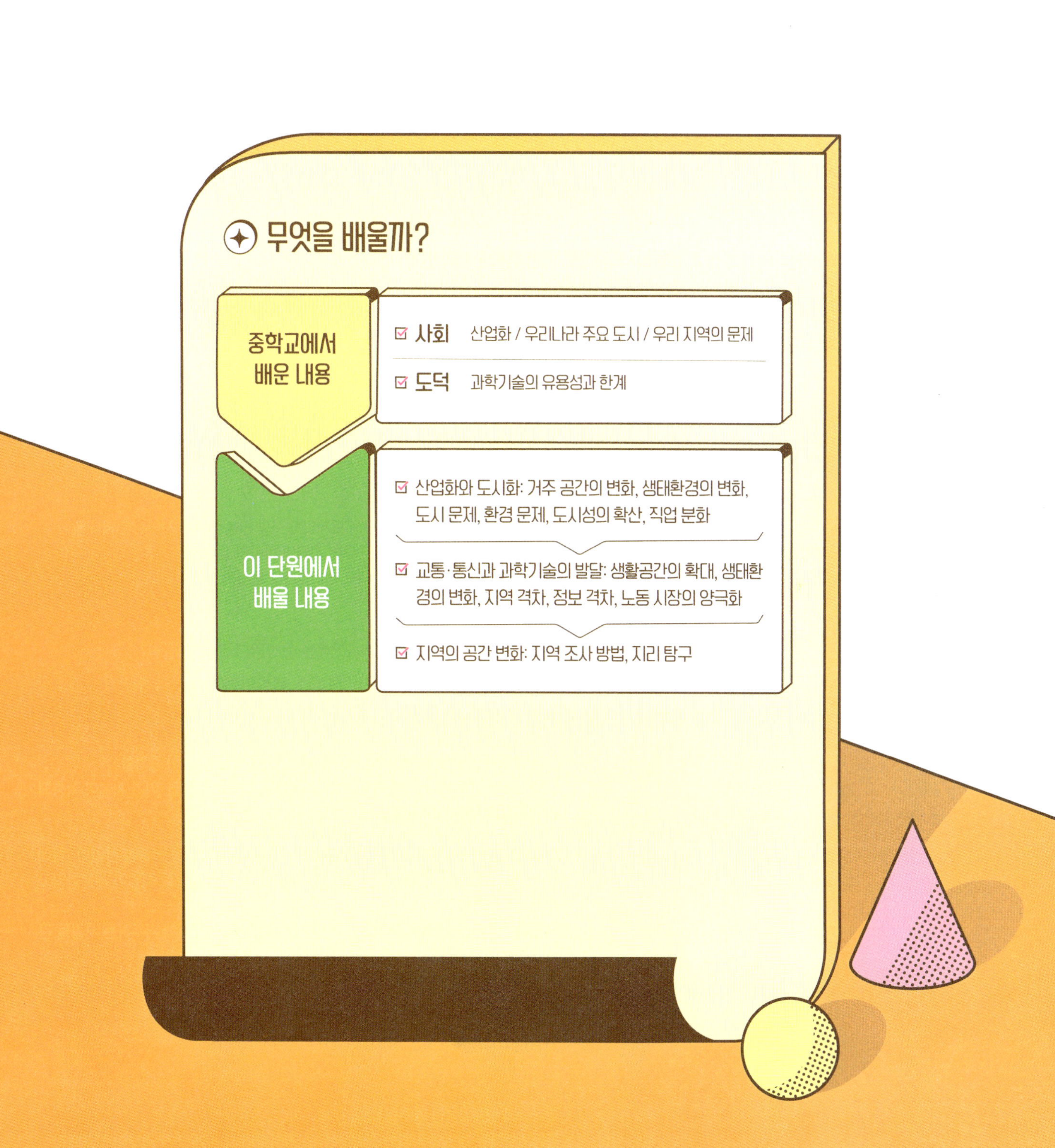
⊕ 무엇을 배울까?

중학교에서
배운 내용

☑ 사회   산업화 / 우리나라 주요 도시 / 우리 지역의 문제

☑ 도덕   과학기술의 유용성과 한계

이 단원에서
배울 내용

☑ 산업화와 도시화: 거주 공간의 변화, 생태환경의 변화, 도시 문제, 환경 문제, 도시성의 확산, 직업 분화

☑ 교통·통신과 과학기술의 발달: 생활공간의 확대, 생태환경의 변화, 지역 격차, 정보 격차, 노동 시장의 양극화

☑ 지역의 공간 변화: 지역 조사 방법, 지리 탐구

# 산업화와 도시화

**❶ 이촌 향도**
촌락에 거주하던 사람들이 일자리를 찾아 도시로 이동하는 현상

**❷ 집약적 토지 이용**
넓이가 한정된 토지에 자본 등을 집중적으로 투입하여 최대한으로 활용하는 방식

**❸ 접근성**
어떠한 지역이나 시설에 접근하기 쉬운 정도로, 교통이 편리할수록 접근성이 높다.

**❹ 지대**
토지를 이용하여 얻을 수 있는 수익 또는 비용

**❺ 교외화**
도시의 인구나 기능, 시설 등이 대도시 주변으로 확산되는 현상

**❻ 복개**
하천에 덮개 구조물을 씌워 겉으로 보이지 않도록 하는 것. 하천을 덮은 지역은 주로 도로나 하수도로 이용한다.

**❼ 도시성**
도시에 거주하는 사람들의 생활양식과 문화적 특징

**❽ 2차적 인간관계**
특정 목적을 위해 수단적이고 간접적으로 맺는 인간관계

## 1 산업화·도시화에 따른 생활의 변화

### 1. 산업화와 도시화

(1) **산업화**: 농업 중심의 사회가 공업·서비스업 중심의 사회로 변화하는 현상

(2) **도시화**: 산업화의 진행으로 이촌 향도❶ 현상이 발생하면서 도시에 거주하는 인구의 비율이 높아지고 도시적 생활양식이 확대되는 현상

(3) **오늘날의 산업화·도시화**: 산업이 일찍 발달한 선진국에서 도시화가 먼저 진행되었고, 이후 개발 도상국에서는 도시화가 빠르게 이루어지고 있음 → 오늘날 세계 인구의 절반 이상이 도시에 거주

(4) **우리나라의 산업화·도시화**: 1960년대 경제 개발 계획을 추진하여 수도권과 남동 임해 지역을 중심으로 산업화·도시화 진행 → 인구의 대부분이 도시에 거주 대표 자료

### 2. 산업화·도시화로 인한 생활공간의 변화

(1) **거주 공간의 변화**

| | |
|---|---|
| 도시 내부의 변화 | • 토지 이용의 변화: 산업 발달 및 인구 증가 → 시가지 면적이 확대되고 농경지나 산림이 주택 단지나 산업 단지로 바뀜<br>• 집약적 토지 이용❷: 도시에 인구와 각종 기능이 집중됨 → 제한된 도시 공간을 효율적으로 이용하기 위한 고층 빌딩과 아파트 등이 증가하면서 도시 공간이 수직적으로 확장됨<br>• 기능 지역 분화: 도시의 규모가 커지면서 접근성❸과 지대❹에 따라 상업·공업·주거 등으로 기능에 따른 지역 분화가 이루어짐 자료 ❶ |
| 대도시권의 형성 | • 교외화❺: 도시의 규모가 커지면서 도시의 인구와 기능이 주변 지역으로 확대됨<br>• 대도시권의 확대: 대도시와 도시 주변 지역이 하나의 생활권을 이루는 대도시권이 형성되고, 그 범위가 확장되면서 대도시 주변으로 도시적 경관이 확대됨 |

(2) **생태환경의 변화**

① 도시가 성장하면서 하천을 직강화하거나 복개❻하는 등 인위적으로 개발함

② 도로와 건물이 늘어나고 토지 이용이 변화하면서 포장 면적이 증가하고 녹지 면적이 감소함

### 3. 산업화·도시화로 인한 생활양식의 변화

| | |
|---|---|
| 생활 수준 향상 | • 산업 발달로 생산성이 향상되고 공급되는 상품과 서비스의 양이 증가함<br>• 도시에 버스, 지하철 등 대중교통 수단이 발달하고, 다양한 상업·여가 시설이 확충되면서 도시의 생활이 편리해짐 |
| 직업 분화 | • 산업화 이전에는 1차 산업 중심으로 직업도 비교적 단순하였음 → 중심 산업이 1차에서 2·3차 산업으로 변화하면서 새로운 기술과 산업의 등장으로 직업이 세분화되고 전문성이 증가함<br>• 도시에 거주하는 사람들이 다양한 직업에 종사하게 됨 → 도시에 거주하는 사람들 간의 이질성이 높아짐<br>• 각 직업의 전문성이 증가하고 직업이 다양해지며 직업 간 소득 수준 차이도 커짐 |
| 도시성❼ 확산 | • 효율성, 합리성, 자율성을 추구하고 익명성을 띠는 생활양식이 보편화됨<br>• 2차적 인간관계❽가 늘어나면서 사회적 유대감이 약해짐<br>• 도시 주변 지역 및 근교 촌락 지역으로 도시성이 확산됨 |
| 개인주의 가치관 확산 | • 핵가족의 보편화, 1인 가구의 비중 증가 자료 ❷<br>• 공동체보다는 개인의 가치와 성취, 자유와 권리를 중시 → 개인 간 경쟁이 치열해짐 |

### • 대표 자료 • 우리나라의 산업화와 도시화  ✦ 정보 활용 능력

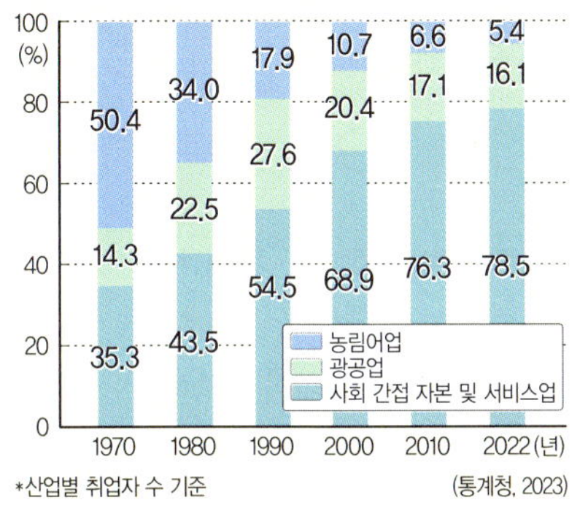

🔺 우리나라의 산업 구조 변화

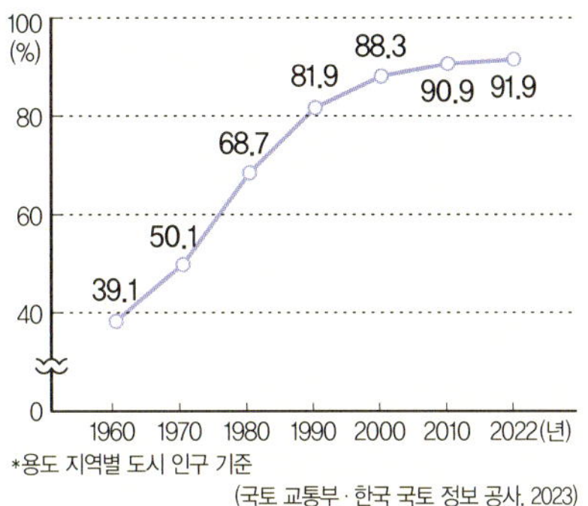

🔺 우리나라의 도시화율 변화

우리나라는 1960년대까지 농업이나 어업 등 1차 산업의 비중이 높았으나 1960년대 이후 산업화가 진행되면서 광공업과 서비스업 등 2·3차 산업의 비중이 매우 높아졌다. 또한, 산업화가 이루어지면서 촌락에 거주하던 사람들이 일자리를 찾아 도시로 이동하였다. 이에 따라 도시 인구가 크게 증가하면서 도시화가 빠르게 진행되었다. 오늘날 우리나라는 10명 중 9명 이상이 도시에 거주하고 있다.

### • 시험에서는 이렇게 •

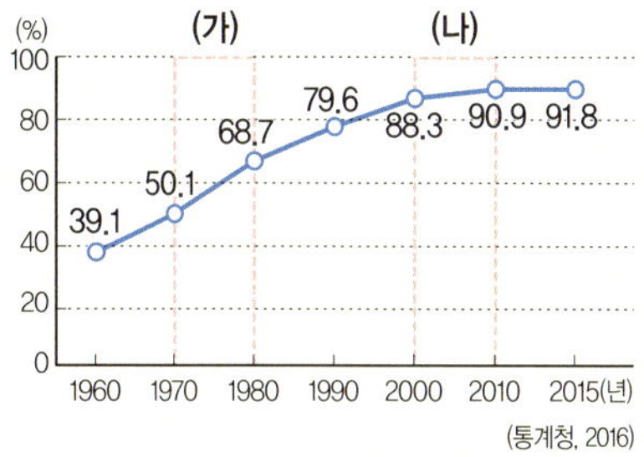


자료는 도시화율의 변화를 나타낸 것이다. 도시화율이 낮았던 (가) 시기와 높아진 이후인 (나) 시기를 비교하는 형태로 출제되었다.

#### 시험 준비 길잡이

산업화, 도시화 초기와 오늘날을 비교하는 문제가 자주 출제되니 산업화와 도시화에 따른 변화를 시기와 연결지어 구분해 주세요.

---

### 자료 ❶ 도시 내부 구조

🔺 서울 내부의 다양한 모습

도시는 규모가 커지면서 접근성과 지대에 따라 중심 업무 지구, 상업 지역, 주거 지역, 공업 지역 등으로 나뉘게 된다. 중심 업무 기능과 상업 기능이 집중되는 도심에는 대기업 본사, 중앙 관청 등 중요한 기능이 위치하며, 도심의 기능을 나누어 맡는 부도심에서도 비슷한 모습을 볼 수 있다. 한편, 주거 지역에는 많은 인구가 살 수 있는 아파트 단지가 들어서고, 학교나 대형 마트도 함께 위치한다. 공업 지역은 주로 도시 외곽에 들어서며, 넓은 부지에 공장들이 밀집해 있다.

### 자료 ❷ 개인주의 가치관의 확대

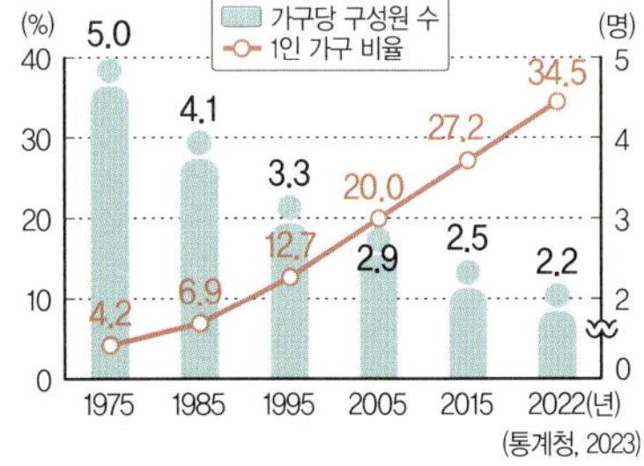

🔺 우리나라 1인 가구 비율의 변화

산업화·도시화와 함께 사람들의 가치관이 변화하면서 1인 가구의 비율이 급격히 증가하고 있다. 이와 함께 혼자 식사하거나 여가를 즐기는 '나홀로' 문화가 확산되고 있다. 공동체보다 개인을 강조하는 경향이 커지면서 개인의 자유와 권리를 중요시하는 개인주의 가치관이 확산된 것이다.

---

### 개념 확인하기

**1** ( ㉠ )(이)란 농업 중심 사회에서 공업과 서비스업 중심 사회로 변화하는 현상이며, ( ㉡ )(이)란 도시에 거주하는 인구의 비율이 높아지고 도시적 생활양식이 확대되는 현상이다.

**2** 다음 설명이 맞으면 ○표, 틀리면 ×표를 하시오.

(1) 우리나라는 인구의 절반 가량이 도시에 거주한다. ( )

(2) 선진국은 개발 도상국에 비해 도시화율이 높은 편이다. ( )

(3) 도시 내부 지역의 경우 접근성과 지대에 따라 지역이 분화된다. ( )

**3** 산업화·도시화로 인한 생활공간의 변화로 옳은 것을 〈보기〉에서 골라 기호를 쓰시오.

| 보기 |
ㄱ. 녹지 면적이 감소한다.
ㄴ. 시가지 면적이 축소된다.
ㄷ. 지표의 포장 면적이 증가한다.
ㄹ. 집약적 토지 이용이 나타난다.

# 산업화와 도시화



**❾ 열섬 현상**
자동차나 에어컨 실외기 등에서 나오는 인공 열, 콘크리트와 아스팔트가 내뿜는 열 등으로 도시 지역의 기온이 주변 지역에 비해 높아지는 현상

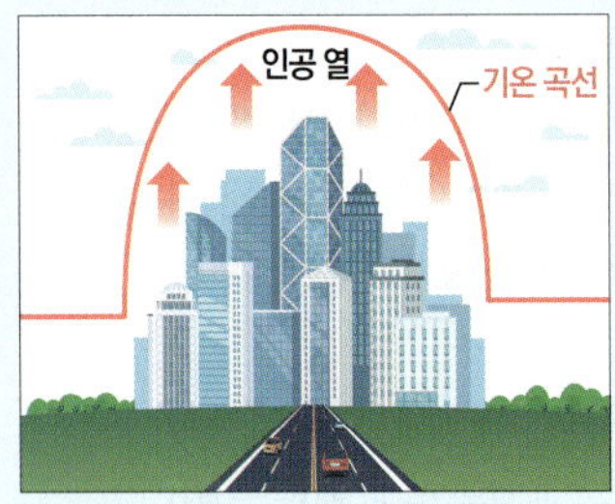


**❿ 생산 연령 인구**
생산 활동을 할 수 있는 15~64세의 청장년층 인구

**⓫ 인간 소외 현상**
노동의 주체인 인간이 기계의 부속품처럼 전락하여 노동의 성과로 얻는 만족감이나 성취감이 줄어드는 현상

**⓬ 실업의 영향**
실업이 지속될 경우 개인적으로는 생계 유지와 자아실현이 어려워지고, 사회적으로는 인적 자원 낭비, 범죄 증가 등의 문제가 발생할 수 있다.

**⓭ 고독사**
혼자 사는 사람이 앓다가 가족이나 이웃이 모르는 사이 죽는 일

**⓮ 도시 기반 시설**
주택, 도로, 공원 등과 같이 도시 기능을 유지하는 데 필요한 물리적 환경

## 2 산업화·도시화에 따른 문제와 해결 방안

### 1. 산업화·도시화에 따른 문제

**(1) 도시 문제**

① **주택 문제**: 도시의 한정된 공간에 인구가 밀집하면서 주택 수요 증가 → 주택 부족 및 집값 상승, 불량 주택 지역 형성

② **교통 문제**: 자동차가 증가하고 교통량이 증가하면서 도로 및 주차 시설이 부족해짐 → 교통 혼잡, 주차난, 교통사고 등 발생 (자료 ❸)

**(2) 환경 문제**

① **환경 오염 물질 증가**: 산업 폐수와 생활 하수 증가로 수질 오염, 산업 폐기물과 생활 쓰레기 증가로 토양 오염, 공장 매연과 자동차 배기가스 배출량 증가로 대기 오염 발생

② **도시 홍수**: 도시의 지표는 콘크리트나 아스팔트로 포장된 면적이 넓음 → 빗물을 흡수하지 못해 홍수 발생 위험 증가 (대표 자료)

③ **열섬 현상❾**: 도시의 포장 면적이 넓어지고, 냉·난방 시설과 자동차 등에서 나오는 인공 열이 배출되면서 도심의 기온이 주변 지역보다 높게 나타남

④ **생물종 다양성 감소**: 녹지 면적이 감소하면서 동식물의 서식지가 줄어듦

**(3) 사회적 문제**

① **지역 격차 심화**
- 수도권에 각종 기능 집중 → 비수도권과의 격차 심화
- 도시에 각종 시설과 자본이 집중되는 반면, 촌락은 생산 연령 인구❿가 감소하면서 노동력이 부족해져 경제활동 위축 → 도시와 농촌 간 지역 격차 심화

② **인간 소외 현상⓫ 발생**: 노동의 주체인 인간이 노동 과정에서 생산 활동의 수단으로 전락하여 소외됨 → 노동에서 얻는 만족감이나 성취감 약화

③ **노동 문제**: 실업⓬ 문제, 노사 갈등 등장

④ **고독사⓭** 문제, 타인에 대한 무관심, 이기주의 팽배 등이 발생함

### 2. 산업화·도시화에 따른 문제의 해결 방안

**(1) 도시 문제**

| 지역적·국가적 차원 | 주택 공급 확대, 도시 기반 시설⓮ 확충, 신도시 건설, 도시 재개발 및 도시 재생 사업 추진, 혼잡 통행료 부과, 대중교통 수단 확충 등 (자료 ❹) |
|---|---|
| 개인적 차원 | 대중교통 이용, 이웃 간 주차 공간 배려 등 |

**(2) 환경 문제**

| 지역적·국가적 차원 | 녹지 공간 확대, 생태 하천 복원 등 |
|---|---|
| 개인적 차원 | 쓰레기 분리수거, 자원 절약, 환경 보호를 위한 행동 실천 등 |

**(3) 사회적 문제**

| 지역적·국가적 차원 | 수도권에 집중된 인구 및 기능을 분산할 수 있도록 국토의 균형 발전 추구, 소외 계층을 위한 사회 복지 제도 마련, 노사 간 소통과 협력 유도, 실업자를 위한 직업 교육과 취업 정보 제공 확대, 공동체 문화 조성을 위한 지역 사회의 노력 등 |
|---|---|
| 개인적 차원 | 인간의 존엄성 중시, 공동체 의식 함양, 배려와 협력의 자세 확립 등 |

## · 대표 자료 · 도시화에 따른 지표 환경의 변화 ┄┄┄ ✦ 비판적 사고력

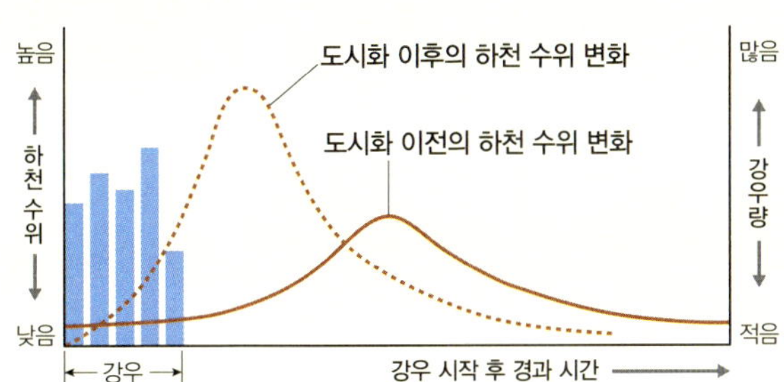


⚠ 도시화 전후의 하천 수위 변화

자료는 같은 양의 비가 내렸을 때, 도시화 이전과 이후에 하천 수위 변화가 어떻게 달라지는지 보여 준다. 자연 상태에서는 비가 와도 빗물이 대부분 땅속에 흡수되어 하천 유량이 금방 불어나지 않는다. 그러나 도시화가 진행될수록 불투수 면적이 늘어나면 빗물이 토양층 속으로 잘 흡수되지 못하고, 지표면 위를 흐르다가 도시 내 하천으로 빠르게 흘러든다. 이로 인해 도시에서는 강우량이 많지 않더라도 짧은 시간 사이에 집중적으로 비가 내릴 경우에 홍수가 발생할 위험이 커진다.

---

## 자료 ❸ 우리나라의 교통 문제

⚠ 시·도별 교통 혼잡 비용(2018년)

교통 혼잡 비용은 교통의 수요가 늘어나면서 발생하는 환경 오염 비용, 교통사고 비용 등 사회적 비용을 통틀어 말한다. 우리나라는 산업화·도시화와 함께 교통 혼잡 비용이 지속적으로 증가하였는데, 특히 수도권은 자동차와 인구가 밀집되어 2018년 기준 수도권의 교통 혼잡 비용이 전체의 약 52%에 달한다.

---

## 자료 ❹ 도시 재생 사업 사례

(가)의 ○○동은 국내 최초 조선소가 들어선 곳으로, 각종 조선소와 공업소가 밀집한 지역이었다. 조선업이 불황을 맞으면서 지역 경제가 쇠락하였으나, 예술가들이 주도하여 낡은 건물을 개조하고 주민 참여 프로그램을 만들면서 관광객을 끌어모으게 되었다.

(나)는 한강변에 위치한 난지도에 쓰레기를 매립하기로 결정했으며, 매일 3,000대 분량의 트럭이 쓰레기를 운반해 왔다. 1993년에 쓰레기 매립이 중단된 후, 서울시는 난지도를 생태 공원으로 탈바꿈시켰다. 이 공원은 이제 매년 630만 명의 시민들이 찾는 인기 장소가 되었다.

산업화와 도시화로 발생한 문제를 해결하기 위해 다양한 도시 재생 사업이 추진되고 있다. (가)는 낙후된 정주 환경을 개선하기 위해 도시 재생 사업을 추진한 사례이다. (나)는 쓰레기 매립장을 공원과 같은 녹지 공간으로 바꾸어 생태환경을 개선함으로써 환경과 조화를 이루는 도시 재생을 이룬 사례이다.

---



서울을 비롯한 대도시 지역에 서식하는 매미가 농촌보다 최대 13배까지 많은 것으로 밝혀졌다. 매미의 유충은 기온이 높은 곳에서 성장하기 좋은데 도시 내부가 교외에 비해 기온이 높기 때문이다.

자료의 밑줄 친 부분은 도시에서 발생하는 열섬 현상이다. 이처럼 도시 문제의 특징을 파악하고, 원인이나 해결 방안 등을 묻는 유형이 자주 출제된다.

### 시험 준비 길잡이

제시된 자료를 분석하여 어떤 도시 문제인지 파악한 후, 문제 해결 방안을 연결지을 수 있도록 정리해 두세요.

---

### 개념 확인하기

**4** 도시에 인구가 밀집하면서 주택 수요가 증가하여 주택이 부족하고 집값이 상승하는 것은 도시 문제 중 (      )에 해당한다.

**5** 다음 설명이 맞으면 ○표, 틀리면 ×표를 하시오.

(1) 포장 면적이 넓을수록 토양은 빗물을 빠르게 흡수한다. (      )

(2) 실업이 지속될 경우 사회적으로 범죄가 증가할 수 있다. (      )

(3) 도시 내 녹지 공간이 줄어들면 열섬 현상이 심화된다. (      )

**6** 산업화·도시화로 인한 문제의 해결 방안을 〈보기〉에서 골라 기호를 쓰시오.

┌ 보기 ┐
ㄱ. 생태 하천 복원
ㄴ. 혼잡 통행료 부과
ㄷ. 직업 교육 및 일자리 마련

(1) 교통 혼잡 (      )
(2) 도시 홍수 (      )
(3) 실업 문제 (      )

# 실력 다지기



## 01 ㉠, ㉡에 들어갈 말을 옳게 연결한 것은?

( ㉠ )는 도시로 인구가 집중되어 전체 인구에서 도시 인구가 차지하는 비율이 높아지고, 도시적 생활양식이 확대되는 현상을 말한다. 한편, ( ㉡ )는 산업 혁명으로 대량 생산이 가능해지고, 분업이 활발해지면서 산업의 중심이 농업 중심에서 제조업과 서비스업 중심으로 변화하는 것을 말한다.

|  | ㉠ | ㉡ |
| --- | --- | --- |
| ① | 도시화 | 산업화 |
| ② | 도시화 | 지역화 |
| ③ | 산업화 | 도시화 |
| ④ | 산업화 | 지역화 |
| ⑤ | 지역화 | 산업화 |



## 02 그래프는 우리나라의 도시화율 변화를 나타낸 것이다. 이에 대한 설명으로 옳은 것은?

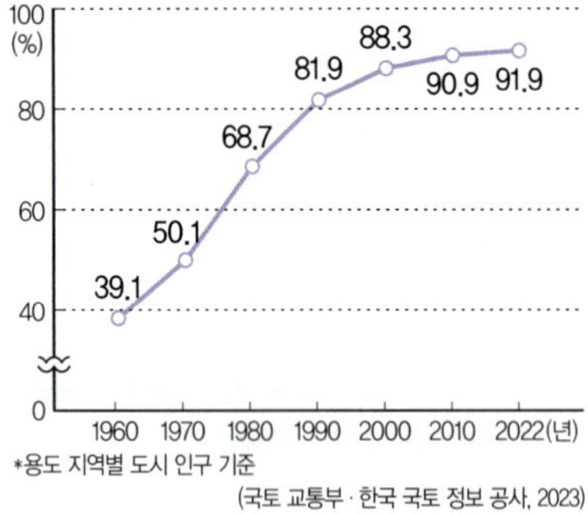


① 1960년대에 도시화율이 가장 급격히 증가하였다.
② 1970년대에는 우리나라 인구의 절반 이상이 도시에 거주하였다.
③ 1980년대에는 도시화율의 증가 속도가 가장 느리다.
④ 1990년대부터 도시 인구가 촌락 인구보다 많아졌다.
⑤ 2000년대 이후부터 본격적인 도시화가 진행되었다.



## 03 자료는 우리나라 토지 이용의 변화를 나타낸 것이다. 1977년과 비교하여 추론할 수 있는 2022년의 상대적 특징으로 옳지 않은 것은?

| 구분 | 1977년 | 2022년 |  |
| --- | --- | --- | --- |
| 임야 | 65,660km² → | 63,427km² | 3.4% 감소 ↓ |
| 논밭 | 22,144km² → | 18,487km² | 16.5% 감소 ↓ |
| 대지 | 1,760km² → | 3,342km² | 89.9% 증가 ↑ |
| 도로 | 1,612km² → | 3,453km² | 114% 증가 ↑ |

(국토 교통부, 각 연도)

① 생물종의 다양성이 증가했을 것이다.
② 지표의 포장 면적이 넓어졌을 것이다.
③ 토지 이용 집약도가 높아졌을 것이다.
④ 도로 교통에 의한 접근성이 높아졌을 것이다.
⑤ 대도시의 영향을 받는 범위가 넓어졌을 것이다.
⑥ 산업 구조에서 2, 3차 산업의 비중이 높아졌을 것이다.



## 04 밑줄 친 ㉠ 시기와 비교한 ㉡ 시기의 상대적인 특징을 그림의 A∼E에서 고른 것은?

○○시는 ㉠30년 전, ○○군이었던 때만 하더라도 구불구불한 하천 근처로 넓게 논과 밭이 펼쳐진 지역이었다. 그러던 중에 대규모로 산업 단지가 들어서면서 하천은 곧게 직강화되었고, 논과 밭이 있던 지역에는 공장과 상업 시설, 아파트가 들어서면서 ㉡오늘날에는 잘 알려진 공업 도시가 되었다.

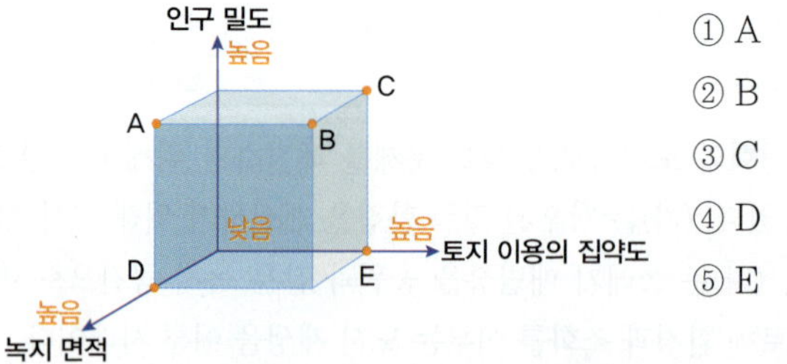


① A
② B
③ C
④ D
⑤ E

**05** 사진은 서울시의 두 지역을 나타낸 것이다. (가) 지역보다 (나) 지역의 수치가 높은 지표만을 〈보기〉에서 있는 대로 고른 것은?

(가)　　　　　　　　(나)

┌─ 보기 ┐
ㄱ. 아파트 세대수
ㄴ. 중앙 관청의 수
ㄷ. 초등학교 학급 수
ㄹ. 대기업 본사의 수

① ㄱ, ㄴ　　② ㄱ, ㄷ　　③ ㄴ, ㄹ
④ ㄱ, ㄴ, ㄹ　　⑤ ㄴ, ㄷ, ㄹ

**06** 그래프는 우리나라 1인 가구 비율의 변화를 나타낸 것이다. 이를 통해 추론할 수 있는 내용으로 적절하지 않은 것은?

① 편의점 수요가 증가했을 것이다.
② 개인 간의 경쟁이 완화되었을 것이다.
③ 도시적 생활양식이 확산되었을 것이다.
④ 개인주의 가치관이 확산되었을 것이다.
⑤ 소량 포장 상품의 판매가 증가하였을 것이다.

**07** 그래프는 결혼에 대한 가치관의 변화를 나타낸 것이다. 이를 통해 유추할 수 있는 내용으로 가장 적절한 것은?

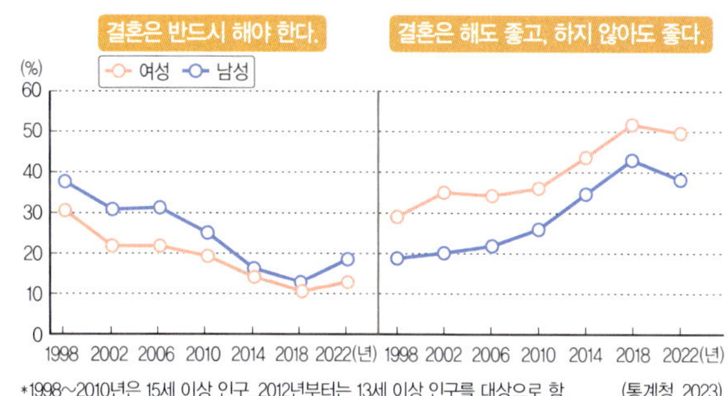

*1998~2010년은 15세 이상 인구, 2012년부터는 13세 이상 인구를 대상으로 함.　(통계청, 2023)

① 개인주의가 약화되었을 것이다.
② 합계 출산율이 감소하였을 것이다.
③ 1인 가구의 비중이 감소하였을 것이다.
④ 1인 가구에 대한 사회 복지 제도의 필요성이 감소하였을 것이다.
⑤ 개인의 권리보다 사회 구성원으로서의 의무가 더 중요해졌을 것이다.

**08** 대화에 제시된 도시 문제와 해결 방안을 옳게 연결한 것은?



| | 문제점 | 해결 방안 |
| --- | --- | --- |
| ① | 주택 부족 | 사회 복지 제도 확충 |
| ② | 고독사 문제 | 교통망 확대 |
| ③ | 고독사 문제 | 공동체 의식 함양 |
| ④ | 도시 기반 시설 부족 | 교통망 확대 |
| ⑤ | 도시 기반 시설 부족 | 공동체 의식 함양 |

**대표 자료 링크**

**09** (가)에 들어갈 내용으로 가장 적절한 것은?

> 자연 상태에서는 비가 와도 빗물이 대부분 땅속에 흡수되어 하천 유량이 금방 불어나지 않는다. 그러나 콘크리트와 아스팔트로 뒤덮인 도시에 폭우가 내리면 빗물이 땅속에 흡수되지 못하고 도로를 따라 흐르면서 지대가 낮은 곳에서 침수 피해가 발생한다. 도시 지역의 침수가 발생하는 원인은 다양하지만, 그중 ______(가)______ 이/가 첫 번째 원인으로 지목되었다.

① 건물 옥상의 녹화
② 녹지 면적의 확대
③ 불투수 면적의 확대
④ 개발 제한 구역의 확대
⑤ 도시 재개발 사업의 미비

**11** 다음 글을 읽고 물음에 답하시오.

> 2022년 기준, 국내 ( ㉠ )은/는 약 750만 가구로, 전체 가구 중 34.5%를 차지할 정도로 많아졌다. 이러한 현상과 함께 혼자 밥을 먹고 여행하는 사람들도 늘고 있다. 이에 따라 ( ㉠ ) 맞춤 상품이 새로운 시장으로 등장하면서, 이들의 수요를 공략하는 '1코노미(1인 + economy)' 새로운 산업으로 떠오르고 있다.

(1) ㉠에 공통으로 들어갈 말을 쓰시오.

(2) 윗글의 사회현상이 나타난 배경과 이로 인해 나타날 사회적 변화를 서술하시오.

**10** ㉠에 들어갈 정책의 목적으로 가장 적절한 것은?

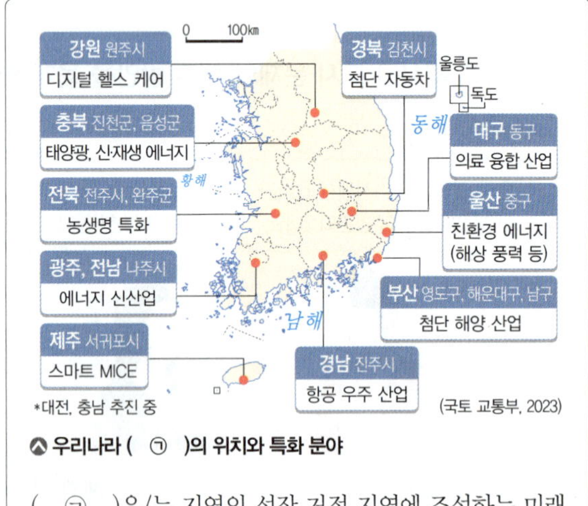


🔺 우리나라 ( ㉠ )의 위치와 특화 분야

( ㉠ )은/는 지역의 성장 거점 지역에 조성하는 미래형 도시이다.

① 수도권 집중화　　② 지역 균형 발전
③ 대도시권의 확대　　④ 도시 재개발 사업
⑤ 공간적 분업의 실현

**3단계 로 완성하기**

**12** 그림의 현상이 나타난 원인과 해결 방안을 서술하시오.

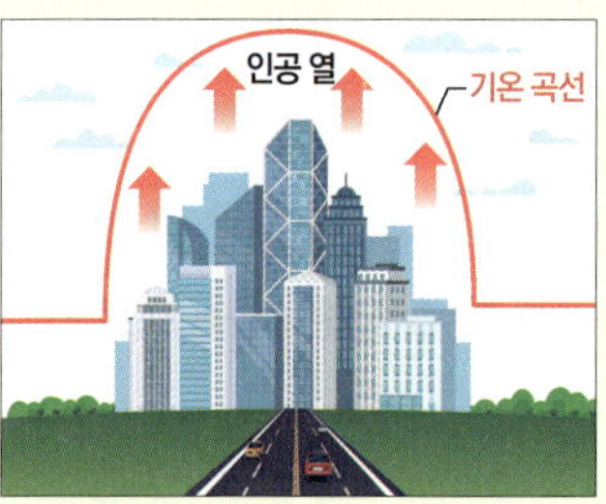


**1단계** 그림에 나타난 현상은 무엇인지 쓰세요.

**2단계** 이 현상의 원인을 쓰세요.

**3단계** 1, 2단계에서 정리한 내용을 바탕으로 이 현상의 해결 방안을 쓰세요.

**01** 그래프는 우리나라의 도시화율 변화를 나타낸 것이다. (가) 시기에 대한 (나) 시기의 상대적인 특성을 그림의 A~E에서 고른 것은?

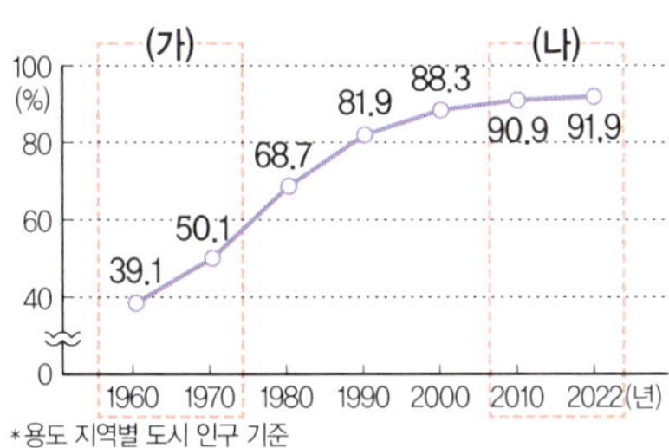

*용도 지역별 도시 인구 기준
(국토 교통부·한국 국토 정보 공사, 2023)

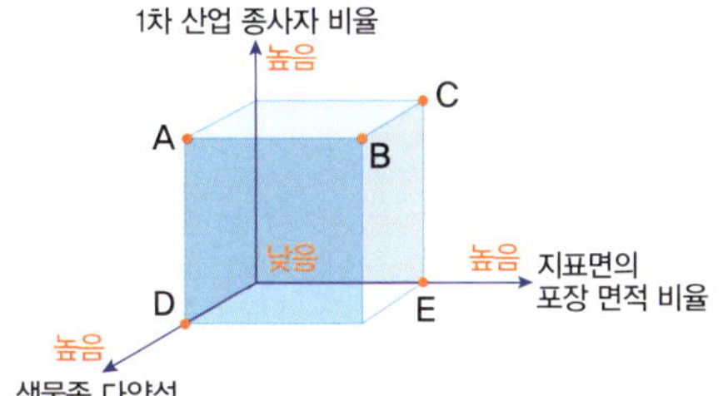

① A
② B
③ C
④ D
⑤ E

**02** 밑줄 친 ㉠~㉤에 대한 설명으로 옳지 <u>않은</u> 것은?

산업화와 도시화로 일자리가 많은 도시에 거주하는 인구가 많아지자 도시의 제한된 공간을 효율적으로 이용하기 위한 토지 이용의 ㉠ 집약도가 높아졌다. 또한 도시가 성장하는 과정에서 ㉡ 도시 내부에 혼재되어 있던 기능이 점차 분화되어 도시 내부에 ㉢ 상업 지역, 주거 지역, 공업 지역 등 다양한 공간이 형성되었다. 그리고 교외화가 진행되어 대도시와 주변 지역이 하나의 생활권을 이루는 ㉣ 되었고, 대도시 주변 지역으로 ㉤ 도시적 경관이 확대되었다.

① ㉠으로 인해 도시 공간이 수직적으로 확장되었다.
② ㉡은 접근성과 지대가 다르기 때문이다.
③ ㉢에서 상주인구가 가장 많은 곳은 상업 지역이다.
④ ㉣에는 '대도시권이 형성'이 들어갈 수 있다.
⑤ ㉤의 사례로는 신도시 건설이 있다.

**03** 어느 지역의 하천 수위 변화가 B에서 A로 바뀌었다고 할때, 이 지역에서 나타났을 변화로 적절한 것만을 〈보기〉에서 있는 대로 고른 것은?

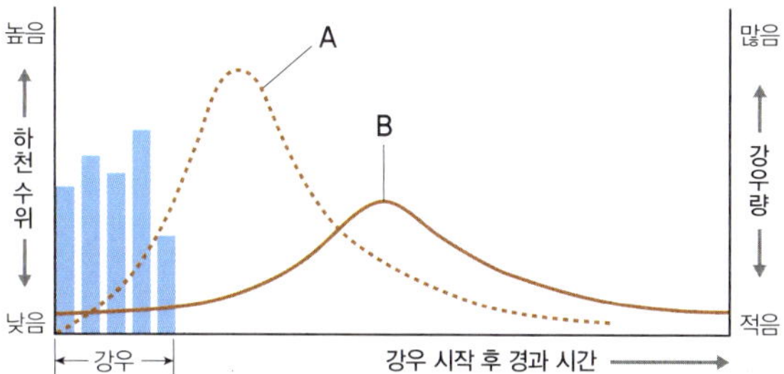

| 보기 |

ㄱ. 도시에 조림 사업을 실시하였다.
ㄴ. 생태 하천 복원 사업을 실시하였다.
ㄷ. 하천 주변의 도로 포장률이 증가하였다.
ㄹ. 녹지 지역에 대규모 아파트 단지를 건설하였다.

① ㄱ, ㄷ
② ㄴ, ㄷ
③ ㄷ, ㄹ
④ ㄱ, ㄷ, ㄹ
⑤ ㄴ, ㄷ, ㄹ

**04** 〔창의 융합〕 다음은 우리나라 산업화·도시화 과정이 나타난 소설과 가사이다. 이를 해석한 내용으로 가장 적절한 것은?

(가) "화장실이야 자네가 제일 많이 가잖아? 청소 당번도 아예 맡아." 나 씨가 비아냥거렸다. 새벽마다 고통스럽게 솟구치는 변의를 해결해 보려고, 공장 변소를 사용할 수 있는 시간에 볼일을 보려고, 억지로라도 변소에 들락거리고 있는 그였다.
– 양귀자, 「원미동 사람들」

(나) 화려한 도시를 그리며 찾아왔네 / 그곳은 춥고도 험한 곳 / 여기저기 헤매다 초라한 문턱에서/뜨거운 눈물을 먹는다 / 머나먼 길을 찾아 여기에 꿈을 찾아 여기에 … (중략) … 그 누구도 말을 않네/사람들은 저마다 고향을 찾아가네 / 나는 지금 홀로 남아서 / 빌딩 속을 헤매다 초라한 골목에서 / 뜨거운 눈물을 먹는다.
– 조용필, 「꿈」

① (가)는 촌락의 주택 공급 부족 현상을 나타낸다.
② (가)의 문제는 대도시 위주의 개발로 해결해야 한다.
③ (나)의 도시는 공동체 의식을 중요시 여기고 있다.
④ (나)의 주인공이 도시에 거주하는 것은 이촌 향도의 사례라고 할 수 있다.
⑤ (가)와 (나)는 모두 도시 문제의 해결 방안을 제시하고 있다.

# 수능 준비하기



**01** 그래프는 우리나라의 산업별 종사자 비중과 도시 인구 비율 변화를 나타낸 것이다. 1960년과 비교한 2020년의 상대적 특성으로 옳은 것은?

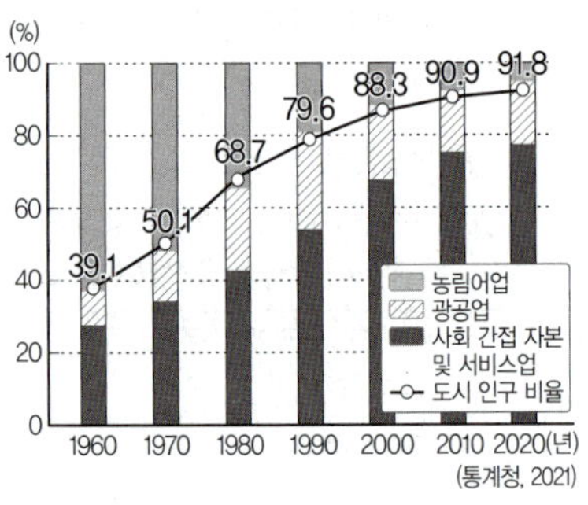


① 직업의 종류가 다양하다.
② 촌락 인구의 비율이 높다.
③ 토지 이용의 집약도가 낮다.
④ 1차 산업 종사자 비중이 높다.
⑤ 개인주의적 가치관이 약화된다.

**수능 만점 한끝**

제시된 자료에 나타난 우리나라의 산업화·도시화 추이를 파악한 후, 산업화 전후의 특징을 비교할 수 있는지 묻는 문제이다. 산업화 이전의 모습과 이후의 모습을 생활공간, 생활양식 측면에서 어떤 변화가 나타났는지 파악해야 한다.

**이렇게도 출제될 수 있어요!**

산업 구조와 도시화율 그래프를 분리하여 제시하는 형태로 출제될 수 있어요.

---



**02** 지도는 어느 지역의 토지 이용 변화를 나타낸 것이다. (가) 시기와 비교한 (나) 시기의 상대적 특성을 그림의 A~E에서 고른 것은?

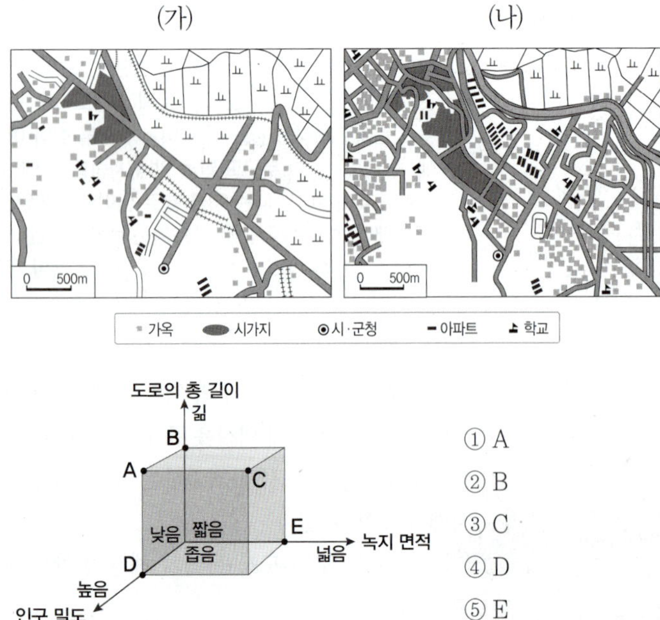


① A
② B
③ C
④ D
⑤ E

**수능 만점 한끝**

제시된 지도를 읽고 토지 이용을 분석하여 (가)와 (나) 시기 중 산업화·도시화 전, 후를 유추한 뒤, 상대적 특성을 구분하는 문제이다. 지도에서 시가지와 건물 수 등을 분석하여 시기를 유추해야 한다.

**문제의 핵심**

산업화·도시화로 인한 생활공간의 변화

| 집약적 토지 이용 | 도시에 인구와 기능이 집중하기 때문임 |
|---|---|
| 포장 면적 증가 | 녹지 면적은 감소함 |
| 대도시권의 확대 | 교통이 발달하면서 도시적 경관의 범위가 확대됨 |

## 03 교육청 기출

(가) 시기와 비교한 (나) 시기 생활양식의 상대적 특징을 그림의 A~E에서 고른 것은?

> (가) 1968년 ○월 ○일
>
> 오늘은 모내기를 하였다. 아빠는 모판을 나르고, 엄마와 나는 모를 심었다. 옆집 아저씨와 뒷집 삼촌, 저 멀리 덕만이네까지 아침 일찍부터 품앗이하러 우리 논으로 오셨다. 모내기 중간에 둘러 앉아 먹은 새참은 정말 꿀맛이었다.
>
> (나) 2020년 ○월 ○일
>
> 어제는 금요일이라 퇴근길 지하철이 유난히 붐벼 피곤했다. 주말이라 늦잠을 자고 싶었지만, 사다리차 소리에 잠에서 깼다. 옆집에 누군가가 이사를 오는 것 같았다. 그러나 누가 살았는지, 또 누가 새로 이사를 오는지 나는 알 수가 없었다.

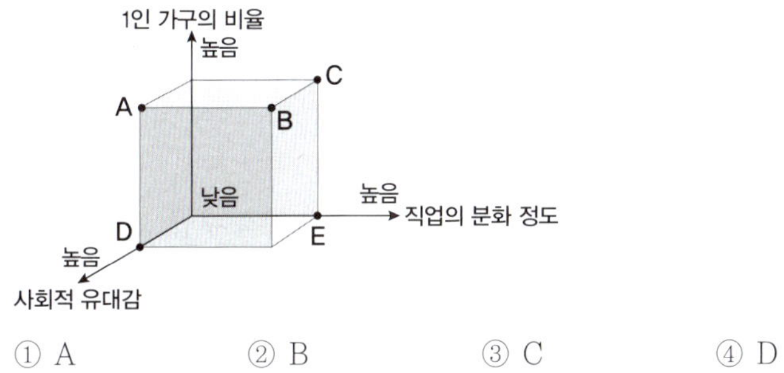


① A          ② B          ③ C          ④ D          ⑤ E





## 04 교육청 기출

다음은 학생 필기 내용의 일부이다. (가)~(마)에 들어갈 내용으로 적절하지 않은 것은?

〈 도시 문제와 해결 방안 〉

1. 발생 원인: (가)
2. 문제점과 해결 방안

| 문제점 | 해결 방안 | |
|---|---|---|
| | 개인적 차원 | 사회적 차원 |
| 수질 오염 | 샴푸, 세제 등의 사용 자제 | (나) |
| 교통 체증 | (다) | (라) |
| 사회적 유대감 약화 | 이웃을 배려하는 태도 함양 | (마) |

① (가) – 인구와 기능의 과도한 도시 집중

② (나) – 생활 오·폐수 배출 및 처리 기준 완화

③ (다) – 버스, 지하철 등 대중교통 수단의 이용

④ (라) – 승용차 요일제 실시 및 혼잡 통행료 부과

⑤ (마) – 마을 공동체 회복을 위한 지원 정책 시행

# 02~03 교통·통신과 과학기술의 발달 ~ 우리 지역의 공간 변화

**한끝 더하기**

**❶ 교통 발달에 따른 지구의 상대적 크기 변화**

**❷ 공간적 분업**
기업의 규모가 커지면서 각 기능이 공간적으로 분리되어 입지하는 현상

**❸ 빨대 효과**
음료를 빨대로 빨아들이듯이 새로운 교통수단의 개통으로 주변 도시의 인구와 경제력이 대도시로 유입되는 현상

**❹ 선박 평형수**

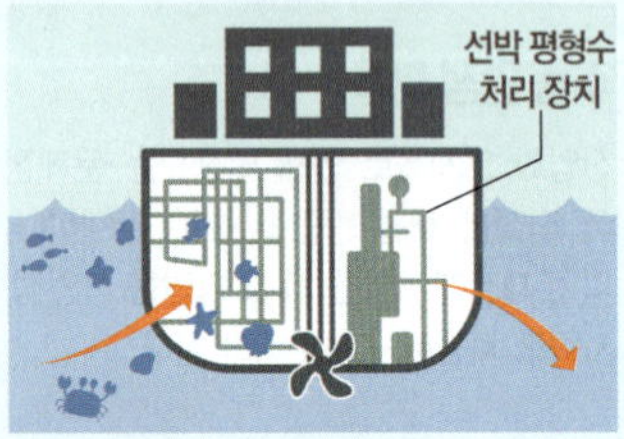



**🔺 선박 평형수 처리 과정**
선박의 무게 중심을 유지하기 위해 선박 내에 채워 넣는 바닷물로, 선박 평형수를 채우고 빼내는 과정에서 평형수에 들어 있던 해양 생물이 다른 지역으로 이동하게 된다.

## 1 교통·통신의 발달에 따른 우리 생활의 변화

**1. 교통·통신의 발달:** 산업 혁명 이후 철도, 자동차, 비행기 등 더 빠른 교통수단이 등장❶하고, 인공위성, 인터넷 등 새로운 통신 기술이 발달함

**2. 교통·통신의 발달에 따른 생활공간의 변화** [대표 자료]

(1) **생활공간의 확대:** 이동에 소요되는 시간 및 비용이 줄어들면서 지역 간 접근성 향상 → 교외화, 원거리 통근·통학 증가, 광역 교통망의 발달로 대도시권 형성

(2) **경제활동 범위의 확대:** 전자 상거래의 발달과 무점포 상점의 증가로 상권 확대, 기업 활동은 국제 범위에서 공간적 분업❷이 이루어짐 [자료 ❶]

(3) **여가 공간의 확대:** 고속 철도, 항공기 등을 이용한 장거리 이동 가능 → 국내 여행 및 해외여행 관광객 증가 [자료 ❷]

(4) **생태환경의 변화:** 교통·통신 시설을 구축하는 과정에서 생태계가 파괴되기도 하지만, 기술을 이용하여 생태환경 관리에 도움을 주기도 함 → 무인기(드론)를 활용하여 인간이 접근하기 어려운 지역의 생태 조사 가능

**3. 교통·통신의 발달에 따른 생활양식의 변화**

(1) **소비 환경의 변화:** 전자 상거래 발달로 온라인 쇼핑을 통한 상품 구입, 인터넷 뱅킹을 활용한 은행 업무가 가능해짐

(2) **여가 및 문화 교류의 변화:** 지역 및 국가 간 상호 작용이 활발해면서 다른 문화를 쉽게 접할 수 있게 됨

**4. 교통·통신의 발달에 따른 문제와 해결 방안**

(1) **지역 격차 심화**

| 문제점 | • 교통·통신이 발달한 지역: 접근성이 높아져 지속적으로 인구와 기능이 유입되어 지역 경제가 활성화됨<br>• 접근성이 낮은 지역: 인구와 기능이 유출됨에 따라 지역 경제가 위축되어 빨대 효과❸가 발생함 |
| --- | --- |
| 해결 방안 | 지방 중추 도시권 육성 사업, 대중교통 확충 등 지역 간 균형 발전을 위한 방안 모색 필요 |

(2) **생태환경 파괴**

| 문제점 | • 교통수단에서 배출되는 오염 물질 증가 → 대기 오염, 토양 오염, 해양 오염 발생<br>• 생태환경의 변화: 교통로 건설에 따른 녹지 면적 감소, 생태 공간의 연속성 단절, 야생 동물 서식지 파괴, 교통수단을 통해 유입된 외래 생물종에 의한 생태계 교란<br>• 유명 관광지에 과도한 관광객 유입 → 자연환경 훼손, 주민의 거주 환경 악화 등 |
| --- | --- |
| 해결 방안 | 오염 물질 배출량 검사 강화, 배기가스 저감 기술 개발, 생태 이동 통로 건설, 선박 평형수❹ 처리 장치의 설치 의무화, 관광지의 관광객 수 제한, 공정 여행 등 |

(3) **전염병 확산**

| 문제점 | • 국가 간의 교류가 증가하면서 전염병의 확산 범위가 넓어지고 전파 속도가 빨라짐<br>• 코로나바이러스감염증-19 등 특정 지역에서 발생한 전염병의 피해가 빠른 속도로 전 세계에 영향을 미침 |
| --- | --- |
| 해결 방안 | 출입국 과정에서 검역 관리 강화, 감염 경로 공유, 국제 사회 협력을 통한 치료 등 |

## • 대표 자료 •  교통 발달과 지역의 변화　　　　　　✚ 비판적 사고력

◉ 제4차 국가 철도망 구축 이후 강릉과 주요 도시 간 이동 시간 변화

제시된 자료는 제4차 국가 철도망 구축으로 강릉과 평택, 광주, 포항 등 주요 도시 간 이동 시간이 얼마나 줄어들었는지 보여 주고 있다. 일반적으로 교통수단이 새롭게 구축되는 지역은 접근성이 향상되고 다른 지역과의 교류가 활발해져 경제가 활성화되는 효과를 얻는다. 하지만 교통수단의 발달이 항상 긍정적인 효과로만 이어지는 것은 아니다. 고속 국도와 고속 철도가 개통된 이후 이동 시간이 많이 줄어들어 서울과 강릉은 하루 생활권이 되었다. 이에 강릉을 찾는 인구가 늘어나 경제활동이 활성화된 반면, 당일치기 방문객이 늘어 숙박 시설 등은 오히려 어려움을 겪고 있다.

## • 시험에서는 이렇게 •

고속 열차의 등장 이후 서울에서 부산까지 2시간 40분 정도면 이동할 수 있을 정도로 이동 시간이 단축되었다. … (중략) … 뿐만 아니라 항공 교통이 발달하면서 해외여행객 수가 크게 증가하였다.

제시된 자료는 교통수단이 발달하면서 나타난 변화에 관한 내용이다. 이처럼 교통·통신이 발달하면서 나타난 현상을 제시하고, 이로 인한 영향을 묻는 유형이 자주 출제된다.

### ⎞ 시험 준비 길잡이

교통·통신의 발달에 따른 변화를 나타내는 지도나 그래프를 제시한 후, 자료에 나타난 현상의 원인이나 그 영향을 묻는 유형이 자주 출제되니 그 내용을 잘 정리해 두세요.

## 자료 ❶  인터넷 쇼핑 증가와 함께 나타난 변화

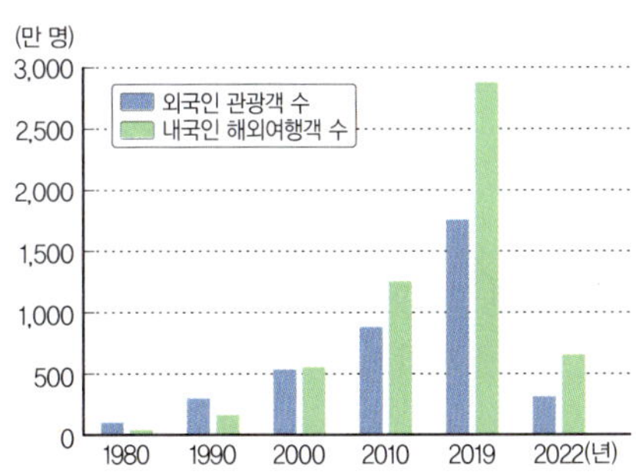



◉ 인터넷 쇼핑 시장 규모 변화

교통·통신의 발달을 바탕으로 전자 상거래가 활성화되면서 사람들은 온라인 및 모바일 쇼핑을 통해 언제 어디서나 물건을 구매할 수 있게 되었다. 한편, 소비와 거래가 온라인에서 이루어지므로 물리적 공간에 상점을 차리지 않는 무점포 상점도 늘어났다. 그리고 이러한 소비 방식이 보편화되면서 택배 산업도 성장하였으며, 유통 과정에서 상품을 포장·보관·분류하는 물류 센터도 늘어나고 있다.

## ⎞ 개념 확인하기

**1** 교통·통신이 발달하면서 시간적·공간적 제약이 ㉠ ( 늘어나고, 줄어들고 ) 이동이 편리해져 생활공간의 범위가 ㉡ ( 축소, 확대 ) 된다.

**2** 다음 설명이 맞으면 ○표, 틀리면 ✕표를 하시오.

(1) 교통·통신이 발달하면서 관광 산업이 성장하였다. 　　　　　　　　　　　( 　　 )

(2) 교통·통신이 발달하면서 무점포 상점이 늘어났다. 　　　　　　　　　　　( 　　 )

(3) 교통·통신이 발달하면서 생태 조사 가능 지역이 축소되었다. 　　　　　　( 　　 )

## 자료 ❷  교통의 발달과 관광 산업



*코로나바이러스감염증–19의 영향으로 2020~2022년 관광객 수 감소
(한국 관광 공사, 2023)

◉ 우리나라를 찾는 외국인 관광객과 내국인 해외여행객 수

교통이 발달하면서 항공 교통도 대중화되었다. 한편, 경제가 발달하면서 소득 수준도 향상되었는데, 이러한 현상이 맞물리면서 해외로 나가는 우리나라 관광객과 우리나라를 찾는 외국인 관광객이 지속적으로 증가하였다. 이를 통해 각 지역 및 국가의 문화를 체험할 기회가 많아졌고, 관광 산업도 빠르게 성장하고 있다.

**3** 교통·통신의 발달로 인한 문제점을 〈보기〉에서 골라 기호를 쓰시오.

┌ 보기 ┐
ㄱ. 지역 격차가 완화되었다.
ㄴ. 외래 생물종의 유입이 줄어들었다.
ㄷ. 전염병의 확산 범위가 넓어지고 전파 속도가 빨라졌다.

교통·통신과 과학기술의 발달
~ 우리 지역의 공간 변화





**❺ 제4차 산업 혁명**
첨단 정보 통신 기술이 경제와 사회 전반에 융합되어 혁신적인 변화가 나타나는 차세대 산업 혁명

**❻ 지리 정보 시스템(GIS)**
공간정보 자료를 수치화하여 컴퓨터에 입력·저장하고 이를 사용자의 요구에 따라 분석·가공하여 제공하는 시스템

**❼ 위성 위치 확인 시스템(GPS)**
인공위성을 활용하여 현재 위치를 알려 주는 시스템

**❽ 플랫폼 경제**
디지털 플랫폼을 기반으로 이용자들이 재화와 서비스를 거래하거나 정보를 교환하는 경제활동

**❾ 익명성**
어떤 행위를 한 사람이 누구인지 드러나지 않는 특성

**❿ 정보 윤리**
정보 사회의 구성원으로서 지켜야 할 올바른 가치관과 행동 양식으로, 자신과 타인에 대한 '존중', 자신의 행동에 대한 '책임', 타인의 권리를 침해하지 않고 정보의 진실성과 공정성을 추구하는 '정의', 타인에 대한 '해악 금지'를 원칙으로 한다.

**⓫ 지역의 공간 변화로 나타나는 효과**
지역의 공간 변화로 지역의 경제가 활성화되거나 거주 환경이 개선되기도 한다.

## 2 과학기술의 발달에 따른 우리 생활의 변화

**1. 과학기술의 발달**: 정보 통신 기술의 발달로 정보화가 이루어지고, 제4차 산업 혁명❺과 함께 사회 전반에 큰 변화가 나타남

**2. 과학기술의 발달에 따른 생활공간의 변화**
 (1) **가상 공간**의 등장: 사물 인터넷(IoT)과 인공지능(AI)으로 각종 전자 기기 원격 조작 가능, 전 세계 사람들과 실시간 소통 가능
 (2) **공간 정보 기술의 활용**: 지리 정보 시스템(GIS)❻과 위성 위치 확인 시스템(GPS)❼등 공간 정보 기술을 일상생활과 공공 부문에 다양하게 활용함

**3. 과학기술의 발달에 따른 생활양식의 변화**
 (1) **경제적 측면**: 인터넷을 이용하여 원격 근무 가능, 디지털 기반의 플랫폼 경제❽ 성장으로 플랫폼 노동 등장 등 근무 환경 변화
 (2) **정치적 측면**: 동영상 공유 플랫폼, 사회 관계망 서비스(SNS) 등 다양한 형태의 개인의 정치적 의견 표출로 전자 민주주의 실현 가능성 증대
 (3) **사회·문화적 측면**: 가상 공간에서의 교류 확대, 새롭고 다양한 인간관계 형성, 로봇과 인공지능의 발달로 생활 편리성 증대

**4. 과학기술의 발달에 따른 문제와 해결 방안**
 (1) **과학기술의 발달에 따른 문제**

| | |
|---|---|
| 정보 격차 **대표 자료** | 정보에 접근할 수 있는 여건의 차이로 정보의 불평등 현상 발생 → 정보 격차가 계층, 지역 간 사회적·경제적 격차로 이어짐 |
| 노동 시장의 양극화 | 인간의 노동이 기계로 대체되면서 일자리 감소, 일자리 간 고용 안정성이나 임금 등의 격차가 커지면서 사회적 불안과 갈등 심화 |
| 인터넷 중독 및 사이버 범죄 | 지나친 인터넷 사용으로 대면적 인간관계 약화, 가상 공간의 익명성❾을 이용한 다양한 범죄, 개인 정보 유출 등 사생활 침해 문제 발생 등 **자료 ❸** |

 (2) **과학기술의 발달에 따른 문제의 해결 방안**

| | |
|---|---|
| 사회적 차원 | 정보 소외 계층을 위한 사회 복지 제도 확충, 양질의 일자리 창출 및 새로운 기술과 직업에 대한 지속적 교육, 고용 보험 정비, 인터넷 중독·사이버 범죄 예방 교육 및 치료 프로그램 시행, 「개인 정보 보호법」등 관련 법률 정비 및 강화 등 |
| 개인적 차원 | 바람직한 인터넷 사용을 위한 노력, 개인 정보 보호 수칙 준수, 정보 윤리❿ 실천 등 |

## 3 우리 지역의 공간 변화

**1. 지역의 공간 변화와 지역 조사의 필요성** **자료 ❹**
 (1) **지역의 공간 변화**: 토지 이용, 인구, 산업 구조 등을 통해 파악할 수 있음
 (2) **지역 조사의 필요성**: 지역의 변화 과정에서 나타난 문제를 파악하고 이를 해결하기 위함

**2. 지역의 공간 변화로 나타나는 문제⓫**

| | |
|---|---|
| 인구 집중 지역 | 각종 도시 문제, 공동체 의식 약화, 환경 문제, 시설 부족 문제 등 |
| 인구 유출 지역 | 노동력 부족, 휴경지 증가, 각종 시설 부족, 지역 경제 침체 문제 등 |

## · 대표 자료 · 정보 격차      ✦ 정보 활용 능력

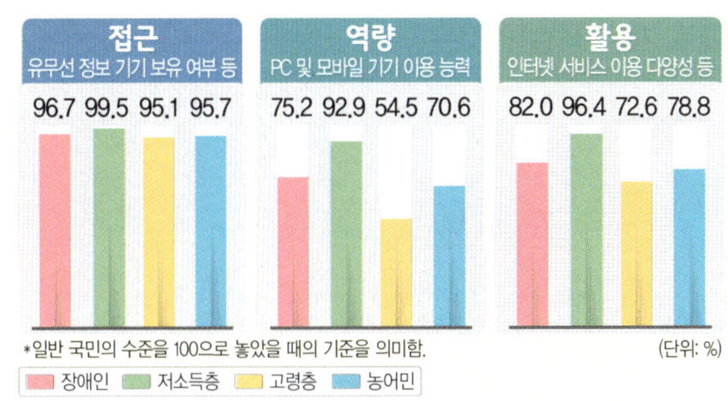


🔺 일반 국민과 정보 취약 계층의 항목별 정보화 수준

정보 격차는 새로운 정보 기술에 접근할 수 있는 능력을 보유한 사람과 그렇지 못한 사람 사이에 발생하는 경제적·사회적 격차를 말한다. 정보 취약 계층에 해당하는 장애인, 저소득층, 고령층, 농어민 등은 일반 국민에 비해 접근 지수, 역량 지수, 활용 지수가 모두 낮다. 특히 역량 지수가 일반 국민에 비해 차이가 크게 나타나는 것으로 보아, 정보 격차 문제를 해결하려면 정보 취약 계층이 쉽게 정보를 이용할 수 있도록 정보 교육 프로그램을 운영하거나 맞춤형 서비스를 제공해야 한다는 것을 알 수 있다.

## · 시험에서는 **이렇게** ·

〈정보 소외 계층 정보 격차 지수〉

| 계층<br>항목 | 장애인 | 저소득층 | 장노년층 |
|---|---|---|---|
| 접근 지수 | 92.0 | 94.9 | 90.1 |
| 역량 지수 | 66.9 | 85.3 | 50.0 |
| 활용 지수 | 73.6 | 84.3 | 62.8 |

* 일반 국민의 수준을 100으로 놓았을 때의 기준을 의미함.

제시된 자료와 같이 정보 격차가 나타난 현상을 제시하고, 자료를 분석한 뒤 정보 격차와 관련한 내용을 묻는 문제가 자주 출제된다.

### 시험 준비 길잡이

정보 격차를 판별하는 기준들의 특징을 파악해 두고, 정보 격차로 인해 발생하는 사회적, 경제적 문제와 해결 방안을 정리해 두세요.

## 자료 ❸ 사이버 범죄

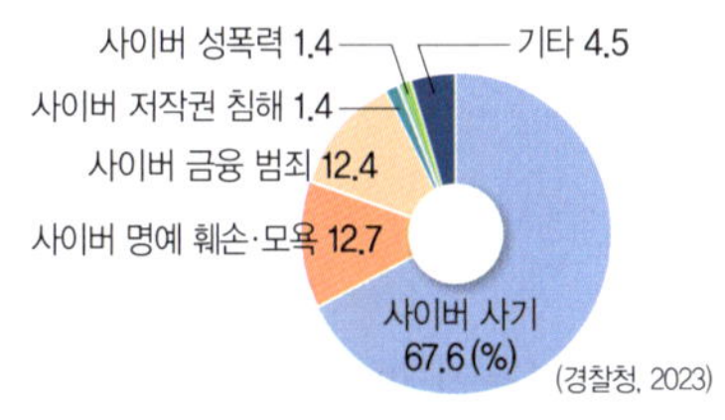


🔺 사이버 범죄 유형별 발생 비율

가상 공간에서 이루어지는 사이버 범죄는 그 유형이 점차 다양해지고 있으며, 피해액 또한 증가하고 있다. 사이버 범죄를 막기 위해서는 정보 보안 관련 기구 및 전문 인력을 강화하고, 정보 윤리 교육을 통해 올바른 정보 문화를 확립하는 등의 노력이 필요하다.

## 자료 ❹ 지역 조사 과정

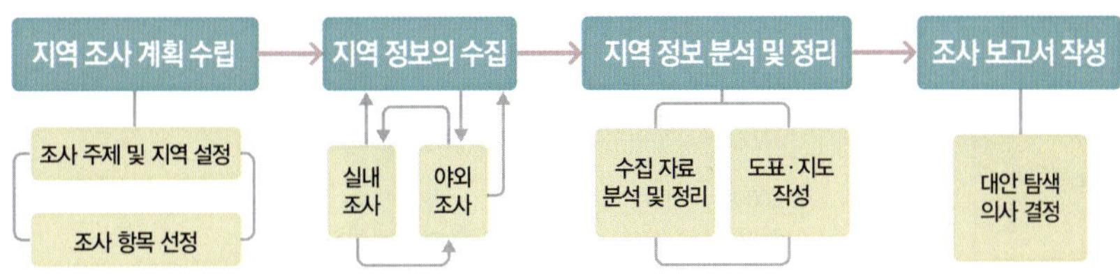


🔺 지역 조사 과정

지역 조사는 일반적으로 지역 조사 계획 수립, 지역 정보의 수집, 지역 정보 분석 및 정리, 조사 보고서 작성의 4개 단계로 이루어진다. 먼저, 지역 조사 계획 수립 단계에서는 조사 주제와 지역을 설정하고, 무엇을 조사할지 조사 항목을 선정한다. 다음으로 지역 정보의 수집 단계에서는 실내 조사 단계에서 문헌, 지도, 사진 등의 정보를 수집하고 야외 조사에서는 미리 파악한 정보를 확인한다. 지역 정보 분석 및 정리 단계에서는 수집한 결과물을 분석하고 정리하여 수집한 정보의 내용이 잘 드러나도록 시각화한다. 이후 조사한 내용을 잘 정리하여 지역 조사 결과를 보고서로 작성한다.

## 개념 확인하기

**4** 다음 설명이 맞으면 ○표, 틀리면 ×표를 하시오.

(1) 인간의 노동이 기계로 대체되면서 노동 시장의 양극화가 해소되었다.   ( )
(2) 과학기술의 발달로 온라인 쇼핑이 활성되었다.   ( )
(3) 조사 지역을 직접 방문하여 실시하는 설문 조사는 야외 조사 단계에 해당한다. ( )

**5** 과학기술의 발달로 인한 문제의 해결 방안을 〈보기〉에서 골라 기호를 쓰시오.

| 보기 |
ㄱ. 새로운 직업 기술 교육
ㄴ. 「개인 정보 보호법」 강화
ㄷ. 정보 취약 계층에 대한 사회 복지 강화

(1) 정보 격차     ( )
(2) 사이버 범죄     ( )
(3) 일자리 감소     ( )

**6** ( )은/는 지역의 공간 변화 과정에서 나타난 문제를 파악하고, 이를 해결하기 위해 이루어진다.

## 01

다음은 교통수단의 변화 과정을 나타낸 자료이다. 이로 인한 변화로 적절한 것만을 〈보기〉에서 고른 것은?

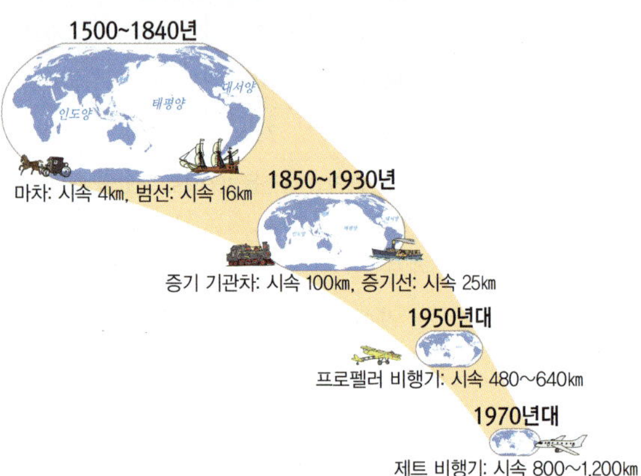


┤ 보기 ├
ㄱ. 국경의 의미가 약화된다.
ㄴ. 지역 간 상호 작용이 활발해진다.
ㄷ. 이동에 소요되는 시간이 늘어난다.
ㄹ. 경제활동에 공간적 제약이 강화된다.

① ㄱ, ㄴ  ② ㄱ, ㄷ  ③ ㄴ, ㄷ
④ ㄴ, ㄹ  ⑤ ㄷ, ㄹ

## 02

중요해

지도는 수도권 통근 네트워크의 변화를 나타낸 것이다. 이와 같은 변화에 영향을 미친 요인으로 적절한 것만을 〈보기〉에서 있는 대로 고른 것은?

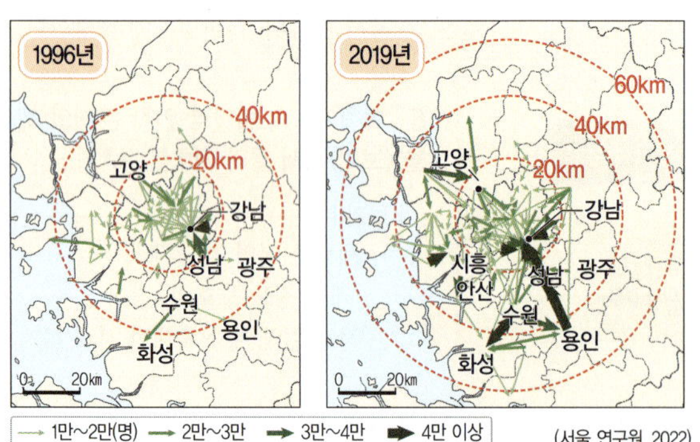


┤ 보기 ├
ㄱ. 신도시 개발
ㄴ. 대중교통 노선 연장
ㄷ. 서울 인구의 교외화
ㄹ. 개발 제한 구역의 확대

① ㄱ, ㄴ  ② ㄱ, ㄷ  ③ ㄷ, ㄹ
④ ㄱ, ㄴ, ㄷ  ⑤ ㄴ, ㄷ, ㄹ

## 03

대표 자료 링크

지도와 같은 국가 철도망이 구축된 이후 예상되는 변화로 가장 적절한 것은?

① 강릉 주민들의 생활 범위가 축소될 것이다.
② 서울의 중심 기능이 강릉으로 이전할 것이다.
③ 호남권에서 강릉으로의 접근성이 좋아질 것이다.
④ 광주에서 강릉으로 빨대 효과가 발생하였을 것이다.
⑤ 강원특별자치도의 항공 교통 분담률이 증가할 것이다.

## 04

그래프는 우리나라를 찾는 외국인 관광객과 내국인의 해외여행객 수 변화를 나타낸 것이다. 이와 같은 변화와 함께 나타날 수 있는 현상으로 적절하지 <u>않은</u> 것은?

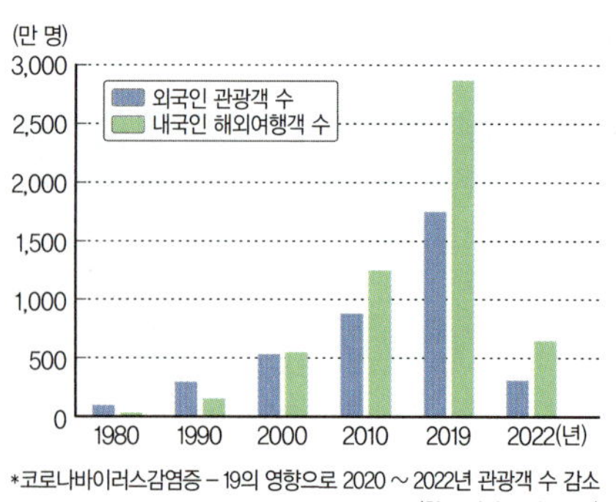


① 항공 교통이 발달한다.
② 해외 상품의 수입이 증가한다.
③ 각종 질병의 유입이 증가한다.
④ 국가 간 문화 교류가 활성화된다.
⑤ 공간을 인식하는 범위가 축소된다.

## 05 자료와 같은 현상이 지속될 때 예상되는 변화로 적절하지 <u>않은</u> 것은?

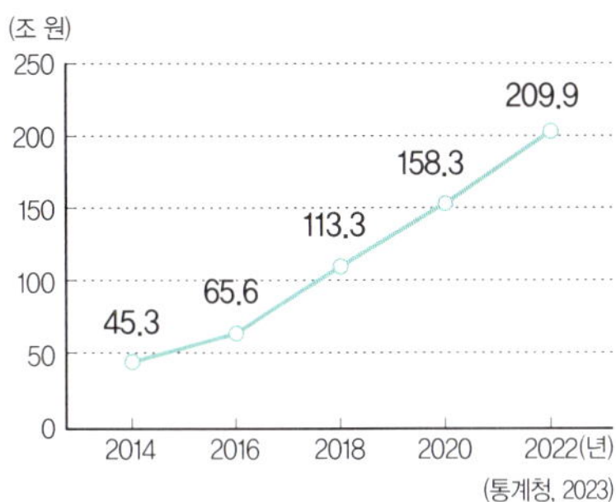



🔼 인터넷 쇼핑 시장 규모 변화

① 무점포 업체가 증가할 것이다.
② 상업에서 입지의 중요성이 높아질 것이다.
③ 대규모 매장 임대의 필요성이 줄어들 것이다.
④ 온라인 거래가 활발해져 택배업이 발달할 것이다.
⑤ 24시간 영업으로 상업 활동의 시간적 제약이 감소할 것이다.

**이 문제에서 나올 수 있는 모든 선택지 ✓**

## 06 대화의 ㉠에 들어갈 용어로 옳은 것은?

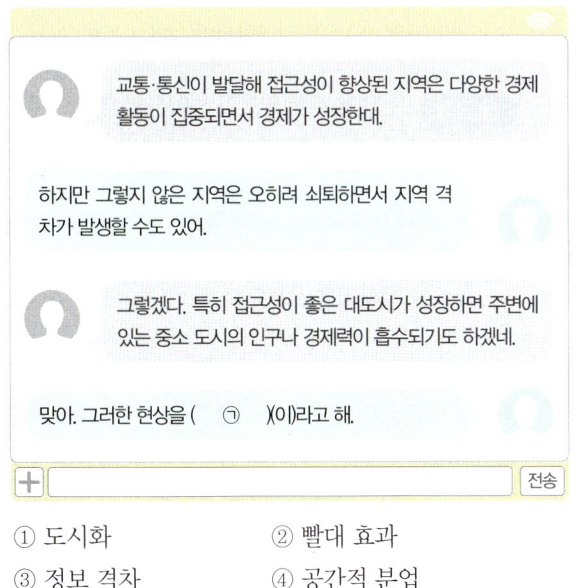



① 도시화
② 빨대 효과
③ 정보 격차
④ 공간적 분업
⑤ 사이버 범죄
⑥ 전자 민주주의

## 07 교사의 질문에 가장 적절하게 답변한 학생으로 옳은 것은?

- 교사: 두꺼비는 산란기에 태어난 곳으로 돌아가 알을 낳는 회귀성 동물입니다. 그런데 산란지와 서식지를 오가는 과정에서 찻길 사고로 목숨을 잃는 개체가 많아졌다고 해요. 두꺼비 찻길 사고를 방지하려면 어떤 노력이 필요할까요?
- 갑: 대중교통을 확충해야 합니다.
- 을: 생태 이동 통로를 건설해야 합니다.
- 병: 자동차의 오염 물질 배출량 검사를 강화해야 합니다.
- 정: 배기가스 저감 기술을 개발하는 데 예산을 늘려야 합니다.
- 무: 선박마다 평형수 처리 장치를 의무적으로 설치하는 법을 만들어야 합니다.

① 갑　　② 을　　③ 병　　④ 정　　⑤ 무

## 08 다음 자료를 통해 파악할 수 있는 정보 사회의 문제점과 해결 방안을 옳게 연결한 것은?

인터넷과 연결해 편리하게 사용되는 'IP 카메라'가 해킹되어 공공 장소나 가정의 보안 카메라 영상이 유출되는 사례가 발생하고 있다.

| | 문제점 | 해결 방안 |
|---|---|---|
| ① | 정보 격차 | 개인 정보 보호 수칙 준수 |
| ② | 정보 격차 | 정보 소외 계층에 정보 기기 보급 |
| ③ | 사생활 침해 | 개인 정보 보호 수칙 준수 |
| ④ | 사생활 침해 | 인터넷 중독 예방 교육 시행 |
| ⑤ | 저작권 침해 | 정보 소외 계층에 정보 기기 보급 |

**09** 다음은 ○○시 주민들의 산업별 종사자 수 변화를 나타낸 것이다. 1996년에 비해 2022년에 나타난 지역의 변화에 대해 옳게 말한 학생은?

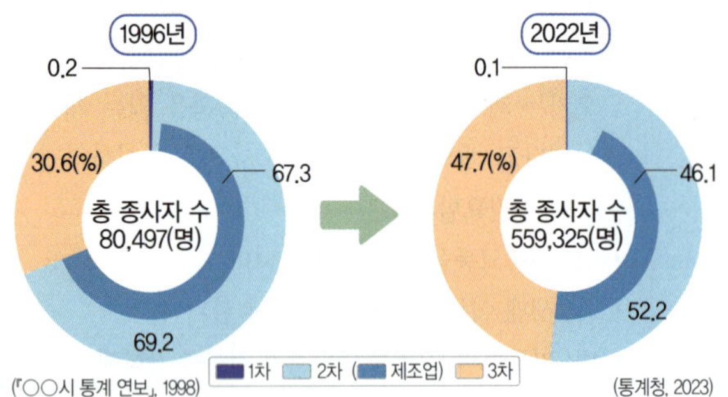


① 갑: 시가지의 면적은 축소되었을 거야.
② 을: 열섬 현상이 완화되었을 거야.
③ 병: 2차 산업의 총 종사자 수는 감소하였을 거야.
④ 정: 3차 산업 종사자 비중이 가장 크게 증가하였을 거야.
⑤ 무: 2차 산업 중 제조업 종사자의 비중은 증가하였을 거야.

**10** 지역 조사 과정 중 (가)~(마)의 활동으로 적절하지 않은 것은?

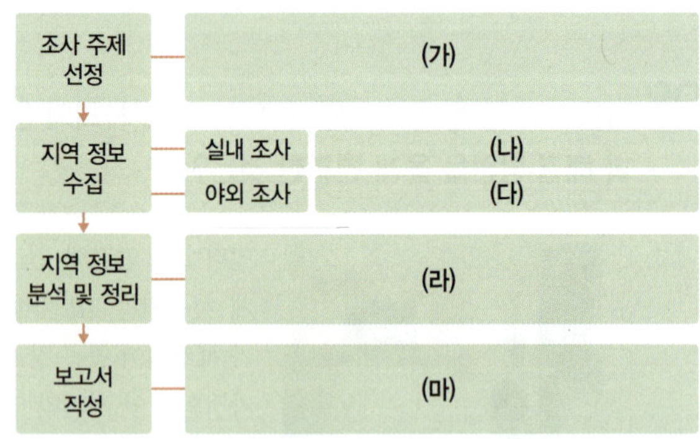


① (가)-○○시의 대기 오염 변화에 대한 주제를 결정한다.
② (나)-○○시에 직접 나가서 시민을 대상으로 설문 조사를 한다.
③ (다)-○○시의 현재 대기 오염 수치를 측정한다.
④ (라)-수집된 데이터를 항목별로 분류하고, 도표, 주제도 등으로 표현한다.
⑤ (마)-보고서를 작성하여 최종 결론을 도출한다.

**11** 자료를 보고 선박에 평형수 처리 장치를 의무화해야 하는 이유를 서술하시오.

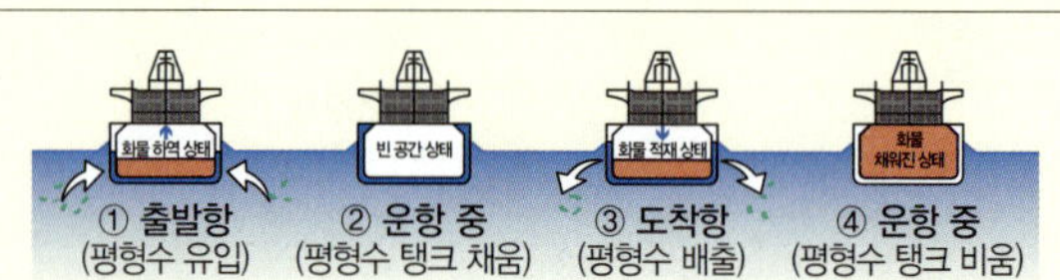


선박 운항 때 무게 중심을 잡기 위해 배 밑바닥이나 좌우에 설치된 탱크에 채워 넣는 바닷물을 평형수라고 한다. 화물을 실으면 채워 넣었던 바닷물을 내버리고, 화물을 내리면 다시 바닷물을 채워 선박의 무게 중심을 잡는다.

<3단계> 로 완성하기

**12** 제시된 현상이 나타난 배경과 이 현상으로 인한 변화를 예측하여 서술하시오.

국제 로봇 연맹은 한국의 2021년 산업용 로봇 밀도가 1,000대를 기록했다고 발표하였다. 로봇 밀도 1,000대는 제조업 노동자 10명당 로봇이 1대꼴로 배치되어 있다는 뜻이다.

| 국가 | 로봇 대수 |
| --- | --- |
| 대한민국 | 1,000 |
| 싱가포르 | 670 |
| 일본 | 399 |
| 독일 | 397 |
| 중국 | 322 |

세계 평균 141
(단위: 대)
(국제 로봇 연맹, 2022)
▲ 노동자 1만 명당 로봇 대수

**1단계** 산업용 로봇 밀도가 높아진 배경을 쓰세요.

**2단계** 산업용 로봇 밀도가 높아지면서 나타날 수 있는 문제점을 쓰세요.

**3단계** 1, 2단계에서 쓴 내용을 바탕으로 사회적 차원에서 필요한 제도를 쓰세요.

# 1등급 도전하기 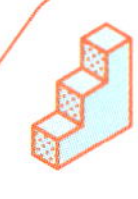

## 01 자료를 분석한 내용으로 옳지 <u>않은</u> 것은?

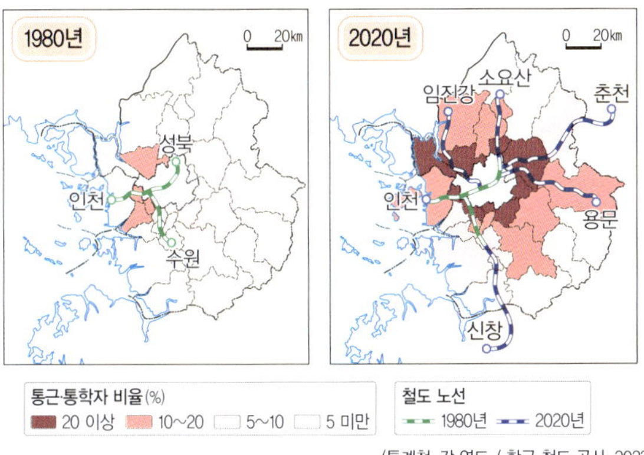

🔺 수도권 철도 노선과 통근·통학자 비율 변화

(통계청, 각 연도 / 한국 철도 공사, 2023)

① 철도 노선이 연장되면서 통근·통학권이 넓어졌다.
② 여객 수송 부문에서 철도의 비중이 낮아질 것이다.
③ 교통의 발달은 일상생활의 공간적 제약을 완화한다.
④ 서울과 가까운 지역일수록 통근·통학자의 비율이 높게 나타난다.
⑤ 1980년과 비교하여 2020년 서울로의 통근·통학권의 범위가 확대되었다.

## 02 밑줄 친 ㉠~㉣에 대한 옳은 설명만을 〈보기〉에서 고른 것은?

교통·통신과 과학기술의 발달에 따라 제조업이 차지하는 비중이 줄어들고 ㉠ 연구·개발, 지식·정보, 금융 등 새로운 분야의 서비스업의 비중이 늘어난다. 이와 함께 ㉡ 단순 업무는 자동화·기계화되었다. 그 결과 첨단 산업 분야의 고숙련 노동자는 높은 소득을 얻지만, 단순 서비스업의 저숙련 노동자나 ㉢ 플랫폼 종사자들은 상대적으로 낮거나 일정하지 않은 임금을 받는 등 ㉣ 노동 시장이 양극화되었다.

┤ 보기 ├
ㄱ. ㉠-지대가 저렴한 지방에 입지하는 경우가 많다.
ㄴ. ㉡-인간의 노동이 로봇에 의해 대체되고 있다.
ㄷ. ㉢-대체로 직업 안정성이 높다.
ㄹ. ㉣-사회적 불안과 갈등이 심화될 수 있다.

① ㄱ, ㄴ     ② ㄱ, ㄷ     ③ ㄴ, ㄷ
④ ㄴ, ㄹ     ⑤ ㄷ, ㄹ

## 03 📌 창의 융합 다음 자료에 대한 옳은 설명만을 〈보기〉에서 고른 것은?

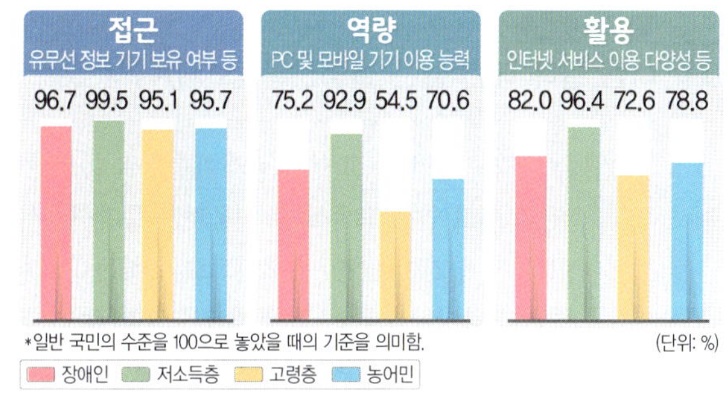


(과학기술 정보 통신부·한국 지능 정보 사회 진흥원, 2023)

🔺 일반 국민과 정보 취약 계층의 항목별 정보화 수준

┤ 보기 ├
ㄱ. 정보 격차 부문 중 역량보다는 접근이 더 취약하다.
ㄴ. 모든 부분에서 일반 국민 대비 농어민층의 정보 격차가 가장 크다.
ㄷ. PC 및 모바일 기기 이용 교육은 저소득층보다 고령층에 더 필요하다.
ㄹ. 자료에 나타난 문제를 해결하려면 정보 취약 계층에 대한 정보 교육 프로그램 및 맞춤형 서비스를 운영해야 한다.

① ㄱ, ㄴ     ② ㄱ, ㄷ     ③ ㄴ, ㄷ
④ ㄴ, ㄹ     ⑤ ㄷ, ㄹ

## 04 다음은 다른 시기에 촬영한 ○○시의 항공 사진이다. 이 지역에 나타난 변화에 대한 추론으로 옳은 것은?

① 도시의 기능이 단순해졌을 것이다.
② 다른 지역과의 접근성이 낮아졌을 것이다.
③ 다른 지역에서 유입된 사람들이 늘어났을 것이다.
④ 농경지와 삼림 등의 녹지 면적이 증가하였을 것이다.
⑤ 지역 총생산에서 3차 산업의 비중이 감소하였을 것이다.

**교육청 기출**



## 01 다음 글에 대한 옳은 설명만을 〈보기〉에서 있는 대로 고른 것은?

> (가) ㉠ 서울−양양 간 고속 도로의 개통으로 동해안 가는 길이 한결 수월하고 빨라졌다. 이로 인해 고속 도로 이용자가 증가하면서 인근에 위치한 상점들의 매출이 크게 증가한 반면, 동해안으로 향하는 또 다른 길인 홍천−인제 간 국도의 주변 식당이나 주유소 등의 매출은 크게 감소하였다.
>
> (나) ㉡ 서울−천안 간 수도권 전철 연장과 고속 철도 개통으로 두 지역 간 이동 시간이 크게 단축되면서 천안 및 인근 지역에서 수도권으로 출근하는 직장인의 수가 이전보다 증가하였다. 또한, 수도권에서 천안 인근의 대학으로 통학하는 대학생의 수도 증가하였다.

┤ 보기 ├
ㄱ. ㉠으로 서울−양양 간 접근성이 향상되었다.
ㄴ. ㉡으로 서울−천안 간 시·공간적 제약이 증가하였다.
ㄷ. (가)에서는 교통의 변화가 지역 경제에 미치는 영향이 나타난다.
ㄹ. (나)에서는 교통의 발달로 인한 생활권의 확대가 나타난다.

① ㄱ, ㄴ ② ㄱ, ㄷ ③ ㄴ, ㄷ ④ ㄱ, ㄷ, ㄹ ⑤ ㄴ, ㄷ, ㄹ

**🔵 수능 만점 한끝**

제시된 교통·통신의 발달로 나타난 지역의 변화가 지역 주민의 삶에 미친 영향을 파악하고, 그에 따라 나타날 수 문제점을 추론한다.

**● 이렇게도 출제될 수 있어요!**

제시된 자료로 교통·통신의 발달로 인한 생태환경의 변화를 추론하는 문제가 출제될 수 있어요.

---

**교육청 기출**



## 02 자료를 통해 추론할 수 있는 사회의 일반적인 변화 내용으로 가장 적절한 것은?

① 쌍방향 통신 매체의 영향력이 증가할 것이다.
② 개인 정보 유출에 의한 사생활 침해 빈도가 감소할 것이다.
③ 재택근무의 축소로 가정과 직장의 분리가 뚜렷해질 것이다.
④ 익명성을 악용한 사이버 범죄의 발생 가능성이 낮아질 것이다.
⑤ 시·공간의 제약으로 전자 상거래 관련 업종이 쇠퇴할 것이다.

**🔵 수능 만점 한끝**

제시된 정보화 사회의 특징을 파악하고, 정보화 사회의 문제점과 해결 방안을 모색한다.

**● 이렇게도 출제될 수 있어요!**

과학기술의 발달에 따라 일상 생활에 나타나는 각종 변화에 대해 자료나 그래프를 해석하는 문제가 출제될 수 있어요.

**교육청 기출**

21학년도 9월 고1 학평 13번

## 03 (가), (나)에 나타난 정보 사회의 문제에 대한 설명으로 가장 적절한 것은?

> (가) 은행원 갑은 금융 상품을 소개하는 이메일을 다수에게 발송하였다. 그런데 해당 메일에 특정 고객들의 이름, 전화번호 등이 포함된 파일이 첨부되어 금융 범죄에 악용되었다.
>
> (나) 평소 디지털 기기 활용에 익숙하지 않은 노인 을은 식사를 하기 위해 대형마트 내 식당을 방문하였다. 그런데 판매 직원은 없고, 사용 방법을 모르는 무인 단말기만 있어서 음식을 주문하지 못하였다.

① (가)는 정보 기기 중독 예방 정책의 필요성을 보여 준다.

② (가)는 상품에 대한 허위·과장 홍보에 문제점을 나타낸다.

③ (나)는 정보 소외 계층을 위한 교육의 필요성을 보여 준다.

④ (나)는 (가)와 달리 개인 정보 유출 문제에 해당한다.

⑤ (가), (나) 모두 익명성을 바탕으로 한 사이버 범죄에 해당한다.

**◆ 수능 만점 한끝**

제시된 자료에 사이버 범죄와 정보 격차의 사례를 통해 과학기술의 발달로 인한 문제점과 해결 방안을 모색한다.

**• 문제의 핵심**

| 과학기술의 발달에 따른 문제점 | • 정보 격차<br>• 노동 시장의 양극화<br>• 인터넷 중독 및 사이버 범죄 |
| --- | --- |

---

**교육청 기출**

23학년도 6월 고1 학평 4번

## 04 지역 조사 과정 중 (가) 단계에 해당하는 활동으로 가장 적절한 것은?

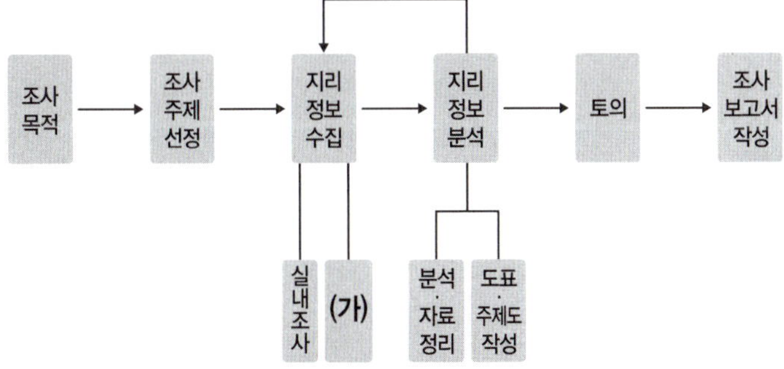


① ○○ 지역의 교통량과 상권 변화를 주제로 정한다.

② 수집한 자료를 유형별로 분류하고 시각적으로 표현한다.

③ ○○ 지역의 시청을 방문하여 담당자와 면담을 실시한다.

④ 도서관에서 교통량과 상권 변화에 관한 문헌을 조사한다.

⑤ 교통량과 상권 변화에 대한 ○○ 지역 답사 일정을 수립한다.

**◆ 수능 만점 한끝**

지역의 공간 변화를 파악하고, 변화 과정에 나타난 문제점을 합리적으로 해결하기 위해 지역 조사가 필요하다.

**• 문제의 핵심**

지역 조사 과정

**01** 다음은 산업화·도시화에 따른 생활의 변화를 정리한 내용이다. 밑줄 친 ㉠~㉤ 중 옳지 <u>않은</u> 것은?

> **1. 산업화·도시화로 인한 생활공간의 변화**
> (1) 거주 공간의 변화: ㉠ <u>집약적 토지 이용</u>, 도시 내부의 기능 지역 분화, 교외화 및 ㉡ <u>대도시권의 축소</u>
> (2) 생태환경의 변화: 하천의 인위적 개발, ㉢ <u>포장 면적 증가</u>, 녹지 면적 감소
>
> **2. 산업화·도시화로 인한 생활양식의 변화**
> (1) 직업 분화: 직업이 세분화되고 전문성이 증가함
> (2) 도시성 확산: 효율성, 합리성, 자율성, 익명성을 추구하고 ㉣ <u>2차적 인간관계가 늘어남</u>
> (3) 생활 수준 향상: 산업 발달로 생산성이 향상되고 대중 교통과 각종 시설이 확충됨
> (4) 개인주의적 가치관 확산: 핵가족의 보편화, ㉤ <u>1인 가구의 비중 증가</u>, 공동체보다 개인 중시

① ㉠　　② ㉡　　③ ㉢　　④ ㉣　　⑤ ㉤

**02** (가), (나) 지역의 특성을 비교한 내용으로 옳은 것은?

(가)

(나)

① (가)는 (나)보다 토지 이용이 집약적이다.
② (가)는 (나)보다 지표의 포장 면적이 넓다.
③ (가)는 (나)보다 농업적 토지 이용의 비중이 크다.
④ (나)는 (가)보다 주민들의 공동체 의식이 강하다.
⑤ (나)는 (가)보다 주민들의 직업 구성이 단순하다.

**03** 지도의 B 지역에 비해 A 지역에서 수치가 높은 지표만을 〈보기〉에서 있는 대로 고른 것은?

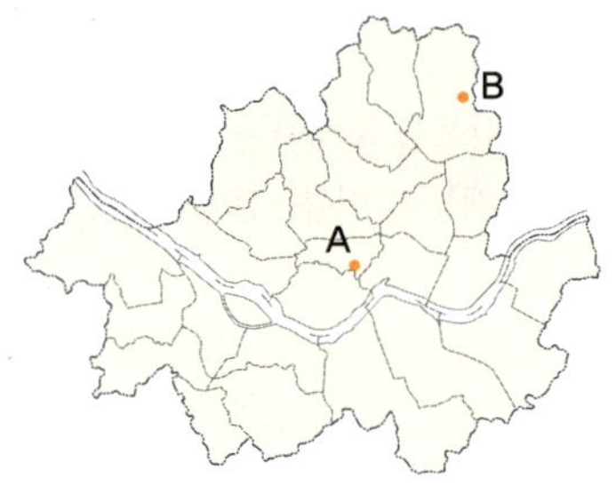

> **보기**
> ㄱ. 주거 지역의 면적
> ㄴ. 단위 면적당 지가
> ㄷ. 토지 이용의 집약도
> ㄹ. 다른 지역과의 접근성

① ㄱ, ㄴ　　② ㄴ, ㄷ　　③ ㄷ, ㄹ
④ ㄱ, ㄴ, ㄹ　　⑤ ㄴ, ㄷ, ㄹ

**+단원 통합**

**04** 다음 글을 통해 추론할 수 있는 도시의 생활양식으로 옳지 <u>않은</u> 것은?

> 나는 편의점에 간다. 많게는 하루에 몇 번 적게는 일주일에 한 번 정도 편의점에 간다. 편의점에는 많은 사람들이 오간다. 그들은 모두 누구인가? 그러나 우리는 서로를 알아보지 못한다. 큐마트의 청년은 내게 꼭 필요한 말만 건넨다…….
>
> — 김애란, 「나는 편의점에 간다」

① 1인 가구 비율이 높다.
② 주민들 간의 동질성이 높다.
③ 개인주의적 가치관이 중시된다.
④ 주민들 간의 유대 관계가 약하다.
⑤ 주로 2차적 인간관계를 형성한다.

## 05 다음 그래프의 A, B에 들어갈 항목을 옳게 연결한 것은?

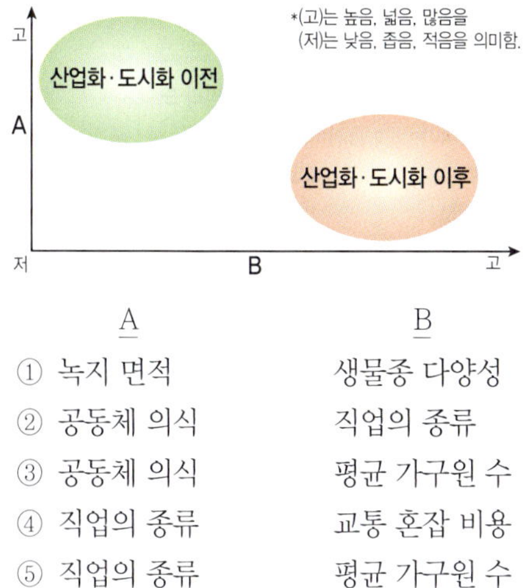


| | A | B |
|---|---|---|
| ① | 녹지 면적 | 생물종 다양성 |
| ② | 공동체 의식 | 직업의 종류 |
| ③ | 공동체 의식 | 평균 가구원 수 |
| ④ | 직업의 종류 | 교통 혼잡 비용 |
| ⑤ | 직업의 종류 | 평균 가구원 수 |

## 06 밑줄 친 ㉠~㉤에 대한 설명으로 옳지 않은 것은?

> 산업화와 도시화의 진행으로 ㉠ 직장과 주거지가 공간적으로 분리되면서, 도시에서는 출퇴근 시간대에 교통 혼잡이 발생하고 있다. 최근에는 ㉡ 도시와 촌락 간의 공간적 상호 작용이 활발해지면서 ㉢ 촌락에서도 도시적 생활양식이 나타나고 있다. 한편 도시는 일정한 공간에 사회적·경제적·문화적 배경이 다른 다양한 사람이 함께 어울려 살고 있어서 촌락보다 구성원 간의 ㉣ 이질적인 특성이 강하다. 또한, 도시의 주민은 자신이 속한 집단의 공공성을 중시하기보다 ㉤ 개인의 권리와 자유를 우선시하려는 경향이 크다.

① ㉠ – 주거지는 주로 주변(외곽)지역에 분포한다.
② ㉡ – 도시와 촌락 간에 지역 격차가 좁혀지고 있다.
③ ㉢ – 도시성이 보편적 생활양식이 되고 있다.
④ ㉣ – 직업 구성이 다양하다.
⑤ ㉤ – 개인주의가 확산되고 있다.

## 07 다음은 도시 문제를 정리한 것이다. 밑줄 친 ㉠~㉤을 해결하기 위한 방안으로 적절하지 않은 것은?

| 주택 문제 | • ㉠ 주택 부족, 집값 상승<br>• 불량 주택 지역 형성 |
|---|---|
| 환경 문제 | • 포장 면적의 증가로 ㉡ 토양의 빗물 흡수 능력 저하<br>• ㉢ 열섬 현상 심화 |
| 교통 문제 | • 교통 혼잡, ㉣ 주차 공간 부족, 교통사고 발생 |
| 사회문제 | • 인간 소외 현상<br>• ㉤ 빈부 격차 및 지역 간 불평등 현상 발생 |

① ㉠ – 대도시 주변에 신도시를 건설한다.
② ㉡ – 하천 복개 공사를 실시한다.
③ ㉢ – 건물 옥상 녹화 사업을 실시한다.
④ ㉣ – 거주자 우선 주차 제도를 정착시킨다.
⑤ ㉤ – 사회 복지 제도를 확충한다.

## 08 다음은 (가) 현상을 검색한 화면이다. 이 현상의 원인과 대책을 옳게 연결한 것은?

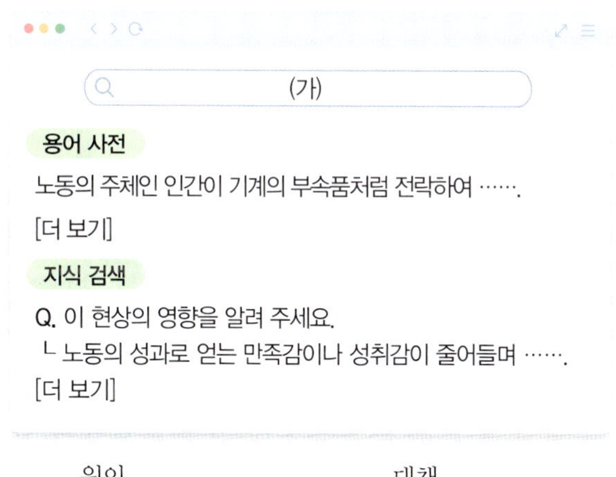


| | 원인 | 대책 |
|---|---|---|
| ① | 주택 부족 | 도시 재개발 추진 |
| ② | 환경 오염 | 도시 재개발 추진 |
| ③ | 환경 오염 | 인간의 존엄성 중시 |
| ④ | 기계화·자동화 | 개인주의 가치관 확대 |
| ⑤ | 기계화·자동화 | 인간의 존엄성 중시 |

## 09 ㉠에 들어갈 용어로 옳은 것은?

> 항공기와 선박 등 교통수단의 발달로 상품과 노동력이 국경을 넘나들며 이동할 수 있게 되었다. 인터넷과 스마트폰이 대중화되면서 언제 어디서나 국내외 전자 상거래와 금융 거래 등이 가능해져 상품 구입과 해외 투자가 편리해졌다. 기업 활동의 공간적 범위도 확대되어 본사, 연구소, 생산 공장 등이 세계 곳곳에 분산되어 입지하는 ( ㉠ )이/가 이루어지고 있다.

① 빨대 효과　　② 정보 격차　　③ 공간적 분업
④ 사이버 범죄　　⑤ 전자 상거래

## 10 다음 질문에 대해 옳게 답변한 학생만을 〈보기〉에서 있는 대로 고른 것은?

┤ 보기 ├

갑: 노동 집약적인 제조업의 고용이 증가할 거예요.
을: 원격 근무 등 비대면 방식의 업무가 활발해질 거예요.
병: 해외에서 직접 물품을 구매하는 경우가 늘어날 거예요.
정: 원격으로 교육을 수강할 수 있게 되면서 교육 기회가 확대될 거예요.

① 갑, 을　　② 갑, 정　　③ 병, 정
④ 갑, 을, 정　　⑤ 을, 병, 정

## 11 다음 뉴스 장면에 나타난 상품 판매 방식의 특징으로 옳지 않은 것은?

① 유통 단계가 단순하다.
② 무점포 상점의 비중이 높다.
③ 상품의 매장별 가격 비교가 쉽다.
④ 상거래 활동의 시간적 제약이 크다.
⑤ 개인 정보 유출, 해킹 등의 피해 발생 위험이 크다.

## 12 그래프에 대한 옳은 분석만을 〈보기〉에서 고른 것은?

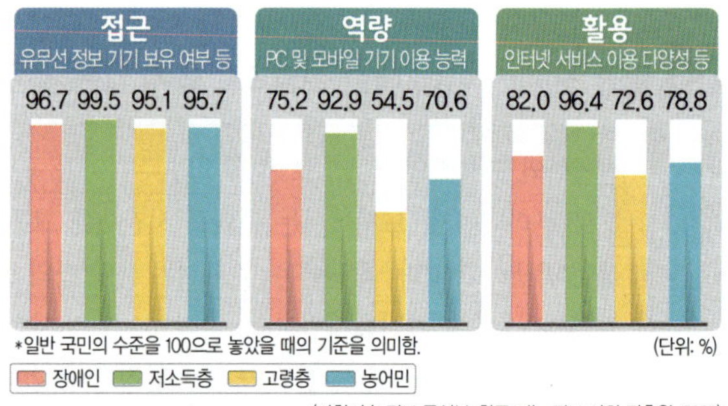


△ 일반 국민과 정보 취약 계층의 항목별 정보화 수준(2022년)

┤ 보기 ├

ㄱ. 접근 지수의 정보 격차가 가장 크다.
ㄴ. 모든 취약 계층의 정보화 수준은 일반 국민보다 낮다.
ㄷ. 2022년에 정보화 교육이 가장 필요한 계층은 고령층이다.
ㄹ. 2022년에 일반 국민 대비 정보화 지수에서 차이가 가장 작은 계층은 장애인 계층이다.

① ㄱ, ㄴ　　② ㄱ, ㄷ　　③ ㄴ, ㄷ
④ ㄴ, ㄹ　　⑤ ㄷ, ㄹ

**13** 다음 글에 나타난 현상을 예방하기 위한 방안으로 가장 적절한 것은?

> 사이버 범죄 중 발생 비율이 가장 높은 유형은 사이버 사기이다. 사이버 사기의 대표적인 수법은 중고 거래 애플리케이션 등에서 이루어지는 직거래 사기이다. 두 번째로 발생 비율이 높은 유형은 사이버 명예 훼손·모욕 범죄이다. 가짜 뉴스, 악성 댓글 등이 무분별하게 퍼지면서 피해 사건이 계속 늘어나고 있다. 세 번째로 발생 비율이 높은 유형은 사이버 금융 범죄이다. 최근 인공지능(AI) 기술을 이용해 얼굴과 음성을 피해자의 지인인 것처럼 흉내 내 상대방을 속이고 돈을 가로챌 정도로 그 수법이 치밀해지고 있다.

① 개인 정보의 공개를 확대한다.
② 개인 정보 보호를 위한 법률을 강화한다.
③ 정보 독점을 강화하여 개인 정보를 보호한다.
④ 디지털 취약 계층에 정보 기기 보급을 확대한다.
⑤ 정보에 접근할 수 있는 기회를 동등하게 부여한다.

**14** 다음은 통합사회 프로젝트 활동의 일부이다. 각 항목에 대한 사례를 옳게 선정한 모둠만을 고른 것은?

[과제: 교통·통신과 과학기술의 발달에 따른 변화]

| 모둠 | 항목 | 사례 |
|---|---|---|
| A | 교통 발달의 긍정적 측면 | 새로운 교통로가 건설되거나 새로운 교통 시설이 들어선 지역은 경제가 활성화되었다. |
| B | 교통 발달의 부정적 측면 | 이동에 소요되는 시간 및 비용이 줄어들면서 원거리 통근이 증가하였다. |
| C | 과학 기술 발달의 긍정적 측면 | 인공지능을 이용한 기계나 로봇이 사람들의 일자리를 대신하면서 노동 시장의 양극화가 나타났다. |
| D | 과학 기술 발달의 부정적 측면 | 인터넷 중독, 사생활 침해 등의 문제가 나타나고, 계층 간 정보 격차가 발생하였다. |

① A, B
② A, D
③ B, C
④ B, D
⑤ C, D

**15** 다음은 어느 모둠의 지역 조사 과정을 나타낸 것이다. 이 과정에서 이루어지는 활동으로 옳은 것은?

> ○○시의 인간관계 및 주민들의 가치관 변화를 알아보기 위해 경로당을 방문하여 ○○시에 오래 사신 어르신들을 면담하였다.

① 보고서를 작성한다.
② 조사 목적과 주제를 정한다.
③ 수집한 지역 정보를 정리 및 분석한다.
④ 야외 조사를 통해 새로운 정보를 얻는다.
⑤ 인터넷을 통해 다양한 지역 정보를 수집한다.

**+단원 통합**

**16** 다음은 □□시를 조사하여 수집한 지리 정보 중 일부이다. 이를 분석한 내용으로 옳은 것만을 〈보기〉에서 고른 것은?

〈□□시의 구별 토지 이용 비율〉 (단위: %)

| 구분 | 상업 지역 | 주거 지역 | 공업 지역 | 녹지 지역 |
|---|---|---|---|---|
| A구 | 0 | 19.8 | 20.0 | 60.2 |
| B구 | 23.1 | 21.3 | 17.9 | 37.7 |
| C구 | 48.5 | 36.2 | 5.0 | 9.3 |
| D구 | 8.6 | 65.0 | 0 | 26.4 |

┤ 보기 ├
ㄱ. A구의 접근성이 가장 높을 것이다.
ㄴ. A구는 C구에 비해 녹지 지역의 비율이 높다.
ㄷ. C구는 D구보다 상업지의 평균 지가가 높을 것이다.
ㄹ. D구는 C구에 비해 중심 업무 기능이 우세할 것이다.

① ㄱ, ㄴ
② ㄱ, ㄷ
③ ㄴ, ㄷ
④ ㄴ, ㄹ
⑤ ㄷ, ㄹ

# MEMO

한 권으로 끝내기!
필수 개념과 시험 대비를
한 권으로 끝!

한끝

# 정답과 해설

고등
통합
사회1

# 정답과 해설

## Ⅰ 통합적 관점

### 01 인간, 사회, 환경을 바라보는 다양한 관점

**개념 확인하기**
9쪽

**1** 사회적 **2** (1) ○ (2) × **3** (1) ㄴ (2) ㄷ (3) ㄹ (4) ㄱ

**실력 다지기**
10~11쪽

**01** ② **02** ① **03** ② **04** ② **05** ④ **06** ②
**07** (1) 공간적 관점 (2) 해설 참조 **08** 해설 참조

**01** 제시된 글의 밑줄 친 ㉠에서 사회현상을 바라보는 관점은 시간적 관점이다. ㄱ, ㄴ. 시간적 관점은 역사적 배경과 시대적 맥락에 초점을 두고 사회현상을 해석하며, 과거의 역사적 사실이 현재에 어떤 영향을 주었는지를 탐색한다.
| 선택지 바로잡기 | ㄷ. 사회현상을 도덕적 가치와 윤리적 규범에 따라 평가하는 것은 윤리적 관점이다. ㄹ. 장소와 지역, 공간적 상호 작용 등에 중점을 두는 것은 시간적 관점이다.

**02** 세금이라는 사회 제도 때문에 창문을 없앴다고 하였으므로 개인이 사회 제도의 영향을 받고 있음을 강조한다. 따라서 밑줄 친 ㉡은 사회적 관점에서 사회현상을 바라보고 있다.
| 선택지 바로잡기 | ②는 공간적 관점, ③은 시간적 관점, ④, ⑤는 윤리적 관점의 질문이다.

**03** 제시된 글에서는 보령에서 머드 축제가 시작된 이유를 보령의 진흙 갯벌 등 자연환경을 중심으로 설명하고 있으므로 공간적 관점에 해당한다.

**04** 제시된 글에서는 공간과 지역, 공간적 상호 작용에 중점을 두고 패스트 패션을 바라보므로 공간적 관점에 해당한다.
| 선택지 바로잡기 | ①, ⑥은 윤리적 관점, ③은 사회적 관점, ④, ⑤는 시간적 관점이다.

**05** 채식주의자에 대한 편견과 차별에 대해 도덕적 평가를 내리는 것은 도덕적 가치를 중심으로 인간과 사회현상을 이해하려는 윤리적 관점에 해당한다.
| 선택지 바로잡기 | ① 윤리적 관점과 직접적인 관련이 없는 내용이다. ②는 공간적 관점, ③은 시간적 관점, ⑤는 사회적 관점과 관련된다.

**06** 제시된 글에 나타난 사회현상은 기후변화이다. ㄱ은 윤리적 관점, ㄷ은 시간적 관점에 따른 탐구 과제에 해당한다.
| 선택지 바로잡기 | ㄴ. 국제 사회나 개별 국가의 제도적 노력을 탐구하는

---

것은 사회적 관점에 해당한다. ㄹ. 선진국과 개발 도상국 간의 이산화 탄소 배출량 차이를 분석하는 것은 공간적 관점에 해당한다.

**07** (2) **예시 답안** 제시된 사례에서는 몽골에 이동식 가옥인 게르가 많은 이유를 그 지역의 자연환경과 인문환경에서 찾고 있기 때문이다.

**채점 기준**

| | |
|---|---|
| 상 | 이유를 사례와 관련지어 서술한 경우 |
| 하 | 이유를 사례와 관계없이 서술한 경우 |

**08** **예시 답안** • 1단계: (가)는 공간적 관점, (나)는 사회적 관점에서 1인 가구 증가 현상을 설명하고자 한다.
• 2단계: 시간적 관점에서 우리나라 1인 가구의 비율 변화 추이를, 윤리적 관점에서 사회의 공동체 의식 약화를 탐구할 수 있다.
• 3단계: 공간적 관점에서는 지역별 1인 가구 분포를, 사회적 관점에서는 1인 가구에 대한 지원 정책을, 시간적 관점에서는 우리나라 1인 가구의 비율 변화 추이를, 윤리적 관점에서는 사회의 공동체 의식 약화를 탐구하여 1인 가구 증가 현상을 설명할 수 있다.

**채점 기준**

| | |
|---|---|
| 상 | 공간적 관점과 사회적 관점을 쓰고, 시간적 관점과 윤리적 관점에서의 탐구 주제를 모두 서술한 경우 |
| 중 | 공간적 관점과 사회적 관점을 쓰고, 시간적 관점과 윤리적 관점에서의 탐구 주제 중 한 가지만 서술한 경우 |
| 하 | 공간적 관점, 사회적 관점만 쓴 경우 |

**1등급 도전하기**
12쪽

**01** ③ **02** ② **03** ④ **04** ⑤

**01** 지역별 낮잠 문화의 차이를 설명하고 있으므로 각 지역의 자연환경과 인문환경을 고려하는 공간적 관점을 추론할 수 있다.
| 선택지 바로잡기 | ①은 시간적 관점, ②, ④는 윤리적 관점, ⑤는 사회적 관점이다.

**02** ② 인간 존엄성이라는 도덕적 가치를 바탕으로 사회현상을 해석하는 것이므로 윤리적 관점에 해당한다.
| 선택지 바로잡기 | ①은 시간적 관점, ③, ④는 사회적 관점, ⑤는 공간적 관점에 해당한다.

**03** 법률의 변화가 민주주의를 강화하는 계기가 되었다는 내용을 통해 사회적 관점에서 선거 제도를 바라보고 있음을 알 수 있다.
④ 사회적 관점은 사회 구조나 제도가 인간 행동에 어떤 영향을 주는지를 파악하는 것을 강조한다.
| 선택지 바로잡기 | ①은 윤리적 관점, ③은 공간적 관점, ⑤는 통합적 관점에서 할 수 있는 주장이다. ② 제시된 자료에서 사회현상을 전문가가 체계적으로 연구해야 한다는 내용은 찾을 수 없다.

**04** ⑤ 혼밥 문화의 확산이 사회적으로 바람직한지의 여부를 묻는 것은 윤리적 관점에서 제기할 수 있는 질문이다.

| 선택지 바로잡기 | ①은 시간적 관점, ②, ③은 공간적 관점, ④는 사회적 관점에서 제기할 수 있는 질문이다.

---

## 수능 준비하기

13쪽

**01** ②　**02** ④

**01** A는 시간적 관점이고, B는 공간적 관점이다. ㄱ. 시대적 배경을 조사하는 것은 시간적 관점에 해당한다. ㄷ. 현지 문화와 지리적 특성을 고려하는 것은 지역과 그 지역의 특징을 중시하는 공간적 관점에 해당한다.

| 선택지 바로잡기 | ㄴ은 윤리적 관점, ㄹ은 사회적 관점에 해당한다.

**02** ㉠ 윤리적 관점에서는 도덕 원리의 탐구, 가치 판단 등을 강조할 수 있다. ㉡ 사회적 관점에서는 사회 정책과 제도를 수립하고, 정책이 개인과 사회에 미칠 영향 등을 예측할 수 있다.

| 선택지 바로잡기 | ①, ③은 시간적 관점, ②, ⑤는 공간적 관점에서 이루어질 수 있는 활동이다.

---

## 02 인간, 사회, 환경을 바라보는 통합적 관점

### 개념 확인하기

15쪽

**1** 통합적　**2** (1) ○ (2) ×　**3** (1) ㄱ (2) ㄷ (3) ㄴ (4) ㄹ

### 실력 다지기

16~17쪽

**01** ②　**02** ④　**03** ④　**04** ③　**05** ③　**06** ⑤
**07** (1) 통합적 관점 (2) 해설 참조　**08** 해설 참조

**01** 갑은 교가에 포함되어 있는 가치관을 중시하므로 윤리적 관점에서 교가를 바라보고 있다.

| 선택지 바로잡기 | ①, ⑤, ⑥은 시간적 관점, ③은 사회적 관점, ④는 공간적 관점에 해당한다.

**02** 을은 교가에 포함된 학교 주변의 지형에 대해 알아보고자 하므로 현상의 발생 위치와 장소, 분포 규칙과 이동 등에 주목하는 공간적 관점에 해당한다.

| 선택지 바로잡기 | ①, ③은 시간적 관점, ②는 사회적 관점, ⑤는 윤리적 관점에 대한 설명이다.

**03** (가)는 시간적 관점, (나)는 공간적 관점, (다)는 사회적 관점, (라)는 윤리적 관점에서 비롯된 질문이다. ④ 윤리적 관점에서는

개인 또는 공동체의 행위를 좋고 나쁨, 옳고 그름으로 판단함으로써 어떤 행위가 도덕적 행위인지 알도록 한다.

| 선택지 바로잡기 | ① 공유 경제가 어떤 가치를 지향해야 하는지를 살펴보는 것은 윤리적 관점이다. ② 시대적 맥락에서 공유 경제의 추이를 살펴보고자 하는 것은 시간적 관점이다. ③ 공간적 관점이다. ⑤ 공유 경제 현상을 깊이 있게 통찰하기 위해서는 다양한 관점에서 통합적으로 접근해야 한다.

**04** 제시된 글에서 해당 지역의 자연환경 또는 인문환경의 특징은 공간적 관점, 축제에 대한 사람들의 선호는 윤리적 관점, 지역의 지원 정책은 사회적 관점에서 강조하는 것이므로 다양한 관점을 통합적으로 고려해야 함을 강조하고 있다.

| 선택지 바로잡기 | ①, ②, ④ 제시된 글에서는 특정 관점에만 집중하지 말아야 한다고 강조한다. ⑤ 가치 판단과 사실 판단을 모두 고려하여 문제에 접근해야 한다.

**05** ㄷ. 법률이나 행정 체제 등은 사회 제도이다. 따라서 병은 사회적 관점을 적용하여 감염병 문제의 대응을 설명하고 있다. ㄹ. 정의 관점은 윤리적 관점에 해당한다. 윤리적 관점이 반영되지 않으면 인간의 존엄성이라는 가치가 침해될 수 있다.

| 선택지 바로잡기 | ㄱ. 갑은 지역에 초점을 두고 있으므로 공간적 관점을 적용하고 있다. ㄴ. 을은 과거의 사례 분석을 주장하므로 시간적 관점의 필요성을 제시하고 있다.

**06** 인권 문제를 통합적 관점에서 조사하려면 각 관점에 적합한 조사 내용을 정해야 한다. ①은 공간적 관점, ②, ⑥은 시간적 관점, ③, ④는 사회적 관점, ⑦은 윤리적 관점에 적합한 조사 내용에 해당한다.

| 선택지 바로잡기 | ⑤ 해양 생물 보호를 위한 제도적 노력은 인권이 아니라 동물권 문제를 통합적 관점에서 탐구하고자 할 때 사회적 관점에서 조사할 수 있는 내용에 해당한다.

**07** (2) **예시 답안** 통합적 관점을 적용하면 사회현상을 정확하게 이해할 수 있고, 문제에 관한 근본적 해결책을 찾을 수 있으며, 인간과 사회를 깊이 있게 통찰할 수 있다.

**채점 기준**

| | |
|---|---|
| 상 | 통합적 관점의 필요성을 두 가지 이상 서술한 경우 |
| 하 | 통합적 관점의 필요성을 한 가지만 서술한 경우 |

**08** **예시 답안** •1단계: (가)는 시간적 관점, (나)는 공간적 관점, (다)는 윤리적 관점에서 탐구하려는 내용이다.
•2단계: 사회적 관점에서 탐구하려는 내용이 없어 통합적 관점에서 아동 노동 문제를 탐구하기 어렵다.
•3단계: 사회적 관점에서 아동 노동 근절을 위한 국제 협약을 탐구함으로써 시간적 관점, 공간적 관점, 사회적 관점, 윤리적 관점 등을 종합적으로 고려하는 통합적 관점에서 아동 노동 문제를 탐구한다.

| 상 | 갑의 탐구가 지니는 한계와 해결 방안을 모두 서술한 경우 |
|---|---|
| 하 | 갑의 탐구가 지니는 한계와 해결 방안 중 한 가지만 서술한 경우 |

## 1등급 도전하기
18쪽

**01** ② **02** ③ **03** ① **04** ③

**01** 형사 미성년자의 나이를 13세 미만으로 낮추려면 관련 법률을 개정해야 한다. 법률은 사회 제도에 해당하므로 밑줄 친 부분은 사회적 관점에 해당한다. ② 사회적 관점에서는 법, 제도, 정책 등이 인간의 삶에 미치는 영향에 대해 질문할 수 있다.

**| 선택지 바로잡기 |** ①은 공간적 관점, ③, ④는 시간적 관점, ⑤는 윤리적 관점의 질문이다.

**02** 통합적 관점을 적용하여 해결 방안을 마련하려면 탐구 주제 및 탐구 계획 수립, 다양한 관점에서 자료 수집, 자료 비교·분석 및 자료 간 상호 연관성 파악, 통합적 관점에서 문제 해결의 단계를 순서대로 거쳐야 한다. (가)는 자료 수집, (나)는 탐구 주제 및 탐구 계획 수립, (다)는 자료의 비교·분석 및 자료 간 상호 연관성 파악, (라)는 문제 해결 단계이다.

**03** (가)는 공간적 관점, (나)는 사회적 관점, (다)는 시간적 관점, (라)는 윤리적 관점에 해당한다. ㄱ. 시간적 관점은 과거와 현재의 관계를 파악하고 미래의 방향을 예측하려는 특징을 지닌다. ㄴ. 윤리적 관점을 적용하면 인류가 나아갈 올바른 방향과 문제 해결을 위한 도덕적 원칙을 찾을 수 있다.

**| 선택지 바로잡기 |** ㄷ. (가)는 공간적 관점, (나)는 사회적 관점이다. ㄹ. 자연환경과 인문환경은 공간적 관점의 주요 용어이다.

**04** ㄴ. 가치관과 관련되므로 윤리적 관점에 해당한다. ㄹ. 과거의 역사적 사실을 알아보는 것은 시간적 관점에 해당한다.

**| 선택지 바로잡기 |** ㄱ은 사회적 관점, ㄷ은 공간적 관점에 해당한다.

## 수능 준비하기
19쪽

**01** ② **02** ④

**01** 제시된 글에서는 통합적 관점의 필요성을 설명하고 있다. ㄱ. 복잡한 사회현상을 제대로 이해하기 위해서는 다양한 관점에서 통합적으로 접근해야 한다. ㄷ. 통합적 관점에서는 인간, 사회, 환경에 대한 종합적 이해를 강조한다.

**| 선택지 바로잡기 |** ㄴ. 통합적 관점에서는 학문 간의 고유한 경계를 엄격하게 구분하지 않아야 한다고 본다. ㄹ. 통합적 관점에서는 다양한 영역의 지식으로 사회현상에 접근해야 한다고 본다.

**02** (가)는 사회적 관점, (나)는 시간적 관점, (다)는 윤리적 관점,

(라)는 공간적 관점이다. ④ 공간적 관점은 위치와 장소, 분포 등을 중심으로 사회현상을 살펴보는 것이다.

**| 선택지 바로잡기 |** ①, ③은 시간적 관점, ②는 윤리적 관점에 대한 설명이다. ⑤ 통합적 관점은 사회현상을 시간적 관점, 공간적 관점, 사회적 관점, 윤리적 관점을 모두 종합하여 탐구하는 것이다.

## 대단원 마무리하기
20~21쪽

**01** ② **02** ③ **03** ⑤ **04** ① **05** ⑤ **06** ② **07** ④ **08** ③

**01** 제시된 글에서는 인공지능이 학습한 차별과 편견에 대해 언급하고 있으므로 인공지능을 윤리적 관점에서 보고 있다. ㄹ. 차별과 편견은 보편적 가치에 어긋나므로 이러한 가치를 기준으로 인공지능의 데이터를 정제해야 할 필요성이 요구된다.

**02** 법령은 사회 제도에 해당하고, 사회적 관점은 사회 구조와 사회 제도가 개인에게 미치는 영향을 중점적으로 탐구한다. 제시된 글에서는 사회 제도인 법령의 개정을 강조하고 있으므로 사회적 관점에서 사회현상을 보고 있음을 알 수 있다.

**03** 제시된 사례에서 ㉠의 전문가는 경쟁적 사회 구조에 주목하고 있으므로 사회적 관점에 해당한다. 따라서 법률 등 사회 제도와 관련한 대응 방안을 제시할 수 있다.

**| 선택지 바로잡기 |** ①, ④ 제시된 글을 통해 파악하기 어려운 내용이다. ② 20~30대를 중심으로 결혼을 하지 않는 인구가 증가하고 있다는 내용은 있지만 어느 지역에서 비혼 인구가 많은지는 제시되어 있지 않다. ③ 제시된 글에서는 결혼을 하지 않는 이유에 대해 대체로 결혼 자금 부족이라는 사회 구조에 원인을 돌렸다. 즉, 사회적 관점으로 비혼 문화를 이해하고 있다.

**04** ㄱ. 철도 노선 신설 문제에서 시간적 관점을 고려하지 않는다면 과거의 성공 사례나 실패 사례를 놓칠 수 있다. ㄴ. 철도 노선 신설 문제에서 공간적 관점을 고려하지 않는다면 필요한 지역에 철도가 신설되지 못할 수도 있다.

**| 선택지 바로잡기 |** ㄷ. 윤리적 관점을 고려하지 않을 경우에 나타날 수 있는 문제이다. ㄹ. 사회적 관점을 고려하지 않을 경우에 나타날 수 있는 문제이다.

**05** 제시된 글에서는 식량 위기의 주된 원인을 분쟁 또는 정치적·사회적 불안정, 경제적 충격 등 사회 구조와 관련하여 보고 있다. 이렇게 사회 구조와의 관련성 속에서 사회현상을 이해하는 것은 사회적 관점이다.

**06** ㄱ. 시대별 자동차 등록 대수 조사하기는 시간적 관점에서 탐구할 수 있는 활동이다. ㄷ. 우리 지역과 다른 지역의 인구 밀도 비교하기는 공간적 관점에서 탐구할 수 있는 활동이다.

**| 선택지 바로잡기 |** ㄴ. 가치관과 관련되므로 윤리적 관점에서 탐구할 수 있는 활동이다. ㄹ. 대중교통 체제와 교통 법규는 사회 제도이므로 사회적 관점에서 탐구할 수 있는 활동이다.

**07** 사회현상과 사회문제에 대해 파악하기 위해 그와 관련된 사회 구조 및 제도의 내용과 특성을 살펴보는 것은 사회적 관점이다. 따라서 밑줄 친 ⊙은 사회적 관점이다. ④ 정부 정책은 사회 제도에 해당하므로 저출산 현상을 막기 위한 정부 정책의 효과를 묻는 것은 사회적 관점의 탐구 질문으로 적절하다.

**| 선택지 바로잡기 |** ①, ③은 시간적 관점, ②는 공간적 관점, ⑤는 윤리적 관점의 탐구 질문으로 적절하다.

**08** 제시된 글에서는 통합적 관점의 필요성을 설명하고 있다. 사회현상의 복합성을 고려하여 다양한 관점에서 인간과 세상을 균형 잡힌 시각으로 이해하는 관점을 통합적 관점이라고 한다.

**| 선택지 바로잡기 |** ③ 통합적 관점에서는 개별 학문의 경계를 명확하게 구분하지 말아야 한다고 주장한다.

---

## Ⅱ 인간, 사회, 환경과 행복

### 01 행복의 의미와 기준

**개념 확인하기**                                        25쪽

**1** 이성  **2** (1) ✕ (2) ✕  **3** (1) ㄱ (2) ㄷ

---

**실력 다지기**                                      26~27쪽

**01** ③  **02** ④  **03** ①  **04** ④  **05** ①  **06** ③  **07** 해설 참조
**08** 해설 참조

**01** ⊙은 행복이다. 행복은 다른 것을 위한 수단이 아니라 그 자체로 선택하고 추구하는 궁극적이고 최종적인 목적이며, 행복의 기준은 시대적 상황이나 지역적 여건의 영향을 받아 서로 다르게 나타난다.

**| 선택지 바로잡기 |** ㄱ. 행복의 기준은 사람마다 다르게 나타난다. ㄷ. 주거, 소득은 수량화할 수 있는 객관적 요소에 해당한다.

**02** (가)는 유교, (나)는 도가, (다)는 불교에서 주장한 내용으로, 동양의 대표적인 행복론이다.

**03** 제시된 글의 사상가는 고대 그리스의 아리스토텔레스이다. 아리스토텔레스에 따르면, 인간의 고유한 기능인 이성을 잘 발휘할 때 행복이 실현되며 이러한 행복은 인간이 추구하는 삶의 궁극적인 목적이다.

**| 선택지 바로잡기 |** 두 번째 항목은 중세 시대 아퀴나스의 입장이고, 네 번째 항목은 헬레니즘 시대 스토아 학파의 입장이다.

**04** 제시된 대화를 통해 자신의 나라가 처한 상황, 즉 지역 여건에 따라 행복의 기준이 달라질 수 있음을 알 수 있다.

**| 선택지 바로잡기 |** ① 시대적 상황과는 관련이 없다. ② 경제적 안정이 행복의 제일 중요한 조건은 아니다. ③, ⑤ 모든 사람에게 동일하거나 보편적인 행복의 기준이 존재하는 것은 아니다. ⑥ 행복은 모든 사람이 추구하는 것이며 실현될 수 있다.

**05** 제시된 글에서는 스웨덴의 하지 축제에 대해 설명하고 있다. 일조량이 부족한 기후, 즉 자연환경에서 살아가는 스웨덴 사람들은 따뜻한 햇볕을 쬐는 것을 행복으로 여긴다.

**06** 제시된 글에서는 진정한 행복을 얻으려면 세상을 바라보는 긍정적인 마음가짐이 중요하다는 점을 강조하고 있다.

**07** **예시 답안** 행복의 기준은 자연환경과 인문환경 등 지역적 여건의 영향을 받아 다르게 나타날 수 있다.

| 채점 기준 | |
| --- | --- |
| 상 | 행복의 기준이 자연환경과 인문환경 등 지역적 여건의 영향을 받아 달라질 수 있다고 서술한 경우 |
| 중 | 행복의 기준이 지역적 여건의 영향을 받아 달라질 수 있다고 서술한 경우 |
| 하 | 행복의 기준이 달라질 수 있다고만 서술한 경우 |

**08** **예시 답안** •1단계: 전쟁이 지속되어 사회가 혼란스러웠다.
•2단계: 마음의 평온을 누려야 행복할 수 있다고 보았다.
•3단계: 헬레니즘 시대에는 지속된 전쟁으로 사회가 혼란스러웠다. 따라서 이 시기에 나타난 대표적 사상인 에피쿠로스 학파와 스토아 학파는 공통적으로 마음의 평온을 누리는 것을 행복의 기준으로서 강조하였다.

| 채점 기준 | |
| --- | --- |
| 상 | 사회적 상황과 관련지어 에피쿠로스 학파의 행복관과 스토아 학파의 행복관의 공통점을 서술한 경우 |
| 중 | 사회적 상황과 관계없이 에피쿠로스 학파의 행복관과 스토아 학파의 행복관의 공통점을 서술한 경우 |
| 하 | 에피쿠로스 학파와 스토아 학파의 행복관만 각각 서술한 경우 |

---

**1등급 도전하기**                                      28쪽

**01** ②  **02** ①  **03** ②  **04** ⑤

**01** 제시된 편지에는 도가의 행복론이 나타나 있다. 도가에서는 타고난 그대로의 본성에 따라 인위적인 것이 더해지지 않는 자연 그대로의 모습으로 살아가는 것이 행복이라고 본다.

**| 선택지 바로잡기 |** ① 도가에서는 자연 그대로의 모습으로 살아가고자 하므로 명예와 부를 축적하기보다는 소박한 삶을 추구한다. ③은 불교의 입장이고, ④, ⑤는 유교의 입장이다.

**02** (가)의 사상가는 에피쿠로스이고, (나) 사례에서 갑은 외모에 집착하여 여러 번의 성형수술 후에도 자신의 외모에 만족하지 못하고 있다. 따라서 몸의 고통과 마음의 불안이 없는 상태를 행복이라고 보는 에피쿠로스는 외모에 집착하는 갑에게 지나친 욕망을 절제하여 평온한 마음을 유지하라고 조언할 것이다.

**| 선택지 바로잡기 |** ② 육체적 욕망을 최대한 충족하는 것은 에피쿠로스가 말하는 진정한 행복이 아니다. ③ 에피쿠로스는 욕망 자체를 부정하는 것이 아니라 자연적이면서 필수적인 욕망을 최소한으로 충족하는 것을 강조하였다. ④ 공리주의에서 할 수 있는 조언이다. ⑤ 중세 아퀴나스의 입장에서 할 수 있는 조언이다.

**03** 고대 중국에서는 농업이 발달하여 공동체 의식이 중시되었던 데 비해, 고대 그리스에서는 상업과 민주주의가 발달하여 개인의 자율성이 중시되었다. 이를 통해 행복의 기준이 지역적 여건에 따라 다르게 나타남을 알 수 있다.

**| 선택지 바로잡기 |** ① 고대 그리스인들이 아니라 고대 중국인들에게 공동체 의식이 중요하였다. ③ 고대 중국인과 그리스인의 행복의 기준은 서로 달랐다. ④ 중국과 그리스의 자연환경이 다르기 때문에 행복의 기준 역시 달랐다. 따라서 자연환경은 행복의 기준을 설정하는 데 영향을 준다. ⑤ 제시된 글을 통해 비슷한 환경에 놓인 사람들은 행복의 기준을 공유하기도 한다는 것을 알 수 있다.

**04** 제시된 대중가요 가사에서는 타인의 기준에 맞추어 행복을 추구하면서 겉으로 보이는 요소만을 강조하는 세태를 비판하고 있다. 따라서 진정한 행복을 얻기 위해서는 지속적이고 정신적인 가치의 중요성을 인식하면서 스스로 느끼는 만족감을 중시해야 함을 알 수 있다.

**| 선택지 바로잡기 |** ㄱ. 물질적이고 경제적인 가치를 추구하지 말아야 한다고 주장하는 것은 아니다. ㄴ. 다른 사람의 기준에 맞추어 행복을 추구하지 말아야 한다는 것과 자신의 행복만 추구해야 한다는 것은 다른 의미이다.

---

### 수능 준비하기         ○ 29쪽

**01** ③    **02** ⑤

**01** 갑은 에피쿠로스이고, 을은 공리주의자인 밀이다. ③ 공리주의에서는 쾌락이 충족되고 고통이 제거된 상태를 행복이라고 보았다.

**| 선택지 바로잡기 |** ①, ② 에피쿠로스는 육체적 쾌락이나 신의 징벌을 강조하지 않는다. ④는 도가의 입장이고, ⑤는 공리주의의 입장에만 해당한다.

**02** 제시된 지도에서 A는 핀란드, B는 독일, C는 시리아이다. 핀란드와 독일은 정치적·경제적으로 어느 정도 안정된 지역이고, 내전으로 고통받고 있는 지역은 시리아이다. 인간은 부족한 것이 충족될 때 행복을 느끼기 때문에 시리아 사람들은 행복해지는 데 평화와 정치적 안정을 필요로 할 것이다.

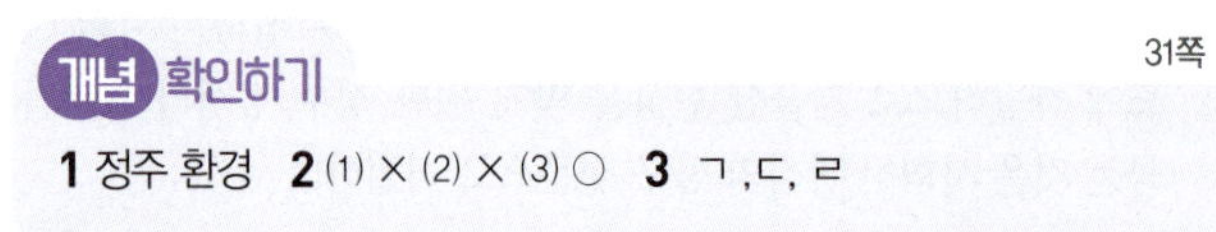

## ⓬ 행복한 삶을 실현하기 위한 조건

**개념 확인하기**         31쪽

**1** 정주 환경    **2** (1) × (2) × (3) ○    **3** ㄱ, ㄷ, ㄹ

**실력 다지기**          ○ 32~33쪽

**01** ③   **02** ①   **03** ④   **04** ⑤   **05** ⑥   **06** ⑤   **07** 해설 참조
**08** 해설 참조

**01** 열악한 주거 환경에서 고통받고 있는 갑에게 행복한 삶을 위해 가장 필요한 것은 질 높은 정주 환경의 조성이다.

**02** 맹자는 왕에게 백성의 경제적 안정이 중요하다는 것을 강조하고 있다. 즉, 백성들의 기본적인 생업이 보장되어야 도덕적 마음을 가질 수 있기에 통치자는 경제적 안정을 위해 힘써야 한다는 것이다.

**| 선택지 바로잡기 |** ② 물질적 가치가 보장되어야 도덕적 마음을 가질 수 있다. ③ 백성의 생업 보장이 먼저 이루어져야 백성의 도덕적 완성이 가능하다. ④, ⑤는 제시된 글에서 파악할 수 없는 내용이다.

**03** 제시된 글에서 소득이 일정 수준에 도달하면 국민의 행복 수준이 더 이상 증가하지 않음을 알 수 있다. 따라서 소득이 증가한다고 반드시 더 행복한 것은 아니며, 이는 행복에 영향을 미치는 요소는 소득 이외에도 다양하기 때문이다.

**| 선택지 바로잡기 |** ㄱ. 인간은 일정 수준의 소득이 보장되어야 행복한 삶을 살 수 있다. 따라서 소득이 적을수록 행복한 삶을 살 수 있는 것은 아니다. ㄴ. 소득이 일정 수준에 도달하면 행복은 더 이상 증가하지 않는다.

**04** 민주주의 국가는 기근의 문제에 적극적으로 대처하며, 시민이 적극적으로 정치에 참여할 경우 정부가 신속하고 체계적으로 기근에 대응하도록 이끌 수 있다.

**| 선택지 바로잡기 |** ①, ②, ③, ④ 모두 행복한 삶의 실현을 위해서 필요한 조건이지만, 제시된 글을 통해 직접 추론할 수 있는 내용으로는 적절하지 않다.

**05** (가)에는 시민들의 적극적인 정치 참여를 가능하게 할 수 있는 정치 참여 방법이 들어가야 한다.

**| 선택지 바로잡기 |** ⑥ 민주주의의 발전을 위해서는 시민이 적극적으로 정치에 참여하여 국가 권력의 남용을 감시해야 한다.

**06** 제시된 글은 소크라테스의 주장으로, 행복한 삶의 실현을 위해 도덕적 성찰 등 도덕적 실천의 필요성을 강조하고 있다.

**07** **예시 답안** 단기적 측면에서는 소득이 증가하면 행복이 이에 비례해 증가하지만, 장기적 측면에서는 소득이 증가해도 행복이 이에 비례해 증가하지 않는다.

| 채점 기준 | |
| --- | --- |
| 상 | 소득과 행복의 관계를 단기적 측면과 장기적 측면에서 모두 서술한 경우 |
| 중 | 소득과 행복의 관계를 단기적 측면과 장기적 측면 중 한 가지 측면에서만 서술한 경우 |
| 하 | 소득과 행복의 관련성만 서술한 경우 |

**08** **예시 답안** • 1단계: 민주적 제도를 마련하고, 민주적 문화를 형성해야 한다.
• 2단계: 민주적 제도가 마련되어 있지만, 민주적 문화가 형성되지 못하고 있다.
• 3단계: 시민이 능동적이고 적극적으로 정치에 참여하고 국가권력의 남용을 감시함으로써 민주적 문화를 형성해야 한다.

| 채점 기준 | |
| --- | --- |
| 상 | 시민의 정치 참여, 국가 권력의 남용 감시를 포함하여 민주적 문화를 형성해야 한다고 서술한 경우 |
| 중 | 민주적 문화를 형성해야 한다고만 서술한 경우 |
| 하 | 시민이 정치에 참여해야 한다고만 서술한 경우 |

## 1등급 도전하기 — 34쪽

**01** ③ **02** ⑤ **03** ④ **04** ②

**01** 제시된 글은 이중환의 『택리지』이다. 이중환은 사람이 살 만한 곳의 조건으로 지리, 생리, 인심, 산수를 제시하였다. 지리는 풍수지리적 명당을, 생리는 경제적으로 유리한 지역을, 산수는 빼어난 경치를, 인심은 넉넉하고 좋은 이웃 간의 정을 의미한다.
| **선택지 바로잡기** | ③ 이중환이 주거지 선정에서 강조한 '생리'는 경제적으로 유리한 지역을 의미하므로 경제적 이익을 강조했음을 알 수 있다.

**02** 갑은 소득이 증가할수록 더 행복해진다고 보는 입장이고, 을은 소득이 일정 수준에 도달하면 소득이 증가해도 행복이 비례하여 증가하지 않는다고 보는 입장이다.
| **선택지 바로잡기** | ①, ② 제시된 갑의 주장을 통해 알 수 없는 내용이다. ③, ④ 갑은 부유한 국가일수록 국민들이 행복하다고 생각하며, 소득이 늘어나면 선택의 기회가 많아진다고 주장한다.

**03** 제시된 그래프에서 민주주의 지수와 행복 지수는 비례 관계를 가지고 있어 민주주의 지수가 높으면 행복 지수도 높게 나타난다. 즉, 민주주의의 실현 정도는 행복에 큰 영향을 미친다.
| **선택지 바로잡기** | ㄱ. 민주주의 지수와 행복 지수는 비례 관계이다. ㄴ. 민주주의의 실현 정도는 행복에 큰 영향을 미친다.

**04** 제시된 자료를 바탕으로 할 때 학생들의 편의 시설을 확충하는 것은 질 높은 정주 환경을 조성하는 방안이 될 수 있으며, 학생 자치 활동은 민주주의 문화의 발전 방안이 될 수 있다.
| **선택지 바로잡기** | ㄴ. 어려운 학생에 대한 장학금 지원은 경제적 안정을

실현하기 위한 방안이다. ㄹ. 이웃 돕기 기부 활동은 도덕적 실천 방안에 해당한다.

## 수능 준비하기 — 35쪽

**01** ② **02** ④

**01** 제시된 편지에서는 행복한 삶의 조건으로서 바람직한 삶에 대한 숙고와 인간으로서 마땅히 행해야 할 바를 강조하고 있다. 즉, 윤리적 성찰과 실천이 전제되어야 진정으로 행복한 삶이 실현될 수 있다고 주장한다.

**02** (가)에서는 국민의 행복한 삶을 위해서는 국가의 주권 회복뿐만 아니라 국민이 정치에 참여할 수 있는 민주주의의 실현이 필요함을 알 수 있다. (나)에서는 청년층과 노년층 모두의 행복을 위해서 경제적 안정이 필요함을 알 수 있다.
| **선택지 바로잡기** | ㄱ. 주권 회복이 행복을 보장하는 유일한 조건이 아니며 정치에 참여할 수 있는 민주주의의 실현이 필요하다. ㄷ. 노년층의 행복 지수는 복지 정책과 같은 사회 제도에 의해 결정된다.

## 대단원 마무리하기 — 36~37쪽

**01** ② **02** ④ **03** ⑤ **04** ② **05** ① **06** ⑤ **07** ④ **08** ①

**01** 제시된 글과 같이 주장한 고대의 사상가는 에피쿠로스이다. 에피쿠로스에게 행복은 육체에 고통이 없고 마음에 불안이 없는 평온한 상태로, 검소하고 절제하는 삶을 통해 실현된다.
| **선택지 바로잡기** | ㄴ. 행복은 영원하고 완전한 신과 하나가 되는 것이라고 주장한 사상가는 아퀴나스이다. ㄷ. 행복은 도덕 법칙을 실천하는 사람이 누릴 만한 것이라고 주장한 사상가는 칸트이다.

**02** 행복의 기준은 시대에 따라 다르게 나타난다. 선사 시대에는 생존을 위하여 식량을 확보하는 것이 행복이었고, 중세 시대에는 신앙을 통해 구원을 얻는 것이 행복이었으며, 산업화 시대에는 물질적 기반을 확보하는 것이 행복의 기준이 되었다.
| **선택지 바로잡기** | ④ 현대 사회에서는 개인이 느끼는 주관적인 만족감이 중시되면서 행복의 기준이 다양해졌다.

**03** 제시된 사례에서 갑은 다른 사람의 행복을 위해 노력하는 삶을 살면서 행복을 느끼고 있다. 따라서 나뿐만 아니라 다른 사람의 행복에도 관심을 두는 도덕적 실천을 통해 진정한 행복을 경험할 수 있다는 것을 알 수 있다.

**04** 거주지 선택 시에는 교통의 편리성이나 편의 시설의 접근성, 주거 환경의 쾌적성 등 다양한 요인들이 고려되며, 이는 행복한 삶의 조건 중에서 질 높은 정주 환경의 조성과 관련된다.

**05** 직접 민주제의 한 형태인 스위스의 '란츠게마인데'는 행복한 삶을 실현하기 위한 조건 중에서 시민 참여가 보장되는 민주주의의 발전과 관련이 있다.

**06** 제시된 글을 통해 행복에 영향을 미치는 요소가 다양하기 때문에 일정 수준 이상의 소득에 도달하면 소득이 증가해도 행복에는 큰 영향을 미치지 않을 수 있음을 알 수 있다.
| **선택지 바로잡기** | ①, ② 소득이 일정 수준에 도달하고 기본적 욕구가 충족되면, 소득이 계속 증가해도 행복은 더 이상 커지지 않는다. ③ 소득과 행복은 서로 관련이 있다. 다만 소득이 일정 수준에 도달하고 기본적 욕구가 충족되면 소득이 증가해도 행복에는 큰 영향을 미치지 않을 뿐이다. ④ 이스털린은 부유한 국가일수록 국민의 삶의 만족도가 낮다고 주장하지는 않았다.

**07** B국은 A국에 비해 부정부패 인식 지수와 1인당 국내 총생산, 세계 행복 지수 순위가 높은 것으로 보아 시민 참여가 활성화되는 민주주의가 실현되고 일정 수준의 소득이 보장될 가능성이 크다.
| **선택지 바로잡기** | ㄱ. A국은 부정부패 인식 지수, 1인당 국내 총생산, 세계 행복 지수 순위가 B국보다 낮으므로 국민의 삶의 질과 행복도도 더 낮을 것이다. ㄷ. A국은 1인당 국내 총생산 순위가 B국보다 낮으므로 B국보다 일정 수준의 소득이 보장될 가능성이 적다.

**08** (1), (3), (5)는 옳은 내용이므로 ○가 정답이다. (2) 아리스토텔레스는 인간의 고유한 기능인 이성적 기능을 잘 발휘할 때 행복할 수 있다고 주장한다. 따라서 답은 ×이다. (4) 국민 소득이 늘어나면 단기적으로는 행복감이 이에 비례하여 늘어나지만 장기적으로는 비례하여 늘어나지 않는다. 따라서 답은 ×이다. 답안지를 작성한 학생은 (3)번에만 옳은 답을 작성했으므로 이 학생이 받을 점수는 2점이다.

# Ⅲ 자연환경과 인간

## 01 자연환경과 인간 생활

**개념 확인하기**
41, 43쪽

**1** 자연환경 **2** (1) × (2) ○ (3) × **3** (1) ㄱ (2) ㄴ (3) ㄷ **4** 산지
**5** (1) ㄷ (2) ㄱ (3) ㄹ (4) ㄴ **6** (1) × (2) ○

**실력 다지기**
44~46쪽

**01** ③ **02** ③ **03** ① **04** ⑥ **05** ④ **06** ⑤ **07** ④ **08** ④
**09** ⑤ **10** ① **11** 해설 참조 **12** 해설 참조

**01** ㄱ. 마다가스카르에서 바오바브나무의 껍질은 인간이 살아가는 데 필요한 토대를 마련해 주는 중요한 역할을 한다. ㄴ. 마다가스카르 사람들은 바오바브나무를 활용하여 독특한 생활양식을 형성해 왔다.
| **선택지 바로잡기** | ㄷ. 인간의 생활양식은 지역별로 처한 자연환경에 따라 다양하게 나타난다. ㄹ. 제시된 사례에서 마다가스카르 사람들이 과학기술의 발달로 자연환경을 극복했다고 보기는 어렵다.

**02** A는 열대 기후 지역, B는 건조 기후 지역, C는 온대 기후 지역, D는 냉대 기후 지역, E는 한대 기후 지역이다. ③ 중위도에 위치한 온대 기후 지역은 적도 주변 저위도에 위치한 열대 기후 지역보다 계절 변화가 뚜렷하다.
| **선택지 바로잡기** | ① 연 강수량이 적어 물이 부족한 지역은 건조 기후 지역이다. 열대 기후 지역은 강수량이 많다. ② 아프리카에는 건조 기후 지역인 사막이 넓게 분포한다. 온대 기후 지역은 아프리카 대륙의 남부와 북부 일부에 국한되어 있다. ④ 냉대 기후 지역은 침엽수림이 넓게 분포하고, 한대 기후 지역은 나무가 자라기 어렵다. ⑤ 열대 기후 지역은 연중 기온이 높아 기온의 연교차가 작다.

**03** (가)는 열대 기후 지역의 고상 가옥이고, (나)는 건조 기후 지역의 이동식 가옥이다. ㄱ. 열대 기후 지역은 일 년 내내 비가 많이 내리므로 지붕의 경사를 급하게 하여 빗물이 빨리 흘러내리도록 한다. ㄴ. 건조 기후 지역의 이동식 가옥은 조립과 분해가 쉬워 유목 생활에 적합하다.
| **선택지 바로잡기** | ㄷ. 일반적으로 건조 기후 지역의 이동식 가옥을 열대 기후 지역의 고상 가옥보다 높은 위도에서 볼 수 있다. ㄹ. 침엽수림에서 주재료를 얻어 만드는 가옥은 냉대 기후 지역의 통나무집이다.

**04** 제시된 자료는 건조 기후가 나타나는 지역의 모습이다. 건조 기후 지역 중 사막 기후가 나타나는 지역에서는 한낮의 뜨거운 열기를 피하고자 벽이 두꺼운 흙벽돌집에서 생활한다.
| **선택지 바로잡기** | ①은 온대 기후 지역인 지중해 연안 지역, ②, ⑤는 열대 기후 지역, ③은 한대 기후 지역, ④는 계절풍의 영향을 받는 열대나 온대 기후 지역에서 주로 볼 수 있는 모습이다.

**05** 냉대 기후 지역에서는 주변의 침엽수림을 이용하여 통나무집을 짓고, 고산 기후 지역의 사람들은 겉옷과 모자로 일교차가 크고 햇빛이 강한 기후를 견디며 살아간다. 이처럼 기후 등의 자연환경은 가옥, 의복 등 인간의 의식주에 큰 영향을 미친다.
| **선택지 바로잡기** | ④ 사람들의 생활양식은 자연환경의 변화 등 다양한 상황에 따라 달라질 수 있다.

**06** 제시된 글은 지형과 인간 생활에 대한 것이다. ⑤ ㉤ 카르스트 지형은 석회암의 주성분인 탄산 칼슘이 이산화 탄소를 포함한 빗물이나 지하수에 녹아서 발달하는 지형이다.
| **선택지 바로잡기** | ① 하천 주변은 일반적으로 평야가 발달하여 인구 밀집도가 높다. ② 임업과 밭농사가 주로 발달한 지역은 산지 지역이다. 지역이고, 산지 지역은 교통로 건설에 불리하다. ③ 산업 단지는 인간

거주에 유리한 평야 지역이나 해안 지역에 주로 조성된다. ④ 수력 발전에 유리한 지역은 경사가 급한 산지 지역이다.

**07** (가)는 화산 지형, (나)는 카르스트 지형이다. ㄴ. 화산 지형이 나타나는 지역에서는 땅 속의 열에너지를 이용해 전력을 생산하는 지열 발전이 발달한다. ㄹ. (나)는 석회암이 용식 작용을 받아 형성된 지형이다.

| 선택지 바로잡기 | ㄱ. (가)는 화산 지형이므로 갯벌은 보기 어렵다. ㄷ. (나)는 빙하가 아닌 카르스트 지형을 관광 상품으로 이용한다.

**08** (가)는 홍수, (나)는 가뭄, (다)는 지진이다. 자연재해는 인간의 힘으로 완전히 막을 수는 없지만, 다양한 방법으로 피해를 최소화하기 위한 노력이 이루어지고 있다.

| 선택지 바로잡기 | ① 폭설은 한꺼번에 눈이 많이 내리는 자연재해이다. ② 열대 저기압의 영향이 미칠 때 주로 발생하는 자연재해는 태풍이다. ③ 최근에는 우리나라에서도 지진의 영향이 점점 더 커지고 있는 상황이다. ⑤ 오늘날에는 인간 활동의 영향을 받아 홍수, 가뭄, 지진 등 자연재해의 피해 규모가 오히려 커지고 있다.

**09** 제시된 글에서 지적하는 문제는 해안 침식이다. ㄱ, ㄴ. 해안 침식의 주요 원인으로는 해수면 상승과 해안 주변에 인공 구조물 설치로 모래 공급이 원활하게 이루어지지 않는 것을 들 수 있다. ㄷ. 오늘날 인간 활동의 영향으로 자연환경이 변화하면서 시민의 안전이 위협받는 사례가 증가하고 있다.

**10** 모든 국민은 안전하고 쾌적한 환경에서 살아갈 권리를 지니고 있다. 이에 우리나라는 제시된 헌법 제34조와 제35조를 바탕으로 법률을 제정하여 국민의 생명과 재산의 보호를 법적으로 보장하고 있다.

| 선택지 바로잡기 | ② 자연재해 예방 및 복구는 국민이 아니라 국가의 기본적인 의무이다. ③ 국가는 국민의 안전을 최우선으로 하면서 자연 보호를 조화롭게 추구해야 한다. ④ 환경 보전을 위해서는 국가의 주도적인 역할이 필수적이다. ⑤ 안전권은 헌법에 의해 보장받는 기본적인 권리로, 사회 전체의 이익을 위한다는 이유로 함부로 제한할 수 없다. ⑥ 법과 제도가 모두 갖추어져 있더라도 사회 구성원들의 의식적 노력이 뒷받침되지 않으면 환경 문제를 해결하기 어려울 수 있다.

**11** (1) **예시 답안** 외벽이 흰색으로 칠해져 있고, 창문이 작고 벽이 두껍다.

(2) **예시 답안** 고온 건조한 여름에 뜨거운 햇볕을 막기 위해서이다.

| 채점 기준 | |
| --- | --- |
| 상 | 특징을 두 가지 이상 쓰고, 이유를 기후와 관련지어 서술한 경우 |
| 중 | 특징을 한 가지만 쓰고, 이유를 기후와 관련지어 서술한 경우 |
| 하 | 특징만 쓴 경우 |

**12** **예시 답안** • 1단계: 국가로부터 안전하고 쾌적한 환경에서 살아갈 권리, 즉 안전권과 환경권을 제대로 보장받지 못하여 생명을 잃는 등 많은 피해를 입었다.

• 2단계: 자연재해 관련 법률 제정, 예보 활동, 대응 훈련 실시, 예방 정책 수립 등 자연재해의 피해를 줄이기 위한 노력이 제대로 이루어지지 않았을 것이다.

• 3단계: 평상시에 자연재해 관련 법률 제정, 예보 활동, 대응 훈련 실시, 예방 정책 수립 등 자연재해의 피해를 줄이기 위한 노력을 충분히 하여 시민의 안전하고 쾌적한 환경에서 살아갈 권리, 즉 안전권과 환경권을 보장해야 한다.

| 채점 기준 | |
| --- | --- |
| 상 | 구체적 방법을 포함하여 안전하고 쾌적한 환경에서 살아갈 권리를 보장해야 한다고 서술한 경우 |
| 하 | 안전하고 쾌적한 환경에서 살아갈 권리를 보장해야 한다고만 서술한 경우 |

## 1등급 도전하기
47쪽

**01** ④ **02** ④ **03** ⑤ **04** ①

**01** (가)는 온대 기후 지역 중에서 서부 유럽을, (나)는 지중해 연안 지역을 표현한 그림이다. ㄴ. (가)는 혼합 농업과 목축업이 발달한 온대 기후 지역이다. ㄷ. 지중해 연안 지역은 여름철에 고온 건조하여 수목 농업이 발달하였다.

| 선택지 바로잡기 | ㄱ. 온대 기후 지역 중에서 계절풍의 영향을 크게 받는 지역은 동아시아의 벼농사 지역이다. ㄹ. 지중해성 기후 지역은 여름에 고온 건조하고 연 강수량이 상대적으로 적기 때문에 지붕의 경사가 급하지 않고 평평하다.

**02** (가)는 한대 기후 지역, (나)는 열대 기후 지역, (다)는 온대 기후(서부 유럽) 지역이다. 한대 기후 지역은 연중 기온이 낮아 농업이 거의 불가능하다.

| 선택지 바로잡기 | ① 한대 기후 지역은 일 년 내내 기온이 낮아 주로 가죽이나 털로 만든 두꺼운 옷을 입는다. ② 열대 기후 지역은 향신료나 기름을 사용하는 음식 문화가 발달하였다. ③ 서부 유럽에서는 혼합 농업이나 목축업이 발달하였다. ⑤ 서부 유럽 등 온대 기후 지역에서는 사계절이 뚜렷하여 계절별로 다른 옷차림이 발달하였다.

**03** 왼쪽 사례에는 산지 지형을 활용한 생활 모습이 나타나 있고, 오른쪽 사례에는 평야 지형을 활용한 생활 모습이 나타나 있다. 이처럼 지형은 기후와 함께 인간 생활에 많은 영향을 주며, 도시의 발달, 교통로의 건설 등에도 큰 영향을 미친다.

| 선택지 바로잡기 | ① 산지 지역은 벼농사가 불가능한 것은 아니지만 발달에 유리하다고 보기는 어렵다. ② 산지 지역은 지형을 활용하여 관광 산업이 발달하는 경우가 많다. ③ 평야 지역은 여러 개의 하천이 지나는 곳에 많이 발달한다. ④ 산지 지역은 평야 지역보다 인간이 거주하는 데 불리하다.

**04** (가)는 태풍이고, (나)는 폭설이다. 태풍은 우리나라에 주로 영향을 미치는 열대 저기압으로, 강풍과 많은 비를 동반한다.

**| 선택지 바로잡기 |** ② 저위도 열대 해상은 연중 기온이 높으며 폭설이 발생하지 않는다. 저위도의 열대 해상에서 주로 발생하는 자연재해는 태풍이다. ③ 태풍은 여름과 초가을에 주로 발생하며, 폭설은 겨울철에 주로 발생한다. ④ 해일은 바닷물이 갑자기 크게 일어서 육지로 넘쳐 들어오는 현상으로, 태풍으로 인해 폭풍 해일이 발생할 수 있다. 폭설은 일반적으로 해일 피해를 유발하지 않는다. ⑤ 태풍과 폭설은 모두 기후적 요인으로 발생하는 자연재해이다.

## 수능 준비하기

**01** ③ **02** ② **03** ④ **04** ⑤

**01** 카오팟은 쌀로 만든 밥을 기름에 볶는 것으로, 열대 기후 지역인 타이의 전통 음식이다. 아에쉬는 건조하고 척박한 땅에서도 잘 자라는 밀을 화덕에 구운 것으로, 건조 기후 지역인 이집트의 전통 음식이다. ㄴ. 건조 기후 지역은 연 강수량보다 연 증발량이 많다. ㄷ. 건조 기후 지역은 나무가 자라기 어려운 기후로 무수목 기후라고도 한다. 따라서 열대 기후 지역이 건조 기후 지역보다 단위 면적당 나무가 많다.

**| 선택지 바로잡기 |** ㄱ. 열대 기후 지역은 여름철에 기온이 높고 강수량이 많다. ㄹ. 기온의 일교차는 열대 기후 지역보다 건조 기후 지역에서 일반적으로 더 크게 나타난다.

**02** A는 냉대 기후 지역, B와 C는 한대 기후 지역, D와 E는 열대 기후 지역이다. 한대 기후 지역은 연중 기온이 낮아 농업이 이루어지기 어렵다.

**| 선택지 바로잡기 |** ①은 열대 기후 지역, ③은 냉대 기후 지역에 대한 설명이다. ④ 열대 기후 지역에서는 고상 가옥 등이 나타나고, 이동식 가옥은 유목 생활을 주로 하는 건조 기후 지역에서 많이 나타난다. ⑤ 사바나에서는 우기에 비가 많이 내린다.

**03** (가)는 아이슬란드의 화산 지형을 활용한 관광 상품이고, (나)는 슬로베니아의 카르스트 지형을 활용한 관광 상품이다. ④ 카르스트 지형은 석회암의 주성분인 탄산 칼슘이 이산화 탄소를 포함한 빗물이나 지하수에 녹는 용식 작용으로 나타난다.

**| 선택지 바로잡기 |** ① 화산 지형은 특정 기후 지역에서만 나타나는 현상이 아니고, 오로라 현상은 극지방과 가까운 냉대 기후나 한대 기후 지역에서 주로 나타난다. ② 카르스트 지형은 우리나라에서도 나타난다. ③ (가)의 화산은 최근까지 분출이 있었던 화산으로, 인간의 안전을 위협하지 않는다고 단언하기는 어렵다. ⑤ 제시된 사례에서는 모두 지형을 활용하여 관광 산업이 발달하였다.

**04** (가)는 황사, (나)는 대설(폭설), (다)는 태풍이다. ㄱ. 황사는 미세한 모래와 먼지가 편서풍에 의해 이동하는 현상으로, 대기 중 미세 먼지 농도를 증가시킨다. ㄷ. 태풍은 황사보다 많은 강수를 동반한다. ㄹ. 풍수해 보험은 대설, 태풍 등 자연재해로 재산 피해를

입었을 경우에 피해 복구 비용을 보상받을 수 있는 보험으로, 보험료의 일부를 국가와 지방 자치 단체에서 보조해 준다.

**| 선택지 바로잡기 |** ㄴ. 건물의 내진 설계를 실시하여 대비할 수 있는 자연재해는 대설이 아니라 지진이다.

## 02~03 인간과 자연의 관계 ~ 환경 문제 해결을 위한 다양한 노력

### 개념 확인하기

51, 53쪽

**1** (1) 생 (2) 인 (3) 인    **2** 유기적    **3** (1) ㄴ (2) ㄷ (3) ㄱ    **4** ㄱ, ㄴ, ㄹ
**5** 지구 온난화      **6** (1) 시민 단체 (2) 환경 영향 평가

### 실력 다지기

54~56쪽

**01** ① **02** ① **03** ③ **04** ③ **05** ④ **06** ② **07** ③ **08** ②
**09** ③ **10** ⑤ **11** (1) 자연 휴식년제 (2) 해설 참조 **12** 해설 참조

**01** 제시된 주장은 인간 중심주의 자연관을 지닌 베이컨의 주장이다. ㄱ, ㄴ. 인간 중심주의 자연관은 인간을 자연과 엄연히 분리되어 있는 존재로 파악하였으며, 유용성의 관점에서 자연을 평가해야 한다고 보았다.

**| 선택지 바로잡기 |** ㄷ, ㄹ. 생태 중심주의 자연관에 대한 설명이다.

**02** 제시된 자료에서는 인간의 이익을 위해 스마트폰을 만드는 과정에서 생태계가 파괴되고 환경이 오염되었음을 보여 준다. 이 결과를 초래한 자연관은 인간 중심주의 자연관이다. ① 생태계 보전을 위해 훼손 우려 지역에 일정 기간 출입을 통제하는 자연 휴식년제는 생태 중심주의 자연관의 사례이다.

**| 선택지 바로잡기 |** ②, ③, ④, ⑤ 인간의 이익을 위해 자연을 이용한 사례에 해당한다.

**03** 뉴질랜드에서 황가누이강에 법적 지위를 부여한 것은 자연 전체의 균형과 안정을 먼저 고려한 것으로, ㉠은 생태 중심주의이다. ③ 생태 중심주의는 자연은 그 자체로 가치를 지니므로 자연이 인간의 이익을 위한 수단으로만 고려되면 안 된다고 본다.

**| 선택지 바로잡기 |** ①, ②, ④, ⑤ 인간 중심주의 자연관에 대한 설명이다.

**04** (가)는 산악 열차 설치에 찬성하므로 인간 중심주의 자연관에 대한 내용(ㄱ, ㄹ)이, (나)는 산악 열차 설치에 반대하므로 생태 중심주의 자연관에 대한 내용(ㄴ, ㄷ)이 들어가야 한다. ㄱ. 인간 중심주의 자연관은 자연 개발에 정당성을 부여하여 인간의 삶을 풍요롭게 하는 토대가 된다. ㄷ. 생태 중심주의 자연관은 인간이 내재적 가치를 지닌 생태계를 보존해야 할 의무가 있다고 본다.

**| 선택지 바로잡기 |** ㄴ. 생태 중심주의 자연관에 해당한다. ㄹ. 인간 중심주의 자연관에 해당한다.

**05** 제시된 그림은 박제가의 의암관수도로, 자연을 통해 인간의 내면을 성찰하고, 자연과의 유기적 관계를 탐구하는 동양의 자연관과 관련이 깊다. ㄴ. '귀는 물이 되고 몸은 돌이 되었다. 생긴 모양은 셋이지만 마음은 하나이다.'라는 문구를 통해 인간과 자연은 서로 밀접하게 관련이 있어서 떼어 낼 수 없는 유기적 관계임을 파악할 수 있다. ㄹ. 제시된 그림은 인간과 자연이 공존하는 모습을 표현하고 있으며 자연과 인간 자연과 조화를 이루어야 함을 나타낸다.

**06** 제시된 글은 오늘날 무분별한 개발로 자연의 자정 능력을 초과하여 복구하기 어려운 수준으로 환경 문제가 발생하고 있음을 지적하고 있다. ② 자연은 어느 정도 오염된 물이나 땅 등이 저절로 깨끗해지는 자정 능력을 지니고 있지만, 오늘날의 환경 문제는 자정 능력의 한계를 넘어설 정도로 심각하다.

**07** 병, 정. 프레온 가스로 알려진 염화 플루오린화 탄소(CFCs)의 사용 증가로 오존층이 파괴되면서 지상에 도달하는 자외선이 증가하였고, 이에 피부암, 안과 질환 등의 피해도 늘어나고 있다. 또한 식물 성장에도 영향을 주어 농작물의 수확량이 감소하는 등의 문제가 나타난다.

**| 선택지 바로잡기 |** 갑. 지구 온난화로 인해 나타나는 문제점이다. 을. 산성비로 인해 나타나는 문제점이다.

**08** 제시된 사진은 사막화의 모습이다. ② 사막화는 주로 사막 주변 지역에서 발생하는 것으로, 극심한 가뭄과 경지 개간, 방목 등으로 물 부족 및 식량 부족 문제가 발생한다.

**| 선택지 바로잡기 |** ① 산성비에 대한 설명이다. ③, ⑤ 지구 온난화로 인해 나타난 환경 문제이다. ④ 해양 오염에 대한 설명이다.

**09** 제시된 자료는 환경 문제 해결을 위한 주요 국제 환경 협약 관련 지도이다. ㄴ. B 바젤 협약(1989)은 유해 폐기물의 국가 간 이동과 교역을 규제하는 내용을 담고 있다. ㄷ. C 람사르 협약(1971)은 국제적으로 중요한 습지에 관한 협약이다.

**| 선택지 바로잡기 |** ㄱ. A 파리 협정(2015년)은 선진국과 개발 도상국에 모두 온실가스 감축 의무를 부여한 기후변화 협약이다. ㄹ. 사막화 방지 협약에 대한 설명이다. D 몬트리올 의정서는 오존층을 파괴하는 물질들의 생산과 사용을 규제하기 위해 채택된 국제 환경 협약이다.

**10** ⑤ 버려진 옷의 원단이나 친환경 섬유를 사용하여 옷을 만드는 것과 풍력 에너지와 같은 신·재생 에너지를 사용하여 생산 과정에서 자원의 소비량을 줄이기 위해 노력하는 것은 환경 문제에 대응하는 기업의 활동이다.

**11** ⑵ **예시 답안** 자연 휴식년제는 생태 중심주의 자연관과 관련이 깊으며, 생태 중심주의 자연관은 자연을 개발하고 이용하는 과정에서 발생한 환경 문제에 대한 반성에서 등장하였다.

| **채점 기준** | |
|---|---|
| 상 | 자연관의 명칭과 등장 배경을 모두 서술한 경우 |
| 하 | 자연관의 명칭만을 서술한 경우 |

**12** **예시 답안** • 1단계: 해수면이 점점 높아지고 있다.
• 2단계: 화석 에너지의 소비 증가로 온실가스 배출량이 늘어나면서 지구의 평균 기온이 높아졌기 때문이다.
• 3단계: 지구 온난화로 지구의 평균 기온이 높아지면서 빙하가 녹고 해수면이 상승할 경우 일부 해안 저지대와 섬 지역의 침수 위험이 증가할 것이다. 또한 세계 곳곳에 각종 기상 이변이 발생하여 가뭄, 홍수, 태풍, 폭설 등의 자연재해 발생이 증가할 것이다.

| **채점 기준** | |
|---|---|
| 상 | 환경 문제의 특징과 발생 원인, 문제점을 모두 서술한 경우 |
| 중 | 환경 문제의 특징과 발생 원인, 문제점 중 두 가지만 서술한 경우 |
| 하 | 환경 문제의 특징과 발생 원인, 문제점 중 한 가지만 서술한 경우 |

## 1등급 도전하기
57쪽

**01** ④  **02** ②  **03** ①  **04** ⑤

**01** 갑은 생태 중심주의, 을은 인간 중심주의 관점을 지니고 있다. ④ 갑은 공동체의 구성원이 전체 공동체에 대해 존경심을 가져야 한다고 여기므로, 첫 번째 질문에 '아니요', 두 번째 질문에 '예'라고 대답한 C에 해당한다. 반면 을은 자연이 인간에게 이롭게 지식을 활용해야 한다고 보므로, 첫 번째 질문에 '예', 두 번째 질문에 '아니요'라고 대답한 B에 해당한다.

**02** 제시된 글은 인간과 자연의 유기적 관계를 강조하며, 인간과 자연의 공존을 위한 사고의 전환이 필요하다고 본다. 따라서 다음 글에 부합하는 진술에만 모두 표시한 학생은 을이다.

**| 선택지 바로잡기 |** 네 번째 진술. 인간과 자연을 분리하여 바라보므로 제시된 글의 입장에 부합하지 않는다.

**03** A는 북아메리카와 유럽 등에 표시된 것으로 보아 산성비이다. B는 적도 주변의 열대 우림 지역에 표시되어 있으므로 열대림 파괴이다. C는 사하라 사막의 주변, 중앙 아시아 등에 표시되어 있으므로 사막화이다. ㄱ. 공장의 매연, 자동차의 배기가스 등이 빗물과 결합하여 산성비가 내리면서 삼림 파괴, 건축물과 조각상 부식, 토양 오염 등 피해를 입힌다.

**| 선택지 바로잡기 |** ㄴ. 바젤 협약은 열대림 파괴와는 관련 없다. ㄷ. 피부암, 백내장의 발병률이 증가하는 것은 오존층 파괴와 관련이 깊다. ㄹ. 사막화는 극심한 가뭄으로 인해 확대되므로 산성비보다 강수량이 적은 지역에서 발생할 가능성이 높다.

**04** ⑤ 제시된 사례의 용기 내 챌린지는 지구촌에서 일어나는 환경 문제를 해결하기 위해 일상생활에서 친환경적인 생활 방식을 실천하는 개인의 활동이다.

**01** 갑은 레오폴드, 을은 칸트이다. ㄱ. 레오폴드는 인간이 토지를 자원으로 이용할 수 있지만 단지 자원으로만 이용해서는 안 된다고 주장하였다. ㄷ. 레오폴드는 대지 공동체의 구성원들도 존속할 권리가 있다고 보았다. 칸트에 따르면 인간은 자연에 속하면서 권리를 가질 수 있는 개별 존재이다.

**02** 제시된 편지에서는 자연과 환경에 대한 깊은 존중과 인간이 자연과 조화를 이루며 살아야 한다는 메시지를 담고 있다. 즉, 인간이 자연을 무분별하게 파괴하거나 정복하려는 시도를 비판하고 있으며 자연과의 공존을 강조하고 있는 것이다. ③ 인간은 대지의 일부이며 자연과 유기적 관계라는 것을 인식해야 함을 파악할 수 있다.

| **선택지 바로잡기** | ①, ②, ④, ⑤ 인간 중심주의 자연관에 대한 설명이다.

**03** ① 국제 사회가 폐기물 및 기타 물질의 투기로 인한 해양 오염을 방지하기 위해 1972년에 체결한 협약은 (가) 런던 협약이다. 1971년에 습지를 보호하기 위해 체결한 협약은 (나) 람사르 협약이다.

**04** (가)는 시민 단체, (나)는 정부이다. ㄷ, ㄹ. 시민 단체는 기업, 정부 등의 환경 오염 유발 행위를 감시하거나 사회 전반의 환경 보호 의식을 높일 수 있는 환경 운동 등을 전개한다. 정부는 환경 오염 물질을 배출하는 사업자나 소비자를 처벌하거나 분담금을 부과하는 등 법과 제도를 마련하여 이를 시행한다.

| **선택지 바로잡기** | ㄱ. 환경과 관련된 법을 만들고 집행하는 주체는 (나) 정부이다. (가) 기업은 환경과 관련된 법을 준수하는 주체이다. ㄴ. 가정에서 에너지 효율이 높은 제품을 사용하는 주체는 개인이다.



**01** 제시된 대화에는 인간이 자연환경의 영향을 받으며 고유한 생활 양식을 형성한 사례가 나타나 있다. 자연환경의 차이는 음식, 의복, 주거 등 지역의 고유한 생활양식과 산업 발달에 많은 영향을 미친다.

| **선택지 바로잡기** | ① 인간은 자연환경의 영향을 받는 동시에 다양한 활동을 통해 자연환경에 영향을 미친다. ③, ④ 덥고 습한 기후 때문에 매운 음식이 발달한 것은 인간이 과학기술의 발달로 자연환경을 극복하거나 불리한 자연환경이 인간의 발전에 장애 요인으로 작용한 사례라고 보기 어렵다. ⑤ 자연환경이 다르면 인간의 의식주가 다르게 나타난다는 것을 보여 주는 사례에 가깝다.

**02** (가)는 계절풍의 영향을 받는 동아시아 지역의 벼농사 모습이고, (나)는 여름철이 고온 건조한 지중해 연안 지역의 수목 농업 모습이다.

| **선택지 바로잡기** | ㄷ. 동아시아 지역과 지중해 연안 지역은 모두 계절의 변화가 비교적 뚜렷한 온대 기후 지역이다. 따라서 계절에 따라 다양한 옷차림이 발달하였다. ㄹ. 열량이 높은 육류 위주의 음식 문화는 유목이 발달한 건조 기후 지역이나 식물이 자라기 어려운 한대 기후 지역에서 발달하였다.

**03** A는 프랑스의 파리로 온대 기후 지역, B는 사우디아라비아의 리야드로 건조 기후 지역, C는 러시아의 야쿠츠크로 냉대 기후 지역, D는 오스트레일리아의 시드니로 온대 기후 지역, E는 브라질의 마나우스로 열대 기후 지역이다. ③ 냉대 기후 지역에서는 침엽수림대가 넓게 분포하여 통나무로 만든 전통 가옥이 발달하였다.

| **선택지 바로잡기** | ①은 건조 기후 중 사막 기후 지역, ②는 열대 기후 지역, ⑤는 건조 기후 중 스텝 기후 지역에 대한 설명이다. ④ 온대 기후 지역에서는 계절마다 다른 옷차림이 발달하였다.

**04** 갑은 열대 기후 지역, 을은 건조 기후 지역 중 사막 기후 지역, 병은 건조 기후 지역 중 스텝 기후 지역에 거주한다. 열대 기후 지역은 건조 기후 지역보다 비가 많이 내린다.

| **선택지 바로잡기** | ② 건조 기후 지역은 열대 기후 지역보다 나무가 자라기 어렵다. ③ 열대 기후 지역은 일반적으로 건조 기후 지역보다 낮은 위도에 위치한다. ④ 건조 기후 지역은 일반적으로 열대 기후 지역보다 기온의 일교차가 크다. ⑤ 갑은 열대 기후 지역에 거주하고, 을과 병은 건조 기후 지역에 거주한다.

**05** 산지 지역은 일반적으로 인간 거주에 불리하지만, 적도 부근에서는 고산 도시가 발달한다. 평야와 해안 지역은 인간 거주에 유리하고, 특히 평야 지역은 교통로 건설에 유리하다.

| **선택지 바로잡기** | ④ 수심이 깊은 해안 지역은 대형 선박이 안전하게 들어올 수 있고, 조수 간만의 차에도 안정적으로 항구를 운영할 수 있어 항구가 발달하는 데 유리하다.

**06** 제시된 현상은 지진, 폭설, 홍수, 화산 활동으로 모두 자연재해에 해당한다. 자연재해에 의한 피해를 줄이기 위해서는 안전상의 문제가 있는 경우에 개인이 국가나 지방 자치 단체에 빠르게 조치를 취해 달라고 요청해야 한다.

| **선택지 바로잡기** | ㄱ. 자연재해는 정확하게 예측할 수 없는 현상이므로 시민은 국가적 대응 훈련에 적극적으로 참여해야 한다. ㄷ. 시민은 국가의 정책적 지원을 요청하는 동시에 안전하고 쾌적한 환경에서 살아가기 위한 개인적 실천을 적극적으로 해야 한다.

**07** 제시된 사례의 '최근 발생하는 도시 내 땅꺼짐 현상'은 인간의 이익을 위해 자연을 인간의 도구로 이용해도 된다고 보는 인간 중심주의 자연관으로 인해 발생하였다. ⑤ 인간 중심주의 자연관은 자연의 수단적 가치를 강조하며 자연을 개발해도 된다고 본다.

| **선택지 바로잡기** | ①, ②, ③, ④ 생태 중심주의 자연관에 대한 설명이다.

**08** 제시된 응답지에 응답한 학생은 첫 번째 질문에 '예'라고 답하였고, 두 번째 질문에 '아니요'라고 응답하였으므로, 생태 중심주의 자연관에 대한 질문 응답지이다. 따라서 ㉠에는 생태 중심주의 입장에서 부정의 대답을, ㉡에는 생태 중심주의 입장에서 긍정의 대답을 할 질문이 들어가야 한다. ㄴ. 생태 중심주의 자연관은 인간을 자연의 주인이 아닌 자연의 일부로 본다. ㄷ. 생태 중심주의 자연관은 생태계를 도덕적 고려 대상으로 본다.
| **선택지 바로잡기** | ㄱ은 생태 중심주의 자연관의 입장에서 '예', ㄹ은 생태 중심주의 자연관의 입장에서 '아니요'라고 응답할 질문이다.

**09** 갑은 생태 중심주의 자연관, 을은 인간 중심주의 자연관을 지닌 사상가이다. ㄱ. A에는 생태 중심주의 자연관의 입장에서 '예'라고 판단할 내용이 들어가야 한다. 생태 중심주의 자연관은 인간을 포함한 모든 생명체를 자연의 일부로 본다. ㄷ. C에는 생태 중심주의 자연관의 입장에서는 '아니요', 인간 중심주의 자연관의 입장에서는 '예'라고 판단할 내용이 들어가야 한다. 인간 중심주의 자연관에서는 인간과 자연을 분리하여 바라보고, 자연은 인간의 욕구를 충족시키는 도구이자 인간의 풍요를 위한 개발과 극복의 대상이라고 본다.
| **선택지 바로잡기** | ㄴ. B에는 생태 중심주의 입장에서는 '예', 인간 중심주의 입장에서는 '아니요'라고 판단할 내용이 들어가야 한다.

**10** ㉡ 인간과 자연이 조화를 이루는 천인합일의 경지를 지향하는 것은 유교의 자연관이다. 불교에서는 인간과 동식물, 무생물까지 포함한 우주의 만물이 서로 그물망처럼 관련을 맺고 있는 연기(緣起)의 원리에 따라 움직인다고 보아 모든 생명을 중요시할 것을 강조하였다.

**11** 제시된 글에서는 인간과 자연이 서로 밀접하게 연결되어 있으며, 인간이 무분별하게 자연을 개발하여 생태계의 안정을 깨뜨리면 그 피해가 인간에게 돌아올 수 있다는 점을 강조하고 있다. ㄷ, ㄹ. 오늘날 인간의 무분별한 개발로 생태계의 위기가 초래되고 인간의 삶이 위협받는 것을 해결하려면 인간과 자연을 공존의 대상으로 인식해야 하며, 이를 위해서는 동양의 친환경적인 자연관을 살펴봐야 한다.

**12** '이러한 상황'은 무분별한 벌목과 농경지 개간, 목축 등으로 인해 악화된다는 것을 통해 열대림이 파괴되는 문제임을 알 수 있다. ① 인도네시아는 열대림이 많이 분포하는 지역으로, 열대림이 파괴되면 동물의 서식지가 사라져 생물종 다양성이 감소한다.

**13** ㄱ. 지구 온난화는 화석 연료의 사용 증가, 삼림 파괴 등의 요인으로 더욱 심화하고 있다. ㄴ. 사막화가 진행되면 토양 황폐화, 황사 심화 등의 문제가 나타난다. ㄹ. 미세 먼지와 황사는 오염 물질을 포함하고 있어 폐질환, 심장 질환을 비롯하여 치매와 같은 뇌 질환 등 사람들의 건강에 심각한 위협을 준다.
| **선택지 바로잡기** | ㄷ. 프레온 가스로 알려진 염화 플루오린화 탄소(CFCs)의 사용 증가로 오존층이 파괴된다.

**14** 우리는 생태시민으로서 환경 문제를 해결하기 위해 사용하지 않는 전자 제품의 콘센트 뽑기, 냉장고 문 여는 횟수 줄이기, 대중교통 이용하기 등을 통해 에너지 낭비를 줄일 수 있다. 또한 쓰레기를 줄이고 분리배출을 생활화하며, 불필요한 물건은 서로 나누어 재사용하는 등 일상생활에서 환경친화적인 생활 방식을 실천할 수 있다.
| **선택지 바로잡기** | ⑤ 가까운 지역에서 이동해 온 식료품을 구입하면 이동 과정에서 발생하는 온실가스 배출량을 줄일 수 있다.

**15** ② 우리나라 정부는 국내 환경 보전을 위해 온실가스 배출권 거래제 등을 통해 저탄소 녹색 성장을 추진하고 있다.
| **선택지 바로잡기** | ① 런던 협약에 대한 설명이다. ③ 시민 단체의 역할이다. ④, ⑤ 정부의 역할이다.

**16** ㄴ. 환경 문제는 대체로 다양한 원인으로 발생하여 책임 소재를 명확히 구분하기 어렵고, 발생한 지역이나 국가의 경계를 넘어 인접한 지역과 국가, 나아가 전 지구에 영향을 미칠 만큼 피해 범위가 넓다. ㄹ. 시민 단체는 사람들이 환경에 관심을 가지고 환경 보호를 실천할 수 있도록 다양한 운동과 환경보호 캠페인을 펼치고 있다.
| **선택지 바로잡기** | ㄱ. 인간은 자연에서 많은 혜택을 받지만, 급격한 기상 변화나 지각 변동 등과 같은 자연재해로부터 막대한 피해를 입기도 한다. '인구 증가', '자원 소비 증가' 등이 주요 원인이다. ㄷ. 교토 의정서는 개발 도상국이 아닌 선진국의 온실가스 감축 목표치를 규정하였다.

## Ⅳ 문화와 다양성

### 01 세계의 다양한 문화권

**개념 확인하기**　　　　　　　　　　　　　　67쪽

**1** 문화권　**2** (1) × (2) ○ (3) ×　**3** (1) ㄴ (2) ㄱ (3) ㄷ

**실력 다지기**　　　　　　　　　　68~69쪽

**01** ⑤　**02** ④　**03** ③　**04** ①　**05** ②　**06** ②　**07** ③　**08** ③
**09** ②　**10** ③　**11** (1) 리오그란데강 (2) 해설 참조　**12** 해설 참조

**01** 문화란 인간이 환경과 상호 작용하면서 형성한 의식주, 종교, 언어 등 사회 전반의 생활양식이다. 문화권은 문화적 특성이 유사하게 나타나 주변과 구별되는 공간 범위를 말한다. ⑤ 문화권의 경계는 대체로 높은 산맥이나 큰 하천, 넓은 사막 등의 자연환경을 기준으로 정해진다.

**| 선택지 바로잡기 |** ① 문화는 오랜 시간에 걸쳐 넓은 지역에서 다양한 영향을 받으며 형성된다. ②, ③ 문화는 사회, 과학, 환경 등 다양한 요인에 의해 지속적으로 변화한다. 따라서 한 문화권에 여러 민족이 공존하기도 한다. ④ 문화권의 경계는 대부분 국경과 상관없이 만들어진다. 예를 들어, 유럽의 경우 여러 국가들이 존재하지만, 언어, 종교, 역사적 공통점 등에 의해 동일한 유럽 문화권으로 구분한다.

**02** 제시된 ㉠은 지리적으로 유럽과 아시아 대륙을 잇는 위치에 자리하여 두 대륙의 문화적, 역사적, 종교적 요소가 혼재하고 중첩되는 점이 지대이다. 점이 지대는 서로 인접한 지역의 특성이 함께 섞여서 나타나는 지리적 범위를 일컫는다.

**03** 제시된 지도의 A는 아시아 계절풍 기후 지역의 주식이므로 쌀, B는 건조 문화권과 유럽 문화권의 주식으로 밀, C는 몽골 등 초원 지대의 주식으로 고기 및 유제품이다.

**| 선택지 바로잡기 |** ①, ② 쌀(A)은 고온 다습한 아시아 계절풍 기후 지역의 주식이다. ④ 쌀(A)은 고온 다습한 환경에서 잘 자라는 반면, 밀(B)은 상대적으로 건조한 기후에서도 잘 자란다. ⑤ A는 쌀, B는 밀, C는 고기 및 유제품이다.

**04** (가)는 지붕이 평평하고 창문이 작은 흙벽돌집으로 건조 문화권의 전통 가옥이다. (나)는 순록의 가죽으로 만든 이동식 가옥으로 북극 문화권의 전통 가옥이다. (다)는 매우 두꺼운 돌로 만든 가옥으로 산간 지역에 위치하며 기온의 일교차가 큰 지역의 전통 가옥이다. 지도의 A는 모로코로 건조 문화권에 속하며, B는 러시아의 북극해 일대로 북극 문화권에 속한다. C는 페루의 고산 지역으로 기온의 일교차가 매우 큰 지역이다. 따라서, (가)는 A, (나)는 B, (다)는 C의 전통 가옥 경관이다.

**05** 제시된 지도의 A는 유럽 문화권과 아메리카 문화권에서 주로 믿는 크리스트교, B는 건조 문화권에서 주로 믿는 이슬람교, C는 동아시아와 동남아시아 문화권에서 주로 믿는 불교, D는 남부 아시아 문화권에서 주로 믿는 힌두교이다.

**| 선택지 바로잡기 |** ①, ③은 힌두교 문화권(D), ④는 크리스트교 문화권(A)이다. ⑤ 이슬람교 문화권(B)은 종교적 이유로 돼지고기를 먹는 것을 금기시한다. 따라서 크리스트교 문화권(A)보다 1인당 돼지고기 소비량이 적다. ⑥ 힌두교(D)는 소를 신성시하여 소고기를 먹지 않는다. 따라서 이슬람교(B)보다 1인당 소고기 소비량이 적다.

**06** (가)는 모스크가 있는 것으로 보아 이슬람교, (나)는 갠지스강에서 종교 의식을 하는 것으로 보아 힌두교이다.

**| 선택지 바로잡기 |** ㄱ. (가)는 이슬람교, (나)는 힌두교이다. ㄷ. 이슬람교는 건조 문화권에서 신자 비율이 높다.

**07** 제시된 지도의 A는 유럽 문화권, B는 건조 문화권, C는 아프리카 문화권, D는 동양 문화권, E는 오세아니아 문화권이다.

**| 선택지 바로잡기 |** ① 유럽 문화권(A)은 밀가루를 이용한 음식 문화가 발달하였다. ②는 동남아시아 문화권, ④는 건조 문화권(B), ⑤는 동양 문화권(D)에 대한 설명이다.

**08** (가)는 과거 영국의 식민 지배로 영어를 사용하는 앵글로아메리카 문화권, (나)는 가톨릭교 신자 비율이 높은 라틴 아메리카 문화권이다.

**| 선택지 바로잡기 |** ㄷ. 이누이트, 라프족 등이 유목 생활을 하는 문화권은 북극 문화권이다. 북극 문화권은 극지방의 혹독한 기후와 환경에 적응하기 위한 순록 유목, 수렵, 어업 등이 발달하였다.

**09** 지도의 A는 북극 문화권, B는 유럽 문화권, C는 아프리카 문화권, D는 오세아니아 문화권, E는 앵글로아메리카 문화권이다. 산업 혁명과 민주주의가 시작되고, 크리스트교와 관련한 생활양식이 발달한 곳은 유럽 문화권이다.

**10** 제시된 자료의 국가는 울룰루, 애버리지니, 영국의 엘리자베스 여왕이 그려진 화폐로 오스트레일리아임을 알 수 있다. 오스트레일리아는 오세아니아 문화권에 속한다.

**| 선택지 바로잡기 |** ㄱ. 오세아니아는 영국의 영향으로 개신교를 주로 믿는다. ㄹ. 유럽계와 아프리카계, 원주민과 혼혈족 등이 분포하는 문화권은 라틴 아메리카 문화권이다. 라틴 아메리카 문화권은 여러 인종이 함께 어우러져 독특한 문화와 사회 구조를 형성하고 있다.

**11** (2) **예시 답안** 라틴 아메리카 문화권은 남부 유럽의 식민 지배를 받았기 때문에 대부분의 국가에서 에스파냐어와 포르투갈어를 사용하고 있으며, 가톨릭교 신자 비율이 높다.

| 채점 기준 | |
| --- | --- |
| 상 | 언어와 종교 측면에서 라틴 아메리카 문화권의 특징을 정확히 서술한 경우 |
| 하 | 언어와 종교 측면 중 한 가지만 제시한 경우 |

**12** **예시 답안** ·1단계: 강한 햇빛과 모래 바람으로 얼굴을 보호하기 위한 천을 두르고 있으며, 이슬람교와 관련된 돔 모양의 건축물이 있다.

·2단계: 요르단의 화폐에 얇은 천으로 만들어진 의복과 돔 모양의 건축물이 있는 것으로 보아 이슬람교 신자 비율이 높은 건조 문화권일 것이다.

·3단계: 요르단은 건조 문화권에 해당하며, 이슬람교를 주로 믿는다. 한편, 건조 기후 지역에 해당하여 유목 및 오아시스 농업이 발달하였을 것이다.

| 채점 기준 | |
| --- | --- |
| 상 | 화폐의 그림을 분석하여 건조 문화권임을 유추하고, 이를 바탕으로 건조 문화권의 특징을 정확하게 서술한 경우 |
| 중 | 화폐의 그림을 분석하여 건조 문화권임을 유추한 경우 |
| 하 | 화폐 모습만 단편적으로 분석한 경우 |

## 1등급 도전하기
71쪽

**01** ① **02** ④ **03** ④ **04** ②

**01** (가)는 열대 기후 지역의 음식 문화로 기후와 관련이 있으며, (나)는 힌두교를 믿는 지역의 문화로 종교와 관련이 있다.

| **선택지 바로잡기** | 산업과 관련된 예로는 농경이 주로 이루어지는 농경 문화권에서는 정착 생활을 하며, 유목이 중심이 되는 유목 문화권에서는 계절에 따라 풀을 찾아 이동 생활을 한다는 예시 등이 적절하다.

**02** (가)는 열대 기후 지역, (나)는 건조 기후 지역, (다)는 한대 기후 지역의 의복 경관이다. (가)는 일 년 내내 고온 다습한 기후의 영향으로 얇고 통풍이 잘 되는 의복 문화가 발달하였다. (나)는 매우 건조한 사막에서 강한 햇볕과 모래바람을 막기 위해 온몸을 감싸는 의복 문화가 발달하였다. (다)는 일 년 내내 추운 기후의 영향으로 두껍고 따뜻한 의복 문화가 발달하였다.

**03** (가)는 국경과 종족이 일치하지 않아 분쟁이 많은 아프리카 문화권(B), (나)는 식민 지배의 영향으로 개신교를 주로 믿는 오세아니아 문화권(D), (다)는 원주민과 이주민 간 혼혈 비율이 높은 라틴 아메리카 문화권(E)이다.

**04** (가)는 노르웨이를 포함한 문화권으로 크리스트교를 주로 믿는 북서 유럽 문화권, (나)는 사우디아라비아를 포함한 문화권으로 이슬람교를 주로 믿는 건조 문화권, (다)는 오스트레일리아를 포함한 문화권으로 영국의 식민 지배 영향을 받은 오세아니아 문화권이다.

| **선택지 바로잡기** | ① 소를 신성시하는 것은 남부 아시아 문화권이다. ③ 유럽 국가의 식민 지배의 영향으로 국경 분쟁이 빈번한 것은 아프리카 문화권이다. ④ 오아시스 농업은 주로 건조 기후 지역에서 이루어지며, (나) 건조 문화권에서 발달하였다. ⑤ 게르만족은 북서 유럽 문화권, 슬라브족은 동부 유럽 문화권에서 그 비중이 높다.

### 수능 준비하기 · 72~73쪽

**01** ④ **02** ③ **03** ③ **04** ⑤

**01** (가)는 힌두교, (나)는 크리스트교의 모습이다. 힌두교는 남부 아시아에서 기원하였으며, 갠지스강을 신성시하여 강에서 몸을 씻는 의식을 한다. 또한, 소를 신성시하여 소를 먹지 않는다. 크리스트교는 주로 유럽, 아메리카 및 오세아니아 등 넓은 지역에서 신자 수가 높은 편이다.

**02** (가)는 유목과 오아시스 농업, 관개 농업 등이 발달하였으며, 이슬람교 신자 비율이 높은 건조 문화권이다. (나)는 한대 기후 지역에 주로 분포하며 다양한 원주민들이 순록을 유목하거나 수렵, 어로 활동을 하는 북극 문화권이다.

**03** A는 건조 문화권, B는 라틴 아메리카 문화권이다. 건조 문화권은 이슬람교 신자 비율이 높아 돼지고기를 먹지 않는다.

| **선택지 바로잡기** | 갑은 아프리카 문화권, 을은 유럽 문화권, 무는 동양

---

문화권의 특징을 답하였다. 라틴 아메리카 문화권은 남부 유럽 식민 지배의 영향으로 에스파냐어와 포르투갈어 사용자의 비율이 높다.

**04** 지도의 A는 아프리카 문화권, B는 건조 문화권, C는 동양 문화권, D는 오세아니아 문화권, E는 라틴 아메리카 문화권이다. 제시된 워드 클라우드에서 남부 유럽의 영향, 잉카 문명, 리오그란데강 이남 등의 단어를 보아 라틴 아메리카 문화권이다.

## 02 문화 변동과 전통문화의 창조적 계승

### 개념 확인하기 · 75쪽

**1** (1) 발견 (2) 간접 전파  **2** (1) ㄴ (2) ㄱ (3) ㄷ  **3** 전통문화

### 실력 다지기 · 76~78쪽

**01** ⑤ **02** ② **03** ① **04** ④ **05** ② **06** ④ **07** ③ **08** ②
**09** ⑤ **10** ③ **11** 해설 참조 **12** 해설 참조

**01** ⑤ 오늘날에는 국가 간 교류가 활발하고 대중 매체가 발달함에 따라 직접 전파, 간접 전파 등의 문화 전파가 문화 변동의 주요 요인으로 작용하고 있다.

**02** ㉠은 페니실린이라는 알려지지 않았던 문화 요소를 찾아내므로 발견, ㉡은 세탁기라는 새로운 문화 요소를 만들어 내므로 발명에 해당한다. ㄷ. 한글이라는 새로운 언어를 창제하는 것은 발명에 해당한다. 발명의 대상은 물질적인 것일 수도 있고 종교, 관념 등 비물질적인 것일 수도 있다.

| **선택지 바로잡기** | ㄴ. 발견과 발명 모두 문화 변동의 내재적 요인에 해당한다. ㄹ. 발견과 발명은 문화 변동을 일으키는 요인이다.

**03** ① (가)는 사람이 다른 문화와 직접 접촉하여 다른 사회의 문화 요소가 전해진 것으로, 직접 전파의 사례이다. (나)는 인터넷과 같은 매개체를 통해 간접적으로 문화 요소가 전파된 것으로, 간접 전파의 사례이다.

**04** 설총이 중국에서 전파된 문화 요소인 한자에 자극을 받아 이두라는 새로운 문자를 발명한 것은 자극 전파에 해당한다. ㄴ, ㄹ. 자극 전파는 다른 사회의 문화 요소에서 아이디어를 얻어 새로운 문화 요소가 만들어지는 것을 말한다.

| **선택지 바로잡기** | ㄱ. 자극 전파는 사회 외부의 요인에 의한 문화 전파에 해당한다. ㄷ. 직접 전파에 대한 설명이다.

**05** 제시된 글은 문화 동화에 대한 설명이다. ㄴ. 아메리카에서는 아메리카 원주민들의 고유 문화는 사라지고 백인들의 문화만 남게 되었으므로, 문화 동화의 사례에 해당한다.

**06** 제시된 사례에서 성공회 강화 성당은 우리나라의 한옥의 구조에 서양의 건축 구조인 바실리카 양식이 결합하여 만들어진 것이므로, 문화 융합의 사례에 해당한다. ④ 문화 융합은 기존의 문화 요소와 외래문화 요소가 결합하여 기존과는 다른 새로운 문화가 만들어진 현상을 말한다.



**07** ③ 문화 동화는 자문화의 정체성이 상실되는 반면, 문화 융합은 자문화의 정체성이 유지된다. 따라서 문화 동화와 문화 융합은 자문화의 정체성 유지를 기준으로 구분할 수 있다.

**08** ② A국은 한 사회의 문화가 다른 사회의 문화 체계 속에 흡수되었으므로 문화 동화, B국은 서로 다른 문화 요소가 결합하여 새로운 문화 요소가 등장하였으므로 문화 융합, C국은 서로 다른 문화 요소가 한 사회의 문화 체계 속에 공존하므로 문화 병존이 나타났다.

**09** 제시된 글은 유네스코 인류 무형 문화유산으로 등재된 강릉 단오제가 현대 시민들에게 공동체 구성원으로서의 정체성을 확인할 수 있는 기회를 제공해 주는 것을 강조하고 있다. 이를 통해 전통문화가 사회 구성원들의 소속감을 고취시켜 사회의 통합을 통해 정체성을 확고히 하는 역할을 파악할 수 있다.

**10** 제시된 기사에서는 우리나라의 전통문화인 불상, 고려청자 등을 현대적 감각에 맞게 재해석하여 만든 상품이 큰 인기를 끌고 있다는 내용이 제시되어 있다. ③ 전통문화를 창조적으로 계승하려면 사회 구성원들이 전통문화에 꾸준히 관심을 가지고 즐기면서도 전통 음악과 춤 등을 현대의 감각에 맞게 재해석하여 발전시키려는 노력이 필요하다.

**11** **예시 답안** 전통문화가 현대 사회에서도 의미를 가지려면 전통문화를 창조적으로 계승하고 발전시켜야 한다. 전통문화를 현대적 감각으로 재해석하여 새로운 문화 콘텐츠로 발전시킨다면 세계화 시대에 전통문화의 가치를 높이고 더욱 발전시켜 나갈 수 있다.

| 채점 기준 | |
|---|---|
| 상 | 전통문화를 현대적으로 재해석하여 새로운 문화 콘텐츠로 발전시켜야 한다는 점을 서술한 경우 |
| 하 | 전통문화를 창조적으로 계승해야 한다고만 서술한 경우 |

**12** **예시 답안** • 1단계: 문화 병존
• 2단계: 제시된 사례의 미국 로스앤젤레스에서는 기존 문화 요소인 미국 문화와 새로운 문화 요소인 한국 문화가 공존하므로, 문화가 변동하는 과정에서 자기 문화의 정체성이 유지된다고 볼 수 있다.

• 3단계: 제시된 사례에 나타난 문화 변동 양상은 문화 병존으로, 기존의 문화 요소와 외래문화 요소가 나란히 존재하는 현상을 말한다. 문화 병존은 기존의 자기 문화를 그대로 유지하므로 자기 문화의 정체성을 유지한다는 특징이 있다.

| 채점 기준 | |
|---|---|
| 상 | 문화 병존을 '자기 문화의 정체성 유지' 측면에서 분석하고 문화 병존의 특징을 정확하게 서술한 경우 |
| 중 | 문화 병존을 '자기 문화의 정체성 유지' 측면에서 정확하게 분석하여 서술한 경우 |
| 하 | 문화 병존이라고만 쓴 경우 |

## 1등급 도전하기 ○─ 79쪽

**01** ⑤  **02** ②  **03** ⑤  **04** ①

**01** A는 자극 전파, B는 발견, C는 직접 전파, D는 발명이다. ⑤ 자극 전파, 발견, 직접 전파, 발명은 모두 한 사회에 새로운 문화 요소를 추가하는 요인으로 작용하여 해당 사회의 문화 체계 변화를 이끌어 낸다.



**02** (가)는 문화 동화, (나)는 문화 융합, (다)는 문화 병존이다. ㄴ. 문화 융합은 새로운 문화 요소가 등장하는 것이므로, 전체 사회의 문화적 다양성의 확대에 기여한다. ㄷ. 우리나라에 서로 다른 사회의 문화 요소인 한의원과 서양식 병원이 함께 존재하는 것은 문화 병존의 사례이다.



**03** ⑤ D국에서는 A국의 음식인 케첩에 다른 재료를 섞어 새로운 문화 요소인 토마토케첩을 만들었으므로 문화 융합이 나타났다는 것을 알 수 있다.



**04** 제시된 장면에서는 태국의 송끄란 축제를 소개하고 있다. ㄱ, ㄴ. 전통문화 축제를 통해 각국의 고유한 문화를 전 세계 사람들이 향유하게 되며, 전 세계 사람들은 전통문화 축제를 통해 세계 각국의 고유한 문화를 접할 수 있다.

## 수능 준비하기
○ 80~81쪽

**01** ② **02** ③ **03** ① **04** ②

**01** (가)는 갑국의 선조들이 존재하였지만 알려지지 않았던 광물을 찾아낸 것으로 발견(A)에 해당한다. (나)는 갑국의 선조들 이 금속 그릇이라는 기존에 존재하지 않던 사물을 만들어 낸 것으로 발명(D)에 해당한다. (다)는 갑국의 상인들과 을국 사람들의 직접적인 접촉에 의해 갑국의 금속 그릇이 을국에 전달된 것으로 직접 전파(C)에 해당한다. (라)는 을국 사람들이 갑국의 금속 그 릇에서 아이디어를 얻어 금관 악기라는 새로운 문화 요소를 만 들어 낸 것으로 자극 전파(B)에 해당한다.

**02** ㄱ. A국에서는 원터치 캔이라는 C국의 문화 요소가 전해졌으므 로, 직접 전파에 의한 문화 변동이 나타났다. ㄷ. A국에서는 병조 림, C국에서는 철제 통조림 뚜껑 따개와 원터치 캔이 새롭게 만들 어졌으므로 발명, 즉 내재적 요인에 의한 문화 변동이 나타났다.

**03** 1모둠이 작성한 내용에는 문화 병존이, 2모둠이 작성한 내용에 는 자극 전파와 문화 병존이, 3모둠이 작성한 내용에는 문화 융 합이, 4모둠이 작성한 내용에는 간접 전파가 나타난다. ① 1모둠 이 작성한 내용 중 갑국의 전통 음식 A가 전국적으로 유행이라 는 것을 통해 문화 병존이 나타났음을 알 수 있다. 2모둠이 작성 한 내용 중 새로운 무열량 음료가 ○○국 전통 음료와 을국의 무 설탕 음료 B의 판매량을 추월했다는 것을 통해 문화 병존이 나 타났음을 알 수 있다.

**04** 갑국의 의복과 음식 분야에서는 문화 융합과 문화 병존이 나타 났고, 주거 분야에서는 문화 변동이 나타나지 않았다. ㄹ. 의복 분야와 음식 분야에서는 기존 문화에 외부 문화가 합쳐져 새로 운 문화가 나타났으므로 문화 융합이 발생하였다. 하지만 주거 분야에서는 기존의 전통 가옥 형태를 그대로 유지하고 있으므로 문화 융합이 발생하지 않았다.
**| 선택지 바로잡기 |** ㄱ. 의복 분야에서는 문화 융합과 문화 병존(문화 공 존)이 나타났으므로, 자기 문화의 정체성이 유지되었다. ㄴ. 발견은 문화 변동의 내재적 요인에 해당한다. ㄷ. 주거 분야에서는 전통 가옥 형태가 유지되어 물질문화는 변동하지 않고 신분에 따른 가옥 규모 제한 폐지 로 비물질문화는 변동하였지만, 이로 인해 문화 요소 간의 부조화 현상 이 나타나지는 않았으므로 문화 지체 현상이 나타났다고 볼 수 없다.

##  03 문화 상대주의와 보편 윤리

### 개념 확인하기
83쪽

**1** (1) ✕ (2) ○ **2** (1) ㄷ (2) ㄱ (3) ㄴ **3** 보편 윤리

## 실력 다지기
○ 84~86쪽

**01** ④ **02** ⑤ **03** ③ **04** ② **05** ③ **06** ④ **07** ⑤ **08** ⑤ **09** ⑤ **10** ④ **11** (1) 문화 사대주의 (2) 해설 참조 **12** 해설 참조

**01** 산지가 많아 목축업이 발달한 스위스, 바다로 둘러싸여 있어 수 산업이 발달한 일본은 모두 자연환경의 차이로 문화의 차이가 나타났다. ④ 한 사회의 자연환경에 따라 음식 문화나 주거 문화 등 각 사회의 독특한 문화 형성에 영향을 미치며 문화적 차이를 만들어 낸다.

**02** 제시된 사례의 유럽 선교사들이 아마존 밀림에 대한 환경을 이 해하지 못하고 자신들의 문화를 기준으로 원주민들에게 옷을 입 을 것을 강요하는 것은 자문화 중심주의적 태도이다. ⑤ 자문화 중심주의는 자기 문화만을 고수하는 국수주의로 이어지거나 다 른 문화를 배척하고 차별을 정당화한다는 문제점이 있다.
**| 선택지 바로잡기 |** ①, ②, ③, ④ 문화 사대주의의 문제점이다.

**03** 제시된 사례에서는 영어로 쓰인 간판을 더 우수하다고 생각하 고, 우리말을 평가 절하하는 문화 사대주의적 태도가 나타나 있 다. ㄴ, ㄷ. 문화 사대주의는 특정 문화를 우수하다고 보고 자기 의 문화를 낮게 평가하므로, 자기 문화에 대한 정체성을 상실할 수 있다는 문제점이 있다.
**| 선택지 바로잡기 |** ㄱ. 자문화 중심주의에 대한 설명이다. ㄹ. 극단적 문 화 상대주의에 대한 설명이다.

**04** 제시된 사례에서는 장례 문화를 나름대로 의미와 가치가 있다고 보므로, 문화 상대주의의 사례이다. 문화 상대주의는 문화가 형 성된 환경과 역사적 맥락 속에서 이해해야 한다고 본다. 따라서 학생은 (2), (3)번 문항만 답안을 제대로 표시했으므로, 학생이 받을 점수는 4점이다.

**05** 왼쪽 사람은 우리나라의 문화를 중심으로 인도의 문화를 부정적 으로 바라보므로 자문화 중심주의, 오른쪽 사람은 다른 나라의 문화를 중심으로 우리나라 문화를 낮춰서 바라보므로 문화 사대 주의적 태도를 지니고 있음을 알 수 있다. ③ 두 사람 모두 문화 의 상대성을 인정하지 않고 특정한 가치를 기준으로 문화를 평 가하고 있으므로, 다양한 문화를 그 사회의 맥락에서 이해하고 각 문화의 가치를 존중하는 문화 상대주의적 태도가 필요하다.

**06** (가)는 문화 간에 우열이 없다고 보므로 문화 상대주의, (다)는 자기 문화를 기준으로 다른 문화를 무시하므로 자문화 중심주의 이다. 따라서 (나)는 문화 사대주의이다. ④ 문화 상대주의는 문 화를 평가의 대상이 아닌 이해의 대상으로 여기므로 다양한 문 화가 공존할 수 있는 기초가 된다.
**| 선택지 바로잡기 |** ① 문화 사대주의에 대한 설명이다. ② 자문화 중심 주의에 대한 설명이다. ③, ⑤ 문화 상대주의에 대한 설명이다. 문화 상 대주의는 문화를 해당 사회의 맥락에서 이해하려고 한다.

**07** ⑤ 강제 납치 결혼도 문화 상대주의 관점에서 이해해야 한다고 주장하는 사람들에게는 문화의 형성 배경과 관계없이 인류의 보편적 가치를 부정하는 문화까지는 인정해서는 안 된다고 충고할 수 있다. 이러한 문화는 보편 윤리의 가치를 훼손하기 때문이다.

**08** ⑤ 윤리가 문화마다 다양하고 상대적이어서 옳고 그름에 관한 보편적인 기준은 존재하지 않는다고 보는 갑과 달리 을은 인간 존엄성과 같은 보편적 가치를 침해하는 문화를 인정해서는 안 되며, 보편 윤리 관점에 근거하여 성찰해야 함을 강조하고 있다.
| **선택지 바로잡기** | ①, ③ 을은 시대와 장소를 초월하여 적용되는 객관적, 일반적인 보편 윤리를 강조한다. ②, ④ 갑은 문화를 이해할 때 상대적 기준이 있으며, 윤리의 보편성보다 상대성을 우선시한다.

**09** 제시된 글에서는 극단적 문화 상대주의 태도가 나타나 있다. ⑤ 문화적 차이를 존중하는 문화 상대주의가 지나치게 강조되어 어떤 문화든 무조건 존중하고 인정해야 한다는 극단적 문화 상대주의로 이어진다면, 살인이나 폭력과 같이 인류가 보편적으로 받아들이기 어려운 문화까지도 허용하게 되는 문제가 발생할 수 있다. 따라서 우리는 다양한 문화를 특정 사회의 맥락 속에서 이해하면서도 해당 문화를 객관적으로 성찰하여 극단적 문화 상대주의로 흐르지 않도록 경계해야 한다.

**10** ④ 우리나라의 연고주의는 정서적 유대감을 형성할 수 있다는 긍정적인 기능도 있지만, 자신이 속한 공동체의 이익을 우선시할 경우 공정성을 훼손하여 개인이 누려야 하는 기회를 박탈하거나 사회 부정의로 이어지기도 한다는 문제점이 있다.

**11** (2) **예시 답안** 문화 사대주의는 한글보다 외국어를 사용하는 것이 더 세련되다고 여기듯이 다른 문화를 숭상하여 자문화를 낮게 평가하므로 자문화에 관한 주체성과 자부심을 약화할 수 있다.

| 채점 기준 | |
| --- | --- |
| 상 | 문화 사대주의 태도의 문제점을 타 문화와 자문화의 관계에 중점을 두고 서술한 경우 |
| 하 | 문화 사대주의 태도의 일반적인 문제점을 서술한 경우 |

**12** **예시 답안** · 1단계: 연고주의
· 2단계: 연고를 통한 채용은 많은 취업 준비생들에게 상대적 박탈감과 좌절감을 느끼게 하므로, 보편 윤리 관점에서 정당화하기 어렵다.
· 3단계: 연고주의는 사회 구성원 간 소속감과 정체성을 강화하는 긍정적인 측면이 있지만, 평등이라는 보편 윤리에 어긋나며 공정한 기회를 박탈하는 등 인권을 침해할 수 있다.

| 채점 기준 | |
| --- | --- |
| 상 | 연고주의를 '평등'이라는 보편 윤리 관점에서 정확하게 평가하여 서술한 경우 |
| 중 | 연고주의를 보편 윤리 관점에서 정당화하기 어렵다고만 쓴 경우 |
| 하 | 연고주의라고만 쓴 경우 |

## 1등급 도전하기
○ 87쪽
**01** ④ **02** ⑤ **03** ① **04** ③

**01** (가)는 문화를 평가의 대상이 아닌 이해의 대상으로 보는 태도이므로 문화 상대주의, (나)는 특정한 타 문화를 기준으로 자기 문화를 열등하다고 여기므로 문화 사대주의, (다)는 자문화 중심주의이다. ④ 문화 상대주의는 문화 사대주의와 달리 각 문화가 가진 고유한 의미와 가치를 인정하는 태도이므로 문화 다양성을 보존하는 데 기여한다.
| **선택지 바로잡기** | ② 자문화 중심주의에 대한 설명이다. ③ 문화 상대주의에 대한 설명이다. ⑤ 문화 사대주의나 자문화 중심주의는 문화를 이해의 대상이 아닌 평가의 대상으로 보므로 각 문화를 객관적으로 인식하는 태도가 아니다.

**02** 갑은 자기 문화를 중심으로 티베트의 장례 문화를 열등한 것으로 평가하므로 자문화 중심주의적인 태도이다. 을은 티베트의 장례 문화를 자연환경과 연결시켜 그 사회의 특수성을 인정하므로 문화 상대주의적 태도이다. ㄴ. 문화 상대주의는 각각의 문화를 해당 문화가 형성되는 사회적 맥락에서 이해해야 한다고 본다. ㄷ. 갑은 자문화를 중심으로 자기 문화가 타 문화보다 우월하다고 본다. ㄹ. 을은 갑과 달리 문화를 그 문화가 형성된 자연환경과 맥락 속에서 이해하려고 한다.

**03** 제시된 블로그에 글을 쓴 사람은 어린 소녀의 발을 인위적으로 묶어 자라지 못하게 하는 중국의 전족 문화를 무조건 인정하는 극단적 문화 상대주의 태도를 보이고 있다. ① 극단적 문화 상대주의는 인류가 보편적으로 받아들이기 어려운 문화까지도 허용하는 문제가 있으므로, 해당 문화를 객관적으로 성찰하기 위해서는 보편적 윤리로 성찰해 보아야 한다.

**04** ㉠은 보편 윤리이다. ③ 보편 윤리는 인간의 존엄성, 생명 존중, 자유, 평등, 정의 등과 같이 인류가 공통으로 추구하는 가치를 포함하고 있다. 따라서 극단적 문화 상대주의로 흐르는 것을 막으려면 자문화나 타 문화를 보편 윤리의 관점에서 성찰해 보아야 한다.

## 수능 준비하기
○ 88~89쪽
**01** ① **02** ② **03** ④ **04** ④

**01** ㉠은 타 문화를 이해하려면 그 사회의 문화가 형성되는 상황이나 맥락을 고려해야 한다고 보므로 문화 상대주의라는 것을 알 수 있다. ㄱ은 이웃 나라의 문화를 그 사회의 맥락에서 이해하려고 하므로 문화 상대주의적 태도에 부합한다.
| **선택지 바로잡기** | ㄴ. 문화 사대주의에 대한 입장이다. ㄷ. 자문화 중심주의에 대한 입장이다.

**02** ② 을은 자문화 중심주의와 문화 사대주의 특징을 묻는 첫 번째 질문과 자문화 중심주의 특징을 묻는 두 번째 질문에 'O'라고 응답한 반면, 문화 상대주의 특징을 묻는 세 번째 질문과 문화 사대주의 특징을 묻는 네 번째 질문에는 'X'라고 응답하였다. 따라서 을은 자문화 중심주의적 태도에서 일관되게 응답하였다.

**03** 갑의 관점은 문화 사대주의, 을의 관점은 자문화 중심주의, 병의 관점은 문화 상대주의에 해당한다. ④ 문화 사대주의는 타 문화의 우수성을 내세워 자문화의 가치를 낮게 평가하며, 자문화 중심주의는 자문화의 우수성을 지나치게 강조하고 타 문화를 부정적으로 여기고 낮게 평가한다. 따라서 문화 사대주의와 자문화 중심주의 모두 문화의 다양성을 저해할 수 있다는 비판을 받는다.

**| 선택지 바로잡기 |** ①, ③ 자문화 중심주의에 대한 설명이다. ② 문화 사대주의에 대한 설명이다. ⑤ 자문화 중심주의와 문화 사대주의에 대한 설명이다.

**04** 제시된 수업 내용은 보편 윤리에 대한 고려 없이 모든 문화를 이해하려는 것은 극단적 문화 상대주의로 빠질 수 있으므로 주의해야 한다는 점을 강조하고 있다.

## 04 다문화 사회와 문화적 다양성 존중

### 개념 확인하기
91쪽

**1** 다문화 사회 **2** (1) ○ (2) × (3) × **3** ㄱ, ㄴ, ㄹ

### 실력 다지기
92~94쪽

**01** ④ **02** ⑤ **03** ③ **04** ② **05** ④ **06** ③ **07** ⑤ **08** ⑤
**09** ① **10** ⑤ **11** 해설 참조 **12** 해설 참조

**01** ㉠은 다문화 사회이다. ④ 다문화 사회는 교통·통신 기술의 발달로 문화 교류가 확대되면서 다양한 문화적 배경을 지닌 사람들이 함께 어우러져 살아가는 사회로 변화하는 것을 말한다.

**| 선택지 바로잡기 |** ① 통신 기술의 발전은 다른 문화권의 문화를 접할 기회를 많아지게 하므로 다문화 사회를 더욱 강화시키고 있다. ② 다문화 사회는 문화 교류가 확대되면서 나타나는 현상이다. ③ 인구이동이 늘어나면서 다양한 문화권으로 이주하는 사람들이 늘어나 다문화 사회로의 진입이 빨라지고 있다. ⑤ 다양한 문화권에 속한 사람들을 접촉할 기회가 늘어난다.

**02** 우리나라는 국제결혼 이주민과 외국인 근로자, 유학생, 북한 이탈 주민 등이 증가하면서 다문화 사회로 접어들었다. ⑤ 우리나라 국민들이 해외로 취업한 것을 우리나라가 다문화 사회로 접

어들고 있음을 알아보기 위한 자료로 제시할 수 없다.

**03** ㄴ. 우리나라는 저출산 고령화로 생산 인구가 감소하고 있다. 이로 인해 저임금 외국인 근로자의 유입이 증가하고 있다. ㄷ. 세계화 추세에 발맞춰 대학들이 외국인 유학생이 증가하게 되어 이주민 수가 증가하게 되었다.

**| 선택지 바로잡기 |** ㄱ. 외국인 국내 유입에 대한 내국인의 기피 현상 심화는 외국 출신 이민자 수 감소의 원인이다. ㄹ. 국제결혼에 대한 부정적 인식 확대로 국제결혼 선호가 감소하면 외국 출신 이주민의 수는 줄어든다.

**04** ㄱ. 국내 거주 외국인 현황에서 중국, 베트남, 타이 등 아시아 사람들이 50% 이상을 차지하고 있으므로 국내 거주 외국인 중 아시아 지역 사람이 과반이다. ㄷ. 외국인 유학생의 비중이 국내 거주 외국인 현황에서 8.4%를 차지하고, 외국인 근로자가 17.9%를 차지하고 있다. 외국인 근로자의 절반은 8.95%이고 외국인 유학생 비중보다 크므로 외국인 유학생 수는 외국인 근로자 수의 50%보다 적다.

**05** 우리나라에 거주하는 외국인 주민 수와 비중이 증가하고 있으므로 우리나라가 다문화 사회로 진입하고 있다는 것을 알 수 있다. ㄴ, ㄹ. 우리나라 거주 외국인 주민 수가 늘어나게 되면 다양한 문화를 경험하는 기회가 늘어나게 되고 이를 통해 새로운 문화를 창조하거나 기존 문화를 발전시키는 데 도움이 된다.

**| 선택지 바로잡기 |** ㄱ. 다문화 사회에서 상호 문화에 대한 이해가 부족하면 사회적 갈등을 심화시키는 원인이 된다. ㄷ. 외국인 이주민이 늘어나면서 외국인 노동자의 유입도 함께 늘어나 저임금 노동력 부족 문제를 해결하는 데 기여하게 된다.

**06** 제시된 신문 기사에는 우리나라가 내년에 도입할 외국인 근로자 규모가 크게 늘어났다는 것이 나타나 있다. ③ 외국인 노동자들의 유입이 늘어나면 이주하는 지역의 경제를 활성화시키고, 노동력의 증가로 인해 산업 전반의 생산성이 상승하게 된다.

**07** ㄴ, ㄷ, ㄹ. 제노포비아 같은 심각한 사회 갈등이 나타나는 원인으로는 다문화 사회에서 서로 다른 문화에 대한 이해가 부족하여, 자기 문화를 중심으로 타 문화를 부정적으로 평가하고 문화적 소수자에 대한 편견과 차별을 하기 때문에 나타난다.

**| 선택지 바로잡기 |** ㄱ. 다른 문화권에서 온 사람들을 혐오하거나 기피하는 제노포비아 현상이 나타나는 것은 그 사회의 구성원들이 자문화 중심주의적 태도를 가지고 있기 때문이다.

**08** 세계 인종 차별 철폐의 날은 사람들이 서로의 문화와 전통을 존중하고 이해하는 사회를 만들자는 취지로 제정한 날이다. ⑤ 다문화 사회에서는 의사소통 문제와 문화적 편견과 이해 부족으로 이주민이 우리 사회에 적응하는 데 어려움을 겪으며, 이로 인해 갈등이 유발되거나 심화되고 있다.

**09** 갑과 을은 다문화 사회에서 서로의 문화에 대한 이해가 부족하기 때문에 어려움을 겪고 있다. ㄱ, ㄴ. 다문화 사회에서 나타나는 갈등을 해결하기 위해서는 문화 상대주의적 태도를 가지고 이주민 문화를 받아들여야 하고, 다문화 교육을 통한 이주민에 대한 이해도를 높여야 한다.

**10** ⑤ 다른 문화를 깊이 있게 이해하기 위한 개인의 가치관과 태도 함양은 개인적 노력에 해당한다.

| 선택지 바로잡기 | ①, ②, ③, ④ 사회적 차원에서의 노력은 법과 제도 또는 지역 공동체나 기업 등에서 진행하는 프로그램 등이 있다.

**11** 예시 답안 다문화 가정의 부모님과 학생들에게 모국어로 번역된 가정 통신문을 제공해 주어 의사소통의 어려움을 개선하고, 안정적인 학교생활뿐만 아니라 사회에도 안정적으로 정착할 수 있게 해 준다.

| 채점 기준 | |
| --- | --- |
| 상 | 〈보기〉에 제시된 두 단어를 모두 활용하여 서술한 경우 |
| 중 | 〈보기〉에 제시된 단어 중 한 단어만 활용하여 서술한 경우 |
| 하 | 〈보기〉에 제시된 단어를 활용하지 않고 서술한 경우 |

**12** 예시 답안 • 1단계: A 정책은 다문화주의(샐러드볼 이론), B 정책은 동화주의(용광로 이론)이다.

• 2단계: 다문화주의는 다양한 문화가 서로 대등하게 조화를 이루어야 한다고 본다. 한편, 동화주의는 다양한 이주민 문화를 주류 문화 중심으로 융합하여 편입시켜야 한다고 본다.

• 3단계: 다문화 사회로 변화하는 것을 자연스러운 흐름으로 인식하고 기존 문화뿐만 아니라 다른 이주민 문화의 고유의 성격을 모두 유지할 수 있는 다문화주의를 적용하여 이주민을 우리 사회의 동등한 주체로 인정해야 한다.

| 채점 기준 | |
| --- | --- |
| 상 | A 정책과 B 정책의 특징을 비교하고, 문화적 다양성을 존중해야 한다고 서술한 경우 |
| 중 | A 정책과 B 정책의 특징만 비교하여 서술한 경우 |
| 하 | 문화적 다양성을 존중해야 한다고만 서술한 경우 |

## 1등급 도전하기

95쪽

**01** ① **02** ③ **03** ① **04** ④

**01** 우리나라는 세계화의 영향으로 서로 다른 문화권에 속한 사람들 간의 접촉이 빈번해지면서 다문화 사회로 진입하고 있다. 다문화 사회에는 여러 인종, 민족, 종교, 언어가 공존하므로, 서로에 대한 이해가 부족할 경우 갈등이 발생할 수 있다.

| 선택지 바로잡기 | ① 다문화 사회로 변화되면서 우리나라에 유입된 외국인 근로자, 외국 국적 동포 등은 일손이 부족한 공장이나 농촌에 필요한 노동력을 제공하여 노동력 부족 문제 해결에 큰 도움을 준다.

**02** ③ C국은 일자리가 귀할 때 자국민 우선 고용에 찬성하는 사람의 비율, 이주민을 이웃으로 삼고 싶지 않다고 응답한 사람의 비율이 A국보다 낮다. 이를 통해 C국은 A국보다 이주민에 대한 혐오도가 낮을 것이라고 추론할 수 있다.

| 선택지 바로잡기 | ①, ④ A국은 다문화 수용성 정도가 가장 낮으며, 다문화 사회 변화로 인한 갈등이 제일 많을 것으로 예상된다. ② 일자리를 둘러싼 자국민과 외국인 근로자 간의 갈등은 B국이 C국보다 많을 것으로 예상된다. ⑤ A~C국 모두 외국인 근로자나 이민자를 이웃으로 삼고 싶지 않다라는 질문에 50%보다 낮은 응답을 하였으므로 과반 이상이 긍정적 인식을 가지고 있다.

**03** 캐나다의 '모자이크' 정책은 이주민 문화를 인정하고 그 문화를 바탕으로 기존 사회에 정착하도록 도움을 주는 정책이다. ㄱ. 외국인 근로자에게 국내 근로자와 동등한 대우를 보장해 주는 제도는 차별 없이 이주민들을 받아들이는 것으로 평등하게 사회에 참여할 수 있도록 하는 정책이다. ㄴ. 다문화 가정이 우리 사회에 안정적으로 정착하고 그들의 삶의 질을 보장하기 위한 법이 '다문화 가족 지원법'이다.

| 선택지 바로잡기 | ㄷ, ㄹ 동화주의의 용광로 이론이다.

**04** ㉠은 용광로 이론으로 동화주의, ㉡은 샐러드 볼 이론으로 다문화주의이다. ④ 다문화주의는 다양한 문화의 특성을 인정하고 공존하려고 노력하므로, 동화주의에 비해 우리 사회의 문화 다양성 향상에 도움이 된다.

| 선택지 바로잡기 | ①, ② 다문화주의, ③, ⑤ 동화주의에 대한 설명이다.

## 수능 준비하기

96~97쪽

**01** ① **02** ② **03** ③ **04** ①

**01** ① 갑은 한 사회 안에서 다양한 문화들이 대등한 지위를 가지고 각자의 문화적 정체성을 유지하는 가운데 조화를 이루어야 한다고 본다. 한편 을은 사회 안에서 다양한 문화들이 함께 섞여 새로운 하나의 문화가 되어야 한다고 본다.

**02** ② 제시된 신문 칼럼은 다문화 사회에서 다양한 문화가 대등한 입장에서 조화를 이루어야 한다고 보며, 각 문화의 고유성이 존중되어야 한다고 본다.

**03** (가)는 동화주의, (나)는 다문화주의의 입장이다. (가)는 비주류 문화를 주류 문화로 편입시켜야 한다는 입장으로 다양한 문화를 하나로 융합하여 통일된 정체성을 확보하고자 한다. (나)는 다른 맛을 가진 채소와 과일들이 서로 조화를 이루어 샐러드를 만들 듯이 다양한 문화가 서로 대등하게 조화를 이루어야 한다고 보며, 문화를 주류와 비주류로 나누는 것은 사회 갈등을 조장한다고 본다. ③ (나)는 자문화 중심주의의 태도가 사회 갈등의 원인

이 된다고 보고, 다양한 문화들이 대등하게 조화를 이루어야 한다고 강조한다.

| **선택지 바로잡기** | ① (가)는 문화의 통합성과 집단 간 결속력의 관계가 상호 긴밀하게 연결되어 있다고 본다. ② (가)는 사회 제도와 질서의 유지는 문화들의 융합에서 온다고 보며, 문화들의 공존은 사회 통합과 결속을 약화시킨다고 본다. ④ (가)의 입장에 해당하는 내용이다. (나)는 다양한 문화가 대등하게 공존해야 사회 발전이 이루어진다고 본다. ⑤ (나)의 입장에만 해당하는 내용이다. (가)는 사회 통합을 위해서는 비주류 문화가 주류 문화에 편입해야 한다고 본다.

**04** 가상 편지에서는 다문화 사회의 바람직한 문화 정체성으로 샐러드 볼 이론을 강조하고 있다. 샐러드 볼 이론은 다른 맛을 가진 채소와 과일들이 서로 조화를 이루어 샐러드를 만들 듯이 다양한 문화가 서로 대등하게 조화를 이루어야 한다고 보는 입장이다. ㄱ. 샐러드 볼 이론의 입장으로 적절하다. 샐러드 볼 이론에서는 주류 문화와 비주류 문화의 구별 없이 다양한 문화적 배경을 인정하고 수용함으로써 문화적 역동성을 증진시킬 수 있다고 주장한다.

| **선택지 바로잡기** | ㄷ, ㄹ. 동화주의의 입장이다. 동화주의는 이민자가 출신국의 언어, 문화, 사회적 특성을 주류 문화에 편입시켜 사회적 결속력을 강화해야 한다고 본다.

## 대단원 마무리하기
98~101쪽

**01** ④  **02** ⑤  **03** ①  **04** ②  **05** ⑤  **06** ②  **07** ③  **08** ④
**09** ③  **10** ④  **11** ③  **12** ⑤  **13** ①  **14** ④  **15** ②  **16** ③

**01** 지도의 A는 유럽 문화권, B는 건조 문화권, C는 아프리카 문화권, D는 오세아니아 문화권, E는 라틴 아메리카 문화권이다. 오세아니아 문화권(D)은 영국 식민 지배의 영향으로 개신교 신자 비율이 높다.

| **선택지 바로잡기** | ① 전통적으로 순록 유목이 이루어지는 문화권은 한대 기후 지역인 북극 문화권이다. ② 건조 문화권(B)에서는 주로 유목과 오아시스 농업이 이루어진다. ③ 에스파냐어와 포르투갈어를 주로 사용하는 문화권은 과거 포르투갈과 에스파냐의 식민 지배를 받은 라틴 아메리카 문화권(E)이다. ⑤ 토속 신앙의 비중이 높은 문화권은 아프리카 문화권(C)이다.

**02** (가)는 쌀을 사용한 음식이 발달한 동양 문화권, (나)는 밀로 만든 음식이 발달한 유럽 문화권, (다)는 옥수수를 활용한 타코가 발달한 라틴 아메리카 문화권이다.

| **선택지 바로잡기** | ㄱ. (가) 동양 문화권 중 동남아시아 문화권은 세계적인 벼농사 지역이다. 혼합 농업과 낙농업이 발달한 지역은 유럽 문화권 중 서부 유럽 문화권이다. ㄴ. (나) 유럽 문화권 중 남부 유럽 문화권은 수목 농업이 발달하였다. 전통적으로 유목과 오아시스 농업이 발달한 문화권은 건조 문화권이다.

**03** (가)는 그리스의 가옥 경관으로 보아 지중해 인근의 남부 유럽 문화권, (나)는 모스크와 히잡 경관으로 건조 문화권, (다)는 한대 기후 지역의 이동식 가옥 경관으로 북극 문화권이다.

| **선택지 바로잡기** | ㄷ. (다) 북극 문화권은 유교와 불교가 발달한 문화권이 아니다. 유교와 불교가 발달한 문화권은 동양 문화권 중 한국, 중국, 일본 등이 있는 동아시아 문화권이다. ㄹ. (나) 건조 문화권은 이슬람교의 영향으로 돼지고기를 금기시한다. 반면, (가) 남부 유럽 문화권은 돼지고기에 대한 금기가 없다. 따라서 (나) 건조 문화권은 (가) 남부 아시아 문화권보다 1인당 돼지고기 소비량이 적다.

**04** 지도의 A는 동아시아 문화권, B는 남부 아시아 문화권, C는 동남아시아 문화권이다. (가)에는 동아시아 문화권(A)에 해당하는 내용이 적절하므로 'ㄱ. 한자와 젓가락을 사용한다.'가 들어가야 하며, (나)에는 남부 아시아(B)에 해당하는 내용이 적절하므로 'ㄷ. 인더스 문명의 발상지이며 힌두교를 중심으로 불교와 이슬람교 문화가 함께 나타난다.'가 들어가야 한다.

| **선택지 바로잡기** | ㄴ. 태평양과 인도양을 잇는 교통의 요충지는 동남아시아(C) 문화권이다.

**05** (가)는 간접 전파, (나)는 자극 전파, (다)는 발명, (라)는 발견이다. ⑤ 발견은 이미 존재하는 사물이나 원리 중 알려지지 않은 것을 찾아내는 것을 말한다. 발명은 이전에 없었던 기술이나 사물, 사상 등의 문화 요소를 만들어 내는 것이다.

**06** 다양한 종교 기념일과 종교 경관이 공존하는 말레이시아의 모습은 문화 병존의 사례이다. ㄱ, ㄷ. 문화 병존은 두 문화가 각각의 고유한 성격을 잃지 않고 나란히 존재하는 것이므로, 자기 문화의 정체성이 상실되지 않는다는 특징이 있다.

| **선택지 바로잡기** | ㄴ. 문화 융합에 대한 설명이다. ㄹ. 문화 동화에 대한 설명이다.

**07** 갑국에서는 ●가 사라지고 ■가 나타났으므로 문화 동화가 이루어졌음을 알 수 있다. 을국에서는 ●와 ■가 만나서 ◆가 나타났으므로 문화 융합이 이루어졌음을 알 수 있다. ③ 문화 융합은 기존의 문화 요소와 외래문화 요소가 결합하여 기존과는 다른 새로운 문화가 만들어지는 것이므로 문화 동화와 달리 자문화의 정체성을 유지한다.

| **선택지 바로잡기** | ① 갑국은 문화 동화, 을국은 문화 융합이 나타났다. ②는 문화 융합, ④는 문화 동화에 대한 설명이다. ⑤ 갑국과 을국 모두 외재적 요인으로 인한 문화 변동이 나타났다.

**08** ㄴ, ㄷ. 우리나라의 전통 한옥 체험에 대한 인기가 높아진 것은 우리의 전통은 유지하면서 세계화 시대에 걸맞게 전통문화를 재해석하여 창조적으로 계승하였기 때문이다.

**09** 제시된 글에 나타난 문화 이해의 태도는 자문화 중심주의이다. ㄴ, ㄷ. 자문화 중심주의는 자기 문화를 문화의 평가 기준으로 삼고 자기 문화가 우월하다고 보는 태도이다. 자문화 중심주의

적 태도는 국수주의로 이어져 국가 간의 원만한 교류와 이해를 방해하고 국제적인 고립과 갈등을 초래할 수 있다.

| **선택지 바로잡기** | ㄱ. 문화 사대주의의 문제점에 해당한다. ㄹ. 자문화 중심주의는 자기 문화에 대한 자부심을 높이므로 같은 문화를 공유하는 사회 구성원의 소속감을 강화시키고 집단 내 결속력을 강화할 수 있다는 장점이 있다.

**10** 갑은 문화 사대주의, 을은 문화 상대주의 태도를 지니고 있다. 문화 사대주의는 자신의 문화를 평가의 대상으로 보고 특정 문화를 우수하다고 평가하여 자신의 문화를 낮게 평가하는 태도이다. 문화 상대주의는 문화 간의 우열을 가릴 수 없으며 문화를 평가하는 절대적인 기준이 없다고 본다. 또한 문화를 이해하려면 해당 사회의 역사적 배경, 자연환경 등을 먼저 살펴보아야 한다는 점을 강조한다.

| **선택지 바로잡기** | ④ 문화 상대주의는 각 사회의 문화가 가지는 사회적 맥락에서 문화를 이해하려는 태도로, 문화 간 접촉과 교류가 활발한 시기에 서로 다른 문화의 공존을 위해 필요한 태도이다.

**11** A는 자문화 중심주의, B는 문화 사대주의, C는 문화 상대주의이다. ③ 자문화의 우수성을 강조하는 자문화 중심주의와 달리 문화 사대주의는 타 문화에 비해 자문화를 무시하므로, 자문화의 고유성을 상실할 우려가 높다.

| **선택지 바로잡기** | ①, ② 자문화 중심주의에 대한 설명이다. 자문화 중심주의는 자문화를 우월한 것으로 여기므로 자문화에 대한 객관적 이해를 가능하게 한다. ④ 문화 상대주의는 각 사회의 문화가 된 형성된 역사와 사회적 맥락을 고려한다. ⑤ (가)에는 문화 사대주의만 '예'라고 답할 수 있는 질문이 들어가야 한다.

**12** ⑤ 각 사회에 나타나는 문화는 그 사회가 처한 환경에 따라 다르게 나타날 수 있다. 자연환경이나 인문환경의 차이로 인해 문화를 형성하는 맥락도 다르며, 나타나는 형태도 다르게 된다. 이로 인해 문화적 차이가 발생하게 된다.

**13** 제시된 대화에서 갑은 극단적 문화 상대주의적 태도를 가지고 있고, 을은 이를 비판하고 있다. ① 극단적 문화 상대주의는 인간 존엄성, 생명 존중, 자유와 평등 등과 같은 인류의 보편적 가치를 훼손할 수 있다는 문제점을 가진다.

**14** ㄱ, ㄷ, ㄹ. 다문화 사회는 다양한 문화적 배경을 지닌 사람들이 함께 어우러져 살아가는 사회이다. 우리나라는 1990년대부터 취업, 결혼, 학업 등을 목적으로 외국인 근로자, 국제결혼 이민자, 외국인 유학생 등 외국 출신 이주민의 수가 지속적으로 증가하면서 다양한 문화가 공존하는 다문화 사회로 변화하였다. 다문화 사회로 변화하면서 유입되는 인구는 노동력 부족 문제가 해소되었다.

**15** ㄱ, ㄷ. 다문화 사회의 갈등을 해결하기 위해서는 다른 문화에 대한 편견이나 차별적인 태도를 버리고 문화적 차이를 인정하는

관용의 자세가 필요하다. 또한 이주민이 우리 사회에 빠르고 안정적으로 정착할 수 있도록 사회적 차원에서 이주민을 위한 법적·제도적 장치가 뒷받침되어야 한다.

| **선택지 바로잡기** | ㄴ. 다문화 사회에서는 이주민의 문화의 다양성을 존중하는 문화 상대주의적 태도를 지녀야 한다. ㄹ. 이주민에 대한 편견과 고정 관념을 없애기 위해서는 다문화 교육을 강화해야 한다.

**16** ㉠은 동화주의, ㉡은 다문화주의이다. 동화주의는 문화 동화를 지지하므로, 이주민들의 문화가 갑국의 문화로 대체되는 것을 추구한다. 다문화주의는 문화 병존을 지지하므로, 다양한 이주민들의 문화를 존중하고 각각의 정체성을 유지하면서 조화를 이루고자 한다.

## V 생활공간과 사회

### 01 산업화와 도시화

**개념 확인하기**

105, 107쪽

**1** ㉠ 산업화, ㉡ 도시화  **2** (1) × (2) ○ (3) ○  **3** ㄱ, ㄷ, ㄹ
**4** 주택 문제  **5** (1) × (2) ○ (3) ○  **6** (1) ㄴ (2) ㄱ (3) ㄷ

**실력 다지기**

108~110쪽

**01** ①  **02** ②  **03** ①  **04** ③  **05** ②  **06** ②  **07** ②  **08** ③
**09** ③  **10** ②  **11** (1) 1인 가구 (2) 해설 참조  **12** 해설 참조

**01** ㉠은 도시화로 전체 인구 중 도시에 거주하는 인구의 비율이 높아지고 도시적 생활양식이 확대되는 현상을 말한다. ㉡은 산업화로 농업 중심의 사회에서 공업·서비스업 중심의 사회로 변화하는 현상을 말한다.

| **선택지 바로잡기** | 지역화란 지역의 사회적·문화적 현상이 세계적 차원에서 가치를 지니게 되는 현상을 말한다.

**02** 그래프에서 도시화 진행 초기에는 그 속도가 매우 빠르지만, 어느 정도 도시화가 진행된 이후에는 그 속도가 느려지는 것을 알 수 있다. 도시화 진행 초기에는 대부분의 사람이 촌락에 거주하지만, 산업화가 진행되면서 도시의 인구 비중은 급격히 증가한다. 이후, 도시화가 어느 정도 진행되어 대부분의 사람이 도시에 거주하게 되면 도시화율의 증가 속도가 느려진다.

| **선택지 바로잡기** | ① 도시화율이 가장 급격히 증가한 시기는 1970년대이다. ③ 도시화율 증가 속도가 가장 느린 것은 2010년대이다. ④ 도시 인구가 촌락 인구보다 많아지기 시작한 시기는 1970년 이후이다. ⑤ 본격적인 도시화가 진행된 시기는 1970년대 이후부터이다.

**03** 1977년보다 2022년에 임야, 논밭과 같은 자연 상태의 녹지 면적은 감소한 반면 대지, 도로와 같은 인공적인 포장 면적은 증가한 것으로 볼 때, 2022년은 1977년에 비해 산업화와 도시화가 많이 진행되었음을 알 수 있다. 따라서 2022년은 1977년에 비해 생물종의 다양성이 감소했을 것이다.

**04** ㉠ 시기는 산업화·도시화 이전, ㉡ 시기는 산업화·도시화 이후이다. 산업화·도시화가 이루어지면서 녹지 면적은 줄어들고, 인구 밀도와 토지 이용의 집약도는 높아진다.

**05** (가)는 도심, (나)는 주거 지역이다. 중심 업무 기능과 상업 기능이 집중된 도심에서는 대기업 본사나 중앙 관청이 위치한다. 반면, 주거 지역에는 대단지 아파트가 들어서고, 학교나 대형마트가 함께 위치한다.

| 선택지 바로잡기 | ㄴ. 중앙 관청의 수, ㄹ. 대기업 본사의 수는 모두 도심인 (가) 지역에서 높은 지표이다.

**06** 제시된 그래프에서 우리나라 1인 가구 비율이 계속 증가하고 있음을 알 수 있다. 1인 가구 비율이 증가한 것은 산업화와 도시화로 가족의 형태가 변화한 영향이 크다. ② 도시성이 확산되면 공동체보다는 개인의 가치와 성취를 중시하면서 개인 간 경쟁이 치열해진다.

| 선택지 바로잡기 | ①, ⑤ 1인 가구 증가와 함께 편의점 수요가 증가했을 것이다. 또한, 소량 포장 상품의 판매도 증가하였을 것이다. ③, ④ 1인 가구 비율이 증가한 것은 도시적 생활양식이 확산된 것과 개인주의 가치관이 확산된 것이 관련 깊다.

**07** 과거에 비해 '결혼을 반드시 해야 한다.'라는 비율이 줄어들고 있으므로 합계 출산율이 감소할 것으로 예상할 수 있고, 결혼을 하지 않는 1인 가구가 증가하면 이와 관련한 사회 제도가 필요해질 것으로 예상할 수 있다.

| 선택지 바로잡기 | ① 개인주의가 강화될 것이다. ③ 1인 가구의 비중이 증가할 것이다. ④ 1인 가구에 대한 사회 복지 제도의 필요성이 증가할 것이다. ⑤ 사회 구성원으로서의 의무보다 개인의 권리가 중요해졌을 것이다.

**08** 제시된 대화의 주제는 도시 문제 중 하나인 고독사이다. 타인과 교류하지 않던 사람의 사망 사실이 오랫동안 알려지지 않는 고독사 문제를 해결하려면 공동체 의식 함양이 필요하다.

**09** 도시화로 포장 면적이 증가하면 빗물이 토양에 흡수되지 못하는 불투수 면적이 증가한다. 이로 인해 짧은 시간 안에 빗물이 한꺼번에 하천으로 흘러들어 수위가 빠르게 상승하여 홍수의 위험이 커진다.

**10** 산업화와 도시화로 도시에 각종 자본과 시설이 집중되고, 그 영향으로 농촌의 경제 기반이 약화되어 도시와 농촌 간의 지역 격차가 커졌다. 이를 극복하기 위해 수도권에 집중된 공공 기관을 지방으로 이전하는 혁신 도시 사업을 추진하고 있다.

**11** ⑵ **예시 답안**  산업화와 도시화로 가족의 형태가 변하면서 핵가족이 보편화되고 1인 가구는 증가하였다. 이에 따라 개인주의 가치관이 확산되면서 공동체보다는 개인의 가치와 성취, 자유와 권리를 중시하게 된다.

| **채점 기준** | |
| --- | --- |
| 상 | 1인 가구 증가의 배경과 그 영향을 개인주의 가치관의 확산 측면에서 서술한 경우 |
| 하 | 1인 가구가 증가한 현상만 단편적으로 기술한 경우 |

**12** **예시 답안**  •1단계: 그림은 열섬 현상으로, 도시 지역의 기온이 주변 지역에 비해 높아지는 현상을 말한다.
•2단계: 도시의 포장 면적이 넓어지고, 냉·난방 시설과 자동차 등에서 나오는 인공 열이 배출되면서 도심의 기온이 주변 지역보다 높아졌기 때문이다.
•3단계: 도시 안에 녹지 공간을 확대하고, 생태 하천을 조성하거나 복원해야 한다.

| **채점 기준** | |
| --- | --- |
| 상 | 열섬 현상임을 쓰고, 원인과 해결 방안을 서술한 경우 |
| 중 | 열섬 현상임을 쓰고, 원인과 해결 방안 중 한 가지만 서술한 경우 |
| 하 | 열섬 현상만 쓴 경우 |

## 1등급 도전하기
111쪽

**01** ⑤  **02** ③  **03** ③  **04** ④

**01** (가)는 우리나라의 산업화·도시화가 시작되던 시기이며, (나)는 산업화·도시화가 진행된 이후이다. ⑤ 산업화·도시화 이후에는 1차 산업 종사자 비율이 줄어들고 2·3차 산업 종사자 비율은 늘어난다. 한편, 도시화가 진행되면서 생물종 다양성은 줄어들고, 지표면의 포장 면적 비율은 늘어난다.

**02** ㉠ 산업화와 도시화가 진행되면서 도시는 토지를 집약적으로 사용하기 위해 고층 건물을 짓는다. ㉡ 도시가 성장하면서 접근성과 지대에 따라 기능이 분화된다. ㉢ 상주 인구가 가장 많은 곳은 주거 지역이다. ㉣ 교통망이 확충되면서 대도시의 영향권이 미치는 대도시권이 형성된다. ㉤ 대도시권이 형성되면서 대도시 주변에 신도시나 위성 도시가 건설된다.

**03** 제시된 A는 도시화 이후, B는 도시화 이전이다. 산업화·도시화가 진행되면 농경지와 산림 등의 녹지 면적이 감소하고, 지표면의 포장 면적은 증가한다. 인공 상태의 지표면은 빗물을 제대로 흡수하지 못하는데, 이러한 불투수 면적이 증가하면 짧은 시간 안에 빗물이 한꺼번에 하천으로 흘러들어 수위가 빠르게 상승하여 홍수의 위험이 커진다.

| 선택지 바로잡기 | ㄱ. 도시에 조림 사업을 실시하거나 ㄴ. 생태 하천 복원 사업을 실시한 것은 도시화 이후(A) 수위에서 도시화 이전(B) 수위로 변화하기 위한 과정이다.

**04** (가)는 도시로 집중되는 사람들은 많은데 비해 주택 공급이 부족하여 형성된 불량 주택 지구를 나타내고 있다. (나)는 촌락을 떠나 꿈을 찾아 도시로 왔으나 삭막한 도시 환경에 힘겨워하는 주인공의 모습을 표현하고 있다.

| **선택지 바로잡기** | ① (가)는 도시의 주택 공급 부족 현상을 나타낸다. ② 주택 공급 부족 문제를 해결하려면 국토의 균형적인 발전이 필요하다. ③ (나)의 도시에서 공동체 의식을 중요시 여기는 부분은 찾을 수 없다. ⑤ (가)와 (나) 모두 도시 문제를 보여줄 뿐 해결 방안을 제시하고 있지는 않다.

---

## 수능 준비하기     ◦ 112~113쪽

**01** ①    **02** ①    **03** ③    **04** ②

---

**01** 1960년에서 2020년으로 갈수록 1차 산업인 농림 어업 종사자 비율은 줄고, 3차 산업인 사회 간접 자본 및 서비스업 종사자는 증가하고 있다. 한편, 도시 인구 비율은 1970년에 50%를 넘었고, 2020년에는 91.8%까지 오른 것을 알 수 있다. ① 도시화의 영향으로 직업이 세분화, 전문화되면서 그 종류가 다양해졌다.

| **선택지 바로잡기** | ② 1960년에서 2020년으로 갈수록 도시 인구 비율이 높아지고 있으므로 촌락 인구 비율은 낮아진다. ③ 산업화·도시화가 이루어지면서 토지 이용의 집약도는 높아진다. ④ 1차 산업인 농림어업 종사자 수가 계속해서 줄어들고 있으므로 그 비중은 낮아진다. ⑤ 산업화·도시화에 따라 개인주의 가치관이 확산된다.

**02** (가)는 산업화·도시화 이전, (나)는 산업화·도시화 이후의 토지 이용 모습이다. 산업화·도시화 이후에는 교통망이 확충되면서 도로의 총 길이가 길어지고, 인구 밀도는 높아지며 녹지 면적은 좁아진다.

**03** (가)는 1968년 농촌의 모습을 묘사하고 있는 것으로 산업화·도시화가 이루어지기 전이다. 품앗이 관련 내용을 바탕으로 지역 내 사회적 유대감이 높은 편임을 알 수 있다. (나)는 2020년 지하철이 다니는 도시의 모습을 묘사하고 있는 것으로 산업화·도시화가 이루어진 이후 도시이다. 옆집에 누가 사는지 모른다는 서술을 바탕으로 사회적 유대감이 낮은 편임을 알 수 있다.

**04** 제시된 내용은 도시 문제에 관한 것이다. 도시화에 따라 나타나는 각종 환경 문제, 교통 문제, 사회적 문제 등은 개인적, 사회적 차원에서 해결 방안을 모색해야 한다. ② 수질 오염을 해결하려면 생활 오·폐수 배출 및 처리 기준을 강화해야 한다.

| **선택지 바로잡기** | ① 도시 문제가 발생하는 원인은 인구와 기능이 도시에 과도하게 집중되기 때문이다. ③ 교통 체증 문제를 해결하기 위한 개인적 차원의 해결 방안으로 버스, 지하철 등 대중교통을 사용할 수 있다. ④ 사회적 차원에서는 승용차 요일제를 실시하거나 혼잡 통행료를 부과할 수 있다. ⑤ 사회적 유대감이 약화된 문제를 해결하려면 사회적 차원에서 마을 공동체 회복을 위한 정책을 시행할 수 있다.



---

## 02~03 교통·통신과 과학 기술의 발달 ~ 우리 지역의 공간 변화

### 개념 확인하기     115, 117쪽

**1** ㉠ 줄어들고, ㉡ 확대    **2** (1) ○ (2) ○ (3) ×    **3** ㄷ
**4** (1) × (2) ○ (3) ○    **5** (1) ㄷ (2) ㄴ (3) ㄱ    **4** 지역 조사

### 실력 다지기     ◦ 118~120쪽

**01** ①   **02** ④   **03** ③   **04** ⑤   **05** ②   **06** ②   **07** ②   **08** ③
**09** ④   **10** ②   **11** 해설 참조    **12** 해설 참조

---

**01** 제시된 그림은 교통수단의 발달로 이동에 걸리는 시간이 크게 줄어 지구의 상대적 크기가 작아지고 있음을 보여 준다. 교통수단이 발달하면 국경의 의미는 약화되고, 지역 간 상호 작용이 활발해진다.

| **선택지 바로잡기** | ㄱ. 교통수단이 발달하면 이동에 소요되는 시간은 줄어든다. ㄴ. 교통수단이 발달하면 공간적 제약이 약화된다.

**02** 제시된 자료는 수도권의 통근 네트워크가 확대되면서 나타난 변화를 보여 준다. ㄱ. 대중교통 노선이 연장되면 같은 시간에 더 먼 거리를 이동할 수 있게 되므로 통근권이 확대된다. ㄴ. 경기도에 신도시가 건설되면서 서울의 인구가 경기도로 이주하였다. ㄷ. 서울 인구가 교외 지역으로 나가는 교외화 현상으로 통근권이 확대되었다.

| **선택지 바로잡기** | ㄹ. 개발 제한 구역의 확대는 수도권 통근 네트워크의 확대에 영향을 미친 요인으로 보기 어렵다.

**03** 제시된 지도와 같이 제4차 국가 철도망이 구축되면 철도를 이용한 강릉으로의 접근성이 크게 높아질 것이다. 이로 인해 강릉으로 유입되는 관광객이 증가하면서 관광 산업이 성장할 것으로 예상할 수 있다.

| **선택지 바로잡기** | ① 강릉 주민들의 생활 범위가 확대될 것이다. ② 서울의 중심 기능이 강릉으로 이전한다고는 볼 수 없다. ④ 빨대 효과는 대도시가 주변 중소 도시의 인구를 빨아들이는 효과이다. 광주가 강릉의 주변 대도시는 아니므로 빨대 효과가 나타나지는 않는다. ⑤ 철도망 구축으로 강원특별자치도의 항공 교통 분담률이 감소할 것이다.

**04** 제시된 그래프는 우리나라의 출입국 관광객이 증가하고 있음을 보여 준다. 항공기 등의 교통수단이 발달하면서 장거리 이동이 가능해지면서 국내 여행뿐만 아니라 해외여행을 할 기회가 증가하였다. 이에 따라 국가 간 문화 교류가 활성화되고 해외 상품의 수입이 증가하였다. 한편, 각종 질병의 유입도 증가하였다. ⑤ 교통수단이 발달하면서 이동의 공간적 제약이 완화될수록 공간을 인식하는 범위는 확대된다.

**05** 제시된 자료는 정보 통신 기술의 발달로 온라인을 통한 전자 상거래가 활발해지고 있음을 보여 준다. 전자 상거래가 활성화되면 소비자가 직접 상점을 방문하지 않아도 되므로 상품 구매를 위한 이동 거리는 줄어든다. 또한, 전자 상거래는 온라인을 통해 언제 어디서나 물건을 구매할 수 있으므로 입지의 중요성이 낮아질 것이다. 이러한 소비 특성이 보편화되면서 택배 산업도 성장하고 있으며, 교통이 편리한 곳에 물류 센터도 늘어나고 있다.

**06** 대화의 ㉠은 빨대 효과이다. 교통이 발달하면서 대도시가 주변 중소 도시의 인구나 각종 기능을 흡수하는 빨대 효과가 나타나 지역 간 격차가 커지기도 한다.

**07** 제시된 문제는 생태 공간의 연속성이 단절되면서 야생 동물인 두꺼비가 찻길 사고를 당하는 내용이다. 이를 방지하려면 야생 동물이 이동하는 경로에 주의 표지판을 설치하거나 야생 동물이 자유롭게 다닐 수 있는 생태 통로를 만들어야 한다.

**08** 과학기술의 발달에 따른 문제점 중 하나는 사생활 침해이다. IP 카메라로 인한 사생활 침해 문제를 해결하려면 개인 정보에 대한 관리를 강화하고 개인 정보 보호 수칙을 준수해야 한다.

**09** 제시된 지역의 산업별 총 종사자 수는 1996년에 비해 2022년에 약 7배 증가하였다. 산업 구조에서는 3차 산업의 비중이 가장 크게 증가하였으며 2차 산업의 비중은 감소하였으나 종사자 수는 증가하였다.

**| 선택지 바로잡기 |** ① 2차, 3차 산업 종사자 수 비중이 늘어난 것으로 보아 시가지 면적은 확대되었을 것이다. ② 산업화에 따라 지표면의 포장 면적이 늘어나므로 열섬 현상은 심화되었을 것이다. ③ 1996년에 비해 2022년에 2차 산업의 비중은 감소하였으나 총 종사자 수가 약 7배 증가하여 종사자 수는 증가하였다. ⑤ 2차 산업 중 제조업 종사자의 비중은 감소하였다.

**10** 지역 조사 단계에서 실내 조사에서는 지도, 문헌, 항공 사진 등을 통해 지역 정보를 수집하거나 야외 조사 경로와 일정을 계획하는 단계이다. 조사 지역에서 설문 조사를 실시하는 것은 지역 정보 수집 단계에서 야외 조사에 해당한다. ② ○○시에서 시민들을 대상으로 설문 조사를 하는 것은 지역 정보 수집 단계 중에서 야외 조사에 해당한다.

**11** **예시 답안** 선박 평형수를 통해 각종 외래종이 유입되면 기존 생태계가 교란될 수 있기 때문이다.

**채점 기준**

| | |
|---|---|
| 상 | 외래종 유입으로 생태계가 교란되는 문제를 정확하게 서술한 경우 |
| 하 | 선박에 평형수 처리 장치를 설치해야 한다고만 기술한 경우 |

**12** **예시 답안** ・1단계: 과학기술의 발달에 따라 로봇과 인공지능이 인간의 일을 대신할 수 있게 되었기 때문이다.

・2단계: 인간의 노동이 기계로 대체되면서 일자리가 감소하게 되고, 기계로 대체 가능한 인력과 불가능한 인력 사이에 일자리 간 양극화가 심화될 수 있다.

・3단계: 기업이 인력을 로봇으로 대체하는 만큼 양질의 일자리를 창출할 수 있도록 지원하고, 새로운 기술이나 직업에 대하여 지속적으로 교육하는 기회를 마련해야 한다.

**채점 기준**

| | |
|---|---|
| 상 | 산업용 로봇 도입의 배경과 이로 인한 변화, 사회적 차원에서 필요한 제도를 정확하게 쓴 경우 |
| 중 | 산업용 로봇 도입의 배경과 이로 인한 변화만 서술한 경우 |
| 하 | 산업용 로봇 도입의 배경만 쓴 경우 |

## 1등급 도전하기
121쪽

**01** ② **02** ④ **03** ⑤ **04** ③

**01** 제시된 자료는 수도권의 광역 철도 노선이 확대되면서 경기도에서 서울로의 통근·통학자 비율이 증가하였고, 통근·통학자의 평균 이동 거리도 늘어났음을 보여 준다.

**02** 제시된 글은 과학기술의 발달에 따른 생활공간과 생활양식의 변화에 관한 내용이다. ㄴ. 과학기술의 발달로 로봇과 인공지능이 발달하면서 단순 업무는 기계로 대체되고 있다. ㄹ. 노동 시장이 양극화되면 일자리의 고용 안정성이나 임금 격차가 커져 사회적 불안이나 갈등이 심화될 수 있다.

**| 선택지 바로잡기 |** ㄱ. 연구·개발, 지식·정보, 금융 등은 우수한 인력을 확보하기 위해 대도시에 입지한다. ㄷ. 플랫폼 노동자들은 대부분 단기 계약, 시간제 근무 등으로 계약을 맺어 직업 안정성이 낮다.

**03** 제시된 그래프는 정보 취약 계층의 정보화 수준을 보여 준다. 이처럼 사회적, 경제적, 지역적, 신체적 여건으로 인해 정보 통신 서비스에 접근하거나 이용할 수 있는 기회에 차이가 생기는 것을 정보 격차라고 한다.

**| 선택지 바로잡기 |** ㄱ. 전반적으로 가장 취약한 부분은 접근보다는 역량 부문이다. ㄴ. 모든 부분에서 일반 국민 대비 정보 격차가 가장 큰 계층은 고령층이다.

**04** ○○시는 산업화·도시화가 이루어진 모습으로 변화하였다. 산업화·도시화로 도시의 기능은 복잡해지고, 교통의 발달로 다른 지역과의 접근성은 높아진다. 또한 일자리를 찾아 농촌에서 도시로 오는 사람들이 늘어나며 도로, 건물 등의 시가지 면적이 증가하면서 농경지, 산림 등의 녹지 면적은 감소한다.

**| 선택지 바로잡기 |** ① 도시의 기능이 복잡해졌을 것이다. ② 인구가 증가하고 도로 면적이 확대되면 다른 지역과의 접근성이 높아졌을 것이다. ④ 농경지와 삼림 등의 녹지 면적이 감소하였을 것이다. ⑤ 3차 산업의 비중이 증가하였을 것이다.

## 수능 준비하기

**01** ④  **02** ①  **03** ③  **04** ③

**01** (가)는 고속도로의 개통이 지역 경제에 미치는 영향을 나타내고 있고, (나)는 수도권 전철 연장과 고속 철도 개통으로 인한 일상생활권의 확대를 나타내고 있다.

| **선택지 바로잡기** | ㄴ. 수도권 전철 연장과 고속 철도 개통으로 서울 – 천안 간 시·공간적 제약은 감소하였다.

**02** 제시된 자료는 과학기술의 발달에 따라 정보 통신 기술이 발달하면서 인터넷 뉴스 이용률이 증가하고 있는 현상을 보여 준다.

| **선택지 바로잡기** | ② 개인 정보 유출로 인한 사생활 침해 빈도가 늘어날 것이다. ③ 재택근무 확산으로 가정과 직장의 분리가 모호해질 것이다. ④ 익명성을 악용한 사이버 범죄의 발생 가능성은 높아질 것이다. ⑤ 시·공간의 제약이 감소하여 전자 상거래의 이용이 증가할 것이다.

**03** (가)에서는 개인 정보가 유출되어 금융 범죄에 악용되는 문제가, (나)에서는 정보 소외 계층이 정보 기기를 활용하는 과정에서 겪는 어려움이 나타나 있다.

| **선택지 바로잡기** | ① (가)는 개인 정보 유출로 인한 문제를 보여 준다. ② (가)는 개인 정보 유출 문제에 해당한다. ④ 개인 정보 유출은 (가)에 나타난다. ⑤ (나)에서는 사이버 범죄가 드러나 있지 않다.

**04** 제시된 자료는 지역 조사 단계에 따른 지역 조사 과정을 나타낸 것이다. (가)는 야외 조사로, 관찰이나 측량, 촬영, 인터뷰 등 조사 지역에 직접 답사하여 자료를 수집하는 단계이다. ③ 조사할 장소에 직접 방문하여 면담을 실시하는 것은 야외 조사이다.



## 대단원 마무리하기

**01** ②  **02** ③  **03** ⑤  **04** ②  **05** ②  **06** ②  **07** ②  **08** ⑤
**09** ③  **10** ⑤  **11** ④  **12** ③  **13** ②  **14** ②  **15** ④  **16** ③

**01** 산업화·도시화에 따라 생활공간이 변화하였고, 생활양식도 변화하였다. 중심 산업이 1차에서 2차, 3차로 변화하면서 직업이 세분화되고 전문성이 증가하는 등 직업이 분화하였고, 효율성이나 합리성, 자율성을 추구하고 익명성을 띠는 도시성이 확산되었다. 이에 따라 2차적 인간관계가 늘어나면서 사회적 유대감이 약해지고 개인주의적 가치관이 확산되었다. ② 도시의 교외화 현상으로 대도시권이 형성되고 그 면적은 점차 확대되었다.

**02** (가)는 촌락, (나)는 도시이다. 촌락은 도시에 비해 인구 밀도가 낮고 1차 산업 종사자 비중이 높다. 한편, 도시는 촌락에 비해 2차, 3차 산업 종사자 비중이 높고 직업이 다양하다. 또한, 지표의 포장 면적은 넓고 녹지 면적은 좁다.

| **선택지 바로잡기** | ① 촌락은 도시에 비해 지표의 포장 면적이 좁다. ② 촌락은 도시에 비해 토지 이용이 조방적이다. ④ 도시는 촌락에 비해 공동체 의식이 약하다. ⑤ 도시는 촌락에 비해 주민들의 직업 구성이 다양하다.

**03** A는 도심, B는 도시 외곽의 주거 지역이다. 도시의 규모가 커지면서 도시는 기능에 따라 지역 분화가 이루어진다. 도심은 다른 지역에 비해 접근성과 지대가 높고, 토지가 집약적으로 이용된다.

**04** 제시된 글은 편의점 이용에 관한 글이다. 최근에는 1인 가구와 간단한 식사를 해결하려는 사람이 늘면서 편의점을 이용하는 사람이 늘어나고 있다. ② 도시에 거주하는 사람들은 다양한 직업에 종사하며 다양한 형태로 살아간다. 이에 따라 도시에 거주하는 사람들 간의 동질성은 낮은 편이다.

**05** 제시된 A에는 산업화·도시화 이전에 높게 나타나는 지표가, B에는 산업화·도시화 이후에 높게 나타나는 지표가 들어가야 한다. 따라서 A에는 녹지 면적, 공동체 의식, 생물종 다양성, 평균 가구원 수 등이 적절하며 B에는 직업의 종류, 교통 혼잡 비용 등이 적절하다.

**06** 산업화·도시화가 진행되면서 도시 내에서 지역 분화가 나타나는데 주거지는 주로 주변(외곽) 지역으로 분산된다. 교통 발달로 도시와 촌락 간의 상호 작용이 활발해지면서 도시의 촌락에도 생활양식이 나타나고 있다. ② 이촌 향도 현상으로 촌락의 생활 기반 시설이 약화되면서 도시와 촌락 간의 지역 격차가 벌어지고 있다.

**07** 산업화·도시화로 포장 면적이 증가하면 지표면은 빗물을 제대로 흡수하지 못하는데, 이러한 불투수 면적이 증가하면 짧은 시간 안에 빗물이 한꺼번에 하천으로 흘러들어 수위가 빠르게 상승하여 홍수의 위험이 커진다. 도시 홍수를 막으려면 복개된 하천을 자연 생태 하천으로 복구하는 방법이 있다. ② 하천 복개 공사를 하면 빗물이 분산되지 못하여 도시 홍수의 위험이 커질 수 있다.

**08** 검색한 용어는 인간 소외 현상이다. 인간 소외 현상은 노동의 주체인 인간이 노동 과정에서 객체나 수단으로 전락하여 소외되는 현상을 말한다. 이를 해결하기 위해서는 인간의 존엄성 중시 및 타인 존중, 공동체 의식의 함양 등이 이루어져야 한다.

**09** ⊙은 공간적 분업이다. 공간적 분업은 기업의 규모가 커지면서 본사, 연구소, 생산 공장 등의 기업 기능이 지리적으로 분리되어 입지하는 현상이다.

**10** 교통·통신 및 과학기술이 발달하면서 물건을 구매할 때 해외에서 온라인으로 직접 구매하는 비중이 증가하였다. 또한, 원격 근무 등 온라인을 이용한 비대면 방식의 근무가 활성화되고 원격 교육 및 원격 진료가 확대되고 있다.

| 선택지 바로잡기 | 갑. 노동 집약적인 제조업은 인간의 노동이 기계로 대체되어 고용이 감소할 것이다.

**11** 온라인이나 모바일을 활용한 전자 상거래는 기존의 상점을 통한 물건 구매 방식보다 유통 단계가 단순하다. 또한, 아무때나 상품을 구매할 수 있으므로 시간적 제약이 작다. 하지만 인터넷을 이용하기 때문에 개인 정보 유출, 해킹 등으로 인한 피해가 발생할 수 있다. ④ 전자 상거래는 상거래 활동의 시간적 제약이 작다.

**12** 제시된 표에서는 모든 취약 계층의 정보화 수준이 일반 국민보다 낮으므로 정보 격차를 확인할 수 있다. 2022년에 정보화 수준이 일반 국민과 차이가 나는 계층은 고령층으로 고령층에 대한 정보화 교육이 가장 필요하다.

| 선택지 바로잡기 | ㄱ. 접근 지수의 정보 격차가 가장 작으며, 역량 지수의 정보 격차가 가장 크다. ㄹ. 2022년에 일반 국민 대비 정보화 지수에서 차이가 가장 작은 계층은 저소득층이다.

**13** 사이버 범죄를 해결하기 위해서는 정보 윤리 교육을 강화하고 사이버 범죄 관련 법령을 강화해야 한다.

| 선택지 바로잡기 | ① 개인 정보의 공개를 확대하면 개인 정보를 악용하는 사례가 증가할 수 있다. ③ 정보 독점을 강화하면 공정한 정보 제공을 방해하고, 사회적 신뢰를 저해할 수 있다. ④ 디지털 취약 계층에 정보 기기 보급을 확대하는 것이 사이버 범죄를 막는 것과는 직접적인 연관이 없다. ⑤ 정보에 접근할 수 있는 기회를 동등하게 부여하는 것이 사이버 범죄를 막기 위한 방안은 아니다.

**14** 교통이 발달하면 이동에 소요되는 시간 및 비용이 줄어들면서 사람들의 이동 가능 거리가 증가하게 된다. 과학기술이 발달하면 전자 상거래가 발달하고 사회 관계망 서비스(SNS)를 통한 전자 민주주의가 실현될 수 있다. 또한 장소에 상관없이 네트워크에 접속할 수 있어 원격 교육 및 원격 근무가 활성화된다.

| 선택지 바로잡기 | B 모둠의 사례는 교통 발달의 긍정적 측면이다. C 모둠의 사례는 과학기술 발달의 부정적 측면이다.

**15** 제시된 글은 지역 정보를 수집하기 위한 활동 중에 야외 조사에 해당한다. 야외 조사에서는 현지를 방문하여 지역 주민과의 면담, 설문 조사, 촬영, 관찰, 실측 등을 통해 미리 파악한 정보를 확인하고 새로운 정보를 얻는 단계이다.

| 선택지 바로잡기 | ① 보고서 작성 단계, ② 조사 계획 수립 단계, ③ 정보 분석 및 정리 단계, ⑤ 정보 수집 중 실내 조사 단계에 해당하는 내용이다.

**16** A구는 녹지 지역 비율이 높은 도시 외곽 지역, B구는 상업 및 주거 기능이 골고루 발달한 부도심 지역, C구는 상업 기능이 발달한 도심, D구는 주거 기능이 발달한 주거 지역이다.

| 선택지 바로잡기 | ㄱ. 접근성은 도심인 C구가 가장 높을 것이다. ㄹ. 중심 업무 기능은 주거 지역인 D구보다 도심인 C구에서 더 우세할 것이다.

---

## 시험 대비 문제집

### I  통합적 관점

#### 01  인간, 사회, 환경을 바라보는 다양한 관점

**핵심 한끝**　　　　　　　　　　　　2쪽

❶ 객관적　　❷ 개방적　　❸ 시간적　　❹ 자연환경　　❺ 사회적
❻ 규범　　❼ 공간적　　❽ 윤리적

**미리 보는 학교 시험**　　　　　　2~3쪽

**01** ④　**02** ⑤　**03** ③　**04** ④　**05** ①　**06** (1) 시간적 관점 (2) 해설 참조

**01** 제시된 글에서는 학교와 가까운 곳에서 특정 시설의 영업을 금지하는 법률, 학교의 학습 준비 지원 제도 등으로 학교 앞 문구점이 사라지고 있다. 즉, 학교 주변의 모습이 사회 제도나 사회 구조의 영향을 받는다는 것으로 사회적 관점에 해당한다.

| 선택지 바로잡기 | ①은 공간적 관점, ②는 통합적 관점, ③은 윤리적 관점, ⑤는 시간적 관점과 관련된다.

**02** 시간적 관점은 역사적 배경과 시대적 맥락에 초점을 두며, 과거의 경험을 바탕으로 사회현상을 살펴보면서 과거와 비슷한 일이나 사회문제에 대처할 수 있다.

| 선택지 바로잡기 | ⑤ 지도, 지리 책자, 지역 사진, 지역 통계 자료 등을 활용하여 사회현상을 파악하려고 하는 것은 공간적 관점이다.

**03** (가)에서는 윤리적 관점을 강조하고 있다. 윤리적 관점에서 네팔의 아동 노동 실태를 살펴보려면 아동 노동이 아동의 인간 존엄성을 어떻게 침해하고 있는지를 살펴보아야 한다.

| 선택지 바로잡기 | ①, ⑤는 공간적 관점, ②는 시간적 관점, ④는 사회적 관점이다.

**04** 장소와 지역, 공간적 상호 작용에 중점을 두는 것은 공간적 관점이다. 공간적 관점에서 기후변화를 탐구하기 위해서는 지역별 기후변화 양상을 살펴볼 수 있다.

| 선택지 바로잡기 | ①은 시간적 관점, ②, ⑤는 사회적 관점, ③은 윤리적 관점이다.

**05** k-컬처 현상이 젊은 세대에게 주입되는 감수성을 자극했고, 문화를 꿈과 희망, 인류 보편의 공감, 세계인의 보편적 가치와 접목시켰다는 점에서 인기의 원인을 찾고 있으므로 윤리적 관점에서 바라보고 있다.

**06** (2) **예시 답안** 역사적 사실이 나타난 사료를 활용하여 과거의 사회현상을 분석하고 있기 때문이다.

| 채점 기준 | |
| --- | --- |
| 상 | 시간적 관점이라고 생각한 이유를 사료과 관련지어 서술한 경우 |
| 하 | 시간적 관점이라고 생각한 이유를 사료과 관련짓지 않고 서술한 경우 |


## 02 인간, 사회, 환경을 바라보는 통합적 관점

### 핵심 한끝
4쪽

❶ 통합적  ❷ 주제  ❸ 시간적  ❹ 윤리적  ❺ 통합적  ❻ 통합적

### 미리 보는 학교 시험
4~5쪽

**01** ①  **02** ①  **03** ⑤  **04** ④  **05** ③  **06** (1) 통합적 관점 (2) 해설 참조

**01** 코끼리를 일부분만 살펴본 사람들은 제각기 코끼리의 모양에 대해 자기가 만진 부분만으로 이야기한다. 마찬가지로 어떤 사회현상을 볼 때 하나의 측면에서만 바라보면 전체적인 모습을 알 수가 없다. 따라서 사회현상을 볼 때는 통합적 관점에서 관찰해야 한다.

**02** 제시된 글에는 학생 수의 감소에 따라 증가한 학교 유휴 공간의 활용과 관련한 문제가 나타나 있다. ㄱ. 초중고 학생 수 예상 추이는 과거의 사례를 바탕으로 미래를 예측하는 것이므로 시간적 관점에 해당한다. ㄴ. 학교 유휴 시설의 지역별 분포 현황은 공간적 상호 작용을 살펴보는 것이므로 공간적 관점에 해당한다.

| 선택지 바로잡기 | ㄷ. 학교 유휴 시설 활용에 대한 주민 인식은 주민들의 가치관이 포함되어 있으므로 윤리적 관점에 해당한다. ㄹ. 학교 유휴 시설 활용과 관련한 법률 및 제도는 사회적 관점에 해당한다.

**03** 심각한 교통 체증 문제를 해결하기 위해 어느 하나의 관점에서만 살펴볼 경우 다른 문제가 나타날 수 있다. 다양한 관점에서 통합적으로 살펴보아야 최적의 대책이 나올 수 있다.

| 선택지 바로잡기 | ①, ③ 제시된 글에서는 사실 판단과 가치 판단의 구분, 전문가에 의한 연구는 강조하고 있지 않다. ②는 윤리적 관점, ④는 사회적 관점에만 해당하는 내용이다.

**04** 사회현상을 한 관점에서만 바라보면 문제와 관련된 다양한 요인을 놓치기 쉽고, 그에 관한 해결책도 일방적일 수밖에 없다. 따라서 복잡한 사회현상을 정확하게 파악하여 근본적인 해결책을 찾기 위해서는 통합적 관점이 필요하다.

**05** ㄴ. 난민이 많이 발생하는 지역의 자연환경과 인문환경을 살펴보는 것은 공간적 관점이다. ㄷ. 난민 문제의 해결을 위한 국제법, 국제기구 등을 살펴보는 것은 사회적 관점이다.

| 선택지 바로잡기 | ㄱ. 인간 존엄성의 측면에서 난민 지원을 살펴보는 것은 윤리적 관점이다. ㄹ. 전쟁, 내란 등의 역사적 배경을 분석하여 난민 발생의 원인을 파악하는 것은 시간적 관점이다.

**06** (2) **예시 답안** 복잡하고 불확실한 사회현상에 따른 문제를 한 가지 관점으로만 바라보고 해결하려는 시도는 사회문제의 다양하고 복잡한 측면을 고려하지 못하는 한계가 있다. 다양한 관점을 바탕으로 인간, 사회, 환경을 통합적으로 살펴볼 때 복잡한 사회현상을 정확히 이해하고 사회문제에 관한 근본적인 해결책을 찾을 수 있다.

| 채점 기준 | |
| --- | --- |
| 상 | 개별적 관점의 한계를 바탕으로 통합적 관점의 필요성을 서술한 경우 |
| 하 | 개별점 관점의 한계와 관계없이 통합적 관점의 필요성을 서술한 경우 |


## Ⅱ 인간, 사회, 환경과 행복

## 01 행복의 의미와 기준

### 핵심 한끝
6쪽

❶ 유교  ❷ 불성  ❸ 이성  ❹ 에피쿠로스  ❺ 신  ❻ 헬레니즘
❼ 인문환경  ❽ 지역

### 미리 보는 학교 시험
6~7쪽

**01** ①  **02** ③  **03** ①  **04** ①  **05** ⑤  **06** 해설 참조

**01** 제시된 사진에 나타난 지역에서는 사막화 현상이 나타나고 있다. 이러한 지역에서는 마실 물이 부족하기 쉬우므로 깨끗한 식수를 확보하는 것이 행복의 기준이 될 수 있다.

| 선택지 바로잡기 | ② 일조량이 부족한 북유럽 지역은 일조량을 확보하는 것이 행복의 기준이 될 수 있다. ③, ④, ⑤ 선진국에서는 여가와 문화생활을 누리면서 자유로운 삶을 보장받는 것이 행복의 기준이 될 수 있다.

**02** (가)는 중세 시대 아퀴나스의 입장이고, (나)는 근대 시대에 도덕적 의무를 강조한 칸트의 입장이다.

**03** 유교에서 도덕적 본성은 타고난 것으로, 보존하고 함양해야 하는 것이지 극복해야 하는 것이 아니다.

| 선택지 바로잡기 | ② 유교에서는 사랑의 정신이자 사회적 존재로 완성된 인격체의 인간다움, 즉 인(仁)을 실천하는 것이 행복이라고 보았다. ③, ④는 불교, ⑤는 도가에 대한 설명이다.

**04** 제시된 글은 아리스토텔레스의 행복에 대한 설명이다. 아리스토텔레스에게 행복은 궁극적인 목적으로 인간의 고유한 기능인 이성을 발휘할 때 실현된다.

| **선택지 바로잡기** | ㄷ. 인간의 기능인 이성을 잘 발휘할 때 행복이 실현된다. ㄹ. 행복을 위해서는 외적인 좋음인 친구, 용모 또한 필요하다. 일정한 뒷받침이 없으면 행복을 이루는 것이 쉽지 않기 때문이다.

**05** 돈과 인기를 얻는 외재적 목표보다 다른 사람을 도와주거나 좋은 인간관계를 맺는 것을 목표로 하는 내재적 목표를 가진 집단이 더 행복하다는 연구 결과를 통해 참된 행복을 위해서는 의미 있는 목표를 세우는 것이 중요하다는 것을 알 수 있다.

**06** **예시 답안** 사람들이 살아가는 시대의 지배적인 가치나 사상, 역사적 사건의 영향을 받아 변화하는 등 시대적 상황에 따라 달라질 수 있다.

**채점 기준**

| 상 | 시대적 상황에 따라 달라질 수 있다고 서술한 경우 |
|---|---|
| 하 | 달라질 수 있다고만 서술한 경우 |

## 02 행복한 삶을 실현하기 위한 조건

### 핵심 한끝

8쪽

❶ 정주 환경　❷ 복지　❸ 민주주의　❹ 참여　❺ 실천
❻ 안정　❼ 민주주의

### 미리 보는 학교 시험

8~9쪽

**01** ②　**02** ①　**03** ①　**04** ⑤　**05** ⑤　**06** 해설 참조

**01** 택리지에서는 사람이 살 만한 곳의 네 가지 조건으로 지리(풍수지리적 명당), 생리(경제적으로 유리한 지역), 산수(빼어난 경치), 인심(넉넉하고 좋은 이웃 간의 정)을 제시하고 있다. 제시된 글에서 그 땅에서 생산되는 이익은 생리에, 넉넉하고 좋은 이웃 간의 정은 인심에 해당한다.

**02** 제시된 글은 백성들의 경제적 안정을 주장한 맹자의 입장이다. 백성들은 생업의 기반이 있어야 도덕적 마음을 가질 수 있기 때문에 경제적 요인은 도덕적 삶에 영향을 미칠 수 있다. 따라서 통치자는 백성의 경제적 안정에 힘써야 하며, 이를 위해서는 백성의 생업을 보장해야 한다.

| **선택지 바로잡기** | ㄷ. 통치자는 법적 규제가 아니라 백성의 생업 보장에 힘써야 한다. ㄹ. 비도덕적 행위의 원인을 개인에게서 찾기보다는 생업을 보장하지 못한 통치자에게서 찾아야 한다. 백성은 일정한 재산이 있어야 도덕적 마음을 가질 수 있기 때문이다.

**03** 행복한 삶을 위해서는 질 높은 정주 환경, 경제적 안정, 민주주의 실현, 도덕적 실천 등 다양한 조건이 필요하다.

| **선택지 바로잡기** | ① 정주 환경은 깨끗한 물, 대기와 같은 자연환경뿐만 아니라 치안, 보건, 위생 등과 같은 인문환경도 포함한다.

**04** 제시된 그림에는 국민의 행복한 삶을 실현하기 위해 국가가 경제적 불평등의 해소 노력을 해야 하는 이유와 관련한 대화가 나타나 있다. 예상하지 못한 위험의 발생 가능성, 소외 계층의 상대적 박탈감 방지, 경제활동을 하기 어려운 사람들의 처지 등을 고려하여 경제적 불평등을 해소하려는 노력이 필요하다.

| **선택지 바로잡기** | ㄱ. 시민 참여가 보장되는 민주주의를 실현해야 하는 필요성에 해당한다.

**05** 사회적 신뢰, 즉 공동체 연대감은 개인의 행복감을 높임으로써 개인의 수명을 연장한다. 이를 통해 남과 더불어 살아가려는 노력을 통해 행복을 실현할 수 있음을 알 수 있다.

| **선택지 바로잡기** | ㄴ. 행복은 개인의 이익 추구가 아니라 사람들과 따뜻한 관계를 맺고 타인을 배려할 때 실현된다.

**06** **예시 답안** 민주주의가 발전하면 일반적으로 국민의 행복도도 높게 나타난다. 민주주의 국가에서는 시민의 자유와 권리가 보장되어 각자 원하는 삶을 살면서 만족감을 얻을 수 있기 때문이다.

**채점 기준**

| 상 | 민주주의와 행복의 상관관계와 그 근거를 모두 서술한 경우 |
|---|---|
| 하 | 민주주의와 행복의 상관관계만 서술한 경우 |

## Ⅲ 자연환경과 인간

## 01 자연환경과 인간 생활

### 핵심 한끝

10쪽

❶ 기온　❷ 강수량　❸ 순록　❹ 바다　❺ 기후　❻ 지형
❼ 안전권　❽ 헌법

### 미리 보는 학교 시험

10~12쪽

**01** ②　**02** ③　**03** ⑤　**04** ①　**05** ①　**06** ⑤　**07** ④　**08** ①
**09** ①　**10** (1) 해발 고도 (2) 해설 참조

**01** A는 온대 기후 지역 중에서 지중해 연안 지역이고, B는 건조 기후, C는 열대 기후, D는 냉대 기후, E는 열대 고산 기후 지역이다. ② 건조 기후 지역은 대륙 내부에 위치해 강수량이 적고 기온의 일교차가 크다.

**| 선택지 바로잡기 |** ① 지중해 연안 지역은 여름에 고온 건조하고 겨울에 온난 습윤한 기후가 나타난다. ③ 열대 기후 지역은 연중 고온 다습한 기후가 나타난다. ④ 냉대 기후 지역은 기온의 연교차가 매우 크고, 겨울이 길고 춥다. ⑤ 열대 고산 기후 지역은 기온의 연교차가 작다.

**02** 제시된 자료는 열대 기후가 나타나는 인도네시아의 나시고렝에 대한 것이다. 인도네시아는 고온 다습한 기후의 영향으로 향신료를 사용하고 기름에 볶거나 튀기는 음식 문화가 발달하였다. ③ 열대 기후 지역에서는 바람이 잘 통하여 체온을 조절하고 땀을 효과적으로 배출하는 얇고 가벼운 옷을 입는다.

**| 선택지 바로잡기 |** ①은 한대 기후 지역, ②, ④는 건조 기후 지역, ⑤는 냉대 기후 지역에 해당한다.

**03** (가)는 열대 기후 지역, (나)는 냉대 기후 지역이다. ㄱ. 열대 우림 기후 지역에서는 열기와 습기를 피하기 위해 집을 지면에서 띄운 고상 가옥이 나타난다. ㄷ. 열대 기후 지역은 일반적으로 적도 주변에서 나타나므로 냉대 기후 지역보다 저위도에 위치한다. ㄹ. 겨울이 매우 추운 냉대 기후 지역은 연중 기온이 높은 열대 기후 지역보다 기온의 연교차가 크다.

**| 선택지 바로잡기 |** ㄴ. (나)의 전통 가옥은 통나무집이다. 통나무집은 이동 생활에 유리하지 않다.

**04** 제시된 글에서는 열대 기후 지역의 이동식 화전 농업에 대해 설명하고 있다. 열대 기후 지역은 연중 기온이 높고 습하여 사람들이 얇고 가벼운 옷차림을 주로 한다.

**| 선택지 바로잡기 |** ②는 건조 기후 지역, ③은 한대 기후 지역, ④는 열대 기후 지역, ⑤는 온대 기후 지역의 지중해 연안 지역에서 볼 수 있는 경관이다.

**05** 제시된 지역들은 평야 지역이다. 평야 지역은 해발 고도가 낮고 지표면이 편평하여 인간의 거주, 교통로와 건물의 건설 등에 유리하다는 공통점이 있다.

**| 선택지 바로잡기 |** ㄷ은 산지 지역, ㄹ은 해안 지역이다.

**06** 할롱베이에는 석회암이 빗물이나 지하수에 녹고 침전되어 형성된 카르스트 지형이 발달하였다. 화산, 빙하, 카르스트 지형 등이 나타나는 지역에서는 관광 산업이 발달하여 지역 경제에 도움을 준다.

**07** 제시된 글에서 밑줄 친 '이것'은 지진이다. ④ 지진은 짧은 시간에 많은 건물과 도로를 붕괴시킨다. 따라서 지진 발생 시 건물의 안정성을 높이기 위해서는 건물이 지진에 견딜 수 있도록 내진 설계를 해야 한다.

**| 선택지 바로잡기 |** ① 지진은 지형적 요인에 의한 자연재해이다. ②는 화산 활동, ③은 태풍이다. ⑤ 우리나라에서는 최근 지진 발생 빈도가 잦아지고 있으며, 피해도 발생하고 있다.

**08** 제시된 글에서 설명하는 자연재해는 열대 저기압으로, 우리나라에 주로 영향을 주는 열대 저기압은 태풍이라고 한다.

**| 선택지 바로잡기 |** ㄴ. 우리나라에서 태풍은 겨울이 아니라 여름이나 초가을에 주로 발생한다. ㄷ. 태풍은 다른 자연재해보다 오히려 진행 속도가 빠르다.

**09** ②, ③ 재난 및 안전 관리 기본법은 헌법을 바탕으로 제정된 법으로, 제4조에서 국민의 생명·신체 및 재산을 보호할 책무를 명시하고 있다. ④ 스마트 재난 관리 시스템 구축에는 「재난 및 안전 관리 기본법」이 배경이 되었다. ⑤ ㉠은 지방 자치 단체, ㉡은 대통령령이다.

**| 선택지 바로잡기 |** ① 「재난 및 안전 관리 기본법」은 안전권 보장을 위해 국가 및 지방 자치 단체의 책무를 강조하고 있다.

**10** (2) **예시답안** 고산 기후 지역에서는 일교차가 크고 햇빛이 강하여 이에 대비한 겉옷과 모자가 발달하였다.

| 채점 기준 | |
| --- | --- |
| 상 | 기후의 특징을 포함하여 이유를 서술한 경우 |
| 하 | 기후의 특징과 관계없이 이유를 서술한 경우 |

## 02~03 인간과 자연의 관계 ~ 환경 문제 해결을 위한 다양한 노력

### 핵심 한끝
13쪽

❶ 이분법적  ❷ 내재적  ❸ 지구 온난화  ❹ 자외선  ❺ 산성비
❻ 시민 단체  ❼ 녹색  ❽ 생태

### 미리 보는 학교 시험
13~15쪽

**01** ①  **02** ③  **03** ③  **04** ④  **05** ②  **06** ⑤  **07** ⑤  **08** ⑤
**09** ②  **10** (1) 갑: 인간 중심주의 자연관, 을: 생태 중심주의 자연관
(2) 해설 참조

**01** 제시된 내용은 경제 발전을 위해 자연환경을 이용한 것으로, 인간 중심주의 자연관에 해당한다. ㄱ, ㄴ. 간척지를 조성하기 위해 갯벌을 매립하거나, 홍수 예방을 위해 하천 직선화 공사를 한 것은 인간의 이익을 위해 자연을 이용한 사례이다.

**| 선택지 바로잡기 |** ㄷ, ㄹ. 생태 중심주의 자연관의 사례이다.

**02** 제시된 글에서는 인간과 자연의 공존을 모색하는 새로운 관점으로 전환해야 한다고 주장하므로 생태 중심주의 자연관에 해당한다. ③ 생태 중심주의 자연관을 지나치게 강조할 경우 생태계 전체의 선(善)을 위해 인간이 포함된 개별 생명체의 선(善)이 희생되는 환경 파시즘으로 이어질 우려가 있다는 비판이 있다.

**03** 제시된 표는 생태 중심주의 자연관에 대한 질문 응답지이다. (가)에는 생태 중심주의 입장에서 부정의 대답을 할 질문이, (나)에는 생태 중심주의 입장에서 긍정의 대답을 할 질문이 들어가야 한다. ㄴ. 생태 중심주의 입장에서 부정의 대답을 할 질문이다. ㄷ. 생태 중심주의 입장에서 긍정의 대답을 할 질문이다.

| **선택지 바로잡기** | ㄱ. 생태 중심주의 입장에서 긍정의 대답을 할 질문이다. ㄹ. 생태 중심주의 입장에서 부정의 대답을 할 질문이다.

**04** (가)는 베이컨의 주장으로 인간 중심주의 자연관, (나)는 레오폴드의 주장으로 생태 중심주의 자연관이다. ㄱ. 인간 중심주의 자연관은 이성적 접근을 중시하며 인간과 자연에 대한 이분법적 세계관을 반영한다. ㄴ. 인간 중심주의 자연관은 산업화·도시화 과정에서 강조되어 대규모의 환경 파괴와 자원 고갈 등의 주된 요인으로 지적받는다. ㄷ. 생태 중심주의 자연관은 자연을 도덕적 고려 대상으로 보아야 함을 강조한다.

| **선택지 바로잡기** | ㄹ. 생태 중심주의 자연관은 생태계 전체의 조화와 균형을 중시하므로 개별 구성원의 존속보다 생태계 전체의 보전을 중시한다.

**05** 〈설명 1〉은 슬로 시티, 〈설명 2〉는 인간 중심주의, 〈설명 3〉은 연기이며, 글자판에 남은 글자는 생태 도시이다. ② 생태 도시는 도시를 하나의 유기적 생명체로 인식하는 것으로, 사람과 자연환경이 조화를 이루며 함께 살아갈 수 있는 체계를 갖춘 도시이다.

| **선택지 바로잡기** | ①은 온실가스, ③은 생태 통로, ④는 자정 능력, ⑤는 자연 휴식년제에 대한 설명이다.

**06** 제시된 글에서는 오늘날 환경 보호를 해결하기 위해 자연환경을 보전하고 지속가능한 발전을 추구하여 자연과 인간의 조화와 균형을 이루고자 하는 환경친화적인 자연관이 확산되고 있다.

**07** ㄷ. (가)는 도가의 자연관, (나)는 불교의 자연관이다. ㄹ. (가) 도가와 (나) 불교는 모두 인간과 자연을 서로 공존하는 관계로 보고 있으며, 인간과 자연의 조화를 중시한다.

| **선택지 바로잡기** | ㄱ. 불교의 자연관에 대한 설명이다. ㄴ. 유교의 자연관에 대한 설명이다.

**08** 제시된 사례는 해수면 상승으로 땅이 물에 잠기거나, 북극의 빙하가 녹는 상황을 묘사하고 있으므로 ㉠에 해당하는 환경 문제는 지구 온난화 현상이다. ⑤ 기온 상승으로 극지방의 빙하가 녹으면 해수면이 상승하게 되어 해안 저지대는 침수할 수 있다.

**09** 갑, 정. 생태시민으로서 환경 문제를 해결하려면 녹색 소비를 실천할뿐만 아니라 아나바다, 플로깅 활동 등 환경친화적 가치를 고려한 활동에 참여해야 한다.

| **선택지 바로잡기** | 을. 환경 영향 평가는 특정 개발 계획이나 프로젝트가 환경에 미치는 영향을 사전에 예측하고 평가하는 것으로, 정부 주도로 이루어진다. 병. 신·재생 에너지를 개발하고 상용화하는 것은 주로 정부, 대기업, 연구 기관 등에서 진행한다.

**10** (2) **예시 답안** 자연은 그 자체로 본래의 가치를 지니고 있기 때문에 인간과 자연의 관계에서 인간의 이익보다는 인간을 포함한 자연 전체의 균형과 안정을 먼저 고려해야 한다. 모든 생명체는 자연의 일부이며, 인간도 자연을 구성하는 일부이기 때문에 인간은 자연과 독립적으로 존재할 수 없다.

| **채점 기준** | |
|---|---|
| 상 | 인간과 자연의 유기적 관계에 대해 설명하고, 이에 따른 인간과 자연 간 공존의 필요성을 서술한 경우 |
| 하 | 인간과 자연의 유기적 관계, 인간과 자연 간 공존의 필요성 중 한 가지만 서술한 경우 |

## IV 문화와 다양성

### 01 세계의 다양한 문화권

**핵심 한끝**  16쪽

❶ 문화권  ❷ 기후  ❸ 한자  ❹ 힌두교  ❺ 이슬람교  ❻ 개신교  ❼ 한대  ❽ 문화

**미리 보는 학교 시험**  16~18쪽

**01** ①  **02** ①  **03** ②  **04** ③  **05** ⑤  **06** ③  **07** ②  **08** ②
**09** ①  **10** (1) 리오그란데강 (2) 해설 참조

**01** 덥거나 추운 날씨의 영향으로 의복 경관이 발달한 것은 기후의 영향을 받은 것이고, 농업과 유목에 따라 사람들이 살아가는 문화 경관이 발달한 것은 산업의 영향을 받은 것이다.

**02** (가)는 높은 건물과 사람들이 출근하는 모습을 볼 때 도시 지역, (나)는 벼농사를 하고 있는 사람들의 모습을 볼 때 농촌 지역임을 알 수 있다.

| **선택지 바로잡기** | ㄷ. 산업 발달 수준은 (나) 농촌 지역이 (가) 도시 지역보다 낮다. ㄹ. (가) 도시 지역과, (나) 농촌 지역은 모두 정착 생활을 하는 지역이다.

**03** (가)는 대체로 아시아의 주식 작물인 쌀, (나)는 대체로 유럽의 주식 작물인 밀, (다)는 대체로 라틴 아메리카와 아프리카 일대의 주식 작물인 옥수수이다. A는 쌀로 만든 볶음밥인 나시고렝으로 주재료는 (가) 쌀이다. B는 옥수수로 만든 타코로 주재료는 (다) 옥수수이다. C는 밀가루로 만든 파스타로 주재료는 (나) 밀이다.

**04** 제시된 자료는 이란과 같은 건조 기후 지역에서 전통적으로 사용되는 환기 시스템인 바드기르이다. 건조 기후 지역에서는 전통적으로 유목 생활을 하였으며, 돼지보다 양 사육이 유리하다. 따라서 ③ 돼지고기보다 양고기 요리가 발달하였다.

**05** 지도에 표시된 A는 크리스트교, B는 이슬람교, C는 불교, D는 힌두교이다. ⑤ 불교(C)와 힌두교(D)는 모두 남부 아시아에서 기원한 종교이다.

| **선택지 바로잡기** | ① 라마단은 이슬람교에서 지켜야 할 5대 의무 중 하나이다. ② 불상과 불탑은 불교(C)의 종교 경관이다. ③ 할랄은 이슬람 율법에서 허용한 것들을 의미한다. 따라서 할랄 산업 발달에 영향을 준 종교는 이슬람교(B)이다. ④ 스테인드글라스로 장식한 모습은 크리스트교(A)와 관련 있다.

**06** (가)는 아라베스크 문양으로 이슬람교, (나)는 성화를 주제로 한 스테인드글라스로 크리스트교, (다)는 연꽃 문양으로 불교의 경관이다. ㄴ. 크리스트교는 교회나 성당에서 예배를 하는데, 이 건축물은 대부분 십자가가 있으며, 종탑이 있는 경우도 많다. ㄷ. 불교는 육식과 살생을 금하는 교리에 따라 채식을 선호하는 경우가 많다.

| **선택지 바로잡기** | ㄱ. 소고기를 먹지 않는 종교는 힌두교이다. ㄹ. 윤회는 생명과 죽음의 순환, 즉 삶과 죽음, 그리고 다시 태어남이 반복되는 과정이며, 윤회 사상을 믿는 종교로는 힌두교와 불교 등이 있다.

**07** A는 건조 문화권, B는 아프리카 문화권, C는 동양 문화권, D는 앵글로아메리카 문화권, E는 라틴 아메리카 문화권이다. 7월에는 투치족과 후투족 기념관, 옥수수 가루와 콩으로 만든 전통 음식 등으로 아프리카 문화권을, 9월에는 고산 지역의 원주민 유적지, 삶은 감자 등으로 라틴 아메리카, 12월에는 반팔, 불상, 카오팟 등으로 동양 문화권을 방문했음을 알 수 있다.

**08** A는 건조 문화권이다. 건조 문화권은 가축과 함께 이동하는 유목 문화가 발달하였으며, 오아시스 등에서 대추야자와 밀 등을 재배하는 오아시스 농업이 발달하였다.

**09** (가)는 인도양과 태평양을 서로 연결하는 지역에 위치한 교통의 요지라는 내용을 통해 동남아시아 문화권임을 알 수 있다. (나)는 냉전이 완화되고 상대적으로 슬라브족의 비율이 높다는 내용을 통해 동부 유럽 문화권임을 알 수 있다.

**10** (2) **예시 답안** (가)는 주로 영어를 사용하고 개신교가 우세한 반면, (나)는 에스파냐어와 포르투갈어를 사용하고 가톨릭이 우세하다.

| 채점 기준 | |
| --- | --- |
| 상 | 앵글로아메리카와 라틴 아메리카 문화권의 경계인 리오그란데강을 정확하게 쓰고, 두 문화권의 차이를 언어, 종교 측면에서 비교해서 서술한 경우 |
| 하 | 리오그란데강만 쓰고, 두 문화권의 차이를 비교하지 못한 경우 |

## 🟣 02 문화 변동과 전통문화의 창조적 계승

### 핵심 한끌
19쪽

❶ 발견　❷ 매개체　❸ 자극 전파　❹ 문화 융합　❺ 비판적　❻ 고유성

### 미리 보는 학교 시험
19~21쪽

**01** ②　**02** ④　**03** ②　**04** ②　**05** ③　**06** ②　**07** ⑤　**08** ②
**09** ⑤　**10** (1) 문화 융합 (2) 해설 참조

**01** ⊙은 발명, ⓒ은 발견이다. ㄱ. 계몽사상이라는 새로운 사상의 등장은 발명에 해당한다. 발명의 대상은 물질적인 것일 수도 있고 종교, 관념, 제도와 같이 비물질적인 것일 수도 있다.

**02** 제시된 글에는 비단길을 통한 두 문화 간의 직접 전파 사례가 나타나 있다. ④ 직접 전파는 직접적인 접촉으로 인해 문화 요소가 전파되는 것을 말한다.

**03** ② (가) 영국의 크라켓이 식민 지배를 통해 인도에 전파된 것은 직접 전파이다. (나) 세탁기를 새롭게 만든 것은 발명이다. (다) 우리나라의 케이팝이 인터넷을 통해 전 세계로 전파된 것은 간접 전파이다.

**04** A, B는 내재적 요인이며, B는 알려지지 않았던 문화 요소를 새롭게 찾아낸 것이므로 B는 발견이다. 따라서 A는 발명, C는 자극 전파이다. ㄱ. 발명은 이전에 없었던 문화 요소를 만들어 내는 것이다. ㄷ. 자극 전파는 다른 사회의 문화 요소에서 아이디어를 얻어 새로운 문화 요소가 만들어지는 것이다.

| **선택지 바로잡기** | ㄴ. 우리나라의 한글 창제는 발명의 사례이다.

**05** ③ 제시된 사례는 원주민들에게 원주민의 언어 대신 서구식 교육과 사상을 주입하여 원주민 고유의 문화는 소멸하였으므로, 문화 동화의 사례에 해당한다. 문화 동화는 기존의 문화 요소가 외래문화 요소로 완전히 대체되는 현상을 말한다.

| **선택지 바로잡기** | ①, ② 문화 동화는 외래문화를 접하면서 자기 문화가 소멸되었으므로 문화 변동의 요인이 외부에 있으며, 자기 문화가 소멸되었으므로 자기 문화의 정체성이 유지되지 못한다. ④ 문화 융합에 대한 설명이다. ⑤ 문화 병존에 대한 설명이다.

**06** 제시된 사례에서 인도 화폐에 15개 언어가 사용된 것은 문화 병존의 사례이다. ㄹ. 문화 병존은 서로 다른 사회의 문화가 한 사회 속에서 나란히 각각 존재하는 것이다.

| **선택지 바로잡기** | ㄱ. 문화 변동의 내재적 요인은 발명과 발견이다. ㄷ. 문화 융합에 대한 설명이다.

**07** (가)는 자기 문화의 정체성이 유지되지 않으므로 문화 동화, (나)는 자기 문화의 정체성이 유지되지만 새로운 제3의 문화가 형성되는 것이 아니므로 문화 병존, (다)는 자기 문화의 정체성이 유지되면서 새로운 제3의 문화가 형성되므로 문화 융합에 해당한다.

| **선택지 바로잡기** | ① 문화 동화, 문화 병존, 문화 융합 모두 외재적 요인에 의해 문화 변동이 일어났다. ② 문화 병존은 자발적 문화 접변에 의해서도 일어날 수 있다. ③ 강제적 문화 접변에 대한 설명이다. ④ 문화 병존에 대한 설명이다.

**08** ② 제시된 글에서는 우리나라의 명절이 국가 무형유산으로 지정되고, 지역 공동체의 결속을 다지고 공감대를 형성하는 데 기여한다는 점을 강조하고 있다. 이처럼 전통문화는 사회를 유지하고 통합하는 데 기여한다.

**09** ⑤ 제시된 사례에서는 전통 가마솥의 원리를 이용하여 오늘날 전기밥솥을 개발하였고, 이를 사람들이 잘 활용하고 있다. 이는 전통문화를 시대적 변화에 맞추어 새롭게 재해석하고 재창조하려는 노력이다. 전통문화를 창조적으로 계승하면 현대 사회의 문화 요소와 조화를 이루며 발전시킬 수 있다.

**10** **예시 답안** 문화 융합은 기존 문화 요소와 외래문화 요소가 결합하여 새로운 문화 요소가 만들어지는 현상이다. 이때 새롭게 만들어진 문화 요소는 고유문화의 정체성을 유지하고 있으며, 사회의 문화적 다양성을 높이는 데 기여한다.

| 채점 기준 | |
| --- | --- |
| 상 | 문화 융합의 특징을 〈보기〉에 제시된 개념을 모두 활용하여 서술한 경우 |
| 하 | 문화 융합의 특징을 〈보기〉에 제시된 개념 중 한 가지만 활용하여 서술한 경우 |

## 🔟③ 문화 상대주의와 보편 윤리

**핵심 한끝**                                          22쪽

❶ 보편적    ❷ 국수주의    ❸ 문화 사대주의    ❹ 보편적 가치
❺ 극단적 문화 상대주의    ❻ 객관적    ❼ 문화 상대주의

**미리 보는 학교 시험**                          ○─ 22~23쪽

**01** ⑤  **02** ②  **03** ②  **04** ⑤  **05** ③  **06** (1) 극단적 문화 상대주의
(2) 해설 참조

**01** ⑤ A 지역과 B 지역은 자연환경, 인문환경 등 각 사회가 처한 상황이 서로 다르다. 두 지역은 서로 다른 자연환경과 인문환경에 적응하는 과정에서 독특한 생활 방식을 형성되어 문화적 차이가 나타나게 된다.

**02** 제시된 글에서는 각 사회의 문화를 해당 사회의 환경과 역사적 맥락 속에서 이해해야 한다고 보므로 문화 상대주의 태도를 강조하고 있다는 것을 알 수 있다. ② 문화 상대주의는 문화를 이해의 대상으로 보며, 각 사회의 문화를 그것이 형성된 환경과 역사적 맥락 속에서 이해하려는 태도이다.

| **선택지 바로잡기** | ①, ③ 자문화 중심주의나 문화 사대주의에 대한 설명이다. ④ 자문화 중심주의에 대한 설명이다. ⑤ 문화 상대주의에서는 보편성뿐 아니라 특수성도 인정하고 이해한다.

**03** (가) 문화 상대주의, (나) 자문화 중심주의, (다) 문화 사대주의이다. ㄱ. 문화 상대주의는 문화 다양성 보존에 기여한다. ㄷ. 자문화 중심주의는 집단 구성원의 결속력 강화에 기여하지만, 문화 사대주의는 특정 문화를 자문화보다 우수하다고 보고 자문화를 낮게 평가한다.

| **선택지 바로잡기** | ㄴ. 자문화 중심주의에 대한 설명이다. ㄹ 자문화 중심주의와 문화 사대주의 모두 문화 간 우열을 가릴 수 있다고 본다.

**04** 제시된 글에서는 인간의 존엄성을 훼손하는 노예 제도를 극단적 문화 상대주의의 입장에서 바라보고 있다. ⑤ 문화 상대주의를 지나치게 강조할 경우 시대와 장소를 초월하여 존중되어야 하는 보편 윤리를 훼손하는 문화까지도 허용하게 되므로, 문화를 이해할 때는 극단적 문화 상대주의에 빠지지 않도록 경계해야 한다.

**05** 제시된 신문 기사에 나타난 우리 사회의 문화는 연고주의 문화이다. ④ 연고주의 문화로 인해 개인이 속한 집단의 이익만을 우선시하고, 모두에게 주어지는 공평한 기회가 박탈당하거나 사회 부정의로 이어지기도 한다. 따라서 연고주의 문화는 보편 윤리의 관점에서 객관적으로 성찰해야 한다.

**06** (2) **예시 답안** 명예 살인은 인간 존엄성과 같은 보편 윤리적 가치를 훼손하는 행위이다. 우리는 보편 윤리에 근거하여 문화를 성찰함으로써 어떤 문화든 무조건 인정하고 포용해야 한다는 극단적 문화 상대주의에 빠지지 않도록 경계해야 한다.

| 채점 기준 | |
| --- | --- |
| 상 | 보편 윤리적 가치 훼손과 보편 윤리를 근거로 문화를 성찰하고 극단적 문화 상대주의를 경계해야 한다고 서술한 경우 |
| 중 | 보편 윤리적 가치 훼손과 보편 윤리를 근거로 문화를 성찰해야 한다고 서술한 경우 |
| 하 | 보편 윤리적 가치를 훼손하고 있다고만 서술한 경우 |

## 🔟④ 다문화 사회와 문화적 다양성 존중

**핵심 한끝**                                          24쪽

❶ 문화적 배경    ❷ 상호 작용    ❸ 노동력    ❹ 문화적 소수자
❺ 이주민    ❻ 문화 상대주의

**01** ④　**02** ①　**03** ③　**04** ③　**05** ④　**06** 해설 참조

**01** 제시된 사례는 우리 사회가 다문화 사회로 변화함에 따라 다양한 문화를 쉽게 접할 수 있게 되었음을 보여 준다. 이러한 현상은 교통과 통신의 발달로 다양한 문화권에 속한 사람들의 접촉이 늘고, 국가 간 인구이동의 증가로 문화 간 교류가 확대되면서 나타나게 되었다. ④ 다문화 사회는 다양한 문화권의 사람들의 교류가 확대되어 나타나는 현상이므로 최첨단 의료 기술의 도입과는 상관없다.

**02** ㄱ, ㄴ. 외국인 근로자의 국내 유입이나 외국인 이주민의 수가 늘어나면 외국인 이주민 비중이 늘어나고 다양한 문화가 유입되어 다문화 사회로 진입한다.
| **선택지 바로잡기** | ㄷ. 다문화 사회로 진입하면서 나타난 양상으로 전체 혼인 건수 중 국제결혼의 비중이 증가하는 현상이 있다. ㄹ. 우리 국민의 해외 진출이 늘어나는 것은 우리 사회가 다문화 사회로 변화하는 것의 근거가 될 수 없다.

**03** 제시된 사례를 통해 우리나라에서 다문화 식품 전용 판매대가 늘어나고 있다는 것을 알 수 있다. ③ 다른 나라의 식재료를 통해 다른 나라의 음식을 접할 수 있을 있고, 이를 통해 새로운 요리를 개발할 수 있어 새로운 문화가 창조되기도 한다.
| **선택지 바로잡기** | ①, ②, ⑤ 다문화 사회로 접어들면서 서로 다른 문화를 경험할 기회가 늘어나고 선택할 수 있는 문화의 폭도 넓어지고 있다. 이를 통해 다른 문화에 대한 이해가 넓어지기도 한다. ④ 다양한 문화를 경험하게 되어 기존 문화를 더욱 발전시키는 계기가 되기도 한다.

**04** ③ 갑은 우리 사회의 입장에서 이주민의 문화에 대해 편견을 가지고 평가하고, 을은 이주민의 문화와 우리 문화의 차이를 인정하고 있다. 을의 입장에서 갑을 평가하면 문화적 차이를 인정하는 관용의 자세가 필요하다.
| **선택지 바로잡기** | ①, ②, ④, ⑤ 을의 입장은 문화 상대주의적인 입장에서 이주민들의 문화를 이해하고 하고 있다.

**05** 다문화 사회를 바라볼 때 갑은 동화주의 관점, 을은 다문화주의 관점을 지니고 있다. ④ 갑은 다문화 사회의 정책으로 동화주의를 지지하며, 주류를 이루고 있는 기존 문화에 다양한 문화를 동화시키는 방식으로 사회를 통합하고자 한다.
| **선택지 바로잡기** | ① 다문화주의는 다양한 문화가 동등한 위치에서 함께 어우러져 조화를 이루는 방식으로 사회를 통합하고자 하므로 서로 다른 문화 간의 갈등을 줄이는 데 기여한다. ②, ③, ⑤ 갑은 이주민을 동화의 대상으로 보고, 이주민에 대한 한국어 교육을 강화하는 등의 정책을 시행하여 이주민의 문화 정체성이 바뀌는 것을 기대한다.

**06** 예시 답안 다문화 사회로의 변화에 따라 외국인과 내국인 간의 문화 차이에 따른 갈등 발생, 일자리 경쟁 심화, 외국인 지원을 위한 사회적 비용 증가 등의 문제가 나타날 수 있다.

| 채점 기준 | |
| --- | --- |
| 상 | 다문화 사회로의 변화에 따른 문제점을 두 가지 이상 서술한 경우 |
| 하 | 다문화 사회로의 변화에 따른 문제점을 한 가지만 서술한 경우 |

## Ⅴ 생활공간과 사회

### 01 산업화와 도시화

**핵심 한끝**　26쪽

❶ 산업화　❷ 집약적　❸ 포장 면적　❹ 개인주의　❺ 재개발
❻ 인간 소외　❼ 이촌 향도　❽ 도시화



**01** ⑤　**02** ①　**03** ④　**04** ①　**05** ③　**06** ④　**07** ②　**08** ④
**09** ③　**10** 해설 참조

**01** 그래프는 우리나라의 산업 구조 변화 과정을 나타내고 있다. 1960년대 이후 경제 개발이 추진되면서 산업화가 시작되었다. 이로 인해 농림 어업 종사자 비중은 지속적으로 감소한 반면, 광공업과 사회 간접 자본 및 서비스업의 비중은 증가하였다. 이후 산업 구조가 고도화되면서 최근에는 3차 산업 중심의 사회로 변화하였다.
| **선택지 바로잡기** | ⑤ 1970년대 이후 1990년대까지는 광공업 종사자의 비중은 증가하였으나 그 이후에는 감소하고 있다.

**02** ○○시는 1986년과 비교하여 2022년에는 논밭의 비중이 감소하고 대지 면적이 증가하여 도시화가 이루어졌다. 도시화가 진행되면 인구 밀도와 아파트 거주 가구 비율이 높아진다. 반면 생태 환경이 악화되면서 생물종 다양성은 감소한다.

**03** (가)는 촌락, (나)는 도시의 모습이다. 도시는 촌락에 비해 단위 면적당 인구 밀도가 높아 토지의 집약도가 높다. 평균 지가가 높고 지표의 포장 비율이 높다. 또한, 도시는 촌락에 비해 교통이 편리하여 접근성이 좋다.
| **선택지 바로잡기** | ④ 도시는 촌락보다 1차 산업 종사자 비중이 낮다.

**04** 도시화가 진행되면서 효율성과 합리성을 추구하는 도시성이 확대되면 익명성을 띤 2차적 인간관계가 형성된다. 또한, 개인의 자유와 권리를 강조하는 개인주의 가치관이 확산되며 핵가족과 1인 가구가 보편화된다.

| **선택지 바로잡기** | ① ㉠ 우리나라의 1980년~1990년대는 도시화가 시작된 이후 가장 빠르게 가속화되던 시기이다.

**05** 도시에서는 개인의 가치와 자율성을 중시하는 개인주의가 확산되고, 1인 가구 비중이 점차 증가하고 있다. 1인 가구 증가로 편의점 점포 수가 증가하고 있으며 소포장, 소용량 식품의 판매량이 증가하였다.
| **선택지 바로잡기** | ㄱ. 1인 가구의 증가와 함께 편의점의 점포 수도 증가하였다. ㄹ. 개인주의 가치관이 확대되고 직업이 세분화, 전문화되면서 사람들의 삶이 다양해졌다.

**06** 대화에 나타난 문제는 산업화·도시화에 따른 타인에 대한 무관심 문제이다. 도시에서는 사람들이 살아가는 방식이 다양해지면서 사람들 간 이질성이 높아졌다. 또한, 2차적 인간관계가 늘어나고, 사회적 유대감은 약해졌다. 이에 따라 공동체 의식이 약화되고 서로에게 무관심해지는 경향이 나타나고 있다. 이를 해결하려면 공동체 의식을 함양하고자 노력하고, 배려와 협력의 자세를 확립해야 한다.

**07** 산업화·도시화로 나타난 문제점을 사회적 차원에서 해결하려면 주택 공급을 확대하거나 생태 하천을 복원하는 등 지역적, 국가적 차원에서 문제를 해결할 수 있는 정책을 마련하거나 문제가 발생하지 않도록 예방하는 노력을 할 수 있다.
| **선택지 바로잡기** | 을. 쓰레기 분리배출 실천, 병. 출·퇴근 시 대중교통 이용하기는 개인적 차원의 해결 방안이다.

**08** 산업화·도시화는 생태환경에도 영향을 미친다. 도시화에 따라 아스팔트와 콘크리트 등 지표의 포장 면적이 증가하고 녹지 면적이 감소한다. 이 영향으로 열섬 현상이 발생하기도 한다. 한편, 지표의 포장 면적이 증가하면 빗물의 토양 흡수력이 떨어져 하천의 수위가 빠르게 올라가 도시 홍수가 나타날 수 있다.
| **선택지 바로잡기** | ① ㉠ 산업화는 1차 산업의 비중이 감소하고 2·3차 산업이 증가하는 현상을 말한다. ② ㉡ 도시화로 아스팔트와 콘크리트 등 포장 면적이 증가한다. ③ ㉢ 하천을 직강화하거나 복개하는 것은 도시 홍수를 가속화하므로 방지 대책이 될 수 없다. ⑤ ㉤ 생물종 다양성이 감소할 수 있다.

**09** 도시 재개발 사업은 낙후된 주택이나 시설물을 개조하여 주거 환경을 개선하고, 교통 시설과 교통 체계 등을 정비하는 사업을 말한다. 도시 재개발이 이루어지면 낙후된 주거 환경이 개선될 수 있다.
| **선택지 바로잡기** | ① 제시된 글에서는 대규모 철거보다는 기존의 건물을 최대한 보존하는 방식의 재개발이 이루어지고 있다. ② 도시 재개발 사업을 통해 기존에 있던 불량 주거 지역을 개선할 수 있다. ④ 다양한 주민 참여 프로그램을 통해 이웃 간의 공동체 의식이 강화될 수 있다. ⑤ 제시문의 사업에서는 기존의 주민들의 대거 이주를 하는 재개발 방식을 채택하지 않았다.

**10** **예시 답안** 1인 가구가 증가하는 원인은 결혼과 가족관의 변화, 개인주의 가치관의 확산 등이 있다. 한편, 1인 가구의 증가로 면적이 좁은 주거 공간과 편의점 점포 수가 증가하였다.

| 채점 기준 | |
|---|---|
| 상 | 1인 가구 증가의 원인과 도시에 미친 영향을 각각 옳게 서술한 경우 |
| 하 | 1인 가구 증가의 원인과 도시에 미친 영향에 대해 하나만 옳게 서술한 경우 |

## 02~03 교통·통신과 과학기술의 발달 ~ 우리 지역의 공간 변화

### 핵심 한끝
29쪽

❶ 원격 근무  ❷ 평형수  ❸ 노동 시장  ❹ 확대  ❺ 줄어들면서

### 미리 보는 학교 시험
29~31쪽

**01** ⑤  **02** ④  **03** ④  **04** ④  **05** ⑤  **06** ④  **07** ②  **08** ③
**09** ①  **10** 해설 참조

**01** 교통수단의 발달로 시간 거리가 단축되면서 지역 간 교류가 활발해지고 생활공간의 범위가 확대되고 있다. ⑤ 국제 교역에 거리가 끼치는 영향력은 감소하고 있다.

**02** 교통의 발달로 서울과 강릉 간 시간 거리가 감소하면서 서울의 대형 병원에서 진료를 받는 강릉의 주민이 증가할 것으로 예상된다.
| **선택지 바로잡기** | ① 강릉의 음식점 매출은 증가하였을 것이다. ② 강릉의 문화 공연 개최 횟수는 증가하였을 것이다. ③ 서울과 강릉 간 출장 소요 시간은 줄었을 것이다. ⑤ 수도권의 경제가 쇠퇴할 것으로 예상하기는 어렵다.

**03** 생태 이동 통로는 야생 동물의 서식지가 파괴되는 것을 막고, 야생 동물이 자유롭게 이동할 수 있게 해 교통사고 발생 건수를 줄일 수 있다.

**04** 과학기술의 발달로 경제적 측면에서는 원격 근무가 가능해지고, 디지털 기반의 플랫폼 경제가 성장한다. 정치적 측면에서는 동영상 공유 플랫폼, 사회 관계망 서비스(SNS) 등 다양한 형태로 개인의 정치적 의견을 표출할 수 있어 전자 민주주의 실현 가능성이 높아진다.

**05** 정보 격차는 정보·지식에 대한 접근과 이용의 기술적·사회적 차이를 가리키는 개념이다. 정보 격차를 해결하기 위해서는 정보 소외 계층에 대한 정보 교육 등 사회 복지 제도를 확충해야 한다.

| **선택지 바로잡기** | ①, ②, ③ 개인 정보 보안 전문가를 육성하거나 가상 공간에서 정보 윤리를 실천하는 것, 사생활 침해에 대한 처벌을 강화하는 것은 사이버 범죄를 예방하기 위한 방법이다. ④ 인터넷 중독 치료 프로그램을 실시하는 인터넷 중독 문제의 대책이다.

**06** 과학기술의 발달에 따른 문제점으로는 사생활 침해, 정보 격차, 인터넷 중독, 사이버 범죄, 개인 정보 유출 등이 있다. 사생활 침해를 막기 위해서는 개인 정보 보호법 등을 강화해야 한다.

| **선택지 바로잡기** | 사생활 침해를 막으려면 개인 정보 관리를 강화하고 보안 프로그램을 개발한다. 정보 격차를 완화하기 위해서는 정보 소외 계층에 대한 지원을 강화한다. 인터넷 중독을 막기 위해서는 인터넷 사용 시간을 미리 정하거나 중독 예방 치료 프로그램을 마련할 수 있다.

**07** 사이버 범죄로 인한 피해는 이에 관한 범죄 예방 교육을 실시함으로써 일부 문제를 예방할 수 있다.

**08** (가)는 실내 조사, (나)는 지역 정보의 정리 및 분석 단계이다. (가) 단계에서는 신문, 인터넷 등을 통해 다양한 문헌 자료와 통계 자료, 지형도, 항공 사진 등을 수집한다. (나) 단계에서는 수집한 지역 정보를 정리·분석하여 통계 지도, 그래프, 표 등으로 표현하는 단계이다.

| **선택지 바로잡기** | ㄱ. 주제를 결정하는 내용은 주제 및 지역 선정에 해당하는 활동이다. ㄹ. 답사 지역을 직접 답사하는 내용은 야외 조사 단계에 해당하는 내용이다.

**09** 1962년보다 2021년에 1차 산업의 비중이 감소하고 2차와 3차 산업의 비중이 증가한 것으로 보아 산업화·도시화가 진행되었음을 알 수 있다. 산업화·도시화가 진행되면 평균 지가가 상승하고 토지 이용의 집약도가 높아진다. 도시화로 핵가족화가 되면 평균 가구원 수가 감소한다.

**10** **예시 답안** 교통·통신의 발달로 전 세계 사람들이 교류하는 과정에서 전염병의 확산이 빨라졌기 때문이다.

**채점 기준**

| | |
|---|---|
| 상 | 제시된 현상이 나타난 까닭을 교통·통신의 발달과 연결지어 설명한 경우 |
| 하 | '교통의 발달'이라고만 간단히 쓴 경우 |

### 중간고사
32~37쪽

**01** ② **02** ④ **03** ② **04** ⑤ **05** ⑤ **06** ① **07** ③ **08** ①
**09** ③ **10** ⑤ **11** ⑤ **12** ① **13** ⑤ **14** ② **15** ② **16** ②
**17** ① **18** ④ **19** ① **20** ② **21** 공간적 관점 **22** 시간적
**23** 통합적 관점 **24** 아리스토텔레스 **25** 질 높은 정주 환경
**26** 행복 **27** ㉠ 기후, ㉡ 지형 **28** 카르스트
**29** 해설 참조 **30** (1) 해설 참조 (2) 해설 참조

**01** 인간 생활과 사회현상에 영향을 미치는 자연환경과 인문환경의 영향, 인간과 사회 그리고 자연이 상호 작용하는 방식 등을 파악하는 데 도움을 주는 것은 공간적 관점이다.

**02** 학생 수 불균형 현상을 장소, 위치, 공간적 상호 작용이라는 공간적 관점에서 바라보고 있다.

| **선택지 바로잡기** | ①은 시간적 관점, ②, ③은 사회적 관점, ⑤는 윤리적 관점과 관련된 탐구 과제이다.

**03** 제시된 글에서와 같이 과거의 역사적 사실에 근거하여 오늘날의 사회현상을 살펴보는 것은 시간적 관점이다.

| **선택지 바로잡기** | ①은 공간적 관점, ③, ⑤는 사회적 관점, ④는 윤리적 관점이다.

**04** 제시된 글에서는 윤리적 관점에서 아동 노동을 바라보고 있다. ⑤ 불공정한 아동 노동이 아동의 보편적인 인권을 침해하는지를 살펴보는 것은 윤리적 관점이다.

| **선택지 바로잡기** | ①은 공간적 관점, ②, ④는 사회적 관점, ③은 시간적 관점과 관련된 탐구 과제이다.

**05** 역사적 배경과 시대적 맥락에 초점을 두고 사회현상을 살펴보는 것을 의미하는 A 관점은 시간적 관점이다.

| **선택지 바로잡기** | ①은 사회적 관점, ②, ③은 윤리적 관점, ④는 공간적 관점에 따른 질문이다.

**06** 우리가 탐구하고자 하는 대상인 인간, 사회, 환경은 서로 밀접하게 연결되어 있으므로, 이를 정확하고 깊이 있게 탐구하기 위해서는 각각의 대상을 분리하기보다는 통합적 관점에서 살펴보아야 한다.

**07** (가)는 시간적 관점, (나)는 공간적 관점, (다)는 사회적 관점, (라)는 윤리적 관점과 관련된 질문이다. ㄴ. 장소와 지역을 강조하므로 공간적 관점이다. ㄷ. 기후 협약은 국제법으로서 사회 제도이므로 사회적 관점과 관련된다.

| **선택지 바로잡기** | ㄱ. 기후변화에 취약한 기후 약자의 발생을 우려하는 것은 기후 약자의 인권을 중시하는 윤리적 관점이다. ㄹ. 대기 중 이산화 탄소의 증가율 변화 추이를 살펴보는 것은 시간적 관점과 관련된 탐구 방법이다.

**08** 통합적 관점에서 사회현상을 탐구할 때는 먼저 탐구하려는 주제를 찾고, 탐구 계획을 수립해야 한다. 다음으로 다양한 관점에서 관련 자료를 수집하고, 수집한 자료를 면밀히 비교 및 분석하여 여러 관점 간의 상호 연관성을 파악해야 한다.

**09** 시대적 상황은 행복의 기준에 많은 영향을 미치며, 행복을 측정할 때는 다양한 기준을 통합적으로 고려해야 한다.

| **선택지 바로잡기** | ㄱ. 행복을 얻으려면 스스로 자기 삶의 주인임을 자각하고, 적극적이고 긍정적인 자세와 좋은 습관을 가지기 위해 노력해야 한다. ㄴ. 물질적 풍요로움만이 행복의 유일한 조건은 아니지만 물질적

풍요로움, 즉 경제적 안정도 행복한 삶을 실현하는 데 중요한 요인으로 작용한다.

**10** 갑은 유교, 을은 불교이다. 유교와 불교 모두 사욕을 제거해야 하며 행복한 삶을 위해서는 수양을 지속적으로 해야 함을 주장한다. 그리고 불교에서는 불성을 바탕으로 고통에 빠진 중생을 구제할 것을 주장한다.
| **선택지 바로잡기** | ㄱ. 유교에서 본성은 하늘로부터 부여받은 도덕적 본성으로 보존하고 함양해야 하는 것이다. 교정은 잘못된 것을 바로잡는 것으로, 유교의 본성은 교정의 대상이 아니다.

**11** (가)는 공리주의의 입장이다. 최대 다수의 최대 행복을 강조하는 공리주의 입장에서는 관련된 모든 사람이 행복을 누릴 수 있게 행동하라고 조언할 것이다.
| **선택지 바로잡기** | ①은 아리스토텔레스, ④는 에피쿠로스, ⑤는 칸트에 해당한다.

**12** (가)는 에피쿠로스, (나)는 불교의 입장이다. (가)와 (나)는 공통으로 지나친 욕구를 절제할 것을 주장한다.
| **선택지 바로잡기** | ③, ⑤ 에피쿠로스와 불교 모두 욕망 추구의 자유나 최대한의 욕망 추구를 강조한다고 보기는 어렵다. ④ (가), (나)는 모든 욕구의 제거를 주장하지 않는다.

**13** 산재 보험 제도는 갑작스러운 사고로 어려움에 부닥친 근로자를 보호하기 위해 국가에서 시행하는 제도이다. 이러한 제도는 삶의 질을 유지하기 위한 경제적 안정을 위해 실시된다.
| **선택지 바로잡기** | ①, ②, ④ 질 높은 정주 환경의 조성, 공동체를 위한 도덕적 실천, 민주주의의 실현은 모두 국민의 행복한 삶의 실현을 위한 조건이 될 수 있다. 하지만 산재 보험 제도를 실시하는 목적과는 직접적인 관련이 없다. ⑤ 산재 보험 제도는 경제적 성장이 아니라 경제적 안정을 실현하기 위한 제도이다.

**14** 제시된 글에서는 소득이 많을수록 행복할 수 있는 가능성이 높아지므로 돈은 행복에 무제한적으로 영향을 미친다고 주장한다. 따라서 이에 반대하는 입장에서는 소득과 행복이 반드시 비례 관계에 있는 것은 아니라는 점을 근거로 반론을 제기할 수 있다.
| **선택지 바로잡기** | ② 행복한 삶을 실현하기 위해 가장 중요한 조건이 경제적 안정이라는 것은 소득이 행복에 미치는 영향을 강조하는 제시된 글의 입장과 맥락을 같이한다.

**15** 제시된 글에는 경제적으로 어렵지만 이웃을 돌보는 문화가 발달하여 행복 지수가 높은 부탄의 사례가 나타나 있다. 이를 통해 행복한 삶을 위해서는 타인을 배려하고 공동체 의식을 추구하는 것이 중요하다는 것을 알 수 있다.

**16** 제시된 글에서는 지역의 기후에 따른 김치의 맛과 재료 차이를 통해 자연환경이 인간 생활에 미치는 영향을 설명하고 있다.
| **선택지 바로잡기** | ㄴ. 기후가 같더라도 음식 문화는 다르게 나타날 수

있다. ㄹ. 남부 지역에서 김치를 더 맵고 짜게 담그는 것은 북부 지역보다 기온이 높아 발효 속도가 더 빠르기 때문이다.

**17** (가)는 열대 기후 지역, (나)는 건조 기후 지역, (다)는 냉대 기후 지역의 전통 가옥이다. 각 지역의 전통 가옥은 그 지역의 기후에 적응하거나 기후를 극복하기 위한 형태로 만들어졌고, 침엽수림대가 넓게 분포한 냉대 기후 지역의 통나무집과 같이 그 지역에서 쉽게 얻을 수 있는 재료가 사용되었다.

**18** (가)의 지열 발전은 화산 지형을 이용한 사례이고, (나)의 수력 발전은 산지 지형을 이용한 사례이다. 수력 발전은 경사가 급한 산지의 낙차를 활용하여 이루어진다.
| **선택지 바로잡기** | ㄱ. 지열 발전은 화산 지형을 이용하여 이루어진다. ㄷ. 지열 발전과 수력 발전은 인간이 자연환경의 특징을 인간 생활에 유리하게 적극적으로 활용한 사례이므로 자연환경에 순응한 사례라고는 보기 어렵다.

**19** 제시된 자료에 나타난 자연재해는 화산 활동이다. ㄱ. 화산 활동은 지진과 함께 지형과 관련하여 발생하는 자연재해이다. ㄴ. 화산재나 화산 가스가 분출되면 가시거리가 짧아져 항공기 운항에 지장을 준다.
| **선택지 바로잡기** | ㄷ. 우리나라에도 화산이 있으므로 전혀 영향을 미치지 않는다고 말하기 어렵다. ㄹ. 오늘날에도 화산의 폭발 시기를 정확하게 예측하는 것은 여전히 어렵다.

**20** 헌법 제34조와 제35조는 국민의 기본적인 안전과 환경권을 보장하는 내용을 담고 있으며, 이는 인간의 존엄성을 지키는 데 중요한 요소이다. 이 헌법 조항을 바탕으로 제정된 법률들은 헌법에 규정된 국가의 책임을 실천하는 구체적인 법적 장치이다.
| **선택지 바로잡기** | ② 제시된 헌법 조항들은 주로 국가의 역할과 책임을 강조하고 있다.

**29** **예시 답안** 윤리적 관점이다. 윤리적 관점에서 기후변화에 대응하려면 환경, 평등, 정의 등의 가치를 경제적 가치와 동등하게 고려하고 추구하면서 기후 정의를 실천해야 한다.

| **채점 기준** | |
| --- | --- |
| 6점 | 윤리적 관점을 쓰고, 기후 정의를 포함하여 대응 방안을 서술한 경우 |
| 4점 | 윤리적 관점을 쓰고, 기후 정의를 포함하지 않고 대응 방안을 서술한 경우 |
| 2점 | 윤리적 관점만 쓴 경우 |

**30** (1) **예시 답안** 계절의 변화가 뚜렷하여 다양한 생활양식이 나타난다.
(2) **예시 답안** (가)에서는 혼합 농업이 이루어지고, (나)에서는 수목 농업이 이루어지며, (다)에서는 벼농사가 발달한다.

| **채점 기준** | |
| --- | --- |
| 6점 | (가)~(다)의 농업 형태를 모두 서술한 경우 |
| 4점 | (가)~(다) 중 두 가지의 농업 형태만 서술한 경우 |
| 2점 | (가)~(다) 중 한 가지의 농업 형태만 서술한 경우 |

## 01 통합적 관점이 필요한 이유와 유용성 설명하기

**조건 풀이**  38쪽

(가)는 어떤 하나의 관점으로만 생각하면 일이 제대로 진행되지 않는다는 것을 말하고 있다. 어떤 사회현상을 볼 때 시간적 관점, 공간적 관점, 사회적 관점, 윤리적 관점 중 어느 하나의 관점이 빠지면 문제가 생긴다는 것을 통해 여러 가지 관점을 종합적으로 고려해야 함을 알 수 있다.

(나)는 코끼리를 어떤 한 부분만 보면 전체 모습을 알 수 없다는 우화이다. 이를 통해 하나의 관점이 아니라 통합적인 관점에서 사회현상을 살펴보아야 함을 추론할 수 있다.

(다)는 통합적 관점이 무엇인지에 대한 서술이다. 통합적 관점의 의미를 중심으로 (가), (나)의 문제점을 진단하고 해결 방안을 찾아가다 보면 사회현상을 정확하고 깊이 있게 통찰할 수 있다는 점을 논술한다.

**예시 답안** (가)에서는 철도 노선을 신설하는 과정에서 어떤 하나의 관점만 생각하면 문제가 생겨 일이 제대로 추진되지 않는다는 점을 알 수 있다. (나)에서는 코끼리의 어떤 한 부분만 살펴보면 전체 코끼리의 모습을 알 수 없다. 이처럼 특정 관점으로만 사회현상을 바라보면 불완전하고 부정확한 결론에 이르게 되며, 창의적이고 혁신적인 해결 방안을 마련하기 어려워진다. 따라서 우리는 통합적 관점에서 사회현상을 바라보고자 노력해야 한다. 통합적 관점에서 바라볼 때 인간과 세상을 정확하고 깊이 있게 통찰할 수 있으며, 이러한 통찰은 개인의 삶의 질을 높이고 더욱 발전한 사회를 구현하는 데 도움을 줄 것이다.

## 02 행복한 삶을 위한 조건 이해하기

**조건 풀이**  39쪽

(가)에서 한국의 행복 지수가 낮은 요인은 경제적 불평등 현상으로 소외 계층이 느끼는 상대적 박탈감이 더욱 심화하고 있으며 공동체 문화가 무너지면서 인간 소외 현상이 나타나는 데 있음을 알 수 있다.

(나)에는 소외된 사람들이 부양받고 경제적 불평등이 완화되며 사회 구성원들이 서로 배려하고 보살피는 도덕 공동체의 모습이 제시되어 있다.

(나)를 바탕으로 경제적 불평등 현상과 공동체 문화가 무너지고 이기주의가 팽배한 현상으로 인해 행복 지수가 낮은 한국 사회의 문제를 개선할 방법을 논술한다.

**예시 답안** (가)에서 현재 한국의 경제적 불평등 현상으로 인해 소외 계층이 느끼는 상대적 박탈감이 더욱 심화하고 있으며, 공동체 속에서 서로를 배려하고 의지하는 문화가 무너짐에 따라

인간 소외 현상이 나타나고 있는 것에서 행복 지수가 낮은 요인을 찾을 수 있다. 이러한 결과를 개선하려면 (나)에 제시된 사회의 모습처럼 사회에서 소외된 사람들이 부양을 받는 복지가 실현되고 경제적 불평등이 완화되어야 할 것이다. 또한, (나)에 제시된 사회는 도덕적 공동체로서 사회 구성원 전체가 서로를 배려하고 보살피는 사회이므로 우리 사회 역시 자기 자신만을 위해 일하는 것이 아니라 서로를 배려하고 돌보는 공동체 문화를 형성한다면 한국의 행복 지수는 크게 향상될 것이다.

## 기말고사  40~45쪽

| | | | | | | | |
|---|---|---|---|---|---|---|---|
| **01** ⑤ | **02** ② | **03** ④ | **04** ② | **05** ② | **06** ② | **07** ⑤ | **08** ④ |
| **09** ④ | **10** ⑤ | **11** ④ | **12** ② | **13** ④ | **14** ⑤ | **15** ② | **16** ③ |
| **17** ① | **18** ① | **19** ① | **20** ④ | **21** 자정 능력 | | **22** 시민 단체 | |
| **23** ㉠ 게르만, ㉡ 라틴 | | | **24** 문화 융합 | | | **25** 보편 윤리 | |
| **26** 다문화 사회 | | | **27** 도시성 | | | **28** 빨대 효과 | |
| **29** 해설 참조 | | | **30** 해설 참조 | | | | |

**01** 제시된 글은 인간 중심주의 자연관과 관련된 데카르트의 입장이다. 데카르트는 자연은 인간이 극복할 대상이고, 인간이 가장 가치 있는 존재임을 강조하였다.

**| 선택지 바로잡기 |** 갑, 을, 병, 정. 인간 중심주의 자연관은 자연을 인간이 이용하고 지배해야 할 대상으로 보며, 자연의 본래 가치보다는 인간에게 유용한 도구로서의 가치를 중시한다.

**02** 갑은 레오폴드의 생태 중심주의 자연관, 을은 베이컨의 인간 중심주의 자연관이다. ② 생태 중심주의 자연관은 생태계에 존재하는 모든 것의 가치를 존중해야 함을 강조한다.

**| 선택지 바로잡기 |** ①는 인간 중심주의 자연관, ③, ④는 생태 중심주의 자연관에 대한 설명이다. ⑤ 인간 중심주의 자연관은 인간과 자연을 분리하여 바라보는 이분법적 관점을 강조한다.

**03** ④ 제시된 내용들은 동양 사상의 자연관에 대한 설명이다. (가)는 유교, (나)는 도가, (다)는 불교의 자연관이다.

**04** 북극해의 빙하 감소는 지구 온난화와 관련이 깊다. ② 지구 온난화는 기상 이변을 초래하고, 지구 온난화로 극단적인 기상 현상이 빈번해지면 자연재해로 인한 피해 역시 증가할 것이다.

**05** ① (가)는 지구 온난화의 주요 원인으로 석탄이나 석유 등의 화석 연료 사용 증가, 삼림 파괴로 인한 온실가스 배출량 증가 등이다. ③ (다)는 화력 발전소와 공장 매연, 자동차 배기가스가 주요 원인이고, 하천과 호수 오염, 건축물과 조각상 부식에 영향을 주므로 산성비이다. ④ (라)는 사막화의 주요 원인으로 극심한 가뭄, 과도한 경작과 목축 등이다. ⑤ (마)는 해양 오염의 영향으로 해양 쓰레기섬 형성, 수인성 전염병 발생 등이다.

**| 선택지 바로잡기 |** ② 무분별한 벌목과 개간 등이 주요 원인인 환경 문제는 열대림 파괴이다.

**06** ② B 바젤 협약은 유해 폐기물의 국가 간 이동 및 교역을 규제하는 협약으로, 환경 보호 및 지구 환경 보호를 위한 국제 협력의 필요성에 의해 체결되었다.

| 선택지 바로잡기 | ① 사막화 방지 협약에 대한 설명이다. ③ 런던 협약에 대한 설명이다. 이는 폐기물 및 기타 유해 물질을 바다에 투기하는 행위를 규제하고, 이를 통해 해양 환경을 보호하는 것을 목적으로 한다. ④ 몬트리올 의정서에 대한 설명이다. 이는 오존층을 파괴하는 물질의 규제를 목적으로 한 국제 협약은 생물종 보호를 위한 협약이다. ⑤ 기후변화 협약은 지구 온난화 방지를 위한 온실가스 감축 합의 협약이다.

**07** A는 크리스트교, B는 이슬람교, C는 불교, D는 힌두교이다. ㄱ. 크리스트교(A)는 교회에나 성당에서 예배를 한다. ㄷ. 불교(C)는 살생을 금지하는 율법에 따라 육식을 피한다. ㄹ. 힌두교(D)는 소를 신성시하여 소고기 먹는 것을 금기시한다.

**08** 지도의 A는 북극 문화권, B는 유럽 문화권, C는 동양 문화권, D는 오세아니아 문화권, E는 앵글로아메리카 문화권이다. ④ 오세아니아 문화권은 영국 식민 지배의 영향으로 영어를 사용한다.

**09** (가)는 자극 전파, (나)는 직접 전파, (다)는 발명이다. 새로운 문화 요소가 만들어지는 것은 자극 전파와 발명의 공통점이지만, 자극 전파는 다른 문화에서 아이디어를 얻어 새로운 문화 요소를 만들어 낸다.

| 선택지 바로잡기 | ① (가)는 자극 전파, (나)는 직접 전파이다. ②는 자극 전파, ③은 직접 전파의 사례이다. ⑤ 인터넷과 같은 매개체를 통해 다른 사회의 문화가 전파되는 것은 간접 전파이다.

**10** ⑤ 아프리카 음악과 유럽 전통 음악이 결합하여 재즈가 만들어진 것은 문화 융합의 사례이다.

| 선택지 바로잡기 | ①, ③ 문화 동화에 대한 설명이다. ② 문화 융합은 외래문화 요소가 변형되어 새롭게 만들어지는 것으로, 자기 문화의 정체성이 상실되지 않는다. ④ 문화 융합은 다른 문화가 들어와 새로운 문화가 만들어지는 것이므로 다른 문화와의 접촉이 전제되어야 한다.

**11** ④ 제시된 글에 나타난 문화 이해 태도는 문화 상대주의이다. 문화 상대주의적 태도는 각 문화의 고유한 가치를 인정하여 문화 간의 갈등을 방지하게 하고, 다문화 사회에서 문화 다양성을 보존하는 데 기여한다.

| 선택지 바로잡기 | ① 문화 상대주의는 문화를 이해의 대상으로 본다. ②, ⑤는 자문화 중심주의에 대한 설명이다. ③ 문화 사대주의와 자문화 중심주의의 공통점이다.

**12** ㄱ, ㄷ. 제시된 글에 나타난 문화 이해의 태도는 극단적 문화 상대주의이다. 극단적 문화 상대주의는 보편 윤리적 가치를 훼손하는 문화까지도 인정하고 포용하는 태도를 보이므로 문화를 성찰하는 태도로 바람직하지 않아 경계해야 하는 태도이다.

| 선택지 바로잡기 | ㄴ, ㄹ. 극단적 문화 상대주의는 문화를 이해의 대상으로 보아 자기 문화의 정체성을 약화시키지는 않는다.

**13** ㄱ. 이주민 유입 증가로 이주민 지원을 위한 사회적 비용도 증가한다. ㄷ. 다양한 문화가 우리 사회로 들어와 우리 사회의 문화를 풍요롭게 한다. ㄹ. 외국인 근로자의 유입은 우리나라 노동력 부족 문제를 해소하는 기여한다.

| 선택지 바로잡기 | ㄴ. 다문화 사회로 변화하면 다양한 문화 간의 이질감으로 인해 사회 갈등의 가능성이 높아진다.

**14** ⑤ 갑은 용광로 이론을 지지하며, 을은 샐러드 볼 이론을 지지한다. 이주민 문화에 대한 체험 프로그램 시행은 다문화 수용성을 높이기 위한 정책이므로 샐러드 볼 이론에 해당한다.

| 선택지 바로잡기 | ① 갑은 용광로 이론을, 을은 샐러드 볼 이론을 지지한다. ② 샐러드 볼 이론은 문화 상대주의적인 태도를 바탕으로 한다. ③, ④ 갑은 이주민을 동화의 대상으로 보고 사회 통합을 강조하며, 을은 이주민 문화를 존중하고 문화의 공존을 강조한다.

**15** 제시된 글은 산업 발달에 따라 노동 집약적 경공업을 중심으로 발전한 구로 공업 단지가 디지털 콘텐츠 위주의 서울 디지털 산업 단지로 전환된 사례이다.

| 선택지 바로잡기 | ② (가)에는 주로 섬유, 봉제, 전자 기기 조립 등 노동 집약적인 산업이 입지하였고, (나)에는 이동 통신, 반도체, 디지털 콘텐츠 등 부가 가치가 높은 지식·정보 산업이 입지하였다.

**16** 그래프에서 강우 시작 후 하천의 최고 수위에 오르는 시간이 짧은 (가)는 도시화 이후, 시간이 긴 (나)는 도시화 이전이다.

| 선택지 바로잡기 | ㄱ. 열대야 발생 일수는 도시화가 진행될수록 많아진다. ㄹ. 하천을 직강화하거나 복개하면 도시 홍수가 더 자주 발생할 수 있다. 이를 해결하려면 자연 생태 하천으로 전환할 필요가 있다.

**17** 설명 1~3에 해당하는 용어는 각각 산업화, 열섬 현상, 플랫폼 경제이다. 남은 글자는 대도시권으로 중심 도시와 그 주변 지역을 포함하는 넓은 지역을 말한다.

**18** 도시 재개발 사업은 노후화되고 불량해진 주택이나 시설물을 개량하여 주거 환경을 개선하고 교통 시설과 교통 체계 등을 정비하는 사업이다.

| 선택지 바로잡기 | ㄷ. 도시 재개발 사업으로 녹지 면적을 획기적으로 늘리기는 어렵다. ㄹ. 주택 부족 문제를 해결하려면 주택 공급을 늘려야 한다.

**19** 정보 격차는 정보에 접근할 수 있는 제도와 환경의 차이로 인해 지역 간, 계층 간, 연령 간에 발생하는 차이를 말한다. 무인 주문 기계가 확산되면서 노년층이 이 기술을 사용하는 데 어려움을 겪는 경우가 많다.

**20** ○○시 주민들의 삶의 만족도 조사에서 ㄴ. 2022년의 40대 만족도는 평균인 6.1보다 낮은 6.0이다. ㄷ. 2022년에는 2015년에 비해 모든 연령대에서 만족도가 높아졌다.

| 선택지 바로잡기 | ㄱ. 연령이 높아질수록 만족도가 낮아지고 있다. ㄷ. 2022년에 만족도가 가장 높은 연령대는 15~19세이다.

**29** **예시 답안** 미세 먼지는 화석 연료가 연소될 때 발생하거나 공장의 매연과 자동차의 배기가스 등에서 발생한다. 미세 먼지에 장시간 노출될 경우 면역력이 낮아져 호흡기 질환, 심혈관 질환, 눈 질환 등 각종 질병에 걸릴 수 있다.

| 채점 기준 | |
| --- | --- |
| 6점 | 미세 먼지의 발생 원인과 문제점을 모두 서술한 경우 |
| 3점 | 미세 먼지의 발생 원인과 문제점 중 한 가지만 서술한 경우 |

**30** **예시 답안** 갑의 주장처럼 다문화 사회로 변화하면서 우리 사회의 문화가 더욱 다양해지고 풍부해지고 있다. 그러나 을이 주장하는 내용과 같이 문화 차이로 인해 내국인과 이주민 간의 갈등이 발생할 수 있다는 문제점이 있다.

| 채점 기준 | |
| --- | --- |
| 8점 | 갑과 을의 주장을 뒷받침할 수 있는 내용을 모두 서술한 경우 |
| 4점 | 갑과 을의 주장을 뒷받침할 수 있는 내용 중 한 가지만 서술한 경우 |

## 논술형 수행 평가

### 01 인간과 자연의 관계 이해하기

**조건 풀이** 46쪽

(가)에서 꿀벌과 인간은 단순히 한쪽이 다른 쪽을 의존하는 관계가 아니라, 서로의 생존에 필수적인 존재들이다. 이처럼 꿀벌의 멸종은 인간의 생존과 직결되며, 이는 자연과 인간이 긴밀하게 연결되어 있음을 시사한다.

(나)에는 인간이 자연을 단순히 경제적 이익을 위한 자원으로만 여겨서는 안 되며, 윤리적, 심미적 측면에서 자연과 생태계를 바라보아야 한다는 주장이 제시되어 있다. (다)에서는 생태계의 이해를 바탕으로 한 생명 공동체의 보호를 강조하며, 인간이 자연을 파괴하는 행위를 멈추고 생태계를 보존하기 위해 적극적으로 노력해야 한다는 주장이 제시되어 있다.

(나)와 (다)를 바탕으로 인간은 자연의 일부로서 생태계와 공존할 수 있는 방법을 찾아야 하며, 이를 위해 자연을 존중하고 보호하는 윤리적 책임이 있음을 중심으로 논술한다.

**예시 답안** (가)에 나타난 꿀벌과 인간의 관계는 생태계에서의 상호 의존성을 잘 보여 준다. 꿀벌의 멸종은 인간의 생존과 직결되며, 이는 자연과 인간이 긴밀하게 연결되어 있음을 시사하고 있다. (나)와 (다)는 이러한 문제에 대한 윤리적, 생태학적 관점을 제시한다. (나)는 인간이 자연을 단순히 경제적 이익을 위한 자

원으로만 여겨서는 안 되며, 윤리적, 심미적 측면에서 자연과 생태계를 바라보아야 한다고 주장한다. 한편, (다)는 이러한 윤리적 접근을 구체적으로 실천에 옮길 필요성을 강조하고 있다. 인간이 자연을 함부로 다루는 행위를 멈추고, 생명 공동체로서의 지구를 보호해야 한다고 주장하며, 이는 인간의 생존을 보장하는 길임을 제시하고 있다. 이러한 관점을 바탕으로 (가)의 문제를 해결하려면 인간이 자연과 생태계의 보호를 윤리적 책무로 받아들여야 하며, 생태계 보전을 위한 적극적 실천을 하는 과정에서 인간과 자연의 공존을 이루어야 한다.

### 02 다문화로 인한 우리 사회의 변화

**조건 풀이** 47쪽

(가)에서 '국내 거주 외국인 주민 수' 그래프를 보면 우리나라의 외국인 주민 수가 꾸준히 증가하였다는 것을 알 수 있다. 또한 우리나라에 거주하는 외국인을 체류 유형별로 살펴보면 외국인 근로자가 가장 높은 비율을 차지하며, 우리나라에 거주하는 외국인의 국적을 살펴보면 한국계 중국인을 포함한 중국 국적 외국인이 가장 많다는 것을 알 수 있다.

(나)는 모든 문화는 나름대로의 가치를 지니므로 문화 간 우열을 가릴 수 없으며, 다른 문화의 존재와 가치를 인정해야 한다고 주장한다는 내용이다. (다) 역시 모든 문화는 나름대로의 타당성을 지니고 있으므로, 특정 문화의 관점에서 다른 사회의 문화를 판단하는 것은 바람직하지 않다고 본다.

(나)와 (다)를 바탕으로 문화 상대주의를 극단적으로 적용하여 인류의 보편적 가치를 훼손하는 문화까지 존중해서는 안 된다는 측면에서 논술한다.

**예시 답안** 우리나라는 다양한 민족, 종교, 언어 등이 공존하는 다문화 사회로 변화하고 있다. 이러한 다문화 사회에서 발생할 수 있는 문제점 중 하나가 일자리를 둘러싼 갈등이다. 이를 해결하기 위해 개인적 측면에서는 외국인 노동자에 대한 배타적 태도를 버리고 그들의 문화를 이해하려는 태도를 기르며, 사회적으로는 이들을 위한 직업 알선 프로그램, 노동자로서의 권리 보호를 위한 법률 등을 마련해야 한다. 또한 (나)와 (다)에서처럼 모든 문화는 그 나름대로의 가치를 지니기 때문에 문화 간 우열을 가릴 수 없으며 모든 문화는 나름대로의 타당성을 지니고 있으므로, 다른 문화의 존재와 가치를 인정해야 하므로 다문화 사회에서는 문화 상대주의적 태도를 지녀야 한다. 그러나 모든 문화의 문화적 차이를 존중하는 문화 상대주의를 지나치게 강조하여 어떤 문화든 무조건 존중하고 인정해야 한다고 보는 (다)와 같은 극단적 문화 상대주의적 태도를 지녀서는 안 되며, 인간이라면 지켜야 할 가치인 생명 존중, 인권, 정의와 같은 보편적 가치를 무시하는 문화까지도 인정하려는 극단적인 태도는 경계해야 한다.

2022 개정 교육과정
한끝
시험 대비
문제집
통합사회 공부,
한 권으로 이미 끝!
고등
통합
사회1
책 속의 가접 별책 (특허 제 0557442호)
'시험 대비 문제집'은 본책에서 쉽게 분리할 수 있도록 제작되었으므로
유통 과정에서 분리될 수 있으나 파본이 아닌 정상제품입니다.
visang

# 시험 대비
## 문제집


Ⅰ 통합적 관점 ·········· 002

Ⅱ 인간, 사회, 환경과 행복 ·········· 006

Ⅲ 자연환경과 인간 ·········· 010

Ⅳ 문화와 다양성 ·········· 016

Ⅴ 생활공간과 사회 ·········· 026

✦ 중간고사 ·········· 032

✦ 논술형 수행 평가 ·········· 038

✦ 기말고사 ·········· 040

✦ 논술형 수행 평가 ·········· 046


고등 **통합사회 1**

# 01 인간, 사회, 환경을 바라보는 다양한 관점

## 핵심 한끝

### ✖ 인간, 사회, 환경을 바라보는 다양한 관점의 필요성

(1) **다양한 관점의 종류**: 시간적 관점, 공간적 관점, 사회적 관점, 윤리적 관점 등

(2) **다양한 관점의 필요성**
① 인간, 사회, 환경에 대한 깊고 폭넓은 이해
② 객관적 사고, 창의적 사고, 개방적 사고를 통한 사회문제의 효과적 해결

| | |
|---|---|
| (❶ ) 사고 | 선입견과 편견에서 벗어나 사실과 논리에 기반하여 올바른 의사 결정에 도달할 수 있음 |
| 창의적 사고 | 다양한 관점을 수용하면 창의적 사고와 혁신적 방법으로 새로운 사회현상과 사회문제에 대처할 수 있음 |
| (❷ ) 사고 | 사회적 대립과 갈등을 줄이고 민주 사회를 형성하는 데 기여할 수 있음 |

### ✖ 인간, 사회, 환경을 바라보는 여러 가지 관점

| 구분 | 의미 | 특징 |
|---|---|---|
| (❸ ) 관점 | 역사적 배경과 시대적 맥락에 대한 이해를 바탕으로 사회현상과 인간 활동을 이해하는 것 | 과거를 분석하여 오늘날 사회현상의 원인과 결과 추론 및 대응, 미래의 변화 방향 예측 |
| 공간적 관점 | 사회현상을 위치와 장소, 공간적 상호 작용 등 공간적 맥락에서 살펴보는 것 | (❹ )과/와 인문 환경에 따른 삶의 모습 파악, 특정 지역의 문제 이해 |
| (❺ ) 관점 | 사회현상을 사회 제도 및 사회 구조의 측면에서 이해하는 것 | 사회 제도와 사회 구조가 개인의 사고와 행동에 미치는 영향 분석 |
| 윤리적 관점 | 도덕적 가치와 윤리적 (❻ )을/를 바탕으로 사회현상을 해석하고 사회가 나아갈 방향을 제시하는 것 | 사회현상이나 문제, 갈등에 대해 옳고 그름 평가, 바람직한 사회의 실현 방안 모색 |

### ✦ 이 단원의 핵심 문장 완성하기

우리는 역사적 배경과 시대적 맥락을 중시하는 시간적 관점, 장소와 지역, 공간적 상호 작용을 중시하는 (❼ ) 관점, 사회 구조, 사회 제도의 영향을 중시하는 사회적 관점, 도덕적 가치와 윤리적 규범을 중시하는 (❽ ) 관점을 통해 인간과 사회현상을 깊이 있고 폭넓게 이해할 수 있다.

## 미리 보는 학교 시험

**01** 다음 글의 제목으로 가장 적절한 것은?

> 학교와 가까운 곳에서는 PC방이나 당구장 같은 시설을 볼 수 없다. 「교육 환경 보호에 관한 법률」을 통해 학교 경계로부터 직선거리 200m 범위 안에는 학생의 보건·위생, 안전, 학습과 교육 환경을 보호하고자 특정 시설의 영업을 금지하고 있기 때문이다. 한편, 준비물과 간식을 사느라 북적이던 학교 앞 문구점은 학령인구가 감소하고 학교에서 학습 준비를 지원하면서 점점 사라지는 추세이다.

① 지역별 학교 주변 환경
② 통합적 관점에 따른 학교 환경 개선 방안
③ 학교 주변 업소 운영자의 바람직한 윤리 의식
④ 사회 제도와 구조 변화에 따른 학교 주변 환경의 변화
⑤ 과거를 통해 예측해 본 미래의 학교 주변 환경의 모습

**02** 시간적 관점에 대한 설명으로 옳지 <u>않은</u> 것은?

① 과거의 경험을 바탕으로 현재와 미래를 이해하는 관점이다.
② 사회현상과 사회문제를 이해하기 위해 역사적 배경과 시대적 맥락에 초점을 둔다.
③ 과거의 사회현상을 분석함으로써 비슷한 일에 대처하는 합리적인 방안을 마련할 수 있다.
④ 관련 질문으로는 '사회문제를 해결하기 위해 참고할 만한 과거 사례는 무엇인가?'를 들 수 있다.
⑤ 주로 지도, 지리 책자, 지역 사진, 지역 통계 자료 등을 활용하여 사회현상을 파악하려고 한다.

## 03 (가)의 관점에서 (나)의 문제를 해결하기 위해 탐구해야 할 주제로 가장 적절한 것은?

> (가) 개인 또는 공동체의 행위를 좋고 나쁨, 옳고 그름으로 판단함으로써 어떤 행위가 도덕적 행위인지, 사회 구조나 제도가 바람직한 가치와 규범을 지향하는지 등을 살펴보아야 한다.
>
> (나) 네팔 정부에 따르면, 2021년 기준 네팔의 아동 노동자는 약 107만 명을 넘는 것으로 추산된다. 이는 네팔 전체 아동 인구의 15%를 넘는다. 특히 네팔의 주요 산업인 벽돌 공장이 운영되는 기간에는 아이들이 1년에 절반 이상 학교에 나가지 않거나 학업을 중단하는 경우가 많다. 하루에 약 2,800원을 벌기 위해 벽돌 공장에서 일하는 아이들의 89%가 학교에 가지 못하고 있다.

① 다른 나라의 아동 노동 실태는 어떠한가?

② 아동 노동자의 수가 연도별로 어떻게 변화되었는가?

③ 아동 노동은 아동의 인간 존엄성을 어떻게 침해하고 있는가?

④ 네팔 정부가 아동 노동자 보호를 위한 법이나 제도를 만들었는가?

⑤ 네팔에서 아동 노동이 많이 발생하게 된 환경적 원인은 무엇인가?

## 04 다음 관점에서 기후변화에 대한 탐구 계획을 가장 적절하게 말한 학생은?

> 장소와 지역, 공간적 상호 작용에 중점을 두고 인간과 세상을 이해한다.

① 갑: 100년간 한반도의 기후변화가 진행된 양상을 파악합니다.

② 을: 기후변화를 해결하기 위한 국제 사회의 협약에 대해 조사합니다.

③ 병: 기후변화에 대응하려면 어떤 가치를 중시하고 실천해야 하는지 살펴봅니다.

④ 정: 지형적 특성을 고려하여 지역별로 기후변화가 나타나는 양상을 파악합니다.

⑤ 무: 기후변화를 극복하기 위해 우리나라가 실시하는 법률과 정책 등에 대해 알아봅니다.

## 05 다음 글의 주장에 대한 분석으로 가장 적절한 것은?

> k-컬처의 인기 비결은 k-컬처를 만드는 사람들의 독창적인 창의성, 파격적인 상상력 그리고 젊은 세대들과 종사자들이 k-컬처에 주입하는 감수성에 있다. 이들이 만들어 내는 꿈과 희망, 인류 보편의 공감을 불러일으키는 이야기 구조가 강력한 파급력을 빚어내고 있다. 또한, 우리의 전통 가치를 세계인의 보편적 가치와 접목시키려는 노력도 한몫을 했다.
>
> *k-컬처: 대한민국의 문화 예술을 일컫는 말로, 해외에서 한류가 각광을 받으면서 널리 쓰이고 있음.

① k-컬처 현상을 윤리적 관점에서 바라보고 있다.

② 공간적 관점에서 k-컬처 현상을 바라보고 있다.

③ k-컬처 현상을 시대별로 구분하여 비교하고 있다.

④ k-컬처 현상이 사회 제도의 영향을 받는다는 점을 강조하고 있다.

⑤ k-컬처 현상의 바람직한 해결책을 통합적 관점에서 제시하고 있다.

**서술형 문제**

## 06 다음 글을 읽고 물음에 답하시오.

> 고추는 임진왜란 때 일본에서 우리나라로 전래되었다고 전해진다. 이수광의 『지봉유설』(1614년)에는 "남만초(南蠻椒)는 독이 많고 처음에 일본으로부터 전래하여 속칭 '왜개자(倭介子)'라고 불렀다. 지금은 가끔 이것을 심고 있으며, 술집에서는 그 맹렬한 맛을 즐기는 데 소주에 이것을 넣어서 마시고 죽은 사람이 많다."라며 고추에 관한 일화를 소개하고 있다.

(1) 윗글에서 사회현상을 바라보는 관점을 쓰시오.

_______________________________________

(2) (1)이라고 생각한 이유를 사용한 자료와 관련지어 서술하시오.

_______________________________________

_______________________________________

# 02 인간, 사회, 환경을 바라보는 통합적 관점

## 핵심 한끝

### ✖ 통합적 관점의 의미와 필요성

| | |
|---|---|
| 개별적 관점의 한계 | 사회현상은 다양한 요인이 복잡하게 얽혀 있고, 각 요인이 서로 복잡하게 상호 작용을 함 → 사회현상을 제한된 관점으로 이해할 경우 사회현상의 복합적, 다면적 의미를 파악하기 어려움 |
| 통합적 관점의 의미 | 사회현상을 시간적, 공간적, 사회적, 윤리적 관점을 고려하여 (❶　　　)으로 살펴보는 것 |
| 통합적 관점의 필요성 | • 사회현상에 대한 정확한 이해, 사회문제에 대한 근본적이고 다각적인 해결 방안 모색 가능<br>• 인간과 사회에 대한 깊이 있는 통찰 → 개인의 삶의 질 향상, 사회 발전 |

### ✖ 통합적 관점의 적용

例 '감염병 대응 방안 마련'에 통합적 관점을 적용하는 단계

| | |
|---|---|
| 탐구 (❷　　　) 및 탐구 계획 수립 | '감염병 대응 방안 마련'을 탐구 주제로 정하고, 구체적인 탐구 계획 수립 |
| 다양한 관점에서 자료 수집 | 시간적, 공간적, 사회적, 윤리적 관점에서 감염병 대응과 관련한 자료 수집<br>• (❸　　　) 관점: 과거의 감염병 유행 사례<br>• 공간적 관점: 감염병 확산 지역<br>• 사회적 관점: 감염병 대응과 관련한 법률, 정책, 제도 등<br>• (❹　　　) 관점: 감염병 대응 과정에서의 투명한 자료 수집, 사생활 침해 가능성 등 |
| 자료 비교·분석 및 자료 간 상호 연관성 파악 | 시간적 관점, 공간적 관점, 사회적 관점, 윤리적 관점에서 수집한 감염병 대응 관련 자료를 비교 및 분석한 후 자료 간 관계 파악 |
| (❺　　　) 관점에서 문제 해결 | 시간적, 공간적, 사회적, 윤리적 관점을 통합하여 최적의 감염병 대응 방안 마련 |

### ✦ 이 단원의 핵심 문장 완성하기

사회현상이나 사회문제는 대부분 역사적·공간적 배경을 가지고 있으며, 그 사회의 구조와 제도, 그 사회를 구성하는 사람들의 가치관과 관련되어 있다. 따라서 오늘날 우리 사회에서 나타나는 사회현상을 올바르게 이해하고 복잡한 사회문제에 대해 근본적이고 다각적인 해결책을 마련하기 위해서는 (❻　　　) 관점이 필요하다.



## 미리 보는 학교 시험

**01** 다음 글이 사회현상을 바라보는 관점과 관련하여 시사하는 바로 가장 적절한 것은?

> 사람들에게 눈을 가리고 코끼리를 만져 보게 한 뒤 코끼리가 어떻게 생겼냐고 물었다. 코끼리의 코를 만진 사람은 '구부러진 막대'와 같다고 하였고, 다리를 만진 사람은 '나무'와 같다고 했으며, 꼬리를 만진 사람은 '밧줄'과 같다고 하였다.

① 사회현상을 통합적 관점에서 바라보아야 한다.
② 개인의 이익보다 사회의 이익을 우선해야 한다.
③ 과거라는 거울에 비추어 현재를 파악해야 한다.
④ 사회현상의 분석은 각 분야의 전문가에게 맡겨야 한다.
⑤ 사회현상은 윤리적 가치를 가장 중요한 기준으로 분석해야 한다.

**02** 다음 사례와 관련하여 다양한 관점에 따른 탐구 과제로 적절한 것만을 〈보기〉에서 고른 것은?

> 학생 수가 감소하면서 학교의 유휴 공간이 증가하자 공간 활용에 대한 요구가 커지고 있다. 이런 가운데 학교 유휴 공간을 학생과 지역 주민의 공동 공간으로 활용하기 위한 체계적인 실태 조사가 필요하다는 주장이 제기되고 있다.

─┤ 보기 ├─
ㄱ. 시간적 관점 – 초중고 학생 수 예상 추이
ㄴ. 공간적 관점 – 학교 유휴 시설의 지역별 분포 현황
ㄷ. 사회적 관점 – 학교 유휴 시설 활용에 대한 주민 인식
ㄹ. 윤리적 관점 – 학교 유휴 시설 활용과 관련한 법률 및 제도

① ㄱ, ㄴ　　　② ㄱ, ㄷ　　　③ ㄴ, ㄷ
④ ㄴ, ㄹ　　　⑤ ㄷ, ㄹ

## 03 다음 글에서 강조하고 있는 내용으로 가장 적절한 것은?

> ○○시는 심각한 교통 체증에 대응하기 위해 제도적 차원에서 도로를 확장하고, 교통 신호 체계를 개선하는 정책을 수립하였다. 그러나 ○○시의 교통 정책은 단기적인 해결책으로 그쳤는데, 그 이유는 도시의 인구 증가와 교통 수요를 고려하지 못하였기 때문이다. ○○시에서 발생하는 교통 체증의 원인 중 하나는 인근 지역의 과도한 개발과 인구 밀집이었다. 따라서 교통 체증 해소를 위해 국가 차원에서 오랜 기간 도시 계획을 검토하고 균형 개발을 추구해야 했으나, 이를 실행에 옮기지 못하였다. 게다가 ○○시가 환경친화적인 교통 정책을 수립하지 못하면서 지역의 대기 오염은 더욱 심각해졌다.

① 사실 판단과 가치 판단을 구분할 수 있어야 한다.
② 사회현상에 내재한 도덕적 문제를 중시해야 한다.
③ 사회현상은 전문가에 의해 체계적으로 연구되어야 한다.
④ 사회 제도가 개인의 행동에 미치는 영향력에 초점을 두어야 한다.
⑤ 복잡한 사회현상을 이해하려면 인간, 사회, 환경을 다양한 관점에서 통합적으로 살펴보아야 한다.

## 04 사회현상을 통합적 관점으로 바라볼 경우의 장점으로 가장 적절한 것은?

① 인간 생활과 사회현상에 영향을 미치는 자연환경과 인문환경의 영향을 파악할 수 있다.
② 과거의 사실, 사건, 제도나 가치 등을 통해 현재를 객관적이고 올바르게 바라볼 수 있다.
③ 특정한 사회현상이 나타나게 된 배경을 사회 구조나 제도, 정치, 경제 등의 측면에서 이해할 수 있다.
④ 현대 사회의 불확실하고 복잡한 사회현상을 정확히 이해하고, 문제에 관한 근본적인 해결책을 찾을 수 있다.
⑤ 우리가 추구해야 할 보편적 가치를 기준으로 다양하고 복잡한 사회문제의 바람직한 해결책을 찾을 수 있다.

## 05 '난민 문제'에 대해 밑줄 친 ㉠~㉣ 각각의 관점에서 옳게 탐구한 것만을 〈보기〉에서 고른 것은?

> 현대 사회의 불확실하고 복잡한 사회현상에 대처하려면 인간, 사회, 환경을 다양한 관점에서 통합적으로 살펴보아야 한다. ㉠ 시간적 관점, ㉡ 공간적 관점, ㉢ 사회적 관점, ㉣ 윤리적 관점 등을 종합적으로 고려하여 인간과 세상을 균형 잡힌 시각으로 이해하는 관점을 통합적 관점이라고 한다.

**⊣ 보기 ⊢**

ㄱ. ㉠ – 난민 지원은 인간 존엄성을 존중하는 것과 관련이 있다.
ㄴ. ㉡ – 자연재해, 자원 갈등이 일어나는 지역에서 난민이 많이 발생한다.
ㄷ. ㉢ – 국제 사회가 협력하여 난민의 지위 보장에 관한 협약이 마련되어야 한다.
ㄹ. ㉣ – 전쟁, 내란 등의 역사적 배경을 분석하여 난민 발생의 원인을 파악할 수 있다.

① ㄱ, ㄴ      ② ㄱ, ㄷ      ③ ㄴ, ㄷ
④ ㄴ, ㄹ      ⑤ ㄷ, ㄹ

### 서술형 문제

## 06 다음 글을 읽고 물음에 답하시오.

> 이 관점은 인간과 세상을 역사적 배경과 시대적 맥락, 위치와 장소 등의 공간적 맥락, 사회 구조와 제도의 영향력, 규범적 방향성과 도덕적 가치 등을 고려하여 종합적으로 살펴보는 것을 의미한다.

(1) 밑줄 친 '이 관점'을 쓰시오.

_______________________________________

(2) (1)이 필요한 이유를 서술하시오.

_______________________________________

_______________________________________

# 01 행복의 의미와 기준

## 핵심 한끝

### ✖ 동양과 서양의 행복론

**(1) 동양의 행복론**

| (❶　　　) | 도덕적 본성의 보존과 함양, 인(仁)의 실천 |
|---|---|
| 불교 | (❷　　　　　)을/를 바탕으로 중생 구제, 수행을 통해 해탈의 경지에 이르는 것 |
| 도가 | 자연 그대로의 모습으로 살아가는 것 |

**(2) 서양의 행복론**

| 아리스토텔레스 | (❸　　　　　)의 기능을 잘 발휘할 때 행복에 도달할 수 있음 |
|---|---|
| (❹　　　) | 육체에 고통이 없고 마음에 불안이 없는 평온한 삶 |
| 스토아 학파 | 정념에 방해받지 않고 자연의 질서에 따라 사는 것 |
| 아퀴나스 | 영원하고 완전한 (❺　　　　　)과/와 하나가 되는 것 |
| 칸트 | 도덕 법칙을 실천하는 사람은 행복을 누릴 자격이 있음 |
| 공리주의 | 쾌락 충족, 고통 제거(최대 다수의 최대 행복) |

### ✖ 행복의 기준

| 시대적 상황 | 행복의 기준은 시대적 상황에 따라 다르게 나타남<br>• 선사 시대: 생존을 위한 식량 확보<br>• 고대 그리스: 이성적 사유와 철학적 성찰<br>• (❻　　　　　) 시대: 전쟁과 혼란에 따른 불안에서 벗어나는 것<br>• 중세 시대: 신과 하나가 되는 것<br>• 근대 시대: 개인의 자유와 평등을 보장받는 것<br>• 오늘날: 주관적 만족감 중시, 다양한 행복의 기준 |
|---|---|
| 지역적 여건 | 행복의 기준은 지역적 여건에 따라 다르게 나타남 → 기후, 지형 등의 자연환경과 종교, 문화 등의 (❼　　　　　)에 따라 달라짐 |

### ✖ 삶의 목적으로서의 행복

| 진정한 행복 | 삶의 궁극적이고 최종적인 목적 |
|---|---|
| 행복한 삶을 위한 노력 | 삶에 대한 성찰, 의미 있는 삶의 목적 추구, 객관적 요소와 주관적 요소의 조화로운 추구 등 |

### ✦ 이 단원의 핵심 문장 완성하기

행복은 삶에서 충분한 만족감이나 기쁨을 느끼는 상태로, 행복의 구체적인 기준은 시대적 상황과 (❽　　　　　)적 여건에 따라 다르게 나타난다.



## 미리 보는 **학교** 시험

**01** 사진에 나타난 지역적 여건에서 강조할 행복의 조건으로 가장 적절한 것은?

① 깨끗한 식수
② 일조량의 확보
③ 문화생활의 향유
④ 여가 시간의 보장
⑤ 자유로운 삶의 보장

**02** 서양에서 (가), (나)의 행복론이 등장한 시기를 옳게 연결한 것은?

> (가) 신은 인간의 최고선이고, 최고선을 추구하는 것은 좋은 삶이다. 따라서 좋은 삶은 온 가슴과 온 영혼과 온 정신으로 신을 사랑하는 것이다.
>
> (나) 생각하면 생각할수록 새롭고 무한한 감탄과 존경을 불러일으키는 두 가지가 있다. 그것은 내 위의 하늘에서 반짝이는 별과 내 마음속의 도덕 법칙이다.

|  | (가) | (나) |
|---|---|---|
| ① | 고대 그리스 | 고대 헬레니즘 |
| ② | 고대 헬레니즘 | 근대 |
| ③ | 중세 | 근대 |
| ④ | 중세 | 고대 그리스 |
| ⑤ | 근대 | 고대 그리스 |

**03** 다음은 수행 평가 문제와 학생 답안이다. 밑줄 친 ㉠~㉤ 중 옳지 <u>않은</u> 것은?

> • 문제: 동양의 행복론에 대해 서술하시오.
> • 학생 답안: 유교에서는 ㉠ <u>하늘로부터 부여받은 본성을 극복하여</u> ㉡ <u>인(仁)을 실천하는 것</u>이 행복이라고 보았다. 불교에서는 ㉢ <u>불성을 바탕으로 고통받는 중생을 구제하고,</u> ㉣ <u>나에 대한 집착을 버리기 위한 수행을 통해 해탈의 경지에 이르는 것</u>을 행복이라고 보았다. 도가에서는 타고난 그대로의 본성에 따라 인위적인 것이 더해지지 않은 ㉤ <u>자연 그대로의 모습으로 살아가는 것</u>을 행복이라고 보았다.

① ㉠  ② ㉡  ③ ㉢  ④ ㉣  ⑤ ㉤

**04** 다음 글에 나타난 사상가의 입장과 맥락을 같이하는 진술만을 〈보기〉에서 있는 대로 고른 것은?

> 행복은 탁월성에 따르는 영혼의 활동이다. 탁월성에 따르는 행위들은 그 자체로 즐거울 것이다. 하지만 행복은 추가로 외적인 좋음 또한 필요로 한다. 일정한 뒷받침이 없으면 고귀한 일을 행한다는 것은 불가능하거나 쉽지 않다.

┤ 보기 ├
ㄱ. 삶의 궁극적인 목적은 행복이다.
ㄴ. 행복한 삶을 위해 이성적 성찰이 필요하다.
ㄷ. 인간의 기능을 탁월하게 발휘하는 것은 행복과 관련이 없다.
ㄹ. 행복하기 위해서는 친구, 용모 등 외적인 좋음이 필요하지 않다.

① ㄱ, ㄴ    ② ㄴ, ㄷ    ③ ㄷ, ㄹ
④ ㄱ, ㄴ, ㄷ    ⑤ ㄱ, ㄴ, ㄹ

**05** 다음 글을 통해 추론할 수 있는 내용으로 가장 적절한 것은?

> 미국의 한 대학에서 서로 다른 삶의 목표를 가진 졸업생 집단의 행복 정도를 비교하는 연구를 하였다. 첫째 집단은 '돈이 많은 사람이 되는 것', '인기가 많은 사람이 되는 것'과 같은 목표를, 둘째 집단은 '다른 사람을 도와주는 것', '더 좋은 인간관계를 맺는 것' 등을 삶의 목표로 하였다. 몇 년 후 두 집단을 찾아가 조사한 결과, 첫째 집단보다 둘째 집단이 더 행복하다고 말하였다.

① 정신적 가치보다 물질적 가치를 추구해야 한다.
② 다른 사람과의 비교를 통해 행복을 얻을 수 있다.
③ 행복한 삶을 위해서는 일시적이며 감각적인 즐거움이 중요하다.
④ 외재적 목표를 가진 집단이 내재적 목표를 가진 집단보다 행복하다.
⑤ 참된 행복을 이루기 위해서는 의미 있는 목표를 세우는 것이 중요하다.

**서술형 문제**

**06** (가)에 들어갈 내용을 서술하시오.

> 고대 그리스에서는 이성적 사유와 철학적 성찰을 통해 지혜를 얻는 것이 행복의 기준이 되었다. 전쟁과 사회적 혼란이 이어졌던 헬레니즘 시대에는 마음의 평온을 중시하였다. 중세에는 신앙으로 신과 하나가 되는 것을 행복이라고 여겼다. 근대 이후 산업화가 시작되면서 물질적 기반을 확보하고 개인의 권리를 보장받는 것이 행복의 중요한 기준이 되었다. 결론적으로 행복의 기준은 __________ (가)

# 02 행복한 삶을 실현하기 위한 조건

## 핵심 한끝

### ✖ 질 높은 (❶　　　　)

| 필요성 | 쾌적하고 인간다운 삶을 살 수 있음 |
|---|---|
| 노력 | • 안락한 주거 환경 조성, 생태환경 조성<br>• 인간다운 생활을 위한 다양한 시설 마련, 교육과 의료 시설 확충 |

### ✖ 경제적 안정

| 필요성 | 기본적인 생계 유지, 자아실현의 기회를 가질 수 있음 |
|---|---|
| 노력 | • 고용 안정: 경제 활성화, 일자리 창출, 최저 임금 보장 등<br>• (❷　　　　) 강화: 실업 급여, 사회 보험 등과 같은 제도 마련<br>• 경제적 불평등 완화: 지나친 소득 양극화 해소 |

### ✖ (❸　　　　)의 발전

| 필요성 | 시민의 인권이 존중되고 만족감을 느끼며 살 수 있음 |
|---|---|
| 노력 | • 민주적 제도 마련: 의회 제도, 권력 분립 제도, 복수 정당 제도 등을 실시함<br>• 민주적 문화 형성: 시민의 능동적이고 적극적인 (❹　　　　), 국가 권력의 남용에 대한 감시와 견제 등 |

### ✖ 도덕적 (❺　　　　)

| 필요성 | 사회적 신뢰를 형성하여 개인뿐 아니라 사회 전체의 행복도 향상 가능 |
|---|---|
| 노력 | • 도덕적 성찰: 자신의 행위와 삶을 도덕적 관점에서 깊이 있게 바라보아야 함<br>• 역지사지의 태도: 자신의 행복뿐만 아니라 다른 사람의 행복에도 관심을 두어야 함<br>• 사회적 약자 배려: 사회적 약자의 고통에 공감하며 기부, 사회봉사 등에 참여해야 함 |

### ✦ 이 단원의 핵심 문장 완성하기

> 행복한 삶을 실현하기 위해서는 인간다운 삶을 누릴 수 있는 질 높은 정주 환경의 조성, 삶의 질을 유지하기 위한 경제적 (❻　　　　), 시민의 참여가 활성화되는 (❼　　　　)의 발전, 사회적 신뢰를 형성하는 도덕적 실천과 같은 구체적인 조건들이 고르게 갖추어져야 한다.



## 미리 보는 학교 시험

**01** ㉠, ㉡에 들어갈 말을 옳게 연결한 것은?

> 조선 후기의 실학자 이중환은 저서 『택리지』에서 살기 좋은 환경의 조건을 제시하였다. 그가 제시한 조건 중에서 ( ㉠ )은/는 그 땅에서 생산되는 이익을 의미하고, ( ㉡ )은/는 넉넉하고 좋은 이웃 간의 정을 의미한다.

| | ㉠ | ㉡ |
|---|---|---|
| ① | 산수 | 인심 |
| ② | 생리 | 인심 |
| ③ | 생리 | 산수 |
| ④ | 인심 | 지리 |
| ⑤ | 지리 | 생리 |

**02** 다음을 주장한 사상가의 입장으로 적절한 것만을 〈보기〉에서 고른 것은?

> 일정한 생업의 기반이 있는 사람은 일정한 마음을 지니지만, 일정한 생업의 터전이 없는 사람은 일정한 마음이 없습니다. 죄악에 떨어지고 난 뒤에 쫓아가서 형법으로 처벌한다면, 그것을 그물로 백성들을 잡는 것과 같습니다.

┤ 보기 ├
ㄱ. 경제적 요인은 도덕적 삶에 영향을 미칠 수 있다.
ㄴ. 백성의 경제적 안정에 힘쓰는 것이 통치자의 역할이다.
ㄷ. 통치자는 백성의 생업 보장보다 법적 규제에 힘써야 한다.
ㄹ. 비도덕적 행위의 원인은 개인의 도덕성이 부족하기 때문이다.

① ㄱ, ㄴ　　② ㄱ, ㄷ　　③ ㄴ, ㄷ
④ ㄴ, ㄹ　　⑤ ㄷ, ㄹ

**03** 다음은 학생이 필기한 내용의 일부이다. ㉠~㉤ 중 옳지 <u>않은</u> 것은?

< 행복한 삶을 위한 조건 >

1. 질 높은 정주 환경
(1) 깨끗한 물, 토양과 같은 환경적 요소만 포함 …… ㉠
(2) 정주 환경의 질을 높이기 위한 노력
  : 교통과 통신 시설 확충, 녹지 공간 확대 …… ㉡
2. 경제적 안정
  : 경제 성장과 복지 정책을 함께 추구 ………… ㉢
3. 민주주의 실현
  : 민주적 제도의 마련과 시민의 참여 활성화 …… ㉣
4. 도덕적 실천: 역지사지의 태도 필요 ………… ㉤

① ㉠　　② ㉡　　③ ㉢　　④ ㉣　　⑤ ㉤

**04** (가)에 들어갈 내용으로 적절한 것만을 〈보기〉에서 있는 대로 고른 것은?

| 보기 |

ㄱ. 시민의 정치적 의견이 존중받을수록 행복이 증대되기
ㄴ. 질병이나 실업과 같은 예상하지 못한 위험이 발생할 수 있기
ㄷ. 빈부 격차가 커지면 소외 계층이 상대적 박탈감을 느낄 수 있기
ㄹ. 우리 사회에는 경제활동을 하기 어려운 처지에 놓인 사람들도 있기

① ㄱ　　② ㄷ　　③ ㄱ, ㄴ
④ ㄴ, ㄷ　　⑤ ㄴ, ㄷ, ㄹ

**05** 다음 글에 대한 분석으로 적절한 것만을 〈보기〉에서 있는 대로 고른 것은?

하버드 대학교 연구 팀은 "미국 하버드 대학교 재학생과 보스턴 빈민가 청년 중 누가 더 행복하고 건강한 삶을 살게 될까?"라는 질문을 던지고 85년 동안 이들의 삶을 추적한 끝에 답을 얻었다. "우리가 방대한 과학적 연구로 얻은 답은 의외로 간단하다. 인생에서 오직 중요한 한 가지는 사람들과 따뜻하고 의지할 수 있는 관계를 맺는 것이다."

| 보기 |

ㄱ. 사회적 신뢰는 개인의 행복감을 높일 수 있다.
ㄴ. 행복은 개인의 이익 추구를 통해 이루어질 수 있다.
ㄷ. 남과 더불어 살아가려는 노력은 행복을 가져다준다.
ㄹ. 개인이 느끼는 행복감은 개인의 건강과 관련이 있다.

① ㄱ　　② ㄷ　　③ ㄱ, ㄷ
④ ㄴ, ㄹ　　⑤ ㄱ, ㄷ, ㄹ

**서술형 문제**

**06** 표를 보고 추론할 수 있는 민주주의와 행복의 관계를 근거를 들어 서술하시오.

| 구분 | 노르웨이 | 뉴질랜드 | 아이슬란드 | 토고 | 이란 | 미얀마 |
| --- | --- | --- | --- | --- | --- | --- |
| 세계 민주주의 지수 | 1위 | 2위 | 3위 | 130위 | 154위 | 166위 |
| 세계 행복 지수 | 7위 | 10위 | 3위 | 122위 | 101위 | 117위 |

(이코노미스트, 국제 연합, 2022.)

# 01 자연환경과 인간 생활

## 핵심 한끝

### ✖ 자연환경이 인간 생활에 미치는 영향

| 자연환경과<br>인간 생활 | | • 자연환경은 인간 생활의 토대로 인간의 삶에 영향을 미침<br>• 인간은 자연환경에 순응하기도 하고, 자연환경의 제약을 극복하며 자연환경을 이용하기도 함 |
|---|---|---|
| 기후 지역별<br>인간 생활 | 열대 | 높은 (❶　　　　)과/와 많은 강수량 → 얇고 가벼운 의복, 고상 가옥, 이동식 경작 |
| | 건조 | 적은 (❷　　　　)과/와 큰 일교차 → 온몸을 감싸는 의복, 흙벽돌집, 이동식 가옥 |
| | 온대 | 인간 생활에 유리, 계절별로 다른 옷 |
| | 냉대 | 큰 연교차, 춥고 긴 겨울 → 통나무집(침엽수림), 임업 발달 |
| | 한대 | 춥고 긴 겨울 → 두꺼운 옷, 육류 위주 음식 문화, (❸　　　　) 유목 |
| 지형별<br>인간 생활 | 산지 | 해발 고도가 높고 경사가 급하여 인간 거주 불리 → 밭농사, 광업, 관광 산업 발달 |
| | 평야 | 평탄하여 경지를 개간하기 좋은 지역은 인간 거주 유리 → 교통로 건설, 도시 발달 |
| | 해안 | 육지와 (❹　　　　)이/가 만나는 곳으로 인간 거주 유리 → 농업, 어업, 관광 산업 발달 |

### ✖ 자연재해와 안전할 권리

| 자연재해의<br>의미와 유형 | 의미 | 기후, 지형 등의 자연환경 요소들이 인간 생활에 피해를 주는 현상 |
|---|---|---|
| | 유형 | (❺　　　　) 관련: 가뭄, 홍수, 태풍, 폭설 등<br>(❻　　　　) 관련: 지진, 화산 활동 등 |
| 시민이 안전할<br>권리 | | • 헌법에 보장된 기본권: 헌법 제34조와 제35조로 (❼　　　　)과/와 환경권 보장<br>• 안전하고 쾌적한 환경에서 살아가기 위한 노력: 자연재해 대피 안내 및 피해 지원, 재해·재난 대비 안전 훈련 참여, 안전에 대한 권리 인식 등 |

### ✦ 이 단원의 핵심 문장 완성하기

기후, 지형은 인간의 생활과 밀접한 연관을 가지며, 인간 생활은 자연환경의 변화에 따라 달라지기도 한다. 한편, 우리나라는 (❽　　　　)에 안전권과 환경권을 국민의 기본권으로 규정하여 안전하고 쾌적한 환경에서 살아갈 시민의 권리를 보장하고 있다.

## 미리 보는 학교 시험

**01** A~E 지역의 기후 특징으로 옳은 것은?

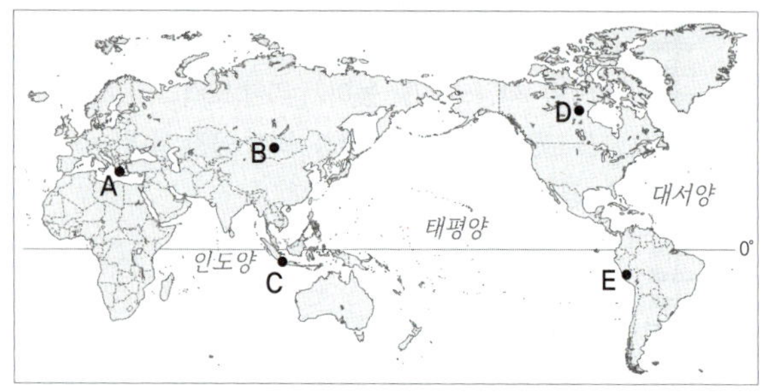


① A – 계절풍의 영향으로 여름철 강수량이 풍부하다.
② B – 강수량이 적고 기온의 일교차가 크다.
③ C – 여름에 고온 건조하고 겨울에 온난 습윤하다.
④ D – 연중 기온이 높고 강수량이 많다.
⑤ E – 기온의 연교차가 매우 크고 겨울이 길고 춥다.

**02** 다음과 같은 음식 문화가 나타나는 지역의 주민 생활에 대한 설명으로 옳은 것은?

나시고렝은 인도네시아의 볶음밥으로 '나시'는 밥을, '고렝'은 볶음을 의미한다. 전날 남은 찬밥에 각종 채소와 향신료 소스로 양념하여 볶아 낸 것이 유래라고 알려져 있다. 오늘날에는 인도네시아 전역에서 아침, 점심, 저녁을 가리지 않고 즐기는 국민 음식으로 발달하였다.

① 순록을 유목하며 생계를 유지한다.
② 온몸을 감싸는 헐렁한 옷을 입는다.
③ 통풍이 잘되는 얇고 가벼운 옷을 입는다.
④ 오아시스 주변에서 대추야자를 재배한다.
⑤ 침엽수로 만든 통나무집을 많이 볼 수 있다.

**03** 다음은 서로 다른 기후 지역의 전통 가옥이다. (가), (나) 기후 지역에 대한 옳은 설명만을 〈보기〉에서 있는 대로 고른 것은?

(가)

△ 타이의 전통 가옥

(나)

△ 캐나다의 전통 가옥

┤ 보기 ├
ㄱ. (가)는 열기와 습기를 피하기 위해 집을 지면에서 띄웠다.
ㄴ. (나)의 전통 가옥은 이동 생활에 유리하다.
ㄷ. (가)는 (나)보다 저위도에 위치한다.
ㄹ. (나)는 (가)보다 기온의 연교차가 크다.

① ㄱ, ㄷ　　　② ㄱ, ㄹ　　　③ ㄴ, ㄷ
④ ㄱ, ㄴ, ㄹ　　　⑤ ㄱ, ㄷ, ㄹ

**04** 다음 글에 나타난 기후 지역에서 볼 수 있는 경관으로 가장 적절한 것은?

> 중앙 아프리카 공화국에서는 많은 사람들이 숲의 나무를 태운 뒤 밭을 만들어 카사바나 얌 등을 재배한다. 이 지역은 강수량이 많아 흙 속의 영양분이 씻겨 나가기 때문에 사람들은 또 몇 년 뒤에는 다른 곳으로 이동하여 새로운 밭을 만들고 농사를 짓는다.

① 얇고 가벼운 옷을 입은 사람들
② 관개 농업을 통해 재배되는 밀과 대추야자
③ 일 년 내내 눈과 얼음으로 덮여 있는 지표면
④ 초원 위를 달리는 사자, 얼룩말 등 다양한 동물
⑤ 햇빛을 반사하기 위해 벽면을 하얗게 칠한 가옥

**05** 다음 지역들에 나타난 지형의 특징으로 옳은 것만을 〈보기〉에서 있는 대로 고른 것은?

- 우리나라의 김제 평야
- 미국의 그레이트 플레인스

┤ 보기 ├
ㄱ. 해발 고도가 낮고 지표면이 편평하다.
ㄴ. 교통로와 건물 등을 짓는 데 유리하다.
ㄷ. 열대 기후가 나타나는 지역에서는 고산 도시가 발달하였다.
ㄹ. 대규모 항구와 산업 단지가 조성되어 공업이 발달하기도 한다.

① ㄱ, ㄴ　　　② ㄴ, ㄷ　　　③ ㄷ, ㄹ
④ ㄱ, ㄴ, ㄷ　　　⑤ ㄴ, ㄷ, ㄹ

**06** ㉠, ㉡에 들어갈 알맞은 말을 옳게 연결한 것은?

베트남 북동부의 할롱 베이에서는 ( ㉠ )이 발달하여 석회 동굴과 수많은 섬을 볼 수 있다. 이 지역의 주민들은 석회 동굴 투어, 보트와 낚시 체험 등 다양한 ( ㉡ )에 종사하고 있다.

|  | ㉠ | ㉡ |
|---|---|---|
| ① | 빙하 지형 | 수산업 |
| ② | 빙하 지형 | 관광 산업 |
| ③ | 화산 지형 | 관광 산업 |
| ④ | 카르스트 지형 | 수산업 |
| ⑤ | 카르스트 지형 | 관광 산업 |

## 07 밑줄 친 '이것'에 대한 설명으로 옳은 것은?

> 이것은 땅이 갈라지고 흔들리는 현상이다. 2011년에 일본에서 발생한 이것으로 15만 명의 사람이 이재민이 되었고, 그 영향으로 나타난 해일로 인해 후쿠시마의 원자력 발전소가 훼손되어 방사능이 유출되기도 하였다.

① 기후적 요인에 의한 자연재해이다.
② 자연재해로 일사량이 줄고 기온이 하강한다.
③ 강한 바람과 많은 강수로 풍수해를 일으킨다.
④ 건물의 내진 설계를 통해 피해를 줄일 수 있다.
⑤ 우리나라에서는 아직까지 피해가 발생하지 않았다.

## 08 다음 글에서 설명하는 자연재해에 대한 설명으로 옳은 것만을 〈보기〉에서 있는 대로 고른 것은?

> 저위도 해상에서 발생하여 중위도 지역으로 이동하면서 강한 바람과 비를 동반하는 열대 저기압으로, 발생하는 지역에 따라 다른 이름으로 불린다.

**⊣ 보기 ⊢**
ㄱ. 기후적 요인에 의한 자연재해이다.
ㄴ. 우리나라에서는 주로 겨울에 발생한다.
ㄷ. 다른 자연재해보다 진행 속도가 느리다.
ㄹ. 우리나라에 주로 영향을 주는 것은 북태평양 서남부에서 발생한다.

① ㄱ, ㄹ       ② ㄴ, ㄹ       ③ ㄷ, ㄹ
④ ㄱ, ㄴ, ㄷ   ⑤ ㄱ, ㄷ, ㄹ

## 09 다음 법률에 대한 설명으로 옳지 <u>않은</u> 것은?

> **재난 및 안전 관리 기본법**
> - 제4조(국가 등의 책무) 국가 및 ( ㉠ )은/는 재난이나 그 밖의 각종 사고로부터 국민의 생명·신체 및 재산을 보호할 책무를 지고, …… 발생한 피해를 신속히 대응·복구하여 일상으로 회복할 수 있도록 지원하기 위한 계획을 수립·시행하여야 한다.
> - 제66조(재난 지역에 대한 국고 보조 등의 지원) ① 국가는 …… 재난의 원활한 복구를 위하여 필요하면 ( ㉡ )(으)로 정하는 바에 따라 그 비용의 전부 또는 일부를 국고에서 부담하거나 ( ㉠ ), 그 밖의 재난 관리 책임자에게 보조할 수 있다.

① 시민의 역할을 책무로 명시하고 있다.
② 국민의 생명과 재산을 법으로 보호하고 있다.
③ 헌법 제34조와 제35조를 바탕으로 제정되었다.
④ 스마트 재난 관리 시스템을 구축하는 배경이 되었다.
⑤ ㉠은 지방 자치 단체, ㉡은 대통령령이다.



## 10 다음 글을 읽고 물음에 답하시오.

> 싱가포르와 키토는 모두 적도 가까이에 있는 열대 기후 지역이다. 하지만 키토는 싱가포르보다 이것이 높기 때문에 일 년 내내 덥고 습도가 높은 싱가포르와 달리 연중 온화한 열대 고산 기후가 나타난다.

(1) 밑줄 친 '이것'을 쓰시오.

_______________________________

(2) 키토와 같은 지역에서 겉옷과 모자가 발달한 이유를 기후의 특징과 관련지어 서술하시오.

_______________________________

# 02~03 인간과 자연의 관계~환경 문제 해결을 위한 다양한 노력

## 핵심 한끝

### ✖ 인간과 자연의 관계

#### 1. 자연을 바라보는 다양한 관점

| 인간<br>중심주의<br>자연관 | • 의미: 자연을 바라볼 때 인간의 이익을 먼저 고려하는 관점<br>• 특징: 인간과 자연을 분리하여 보는 (❶　　　) 관점, 자연의 도구적 가치 강조 |
|---|---|
| 생태<br>중심주의<br>자연관 | • 의미: 인간을 포함한 자연 전체의 균형과 안정을 먼저 고려하는 관점<br>• 특징: 인간을 포함한 자연 전체를 하나로 보는 전일론적 관점, 자연의 (❷　　　) 가치 강조 |

#### 2. 인간과 자연의 공존을 위한 노력

| 개인적 차원 | 환경친화적 가치관 실천, 생태 공동체 의식 정립 |
|---|---|
| 사회적 차원 | 생태계 유지가 가능한 범위 내에서 자연 개발, 생태계 복원을 위한 노력 |

### ✖ 다양한 환경 문제와 해결을 위한 노력

#### 1. 다양한 환경 문제

| (❸　　　) | 빙하 면적 감소, 기상 이변 발생 |
|---|---|
| 오존층 파괴 | (❹　　　) 증가로 피부 및 눈 질환 발생 |
| (❺　　　) | 삼림 피해, 건축물과 조각상 부식 |
| 사막화 | 사막 지역 확대, 식량 및 물 부족 문제 |
| 열대림 파괴 | 생물종 감소, 지구 온난화 가속화 등 |
| 해양 오염 | 바닷물 수질 악화, 해양 생태계 파괴 등 |
| 미세 먼지 | 각종 질환 발생, 첨단 산업 등에 악영향 |

#### 2. 환경 문제 해결을 위한 노력

| 정부 | 환경 보전을 위한 제도 마련, 국제 환경 협약 가입 |
|---|---|
| 기업 | 노후화된 시설 정비 및 교체, 신·재생 에너지 사용 확대 |
| (❻　　　) | 정부의 환경 정책 및 사업 감시 |
| 개인 | 생태전환적 사고 함양, (❼　　　) 소비 실천 |

### ✦ 이 단원의 핵심 문장 완성하기

인간과 자연을 바라보는 관점에는 인간과 자연을 분리하고 인간의 이익을 먼저 고려하는 인간 중심주의 자연관과 인간을 포함한 자연 전체의 균형을 먼저 고려하는 (❽　　　) 중심주의 자연관이 있으며, 오늘날 발생하는 다양한 환경 문제를 해결하려면 정부, 기업, 시민 단체 등이 인간과 자연의 공존을 추구하며 함께 노력해야 한다.

## 미리 보는 학교 시험

**01** 다음 글에 나타난 인간과 자연의 관계에 해당하는 사례만을 〈보기〉에서 고른 것은?

> 도넛, 치약, 초콜릿 등 다양한 제품의 원료로 이용되는 팜유의 최대 생산지는 인도네시아이다. 열대림을 제거하고 조성한 대규모 팜유 농장은 많은 일자리를 만들고 외화를 벌어들여 인도네시아 경제 발전에 크게 기여하였다.

**┤ 보기 ├**
ㄱ. 간척지를 조성하기 위해 갯벌을 매립하였다.
ㄴ. 홍수 예방을 위해 하천 직선화 공사를 하였다.
ㄷ. 야생 동물의 이동 경로를 따라 생태 통로를 만들었다.
ㄹ. 댐을 건설할 때 그 옆으로 물고기가 지날 수 있는 길을 설치하였다.

① ㄱ, ㄴ　　② ㄱ, ㄷ　　③ ㄴ, ㄷ
④ ㄴ, ㄹ　　⑤ ㄷ, ㄹ

**02** 다음은 자연을 바라보는 관점에 대한 글이다. ㉠에 들어갈 내용으로 옳은 것은?

> 생태계 위기를 근본적으로 해결하려면 개인적·사회적 관행을 바꾸는 정도로는 부족하며, 생태 중심적 세계관으로 전환해야 한다는 주장이 있다. 이들은 인간과 자연의 공존을 모색하는 새로운 관점을 제시하였다. 그러나 생태계 보호를 지나치게 강조할 경우 ( ㉠ )(으)로 이어질 우려가 있다는 비판도 있다.

① 개인주의　　② 지구 온난화
③ 환경 파시즘　　④ 생물종 단일화
⑤ 지속가능한 발전

## 03

표는 어느 자연관에 대한 한 학생의 응답지이다. 응답이 모두 옳다고 할 때, (가), (나)에 들어갈 옳은 질문만을 〈보기〉에서 있는 대로 고른 것은?

| 질문 | 예 | 아니요 |
|---|---|---|
| 자연은 그 자체로 가치를 지니고 있는가? | ✓ | |
| 개별 구성원의 존속이 생태계 전체의 보전보다 우선하는가? | | ✓ |
| (가) | | ✓ |
| (나) | ✓ | |

┤ 보기 ├

ㄱ. (가) – 자연을 도덕적 고려의 대상으로 보아야 하는가?
ㄴ. (가) – 인간은 자연의 주인으로서 책임감을 가져야 하는가?
ㄷ. (나) – 생태계 전체를 도덕적으로 대우해야 하는가?
ㄹ. (나) – 풍족함을 누리기 위해 자연을 정복해야 하는가?

① ㄱ ② ㄴ ③ ㄴ, ㄷ
④ ㄴ, ㄹ ⑤ ㄱ, ㄷ, ㄹ

## 04

(가), (나) 자연관에 대한 옳은 설명만을 〈보기〉에서 있는 대로 고른 것은?

(가) 인간은 자연의 사용자 및 해석자로서 자연의 질서에 관해 실제로 관찰하고 고찰한 것만큼 무엇인가를 할 수 있다. 인간의 지식이 곧 인간의 힘이다.
(나) 인간은 생명 공동체인 대지의 구성원이다. 인간의 행위가 생명 공동체의 온전성, 안정성, 아름다움에 이바지한다면 옳은 것이며, 그렇지 않다면 그른 것이다.

┤ 보기 ├

ㄱ. (가)는 이분법적 세계관을 반영하고 있다.
ㄴ. (가)는 환경 오염의 주된 요인으로 지적받기도 한다.
ㄷ. (나)는 자연을 도덕적 고려 대상으로 보아야 함을 강조한다.
ㄹ. (나)는 생태계 전체의 보전보다 개별 구성원의 이익을 중시한다.

① ㄱ, ㄷ ② ㄱ, ㄹ ③ ㄴ, ㄷ
④ ㄱ, ㄴ, ㄷ ⑤ ㄱ, ㄷ, ㄹ

## 05

(가)에 들어갈 내용으로 가장 적절한 것은?

- 〈설명 1~3〉에 해당하는 용어를 글자판에서 지운 후, 남은 글자를 모두 사용한 용어에 대해 설명하시오.
- 용어 설명: _________ (가)

〈설명 1〉 느림의 삶을 추구하는 국제 운동이다.
〈설명 2〉 인간과 자연을 분리하여 바라보는 자연관이다.
〈설명 3〉 모든 존재가 원인과 조건으로 연결되어 서로 영향을 주고받는다는 불교의 자연관이다.

| 글자판 | | | |
|---|---|---|---|
| 인 | 연 | 태 | 시 |
| 기 | 술 | 중 | 심 |
| 간 | 생 | 티 | 로 |
| 시 | 도 | 주 | 의 |

① 이산화 탄소, 메탄, 아산화 질소 등을 지칭한다.
② 도시를 하나의 유기적 생명체로 인식하는 것이다.
③ 야생 동물의 서식지 절단을 막기 위해 만든 길이다.
④ 오염된 물이나 땅 등이 저절로 깨끗해지는 능력이다.
⑤ 훼손 우려 지역을 지정하여 일정 기간 출입을 통제하는 제도이다.

## 06

다음 글에 나타난 자연을 바라보는 관점의 변화를 옳게 설명한 사람은?

환경 보호를 위해 일회용 플라스틱 대신 종이 빨대를 이용하는 곳이 늘어나고 있지만, 종이 빨대의 생산 과정에서 발생하는 탄소 배출량이 플라스틱 빨대를 생산할 때보다 5.5배나 높다는 이야기가 있다. 이에 여러 나라에서는 해조류를 가공해 만든 빨대, 사과, 쌀, 사탕수수 등 자연에서 얻을 수 있는 재료를 이용한 식용 빨대를 개발하려고 노력하고 있다.

① 갑: 인간과 자연을 이분법적 관점으로 바라보게 되었어요.
② 을: 자연환경에 의해 인간 생활이 결정된다는 가치관이 확산되고 있어요.
③ 병: 경제적인 관점에서 자연은 개발의 대상이라는 인식이 강해지고 있어요.
④ 정: 형평성보다 효율성이 중시되면서 자연을 이용하는 사례가 증가하고 있어요.
⑤ 무: 자연과 인간의 조화와 균형을 추구하는 환경친화적인 자연관이 확산되고 있어요.

## 07 (가), (나) 사상에 대한 설명으로 옳은 것만을 〈보기〉에서 고른 것은?

> (가) 사람의 힘이 더해지지 않은 자연 그대로의 질서를 따르며 자연이 내재된 질서에 따라 스스로 알아서 움직이게 한다.
>
> (나) 모든 현상이 인간과 동식물, 무생물까지 포함한 우주의 만물이 서로 그물망처럼 관련을 맺고 있는 연기(緣起)의 원리에 따라 움직인다.

**┤보기├**

> ㄱ. (가)는 모든 생명에 자비를 베풀 것을 강조한다.
> ㄴ. (나)는 천인합일(天人合一)을 지향한다.
> ㄷ. (가)는 도가, (나)는 불교의 자연관이다.
> ㄹ. (가)와 (나)는 모두 인간과 자연을 서로 공존하는 관계로 보고 있다.

① ㄱ, ㄴ     ② ㄱ, ㄷ     ③ ㄴ, ㄷ
④ ㄴ, ㄹ     ⑤ ㄷ, ㄹ

## 08 ㉠의 환경 문제가 지속될 경우 우리나라에 나타날 수 있는 변화로 가장 적절한 것은?

> • 이탈리아 항구 도시 베네치아가 해수면 상승으로 홍수 위험에 자주 노출되고 있다. 이와 같은 ( ㉠ )이 지속된다면 베네치아는 앞으로 100년 안에 물에 잠길 수도 있다.
> • 이탈리아의 한 피아노 연주자는 빙하가 떠다니는 북극해에서 '북극을 위한 비가(悲歌)'를 연주하였다. 이 곡은 빙하를 녹이는 ( ㉠ )의 위험을 경고하기 위해 작곡된 것이다.

① 봄꽃의 개화 시기가 늦어질 것이다.
② 열대야 발생 일수가 감소할 것이다.
③ 냉대림의 분포 면적이 넓어질 것이다.
④ 열대성 질병의 발병률이 감소할 것이다.
⑤ 해안 저지대의 침수 위험이 증가할 것이다.

## 09 질문에 대한 옳은 답변을 한 학생만을 있는 대로 고른 것은?

> **질문하기**
>
> 환경 문제의 해결을 위한 생태시민으로서 어떤 노력을 해야 할까요?
>
> **답변하기**
>
> ┗ 갑: 녹색 소비를 실천합니다.
> ┗ 을: 환경 영향 평가를 실시합니다.
> ┗ 병: 신·재생 에너지를 개발하고 상용화합니다.
> ┗ 정: 각종 환경 단체에서 실시하는 아나바다, 플로깅 활동 등에 참여합니다.

① 갑, 을     ② 갑, 정     ③ 병, 정
④ 갑, 을, 정     ⑤ 갑, 병, 정

**서술형 문제**

## 10 다음 대화를 보고 물음에 답하시오.

> • 갑: 자연은 인간에게 있어 도구적이며 수단적인 가치를 지닐 뿐이다. 자연의 가치는 인간의 필요와 유용성을 기준으로 판단되어야 한다.
> • 을: 바람직한 대지 이용을 오직 경제적 문제로만 생각하지 마라. 낱낱의 물음을 경제적으로 무엇이 유리한가 하는 관점뿐만 아니라 윤리적, 심미적으로 무엇이 옳은가의 관점에서도 검토하라. 생명 공동체의 통합성과 안정성, 그리고 아름다움의 보전에 이바지한다면, 그것은 옳다. 그렇지 않다면 그르다.

(1) 갑과 을이 지닌 자연관을 쓰시오.

_______________________________________

(2) 을의 입장에서 갑에게 할 수 있는 조언으로 적절한 내용을 서술하시오.

_______________________________________

# 01 세계의 다양한 문화권

## 핵심 한끝

### ✖ 문화권의 형성

**문화와 문화권**

| | |
|---|---|
| 문화 | 인간이 환경과 상호 작용하면서 형성한 사회 전반의 생활 양식 |
| (❶　　　) | 문화적 특성이 유사하게 나타나 주변과 구별되는 공간 범위 |

**문화권 형성에 영향을 주는 요인**

| | |
|---|---|
| 자연환경 | (❷　　　), 지형 등 → 의식주와 같은 기본적인 생활 양식에 영향을 미침 |
| 인문환경 | 종교, 산업 등 → 문화 경관, 사람들의 가치관 등에 영향을 미침 |

### ✖ 세계 문화권의 특징과 삶의 방식

| | |
|---|---|
| 동아시아 문화권 | • 유교·불교문화 발달<br>• (❸　　　), 젓가락 사용 |
| 동남아시아 문화권 | • 태평양과 인도양을 잇는 교통의 요충지<br>• 동서양의 다양한 문화가 혼재 |
| 남부 아시아 문화권 | • (❹　　　)과/와 불교의 발상지<br>• 다양한 민족·언어·종교가 공존 |
| 건조 문화권 | • 유목 및 오아시스 농업과 관개 농업 발달<br>• 대부분 (❺　　　) 신봉, 아랍어 사용 |
| 아프리카 문화권 | • 이동식 화전 농업과 플랜테이션 발달<br>• 부족 단위의 생활로 언어와 종교 다양 |
| 유럽 문화권 | • 크리스트교 문화 발달<br>• 민주주의와 자본주의가 시작됨<br>• 북서 유럽, 남부 유럽, 동부 유럽으로 구분함 |
| 앵글로아메리카 문화권 | • (❻　　　) 우세, 주로 영어 사용<br>• 세계 경제의 중심지, 기업적 곡물 농업 발달 |
| 라틴 아메리카 문화권 | • 가톨릭 우세, 에스파냐어와 포르투갈어 사용<br>• 다양한 인종과 문화가 나타남 |
| 오세아니아 문화권 | • 개신교 우세 및 영어 사용<br>• 목축업·관광업 발달 |
| 북극 문화권 | • 북극해 연안 등 (❼　　　) 기후 지역<br>• 소수 민족의 순록 유목 |

### ✦ 이 단원의 핵심 문장 완성하기

(❽　　　)은/는 각 지역의 자연환경과 인문환경을 반영하기 때문에 지역마다 다르게 나타난다.



---

## 미리 보는 학교 시험

**01** 형성 평가의 ㉠, ㉡에 들어갈 내용을 옳게 연결한 것은?

> ### 형성 평가
>
> • ( 　㉠　 )의 영향을 받은 문화 경관
> 일 년 내내 덥고 습한 지역에서는 통풍이 잘 되는 옷을 주로 입고, 일 년 내내 추운 지역에서는 보온에 유리한 털옷을 주로 입는다.
> • ( 　㉡　 )의 영향을 받은 문화 경관
> 농업이 발달한 지역에서는 사람들이 한 지역에 정착하여 농경지를 중심으로 살아가는 모습을 볼 수 있다. 한편, 유목이 발달한 지역에서는 이동하기 쉬운 이동식 가옥을 지어 시기에 따라 지역을 옮겨 다니는 모습을 볼 수 있다.

|  | ㉠ | ㉡ |
|---|---|---|
| ① | 기후 | 산업 |
| ② | 기후 | 종교 |
| ③ | 지형 | 기후 |
| ④ | 지형 | 산업 |
| ⑤ | 종교 | 산업 |

**02** (가), (나)는 서로 다른 두 지역의 문화 경관이다. 이에 대한 설명으로 옳은 것만을 〈보기〉에서 고른 것은?

(가) 　　　(나) 

> **보기**
> ㄱ. (가)는 2차, 3차 산업이 발달하였다.
> ㄴ. (나)는 협동 노동을 바탕으로 공동체 문화가 발달하였다.
> ㄷ. (나)는 (가)보다 산업 발달 수준이 높다.
> ㄹ. (가)는 유목 생활, (나)는 정착 생활의 대표 사례이다.

① ㄱ, ㄴ　　　② ㄱ, ㄷ　　　③ ㄴ, ㄷ
④ ㄴ, ㄹ　　　⑤ ㄷ, ㄹ

## 03

대화의 (가)~(다) 작물로 만든 대표 음식을 〈보기〉에서 골라 옳게 연결한 것은?

- 교사: 각자 조사해 온 음식 문화에 관하여 발표해 볼까요?
- 갑: 연중 기온이 높고 강수량이 풍부한 아시아 지역에서는 (가)농사가 활발하여, 이것으로 만든 음식이 발달하였습니다.
- 을: (나)는 비교적 건조한 지역에서도 잘 자라다 보니 전 세계적으로 넓은 지역에서 재배됩니다. 특히 유럽에서 이를 활용한 음식이 발달하였습니다.
- 병: (다)는 저위도 산지 지역의 서늘한 기후에서 잘 자라며, 라틴 아메리카와 아프리카의 주식입니다.

┤ 보기 ├

| A | B | C |
|---|---|---|

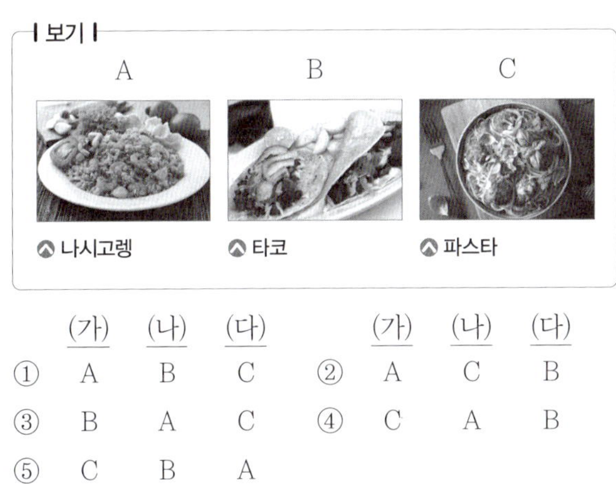


| | (가) | (나) | (다) | | (가) | (나) | (다) |
|---|---|---|---|---|---|---|---|
| ① | A | B | C | ② | A | C | B |
| ③ | B | A | C | ④ | C | A | B |
| ⑤ | C | B | A | | | | |

## 04

자료에 나타난 건축물을 볼 수 있는 지역에서 발달한 문화의 특징으로 옳은 것은?

바드기르는 가열된 건물을 냉각하기 위해 만든 시설물이다. 건물로 유입된 공기를 건물 내부의 열을 바깥으로 빼내어 실내를 시원하게 만든다.

▲ 바드기르

① 이동식 화전 농업이 발달하였다.
② 주로 사찰, 불상, 탑 등의 경관을 볼 수 있다.
③ 돼지고기 요리보다 양고기 요리가 발달하였다.
④ 감자와 옥수수를 이용한 음식 문화가 발달하였다.
⑤ 고온 다습한 계절풍의 영향으로 벼농사가 발달하였다.

## 05

지도는 세계의 종교 문화권을 나타낸 것이다. A~D 종교에 대한 설명으로 옳은 것은?

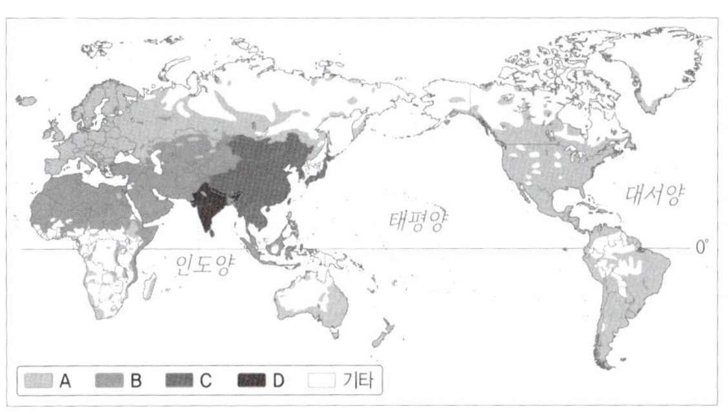


① A의 신자들은 라마단 기간 동안 금식한다.
② B의 주요 경관으로는 불상과 불탑을 들 수 있다.
③ C는 할랄 산업 발달에 영향을 주었다.
④ D의 사원에서 스테인드글라스로 장식한 모습을 볼 수 있다.
⑤ C와 D는 모두 남부 아시아에서 기원하였다.

## 06

자료는 서로 다른 종교의 건축물에서 볼 수 있는 경관이다. (가)~(다) 종교와 관련된 문화권에 대한 설명으로 옳은 것만을 〈보기〉에서 고른 것은? (단, (가)~(다)는 불교, 이슬람교, 크리스트교 중 하나임.)

| (가) | (나) | (다) |
|---|---|---|

┤ 보기 ├

ㄱ. (가) 문화권에서는 소고기를 먹지 않는다.
ㄴ. (나) 문화권의 대표 경관은 십자가와 종탑이다.
ㄷ. (다) 문화권은 살생을 금하는 교리에 따라 채식을 선호한다.
ㄹ. (가)와 (나)는 모두 윤회 사상을 중시한다.

① ㄱ, ㄴ     ② ㄱ, ㄷ     ③ ㄴ, ㄷ
④ ㄴ, ㄹ     ⑤ ㄷ, ㄹ

**[07~08]** 지도는 세계의 문화권을 나타낸 것이다. 이를 보고 물음에 답하시오.

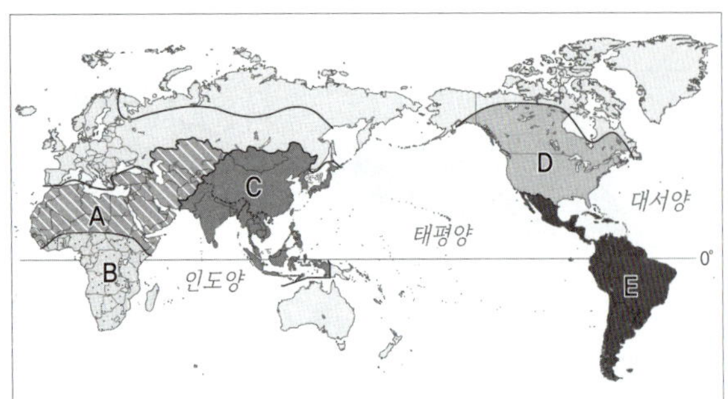


**07** 다음은 어느 여행가의 세계 여행기의 일부이다. 여행기에 나타난 문화권을 위 지도에서 찾아 옳게 연결한 것은?

> • **7월**: 투치족과 후투족이 희생된 비극적인 역사를 기억하기 위해 세워진 기념관을 방문했다. 점심으로는 옥수수 가루와 콩으로 만든 전통 음식을 먹었다.
> • **9월**: 고산 지역에 남겨진 원주민 유적지를 찾아보았다. 점심으로는 삶은 감자에 소스를 얹은 전통 음식을 먹었다.
> • **12월**: 반팔을 입고 거대한 누워 있는 불상을 구경하러 갔다. 점심으로는 카오팟이라는 볶음밥을 먹었다.

| | 7월 | 9월 | 12월 |
|---|---|---|---|
| ① | A | C | E |
| ② | B | E | C |
| ③ | C | E | D |
| ④ | D | E | A |
| ⑤ | E | B | C |

**08** 위 지도의 A 문화권에 대한 설명으로 옳은 것은?

① 주민들은 대부분 영어를 사용한다.
② 전통적으로 유목과 오아시스 농업이 발달하였다.
③ 유럽의 식민 지배 영향으로 개신교를 주로 믿는다.
④ 주민들은 대부분 육식을 금지하고 채식을 선호한다.
⑤ 원주민 문화와 유럽계 문화, 아프리카계 문화가 혼합되어 있다.

**09** (가), (나) 문화권을 옳게 연결한 것은?

> (가) 인도양과 태평양을 서로 연결하는 지역에 위치한 교통의 요충지로, 다양한 문화가 전래되어 혼합되었다. 세계적인 벼농사 지역이다.
> (나) 냉전이 완화되고 사회주의 진영이 붕괴하는 과정에서 독립한 국가들이 많다. 산업 구조에서 농업의 비중이 상대적으로 크고, 민족은 슬라브족의 비율이 높다.

| | (가) | (나) |
|---|---|---|
| ① | 동남아시아 문화권 | 동부 유럽 문화권 |
| ② | 동남아시아 문화권 | 북서 유럽 문화권 |
| ③ | 남부 아시아 문화권 | 동부 유럽 문화권 |
| ④ | 남부 아시아 문화권 | 라틴 아메리카 문화권 |
| ⑤ | 라틴 아메리카 문화권 | 동남아시아 문화권 |

**서술형 문제**

**10** 지도의 (가), (나) 문화권에 대한 물음에 답하시오.

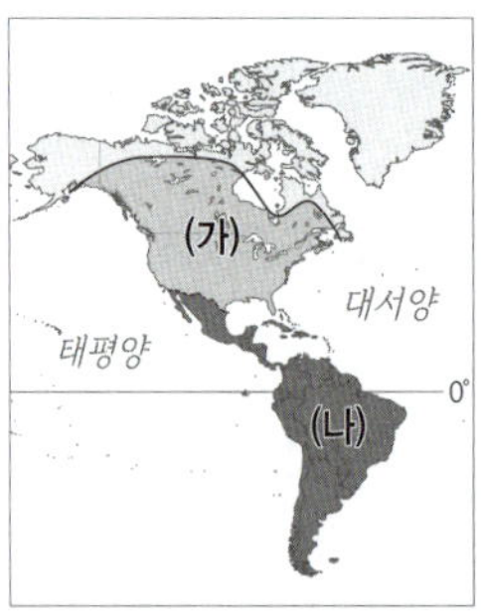


(1) (가), (나) 문화권의 경계에 위치한 지형의 명칭을 쓰시오.

(2) (가), (나) 문화권의 차이점을 언어, 종교 측면에서 비교하여 서술하시오.

# 02 문화 변동과 전통문화의 창조적 계승

## 핵심 한끝

### ✖ 문화 변동의 의미와 요인, 양상

| 의미 | 새로운 문화 요소의 등장이나 다른 문화와의 접촉으로 문화가 변화하는 현상 |
|---|---|
| 요인 | **내재적 요인**<br>• 발명: 이전에 없었던 문화 요소를 만들어 내는 것<br>• (❶ ): 이미 존재하고 있었지만 알려지지 않았던 문화 요소를 찾아내는 것 |
| | **외재적 요인**<br>• 직접 전파: 서로 다른 사회 구성원 간에 직접적인 접촉을 통해 문화 요소가 전해지는 것<br>• 간접 전파: 인쇄물, 영상 매체, 인터넷 등 (❷ )을/를 통해 문화 요소가 전해지는 것<br>• (❸ ): 다른 사회의 문화 요소에서 아이디어를 얻어 새로운 문화 요소가 만들어지는 것 |
| 양상 | • 문화 동화: 기존의 문화 요소가 외래문화 요소로 완전히 대체되는 현상<br>• 문화 병존: 기존의 문화 요소와 외래문화 요소가 나란히 존재하는 현상<br>• (❹ ): 기존의 문화 요소와 외래문화 요소가 결합하여 새로운 문화가 만들어지는 현상 |

### ✖ 전통문화의 의미와 창조적 계승

| 의미 | 한 사회에서 오랜 기간 유지되면서 그 사회의 고유한 가치로 인정받는 문화 |
|---|---|
| 의의 | • 공통의 고유한 정체성 확립: 사회 구성원으로서의 소속감을 느끼고 정체성을 확립함<br>• 사회 유지와 통합: 자신의 문화에 대한 자긍심으로 사회 유지와 통합에 기여함<br>• 세계 문화의 다양성 증진: 국가 간 교류를 통해 세계의 문화를 다양하게 함 |
| 계승 방안 | • 전통문화를 현대 사회 구성원들의 요구와 특성에 맞게 재해석하는 노력이 필요함<br>• 전통문화의 고유성을 유지하면서 외래문화를 (❺ )(으)로 수용하여 전통문화와의 조화를 이루도록 노력해야 함 |

### ✦ 이 단원의 핵심 문장 완성하기

한 사회의 문화는 새로운 문화 요소가 등장하거나 다른 문화와 접촉하면서 끊임없이 변화한다. 이러한 문화 변동의 요인에는 발명, 발견, 직접 전파, 간접 전파, 자극 전파가 있으며, 문화 변동은 문화 동화, 문화 병존, 문화 융합 등 다양한 양상으로 나타난다. 이때 우리 사회의 전통문화 요소에 담긴 독창성과 (❻ )을/를 지키고자 노력해야 한다.

## 미리 보는 학교 시험

**01** ㉠, ㉡에 들어갈 문화 변동 요인에 대한 옳은 설명만을 〈보기〉에서 고른 것은?

> • 한글의 ( ㉠ )(으)로 한자를 모르던 백성들이 문자로 소통할 수 있게 되었고, 한글 소설과 같은 새로운 문학 갈래가 등장하였다.
> • 불의 ( ㉡ )(으)로 사람들은 추위로부터 몸을 보호할 수 있었고 음식을 익혀 먹게 되었다. 또한 불이 있는 근처에서 정착 생활을 시작하게 되었다.

| 보기 |

ㄱ. '계몽사상의 등장'은 ㉠에 해당하는 사례이다.
ㄴ. ㉡은 이전에는 없었던 새로운 문화 요소를 만들어 내는 것을 의미한다.
ㄷ. ㉠은 발명, ㉡은 발견이다.
ㄹ. ㉠, ㉡모두 문화 변동의 외재적 요인에 해당한다.

① ㄱ, ㄴ ② ㄱ, ㄷ ③ ㄴ, ㄷ
④ ㄴ, ㄹ ⑤ ㄷ, ㄹ

**02** 사례에 나타난 문화 변동의 요인에 대한 설명으로 옳은 것은?

> 근대 이전의 대표적인 동서 교역로인 비단길을 통해 비단뿐만 아니라 종이, 화약, 나침반 등이 중국에서 유럽으로 전해졌다. 또한 불교, 이슬람교와 같은 종교도 이 길을 따라 세계 곳곳으로 퍼져 나갔다.

① 자극 전파에 따른 문화 변동이 나타났다.
② 매체를 매개로 하여 문화 변동이 나타났다.
③ 사회 내부의 요인에 의한 문화 변동이 일어났다.
④ 문화 간 직접적인 접촉으로 문화 요소가 전파되었다.
⑤ 문화 전파와 발명이 동시에 일어나 문화 변동이 나타났다.

## 03 (가)~(다)의 사례에 나타난 문화 변동의 요인을 옳게 연결한 것은?

> (가) 영국에서 시작된 크리켓은 영국이 식민지로 삼은 인도에 전해져 큰 인기를 끌고 있다.
> (나) 1851년 미국의 발명가 제임스 킹이 세탁기를 만든 이후 가사 노동에 대한 부담이 줄어들었다.
> (다) 우리나라 케이팝(K-Pop)이 인터넷을 통해 전파됨에 따라 전 세계 사람들이 우리나라 문화를 즐기고 있다.

|  | (가) | (나) | (다) |
|---|---|---|---|
| ① | 자극 전파 | 발명 | 직접 전파 |
| ② | 직접 전파 | 발명 | 간접 전파 |
| ③ | 간접 전파 | 발견 | 자극 전파 |
| ④ | 직접 전파 | 발견 | 자극 전파 |
| ⑤ | 간접 전파 | 자극 전파 | 직접 전파 |

## 04 다음은 수업 장면 중 일부이다. (가)에 들어갈 옳은 대답만을 〈보기〉에서 고른 것은? (단, A~C는 발명, 발견, 자극 전파 중 하나임.)

> • 선생님: 문화 변동의 요인 A~C에 대해 설명해 보세요.
> • 갑: A, B는 문화 변동의 내재적 요인에 해당합니다.
> • 을: B는 알려지지 않았던 문화 요소를 새롭게 찾아낸 것입니다.
> • 병: ______________(가)______________
> • 선생님: 모두 옳게 대답하였습니다.

| 보기 |
> ㄱ. A는 새로운 문화 요소를 만들어 내는 것이다.
> ㄴ. B의 사례로 우리나라의 한글 창제가 있다.
> ㄷ. C는 다른 사회의 문화 요소에서 아이디어를 얻어 일어나는 것이다.
> ㄹ. A는 발견, B는 발명, C는 자극 전파이다.

① ㄱ, ㄴ  ② ㄱ, ㄷ  ③ ㄴ, ㄷ
④ ㄴ, ㄹ  ⑤ ㄷ, ㄹ

## 05 사례에 나타난 문화 변동의 양상에 대한 설명으로 옳은 것은?

> 19~20세기 미국, 캐나다 정부와 종교 기관에서는 원주민 기숙 학교를 운영하였다. 원주민 기숙 학교에서는 아메리카 대륙 원주민의 자녀를 부모로부터 강제로 분리하여 원주민 언어의 사용을 금지하고 서구식 교육과 사상을 주입하였고, 이 과정에서 원주민 고유의 언어, 신앙, 문화가 소멸되었다.

① 문화 변동의 요인이 내부에 있다.
② 원주민들은 자기 문화의 정체성을 유지하고 있다.
③ 한 사회의 문화가 다른 사회의 문화로 대체되었다.
④ 서로 다른 문화 요소가 결합하여 제3의 문화가 형성되었다.
⑤ 기존의 문화 요소와 전파된 다른 사회의 문화 요소가 함께 공존하고 있다.

## 06 사례에 나타난 문화 변동의 양상에 대한 옳은 설명만을 〈보기〉에서 있는 대로 고른 것은?

> 영국의 식민 지배에서 독립한 인도는 독립 이후에도 공용어를 힌디어로 지정하거나 몇 개의 언어로 제한하지 않았다. 오히려 다양한 언어를 사용하는 인도의 상황을 현실적으로 받아들이고 인도 화폐에 힌디어와 영어 이외에도 헌법상 공용어인 15개의 언어로 금액을 표시하는 등 사람들이 다양한 언어를 사용하는 인도의 상황을 혼란 없이 받아들이도록 노력하고 있다.

| 보기 |
> ㄱ. 문화 변동의 요인이 내부에 있다.
> ㄴ. 언어 문화에서 문화 동화가 나타났다.
> ㄷ. 두 문화가 결합하여 새로운 문화 요소가 만들어졌다.
> ㄹ. 서로 다른 사회의 문화가 한 사회 속에서 나란히 각각 존재한다.

① ㄴ  ② ㄹ  ③ ㄴ, ㄹ
④ ㄱ, ㄷ  ⑤ ㄱ, ㄷ, ㄹ

**07** 표는 문화 변동의 양상을 구분한 것이다. (가)~(다)에 대한 설명으로 옳은 것은?

| 구분 | (가) | (나) | (다) |
| --- | --- | --- | --- |
| 자기 문화의 정체성이 유지되는가? | 아니요 | 예 | 예 |
| 새로운 제3의 문화 요소가 나타나는가? | 아니요 | 아니요 | 예 |

① (가)는 문화 변동이 내부적 요인에 의해서 일어난다.
② (나)는 강제적인 문화 접변의 과정에서만 나타난다.
③ (다)는 문화 접변에 대항하는 문화 저항이 나타난다.
④ (가)는 (나)와 달리 서로 다른 문화가 한 사회 속에서 나란히 존재하게 된다.
⑤ (가)는 문화 동화, (나)는 문화 병존, (다)는 문화 융합이다.

**08** 다음 글에서 강조하고 있는 전통문화의 의의로 가장 적절한 것은?

> 우리나라 대표 명절인 설과 대보름, 한식, 단오, 추석이 국가 무형유산으로 지정된다. 삼국 시대에 만들어진 명절 문화가 지금까지 고유한 전통문화로서 전승되고 있다는 점을 인정받았기 때문이다. 우리나라의 명절은 가족과 지역 공동체를 중심으로 전통 의식을 행하고 민속놀이를 함께 하면서 공동체의 결속을 다지고 공감대를 형성하는 기능을 하였다.

① 세계 문화의 다양성을 증진한다.
② 사회의 유지와 통합에 기여한다.
③ 자기 문화에 대한 자부심을 높인다.
④ 대외적으로 국가의 이미지를 낮춘다.
⑤ 구성원의 사고방식이나 행동 양식을 획일화한다.

**09** 다음 사례에서 시사하는 바로 가장 적절한 것은?

> 우리나라의 한 기업은 전통 가마솥의 원리를 이용한 전기밥솥을 개발하였다. 가마솥은 열전도율이 높고 열이 오랫동안 지속되어 밥과 같은 슬로푸드를 만드는 데 최적의 조리 도구이다. 가마솥의 이러한 특성을 활용한 기능이 전기밥솥에 첨가됨으로써 전기밥솥으로 밥 외에도 다양한 요리를 할 수 있게 되었다.

① 전통문화가 그대로 유지하도록 해야 한다.
② 전통문화를 부가 가치 창출에 활용해야 한다.
③ 전통문화를 통해 문화 정체성 강화해야 한다.
④ 발전된 외래문화를 본받아 전통문화를 대체해야 한다.
⑤ 전통문화를 시대적 변화에 맞추어 재해석하여 계승한다.

**서술형 문제**

**10** 다음 사례를 보고 물음에 답하시오.

> 마케도니아의 알렉산드로스 대왕의 동방 원정 이후 간다라 지방에 살던 불교도들은 헬레니즘 시기의 그리스 조각상을 본떠 곱슬머리의 주름진 옷자락이 특징인 불상을 만들었다.

**｜보기｜**

고유문화의 정체성, 문화적 다양성

(1) 사례에 나타난 문화 변동의 양상은 무엇인지 쓰시오.

(2) (1)의 특징을 〈보기〉에 제시된 개념을 활용하여 서술하시오.

# 03 문화 상대주의와 보편 윤리

## 

### ✖ 문화적 차이

| | |
|---|---|
| 의미 | 음식, 언어, 종교, 학문 등 문화 요소는 모든 사회에 (❶      ) (으)로 존재하지만, 구체적 형태는 사회마다 다르게 나타남 |
| 발생 이유 | 한 사회를 둘러싼 자연환경과 산업, 종교, 관습 등이 각 사회의 독특한 문화 형성에 영향을 미치기 때문임 |

### ✖ 문화를 이해하는 태도

| | |
|---|---|
| 자문화 중심주의 | • 의미: 자기 문화의 우월성에 빠져 다른 문화를 부정적으로 평가하는 태도<br>• 특징: 자기 문화에 대한 자부심을 느끼게 할 수 있으나, (❷    )로 이어질 수 있음 |
| (❸    ) | • 의미: 다른 문화를 자기 문화보다 우월하다고 믿고, 다른 문화를 무비판적으로 동경하는 태도<br>• 특징: 다른 사회의 문화를 수용하여 자기 사회의 문화를 개선하는 데 기여할 수 있으나, 주체적인 문화 형성을 저해할 수 있고, 자기 문화의 주체성을 상실할 우려가 있음 |
| 문화 상대주의 | • 의미: 각 사회의 문화를 그 사회의 환경과 역사적 맥락 속에서 이해하려는 태도<br>• 필요성: 다양한 문화를 편견 없이 객관적으로 이해할 수 있도록 도와주며, 문화적 차이에 따른 갈등을 방지하고, 문화의 다양성을 보존하는 데 기여함 |

### ✖ 문화에 대한 보편 윤리적 성찰의 필요

| | |
|---|---|
| 극단적 문화 상대주의 | • 의미: 문화 상대주의를 극단적으로 적용하여 어떤 문화든 무조건 존중하고 인정해야 한다는 태도<br>• 문제점: 인류가 보편적으로 받아들이기 어려운 문화까지도 허용하게 되어 인류의 (❹    )을/를 훼손함 |
| 보편 윤리 | • 의미: 시대와 지역을 초월하여 적용되는 객관적이고 일반적인 도덕 원리<br>• 필요성: 인간의 기본적 권리를 존중하고 (❺    )(으)로 흐르는 것을 막아 줌 → 보편 윤리 차원에서 문화 상대주의적 태도를 바탕으로 각 문화의 고유한 가치를 인정하면서도 (❻    )(으)로 문화를 바라보아야 함 |

### ✦ 이 단원의 핵심 문장 완성하기

문화 간에 우열을 가리지 않으며 각 사회의 문화를 그것이 형성된 환경과 역사적 맥락 속에서 이해하려는 태도가 필요한데, 이를 (❼    ) (이)라고 한다. 오늘날 급속한 세계화로 그 필요성이 더욱 커지고 있다.

## 

**01** A, B 지역 사람들이 서로 다른 음식 문화를 가지게 된 까닭으로 옳은 것은?

> • A 지역에서는 종교적 가르침에 따라 돼지고기를 먹지 않으며, 돼지를 사육하지도 않고 대신 낙타, 양, 염소 등을 길러 고기와 가죽을 얻는다.
> • B 지역의 자연환경은 돼지를 사육하기에 적절한 기온과 습도를 지니고 있다. 이에 B 지역에서는 돼지를 신성한 동물로 여겨 조상에게 제사 지낼 때 바치기도 하고 혼인이나 축제 등 중요한 행사 때 잡아먹기도 한다.

① 문화를 보편적인 기준에 따라 평가해야 하기 때문이다.
② 모든 사회의 문화는 시간이 흐름에 따라 획일화되기 때문이다.
③ 각 문화가 형성된 가치 체계는 보편적인 경우가 많기 때문이다.
④ 각 사회 구성원이 공유하는 인문환경이 모두 동일하기 때문이다.
⑤ 문화는 각 사회가 처한 상황에 따라 다양하게 나타나기 때문이다.

**02** 다음 글에서 강조하는 문화 이해의 태도에 대한 설명으로 옳은 것은?

> 각 사회의 문화를 이해하기 위해서는 해당 사회의 역사적 배경, 자연환경과 인문환경 등을 먼저 살펴보아야 한다. 예를 들어 티베트에서는 시신을 독수리의 먹이로 주는 장례 문화가 있는데, 춥고 건조한 기후와 영혼을 하늘로 향하게 한다는 종교적 신념을 배경으로 하고 있다.

① 문화의 차이를 우열 관계로 인식한다.
② 각 사회의 문화를 이해의 대상으로 본다.
③ 특정 문화를 기준으로 문화를 평가할 수 있다.
④ 모든 문화를 본인이 속한 사회의 맥락에서 이해한다.
⑤ 문화가 가지는 특수성보다는 보편적 현상만 인정한다.

## 03

문화 이해의 태도 (가)~(다)에 대한 옳은 설명만을 〈보기〉에서 고른 것은? (단, (가)~(다)는 각각 자문화 중심주의, 문화 사대주의, 문화 상대주의 중 하나임.)

- (가)는 (나)와 달리 문화를 이해의 대상으로 본다.
- (나)는 (다)와 달리 자기 문화에 대한 자부심을 갖고 있다.

┤ 보기 ├
ㄱ. (가)는 문화 다양성 보존에 기여한다.
ㄴ. (가)는 (나)와 달리 타 문화를 배척하여 문화 간 갈등을 초래한다.
ㄷ. (나)는 (다)와 달리 집단 구성원의 결속력을 강화하는 데 기여한다.
ㄹ. (다)는 (나)와 달리 문화 간 우열이 있다고 본다.

① ㄱ, ㄴ  ② ㄱ, ㄷ  ③ ㄴ, ㄷ
④ ㄴ, ㄹ  ⑤ ㄷ, ㄹ

## 04

다음 글에 나타난 문화 이해의 태도를 경계해야 하는 이유로 가장 적절한 것은?

아마존에 사는 야노마미족은 부족의 일원이 죽으면 시신을 화장한 후 유골을 가루로 만들고 바나나에 섞어 수프를 만들고 이 수프를 모든 부족원이 나누어 먹는 문화가 있다. 이러한 의식을 통해 부족 사람들은 죽은 이의 영혼이 부족에 머물며 쉴 수 있다고 믿는다. 따라서 야노마미족의 문화도 이 부족의 역사적, 사회적 맥락 속에서 형성된 것이므로, 그 의미와 가치를 인정해야 한다.

① 문화를 평가의 대상으로 보기 때문이다.
② 문화의 상대성을 인정하지 않기 때문이다.
③ 자기 문화의 정체성을 약화시키기 때문이다.
④ 문화를 객관적으로 성찰하고 있기 때문이다.
⑤ 보편 윤리적 가치를 훼손하고 있기 때문이다.

## 05

기사에 나타난 우리 사회의 문화를 보편 윤리적으로 성찰해야 할 이유로 가장 적절한 것은?

사무 금융 근로자의 직장 내 괴롭힘 개선을 위해 시행한 설문 조사에 따르면, 우리나라 사무 금융 근로자들은 위계적인 조직 문화를 직장 내 괴롭힘의 주된 원인이라고 생각하였다. 직장 내 괴롭힘이 많이 발생하는 회사는 조직 문화가 위계적이었으며 위계에 따른 불이익 등 2차 피해를 우려하여 피해자들이 신고하기가 쉽지 않은 것으로 나타났다. 상하 위계를 중시하여 직급이나 나이에 따라 계급과 서열을 규정하는 조직 문화가 영향을 미친 것으로 보인다.

① 객관적으로 평가하기 때문이다.
② 타인의 이익을 우선시하기 때문이다.
③ 사회 부정의로 이어지기도 하기 때문이다.
④ 집단에 대한 소속감을 약화시키기 때문이다.
⑤ 기회는 모두에게 동등하게 주어지기 때문이다.

## 06

서술형 문제

다음 글을 읽고 물음에 답하시오.

명예 살인은 집안의 명예를 훼손했다는 이유로 가족 구성원을 죽이는 관습이다. 이러한 풍습은 우리에게는 무척이나 낯설고, 심지어는 끔찍하게 느껴질 수 있다. 그러나 이러한 풍습은 그들의 전통과 종교를 따른 것으로, 우리가 함부로 나쁘다고 평가할 수는 없다.

(1) 윗글을 쓴 사람이 가진 문화 이해의 태도는 무엇인지 쓰시오.

(2) (1)의 문제점을 비판적으로 서술하시오.

# 04 다문화 사회와 문화적 다양성 존중

## 핵심 한끝

### ✖ 다문화 사회의 의미와 형성 배경

| | |
|---|---|
| 의미 | 서로 다른 인종, 민족, 종교, 언어 등 다양한 (❶ )을/를 지닌 사람들이 함께 어우러져 살아가는 사회 |
| 형성 배경 | • 교통, 통신 기술의 발달로 국가 간 이동이 활발해짐<br>• 문화 교류가 확대되면서 다양한 문화권에 속한 사람들 간의 접촉 기회가 많아짐<br>• 취업, 결혼, 학업 등을 목적으로 외국인 주민 수가 지속적으로 증가함 |

### ✖ 다문화 사회로의 변화가 우리 사회에 미치는 영향

| | |
|---|---|
| 다양한 문화 경험 | • 구성원들이 선택할 수 있는 문화의 폭이 넓어짐<br>• 타 문화를 경험하면서 다른 문화에 대한 편견이나 고정 관념을 극복하고 서로의 문화를 존중하는 태도를 기를 수 있음<br>• 문화 간 (❷ )(으)로 새로운 문화를 창조하기도 하면서 기존 문화를 발전시킬 수 있음 |
| 노동력 부족 문제 해소 | • 여러 산업 분야에 우수한 인력이 유입되어 경제 발전에 도움을 줌<br>• 저출생·고령화 현상에 따른 (❸ ) 부족 문제 해결에 도움을 줌 |

### ✖ 다문화 사회의 갈등 및 갈등 해결을 위한 노력

| | | |
|---|---|---|
| 갈등 양상 | | 자신의 문화를 절대시하여 상대 문화를 부정적으로 평가함 → (❹ )에 대한 편견과 차별, 제노포비아와 같은 심각한 사회 갈등 초래 |
| 해결 노력 | 개인적 노력 | 문화 간 차이를 인정하고, 문화적 다양성을 존중하며 다른 사회의 문화를 그 사회의 특수한 상황과 맥락을 고려하여 이해해야 함 |
| | 사회적 노력 | • 정부: 이주민이 우리 사회에 안정적으로 정착할 수 있도록 법적·제도적 장치 마련<br>• 기업: 다문화 지원 사업 시행<br>• 학교: 다문화 교육 강화<br>• 지역 사회: 다문화 가족 지원 센터에서 (❺ )들에게 한국어 교육 제공, 다문화 지역 축제 개최 |

### ✦ 이 단원의 핵심 문장 완성하기

다문화 사회로 변화하는 우리 사회에서는 다른 문화를 깊이 있게 이해하기 위해서는 (❻ ) 입장에서 문화 간 차이를 자연스러운 것으로 인정하고, 각 문화를 그 사회의 특수한 상황과 맥락을 고려하여 이해해야 한다.

## 미리 보는 학교 시험

**01** 다음과 같은 현상이 나타나게 된 배경으로 옳지 <u>않은</u> 것은?

> **다문화 식품 전용 판매대 증가**
>
> 서울 이태원은 조선 시대 왜인들이 살았던 곳으로, 사람들은 그들을 가리켜 '이태인(異胎人)'이라고 불렀다. 6·25 전쟁 이후 이곳에 미8군 사령부가 들어서면서 외국인을 위한 각종 상권이 발달하기 시작하였고, 이곳에서는 세계 각국의 다양한 음식들을 맛볼 수 있다.

① 교통 수단의 발달
② 정보 통신 기술의 발달
③ 국가 간 인구이동의 증가
④ 최첨단 의료 기술의 도입
⑤ 다양한 문화권과의 교류 확대

**02** (가)에 들어갈 내용으로 옳은 것만을 〈보기〉에서 있는 대로 고른 것은?

> • 교사: 우리 사회가 다문화 사회로 빠르게 변화되고 있습니다. 이를 뒷받침할 근거를 발표해 보세요.
> • 갑: ________________ (가) ________________
> • 선생님: 네. 적절한 근거를 제시하였습니다.

┤ 보기 ├

ㄱ. 외국인 근로자의 국내 유입이 점점 늘어나고 있습니다.
ㄴ. 국내 거주 외국인 이주민 수가 매년 증가하고 있습니다.
ㄷ. 전체 혼인 건수 중 국제결혼의 비중이 감소하고 있습니다.
ㄹ. 우리나라 국민의 해외 취업자 수가 점차 감소하고 있습니다.

① ㄱ, ㄴ    ② ㄷ, ㄹ    ③ ㄱ, ㄴ, ㄷ
④ ㄱ, ㄴ, ㄹ    ⑤ ㄴ, ㄷ, ㄹ

**03** 사례를 통해 예측되는 우리 사회의 변화로 가장 적절한 것은?

> 전국 대형 할인점에 국내 거주 외국인들을 위한 다문화 식품 전용 판매대가 늘어나고 있다. 다문화 식품 전용 판매대에는 각국의 음식을 만들 때 사용할 수 있는 다양한 소스, 면, 향신료 등이 한곳에 모여 있다. 외국인 근로자와 국제결혼 이민자들은 자국의 음식 재료를 쉽게 구할 수 있어서 이곳을 많이 찾는다. 또한, 지역 주민들도 베트남 쌀국수나 마라탕 등 외국 음식을 만들어 먹거나 새로운 요리를 개발하기 위해 이곳에서 재료를 구입하기도 한다.

① 서로 다른 문화를 경험할 수 없게 된다.
② 선택할 수 있는 문화의 폭이 줄어들게 된다.
③ 문화 간 상호 작용으로 새로운 문화가 창조된다.
④ 다양한 문화의 경험으로 기존 문화가 소멸하게 된다.
⑤ 다른 문화에 대한 편견이나 고정 관념이 고착화된다.

**04** 다음 갑에 대한 을의 평가로 가장 적절한 것은?

① 문화 간 우열이 있음을 인정해야 한다.
② 우리 문화에 대한 자부심을 가져야 한다.
③ 문화의 차이를 인정하는 관용의 자세가 필요하다.
④ 이주민 문화를 우리 사회의 기준에서 평가해야 한다.
⑤ 우리 문화의 정체성 유지를 위해 우리 문화의 우수성을 강조해야 한다.

**05** 갑과 을이 가지고 있는 다문화 사회를 바라보는 관점에 대한 설명으로 옳은 것은?

> • 갑: 우리나라의 다문화 정책은 용광로와 같아야 한다고 생각합니다. 뜨거운 용광로 속에서 여러 가지 재료가 함께 녹아서 하나가 되듯이 우리 사회가 그렇게 되어야 한다고 봅니다.
> • 을: 우리나라의 다문화 정책은 샐러드 볼과 같아야 한다고 봅니다. 샐러드 볼의 다양한 재료들이 고유의 맛과 색을 유지하면서 하나의 그릇에 담기듯이 우리 사회가 그렇게 되어야 한다고 봅니다.

① 갑의 입장은 서로 다른 문화 간의 갈등을 줄이는 데 기여할 수 있다.
② 이주민에 대한 한국어 교육을 강화하는 것은 을의 관점을 따르는 사례로 볼 수 있다.
③ 을은 이주민들을 동화의 대상으로 인식한다.
④ 갑은 을과 달리 다문화 사회의 정책으로 동화주의를 지지한다.
⑤ 을은 갑과 달리 이주민의 문화 정체성이 바뀌는 것을 기대한다.



**06** 밑줄 친 부분에 해당하는 내용을 두 가지 이상 서술하시오.

> 우리나라는 세계화의 영향으로 서로 다른 문화권에 속한 사람들 간의 접촉이 빈번해지면서 빠르게 다문화 사회로 진입하고 있다. 이러한 다문화 사회로의 변화는 우리 사회에 <u>다양한 문제</u>를 발생시킬 수 있다.

# 01 산업화와 도시화

## 핵심 한끝

### ✖ 산업화·도시화의 의미

| | |
|---|---|
| (❶        ) | 농업 중심의 사회가 공업·서비스업 중심의 사회로 변화하는 현상 |
| 도시화 | 도시에 거주하는 인구의 비율이 높아지고 도시적 생활양식이 확대되는 현상 |

### ✖ 산업화·도시화로 인한 변화

| 문제 | 특징 |
|---|---|
| 거주 공간의 변화 | • 도시 내부의 변화: 농경지나 산림이 주택 단지나 산업 단지로 바뀜, (❷        ) 토지 이용, 기능 지역 분화<br>• 대도시권의 형성: 교외화 현상, 대도시권 확대 |
| 생태환경의 변화 | 인위적인 하천 개발, 지표의 (❸        ) 증가, 녹지 면적 감소 |
| 생활 수준 향상 | 산업 발달로 생산성이 향상되고 각종 시설이 확충됨 |
| 직업 분화 | 새로운 기술과 산업 등장으로 직업 세분화, 전문성 증가 |
| 도시성 확산 | 효율성, 합리성, 자율성 추구, 2차적 인간관계 증가 |
| (❹        ) 가치관 확산 | 핵가족의 보편화, 1인 가구 비중 증가, 공동체보다 개인의 가치와 성취를 중시 |

### ✖ 산업화·도시화로 인한 문제와 해결 방안

| 문제 | 특징 | 해결 방안 |
|---|---|---|
| 도시 문제 | 도시의 한정된 공간에 인구가 밀집하면서 주택 문제, 교통 문제 심화 등 | 도시 기반 시설 확충 및 도시 (❺        ) 사업, 대중교통 이용 등 |
| 환경 문제 | 환경 오염 물질 증가, 도시 홍수, 열섬 현상, 생물종 다양성 감소 등 | 녹지 공간 확대, 생태 하천 조성, 환경 보호를 위한 행동 실천 등 |
| 사회문제 | (❻        ) 현상, 도농 지역 격차 심화, 노동 문제 등 | 사회 복지 제도 확충, 공동체 의식 함양 등 |

### ✦ 이 단원의 핵심 문장 완성하기

산업화가 진행되면서 촌락에 거주하던 사람들이 일자리를 찾아 도시로 이동하는 (❼        ) 현상이 활발해 졌다. 이에 따라 도시에 인구가 집중되어 전체 인구에서 도시 인구가 차지하는 비율이 높아지고, 도시적 생활양식이 확대되는 (❽        ) 이/가 빠르게 진행되었다.



---

## 미리 보는 학교 시험

**01** 그래프는 우리나라의 산업 구조 변화를 나타낸 것이다. 이를 통해 추론할 수 있는 내용으로 옳지 <u>않은</u> 것은?

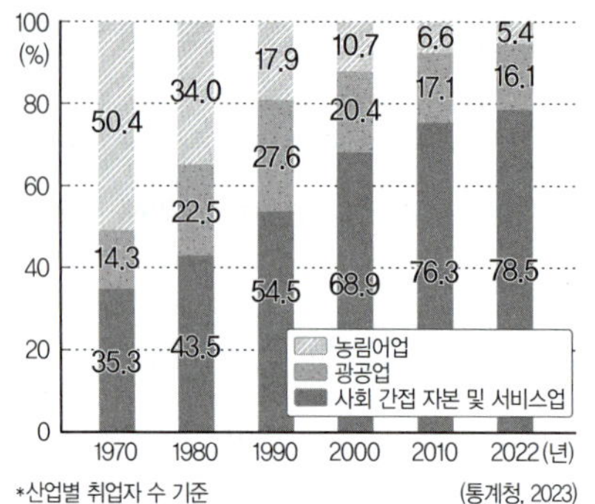


① 농업 생산성이 높아졌을 것이다.

② 도시적 생활양식이 확대되었을 것이다.

③ 3차 산업 중심 사회로 변화하였을 것이다.

④ 직업의 종류가 다양해지고 세분화되었을 것이다.

⑤ 1970년대 이후 광공업 종사자 비중은 계속해서 증가하였을 것이다.

**02** 다음은 ○○시의 토지 이용 변화를 나타낸 것이다. 1986년과 비교한 2022년의 상대적 특징을 그림의 A~E에서 고른 것은?

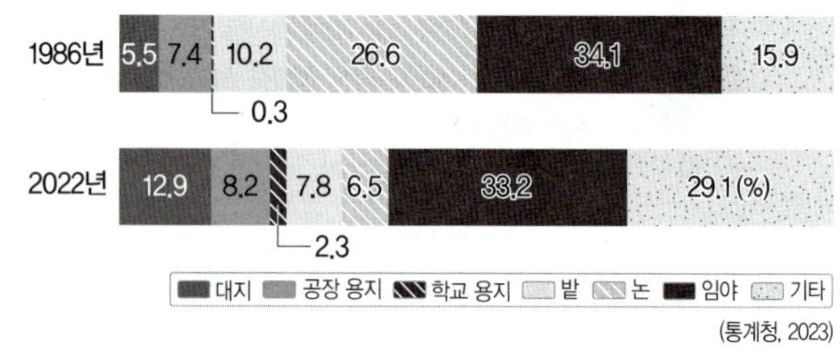


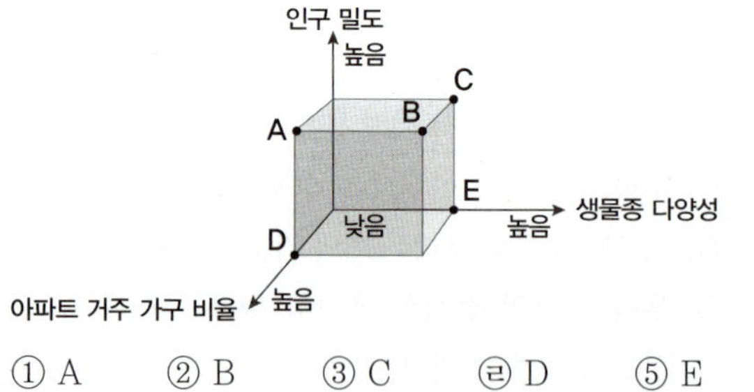


① A    ② B    ③ C    ④ D    ⑤ E

**03** 그림은 서로 다른 지역의 경관이다. (가) 지역과 비교한 (나) 지역의 상대적 특징으로 적절하지 <u>않은</u> 것은?

(가)            (나)

① 평균 지가가 높다.
② 지표의 포장 비율이 높다.
③ 토지 이용의 집약도가 높다.
④ 1차 산업 종사자 비중이 높다.
⑤ 교통이 편리하여 접근성이 좋다.

**05** 자료를 통해 파악할 수 있는 생활양식의 변화로 옳은 것만을 〈보기〉에서 고른 것은?

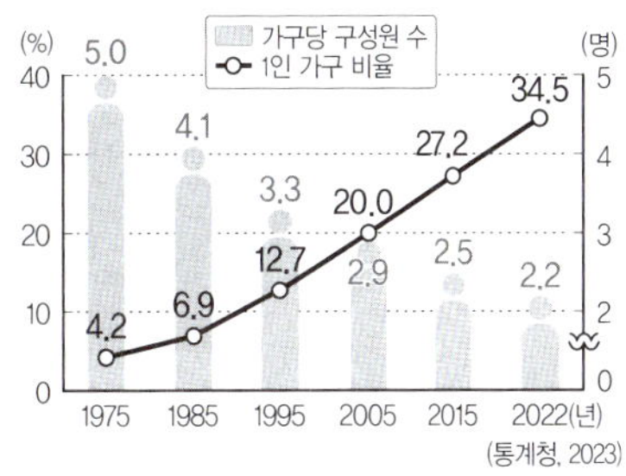


🔷 우리나라 1인 가구 비율 변화

| 보기 |
ㄱ. 편의점의 점포 수가 감소한다.
ㄴ. 개인주의적 가치관이 확대된다.
ㄷ. 소포장·소용량 식품의 판매량이 증가한다.
ㄹ. 직업이 단순화되면서 사람들의 삶이 획일화되었다.

① ㄱ, ㄴ      ② ㄱ, ㄷ      ③ ㄴ, ㄷ
④ ㄴ, ㄹ      ⑤ ㄷ, ㄹ

**04** 기사의 ㉠~㉤에 대한 설명으로 옳지 <u>않은</u> 것은?

㉠ 1980~1990년대의 생활상을 묘사했던 드라마가 흥행하고 있다. 이웃들이 모여서 같이 이야기하고, 밥을 먹고, 아이들이 함께 노는 모습이 인기를 끈 요인으로 분석된다. 오늘날에는 보기 힘든 모습인데, 가족 형태가 확대 가족에서 핵가족으로 변화하고, ㉡ 1인 가구의 비율이 빠르게 증가하면서 ㉢ 서로 교류할 기회가 많이 사라졌기 때문이다. 또한, 주거 형태가 아파트로 변화하면서 ( ㉣ ). 이렇게 ㉤ 개인주의 성향이 강해지면서 타인과 관계를 맺을 필요성을 느끼지 못하고 이웃과 멀어지는 현상도 나타나고 있다.

① ㉠ – 우리나라의 도시화 초기에 해당한다.
② ㉡ – 반려 동물 관련 시장이 커진 배경이다.
③ ㉢ – 고독사 문제가 나타나기도 한다.
④ ㉣ – '이웃과의 소통이 어려워진다'가 들어갈 수 있다.
⑤ ㉤ – 개인의 자유와 권리를 중시하는 경향이다.

**06** 두 사람의 대화에 제시된 문제점을 해결하기 위한 방안으로 적절한 것은?

① 녹지 공간을 확대한다.
② 대중교통을 자주 이용한다.
③ 도시 재개발 사업을 추진한다.
④ 공동체 의식을 함양하고자 노력한다.
⑤ 환경 보호를 위한 사회 활동에 동참한다.

**07** 교사에 질문에 옳게 대답한 학생만을 〈보기〉에서 고른 것은?

┤ 보기 ├
갑: 주택 공급을 확대한다.
을: 쓰레기 분리배출을 실천한다.
병: 출·퇴근 시 대중교통을 이용한다.
정: 생태 하천을 복원하는 친환경 사업을 추진한다.

① 갑, 을　　　　② 갑, 정　　　　③ 을, 병
④ 을, 정　　　　⑤ 병, 정

**08** ㉠~㉤에 대한 설명으로 옳은 것은?

㉠ 산업화와 도시화의 영향으로 생태환경에도 커다란 변화가 나타난다. 농경지나 산림이 주택 단지나 산업 단지 등으로 변모하고 아스팔트와 콘크리트 등으로 포장되는 지표 면적이 ( ㉡ )하며, 도시 계획에 따라 ㉢ 하천을 직강화하거나 복개하는 등 인위적인 개발이 이루어진다. 또한 주택과 산업 시설, ㉣ 자동차 등에서 오염 물질이 배출되어 동식물의 생태환경에 ㉤ 부정적 영향을 끼친다.

① ㉠ - 1차 산업의 비중이 증가하는 현상을 말한다.
② ㉡ - '감소'가 들어갈 수 있다.
③ ㉢ - 도시 홍수를 방지하는 대책이 될 수 있다.
④ ㉣ - 도심에서 발생하는 열섬 현상의 원인이 된다.
⑤ ㉤ - 생물종 다양성이 증가할 수 있다.

**09** 밑줄 친 현상으로 인해 이 지역에 나타날 변화로 옳은 것은?

부산의 ○○동은 국내 최초 조선소가 들어선 곳으로, 각종 조선소와 공업소가 밀집한 지역이었다. 조선업이 불황을 맞으면서 지역 경제가 쇠락하였으나, 예술가들이 주도하여 낡은 건물을 개조하고 주민 참여 프로그램을 만들면서 관광객을 끌어모으게 되었다.

① 대규모 철거가 이루어진다.
② 불량 주거 지역이 형성된다.
③ 낙후된 주거 환경이 개선된다.
④ 이웃 간의 공동체 의식이 약화된다.
⑤ 원래 살던 주민들이 대거 이주하게 된다.

서술형 문제

**10** 다음과 같은 현상이 나타나게 된 원인과 이 현상의 영향으로 도시에 나타날 변화를 서술하시오.

2021년 기준, 우리나라 1인 가구 비율은 33.4%로 전체 가구 유형 중에서 가장 큰 비중을 차지한다. 연령대별로는 29세 이하와 70세 이상의 1인 가구 비율이 높으며, 지역별로는 세종, 전남, 서울, 대전 등이 높다. 특히, 대도시 지역은 청년층 비중이 높고, 촌락 지역은 노년층 비중이 높은 편이다.

# 02~03 교통·통신과 과학기술의 발달 ~ 우리 지역의 공간 변화

## 핵심 한끝

### ✖ 교통·통신과 과학기술의 발달에 따른 변화

#### 1. 교통·통신의 발달에 따른 변화

| 변화 | 특징 |
| --- | --- |
| 생활공간의 확대 | 지역 간 접근성 향상 |
| 경제활동 범위의 확대 | 무점포 상점 증가, 공간적 분업화 |
| 여가 공간의 확대 | 국내 여행 및 해외여행 관광객 증가 |
| 생태환경의 변화 | 생태계 파괴, 기술로 생태계 보전 |

#### 2. 과학기술의 발달에 따른 변화

| 변화 | 특징 |
| --- | --- |
| 가상 공간 등장 | 인터넷을 통한 새로운 관계 형성 |
| 공간 정보 기술의 발달 | 일상 생활에서 GIS, GPS 활용 |
| 근무 환경의 변화 | 인터넷을 이용한 (❶　　　) |
| 정치 참여의 기회 확대 | 전자 민주주의 실현 가능 |

### ✖ 교통·통신과 과학기술의 발달로 인한 문제와 해결 방안

| 구분 | 문제 | 해결 방안 |
| --- | --- | --- |
| 교통·통신의 발달 | 지역 격차 심화, 생태 환경 파괴, 전염병 확산 등 | 지방 중추 도시권 육성, 오염 물질 검사 강화, 생태 이동 통로 건설, 선박 (❷　　　)처리 장치 설치 의무화, 검역 관리 강화 |
| 과학기술의 발달 | 정보 격차, (❸　　　)의 양극화, 인터넷 중독 및 사이버 범죄 등 | 사회 복지 제도 강화, 양질의 일자리 및 교육, 인터넷 중독 예방 프로그램, 개인 정보 보호법 강화 |

### ✖ 지역의 공간 변화와 지역 조사

| 지역의 공간 변화 | 토지 이용, 산업 구조, 인구 등의 공간 변화를 통해 지역 문제 해결 방안 모색 |
| --- | --- |
| 지역 조사 과정 | 지역 조사 계획 수립 → 지역 정보 수집(실내 조사, 야외 조사) → 지역 정보 분석 및 정리 → 조사 보고서 작성 |

### ✦ 이 단원의 핵심 문장 완성하기

교통·통신의 발달은 생활공간의 (❹　　　　)(으)로 이어졌다. 시·공간적 제약이 크게 (❺　　　) 인간이 공간을 인식하는 범위가 넓어졌고, 생활권이 확대되었다.

## 미리 보는 학교 시험

**01** 다음은 교통수단의 변화 과정을 나타낸 자료이다. 이로 인해 나타난 변화로 옳지 <u>않은</u> 것은?

① 생활공간이 확대된다.
② 국가 간의 교역량이 증가한다.
③ 해외여행 관광객 수가 증가한다.
④ 다국적 기업의 경제활동 범위가 확대된다.
⑤ 국제 교역에 거리가 끼치는 영향력이 커진다.

**02** 다음과 같은 현상으로 인해 나타날 변화 모습으로 가장 적절한 것은?

> 제4차 국가 철도망 구축 이후, 강릉을 방문하는 관광객이 빠르게 증가하고 있으며, 강릉에서 열리는 전국 단위 회의의 비중도 늘어나고 있다. 그러나 강릉의 의료·문화계에서는 고속 철도의 개통으로 오히려 서울 집중이 심화하고 있다는 우려의 목소리가 나오고 있다.

① 강릉의 음식점 매출이 줄었을 것이다.
② 강릉에서 개최되는 문화 공연의 횟수는 감소했을 것이다.
③ 서울의 회사원이 강릉으로 출장을 가는 소요 시간이 늘어났을 것이다.
④ 강릉의 주민들이 서울의 대형 병원을 방문하는 횟수가 많아졌을 것이다.
⑤ 서울의 인구가 감소하고 강릉의 인구가 증가하여 수도권의 경제가 쇠퇴하였을 것이다.

## 03 사진에 나타난 시설을 설치함으로써 얻을 수 있는 효과로 가장 적절한 것은?

① 미세 먼지를 줄여 대기 오염을 완화한다.
② 전염병이 확산되는 속도를 늦출 수 있다.
③ 외래 동식물의 유입에 따른 피해를 줄인다.
④ 야생 동물의 교통사고 발생 건수를 줄일 수 있다.
⑤ 교통 체증을 줄여 교통 혼잡 비용을 줄일 수 있다.

## 04 (가), (나)에 들어갈 옳은 내용을 〈보기〉에서 고른 것은?

〈과학기술의 발달에 따른 생활양식의 변화〉

1. 경제적 측면: (가)
2. 정치적 측면: (나)
3. 사회·문화적 측면: 가상 공간에서의 교류가 확대되면 새롭고 다양한 인간관계 형성이 가능해진다.

| 보기 |

ㄱ. (가) - 로봇의 상용화로 생활이 편리해진다.
ㄴ. (가) - 디지털 기반의 플랫폼 경제가 성장한다.
ㄷ. (나) - 원격 근무가 가능해진다.
ㄹ. (나) - 가상 공간을 활용한 전자 민주주의의 실현 가능성이 높아진다.

① ㄱ, ㄴ    ② ㄱ, ㄷ    ③ ㄴ, ㄷ
④ ㄴ, ㄹ    ⑤ ㄷ, ㄹ

## 05 그래프를 통해 파악할 수 있는 문제에 대한 대책으로 가장 적절한 것은?

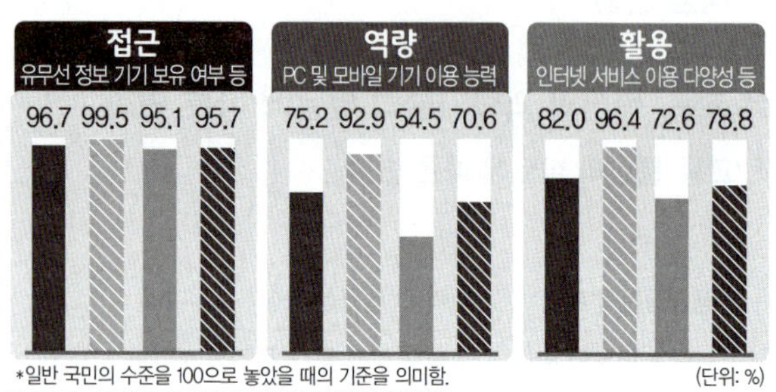


(과학기술 정보 통신부·한국 지능 정보 사회 진흥원, 2023)

① 개인 정보 보안 전문가를 육성한다.
② 가상 공간에서 정보 윤리를 실천한다.
③ 사생활 침해에 대한 처벌을 강화한다.
④ 인터넷 중독 치료 프로그램을 실시한다.
⑤ 소외 계층을 위한 정보 교육을 실시한다.

## 06 다음 형성 평가에서 학생이 얻을 점수로 옳은 것은?

**형성 평가**

과학기술의 발달로 인한 문제점과 그 해결 방안에 대한 설명이 맞으면 ○, 틀리면 ×를 하시오. (단, 문항당 배점은 2점임.)

| 문제점 | 해결 방안 | 답안 |
| --- | --- | --- |
| 사생활 침해 | 정보 소외 계층에 정보 기기 제공 | × |
| 정보 격차 | 무상 정보화 교육 실시 | ○ |
| 인터넷 중독 | 인터넷 사용 시간 제한 | ○ |
| 사이버 범죄 | 개인 정보 보호 수칙 준수 및 정보 윤리 실천 | × |
| 개인 정보 유출 | 비밀번호의 주기적 변경 | ○ |

① 2점    ② 4점    ③ 6점    ④ 8점    ⑤ 10점

## 07 (가)에 들어갈 내용으로 가장 적절한 것은?

가상 공간에서 익명성을 악용한 사이버 폭력, 사이버 금융 범죄 등의 사이버 범죄는 그 유형이 점차 다양해지고 있으며, 피해액 또한 증가하고 있다. 이에 따라 사회적 차원에서 ________(가)________ 이/가 필요하다는 목소리가 커지고 있다.

① 양질의 일자리 창출
② 사이버 범죄 예방 교육
③ 개인 정보 보호 수칙 준수
④ 새로운 정보 기술에 대한 교육
⑤ 인터넷 중독 치료 프로그램 시행

## 08 다음은 지역 조사 과정을 나타낸 것이다. (가), (나) 단계에 해당하는 활동을 〈보기〉에서 골라 옳게 연결한 것은?

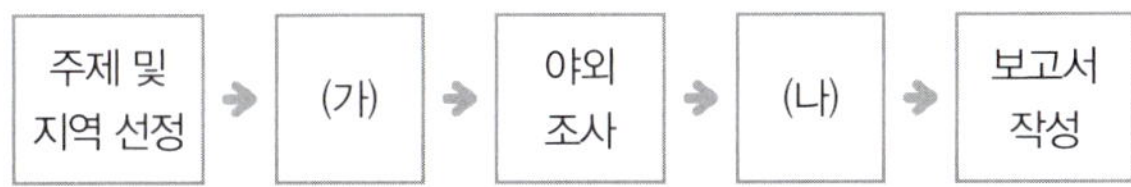


┤ 보기 ├
ㄱ. '○○시의 다문화 공간'을 주제로 결정한다.
ㄴ. 외국인 전출입과 관련한 통계 자료를 수집한다.
ㄷ. 조사 자료를 바탕으로 다문화 공간 분포도를 작성한다.
ㄹ. ○○시의 산업 단지를 중심으로 다문화 공간을 직접 답사한다.

|   | (가) | (나) |
|---|------|------|
| ① | ㄱ | ㄴ |
| ② | ㄱ | ㄷ |
| ③ | ㄴ | ㄷ |
| ④ | ㄴ | ㄹ |
| ⑤ | ㄷ | ㄹ |

## 09 그래프는 ○○시의 산업별 종사자 수 비중 변화를 나타낸 것이다. 1962년과 비교한 2021년의 상대적인 특징을 그림의 A~E에서 고른 것은?

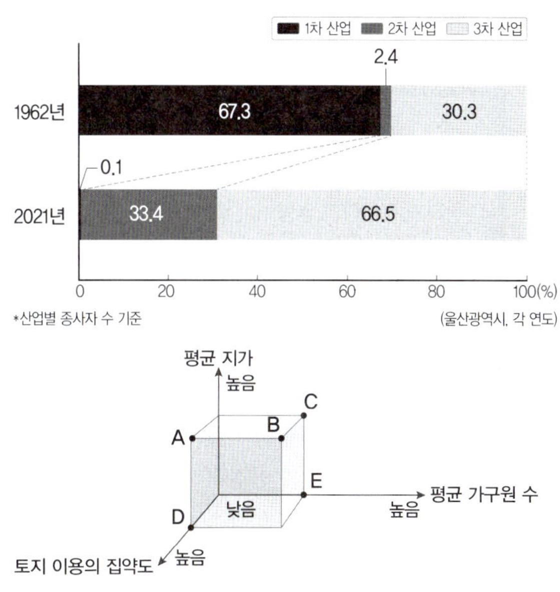


① A ② B ③ C ④ D ⑤ E

### 서술형 문제

## 10 다음 글에서 ㉠과 ㉡이 차이가 나는 까닭을 서술하시오.

1817년, 인도의 풍토병이었던 콜레라는 해상 경로를 통해 전 세계로 전파되었다. 처음에는 동남아시아, 중국, 일본 등으로 확산되었고 조선에는 ㉠4년 후인 1821년에 처음 전파되었다. 한편, 2019년 중국에서 처음 보고된 코로나바이러스감염증-19는 ㉡한 달 만에 국내 최초로 인천 국제공항에서 확진자가 발생하였다.

## 01

다음은 고등학생 갑이 사회현상을 바라보는 어떤 관점에 대해 작성한 보고서이다. 밑줄 친 '이 관점'으로 옳은 것은?　[3점]

> **〈이 관점의 유용성과 탐구 활동 영역〉**
> • 유용성: 인간 생활과 사회현상에 영향을 미치는 자연환경과 인문환경의 영향, 인간과 사회 그리고 자연이 상호작용하는 방식 등을 파악하는 데 도움을 준다.
> • 탐구 활동 영역: 어떤 사회현상이 '왜 그곳에서 발생했는가?', '발생한 곳의 특성은 무엇인가?', '발생한 범위는 어떠한가?', '발생한 곳의 사람, 물자, 정보의 이동은 어떠한가?' 등을 살펴본다.

① 시간적 관점　　② 공간적 관점　　③ 사회적 관점
④ 윤리적 관점　　⑤ 통합적 관점

## 02

대화와 관련된 탐구 과제로 가장 적절한 것은?　[4점]

① 학생 수 불균형 현상을 역사적 맥락으로 살펴본다.
② 학생 수 불균형 현상을 막을 정부의 대책을 조사한다.
③ 학생 수 불균형 현상이 어떤 사회 구조의 영향을 받는지를 알아본다.
④ 학생 수 불균형 현상을 장소와 지역, 공간적 상호작용의 측면에서 파악한다.
⑤ 학생 수 불균형 현상이 학생들의 정서 발달에 어떤 영향을 주는지를 살펴본다.

## 03

커피 소비와 관련하여 다음 글이 강조하는 관점에 대한 설명으로 옳은 것은?　[4점]

> 2022년 말 기준으로 우리나라의 커피 전문점 수는 10만 729개이다. 커피 전문점 매출은 15조 5,000억 원이며, 종사자는 27만 명이다. '독립신문' 등의 기록에 따르면, 19세기 말 개화기에 인천항으로 드나든 미국인과 유럽인이 커피를 들여왔다. 당시 고종이 서양인들과 식사 후에 숭늉 대신 커피를 즐겼다는 기록을 참고할 때, 개화기 지배층들이 커피와 같은 서구 음식 문화를 먼저 받아들였음을 알 수 있다.

① 공간별로 사회현상이 다른 이유를 살펴본다.
② 역사적 사실에 근거하여 사회현상을 살펴본다.
③ 사회현상과 관련된 법, 제도, 정책 등을 탐구한다.
④ 사회가 나아가야 할 규범적 방향을 설정하고자 한다.
⑤ 사회 구조와의 관련성 속에서 사회현상을 이해한다.

## 04

다음 글에서 아동 노동을 바라보는 관점에 부합하는 탐구 과제로 가장 적절한 것은?　[3점]

> 전기차 배터리 제조에 필요한 코발트 생산량의 60%가 콩고 민주 공화국에서 생산되는데, 이 중 20%는 아동 노동이 만연한 수작업 광산에서 채굴된다고 한다. 이 광산에서 아이들은 하루에 12시간을 일하며, 급여로는 1~2달러를 받는다고 알려져 있다. 이처럼 불공정한 노동 환경이 공개되자 전기차와 배터리 제조 기업의 사회적 책임에 대한 논란이 확산되고 있다.

① 지역별로 아동 노동 실태가 왜 다른지 살펴본다.
② 아동 노동과 관련된 법, 제도, 정책 등을 찾아본다.
③ 역사적 사실에 근거하여 아동 노동 실태를 살펴본다.
④ 어떤 사회 구조가 아동 노동에 영향을 주는지 조사한다.
⑤ 아동 노동이 보편적인 인권을 침해하고 있는지 검토한다.

**05** 밑줄 친 (가)에 들어갈 질문으로 가장 적절한 것은?  [3점]

> 〈인간, 사회, 환경을 바라보는 A 관점〉
> • **의미**: 역사적 배경과 시대적 맥락에 초점을 두고 사회 현상을 살펴보는 것이다.
> • **특징**: 과거와 현재의 관계를 파악하고 미래의 방향을 예측한다.
> • **관련 질문**: ________________ (가)

① 사회 구조는 인간의 사고와 행동에 어떤 영향을 미치는가?

② 어떤 보편적 가치나 원칙을 중심으로 사회문제를 해결할 것인가?

③ 현재의 사회현상이 도덕적 가치와 규범을 기준으로 판단했을 때 바람직한가?

④ 우리가 살아가는 공간의 변화 원인은 무엇이고, 이러한 변화는 인간의 삶에 어떤 영향을 미치는가?

⑤ 지금 우리가 접하는 문제는 왜 발생했고, 이를 해결하는 데 참고할 만한 과거의 사례는 무엇이 있는가?

**06** 다음 글의 필자가 할 수 있는 주장으로 가장 적절한 것은?  [4점]

> 오늘날의 환경 문제를 놓고 볼 때 생태학자는 생태계를 구성하는 동식물의 종들에 환경 변화가 미치는 영향에 관심을 집중할 것이고, 정치학자는 환경 위기를 해결할 정책적 대안을 강조할 것이다. 그리고 경제학자는 비용과 효과면에서 환경 문제를 다룰 것이다. 이렇게 환경 문제의 모든 측면이 어떻게 서로 관련되는지를 고려하지 않고 어느 하나의 측면만 보아서는 환경 문제의 핵심을 파악하지 못한다.

① 통합적 관점에서 문제를 파악하라.

② 경제적 효율성을 바탕으로 문제를 해결하라.

③ 각 분야의 학문적 관점에서 문제를 해결하라.

④ 시간적 관점을 중심으로 사회현상을 탐구하라.

⑤ 사익을 버리고 공익을 중심에 놓고 문제를 해결하라.

**07** (가)~(라)는 기후변화에 대한 서로 다른 관점에 따른 질문이다. 이에 대한 탐구 방법으로 적절한 것만을 〈보기〉에서 고른 것은?  [4점]

> (가) 이산화 탄소의 배출량은 어떻게 변해 왔을까?
> (나) 세계의 이상 기후 현상은 어떻게 분포하고 있을까?
> (다) 세계는 기후변화 해결을 위해 어떤 제도적 노력을 하고 있을까?
> (라) 기후변화는 국제 사회에서 어떤 사회 불평등의 원인이 되었을까?

| 보기 |

ㄱ. (가) – 기후변화에 취약한 기후 약자의 발생 현황을 조사한다.

ㄴ. (나) – 지역에 따른 이상 기후의 양상을 비교하여 분석한다.

ㄷ. (다) – 각국이 기후 협약에 정한 목표를 이행하고 있는지 점검한다.

ㄹ. (라) – 대기 중 이산화 탄소의 증가율 변화 추이를 살펴본다.

① ㄱ, ㄴ      ② ㄱ, ㄷ      ③ ㄴ, ㄷ
④ ㄴ, ㄹ      ⑤ ㄷ, ㄹ

**08** 통합적 관점에서 교통 체증의 대응 방안을 마련하는 과정을 순서대로 나열한 것은?  [3점]

> (가) '교통 체증 대응 방안 마련'을 탐구 주제로 정하고, 구체적인 탐구 계획을 수립한다.
> (나) 시간적, 공간적, 사회적, 윤리적 관점에서 교통 체증 대응과 관련한 자료를 수집한다.
> (다) 시간적, 공간적, 사회적, 윤리적 관점을 통합하여 최적의 교통 체증 대응 방안을 마련한다.
> (라) 관점별로 수집한 교통 체증 대응 관련 자료를 비교 및 분석한 후 자료 간 관계를 파악한다.

① (가)-(나)-(라)-(다)      ② (나)-(가)-(라)-(다)
③ (다)-(가)-(라)-(나)      ④ (라)-(나)-(가)-(다)
⑤ (라)-(다)-(나)-(가)

**09** 행복과 관련된 진술로 옳은 것만을 〈보기〉에서 있는 대로 고른 것은? [3점]

| 보기 |
ㄱ. 행복은 스스로 노력하지 않아도 저절로 찾아온다.
ㄴ. 행복한 삶을 실현하려면 물질적 풍요로움은 추구하지 말아야 한다.
ㄷ. 시대의 지배적인 가치나 사상 등에 따라 행복의 기준도 달라질 수 있다.
ㄹ. 행복의 다양한 기준을 통합적으로 고려해 삶의 질을 높여야 행복한 삶을 실현할 수 있다.

① ㄱ, ㄴ　　　② ㄴ, ㄷ　　　③ ㄷ, ㄹ
④ ㄱ, ㄴ, ㄷ　　　⑤ ㄴ, ㄷ, ㄹ

**10** 갑, 을의 입장과 맥락을 같이하는 진술로 적절한 것만을 〈보기〉에서 있는 대로 고른 것은? [4점]

- 갑: 사람이 하루만이라도 사욕을 이기고 예로 돌아가면 세상이 모두 어질게 될 것이니, 인(仁)의 실천은 나의 일이지 남의 일이 아니다.
- 을: 인간의 마음에 도사리는 삼독, 즉 탐욕과 성냄, 어리석음과 같은 번뇌를 경계해야 한다. 우리는 이러한 진리를 깨달아 집착을 버리고 물질적 욕망과 경쟁 속에서 자신의 마음 밭을 가꾸어야 한다.

| 보기 |
ㄱ. 갑 - 본성을 교정하여 도덕적으로 살아가는 것이 이상적인 삶이다.
ㄴ. 을 - 행복한 삶을 위해서는 고통받는 중생을 구제해야 한다.
ㄷ. 갑, 을 - 행복한 삶을 위해서는 사욕을 제거해야 한다.
ㄹ. 갑, 을 - 행복한 삶을 위해서는 지속적으로 성찰해야 한다.

① ㄱ, ㄴ　　　② ㄱ, ㄷ　　　③ ㄴ, ㄹ
④ ㄱ, ㄷ, ㄹ　　　⑤ ㄴ, ㄷ, ㄹ

**11** (가)와 같이 주장한 사상가의 입장에서 (나)의 갑에게 제시할 조언으로 가장 적절한 것은? [4점]

(가) 공동체의 행복은 공동체 구성원들의 행복의 총합이다. 어떤 행동이 공동체의 행복을 증가시키는 경향이 감소시키는 경향보다 더 클 경우, 그 행동은 공리의 원리에 일치한다고 말할 수 있다. 우리는 마땅히 이 원리에 일치하는 행동을 해야 한다.

(나) 고등학생 갑은 친구와의 약속을 지키기 위해 약속 장소로 가던 중 도움을 요청하는 할머니를 목격하였다. 갑은 친구와의 약속을 지켜야 할지 할머니를 도와야 할지 고민하고 있다.

① 인간의 기능을 탁월하게 발휘하도록 하세요.
② 타인의 칭찬과 인정을 받을 수 있도록 행동하세요.
③ 관련된 모든 사람이 행복을 누릴 수 있도록 행동하세요.
④ 육체에 고통이 없고 마음에 불안이 없는 쾌락을 추구하세요.
⑤ 인간이라면 마땅히 행해야 할 도덕적 의무에 따라 행동하세요.

**12** 갑, 을이 공통적으로 강조하는 삶의 태도로 가장 적절한 것은? [3점]

- 갑: 우리는 자연적이고 필수적인 욕구만을 최소한으로 추구하는 소박한 삶을 살아야 한다. 결핍으로 인한 고통이 제거된다면, 단순한 음식에서도 큰 만족감을 얻을 수 있다.
- 을: 탐욕으로부터 근심이 생기고, 탐욕으로부터 두려움이 생긴다. 탐욕을 떠난 사람에게는 근심이 없으니, 어찌 두려움이 있겠는가.

① 지나친 욕구를 절제해야 한다.
② 순간적인 만족이 최고선임을 깨달아야 한다.
③ 자신의 다양한 욕망을 자유롭게 추구해야 한다.
④ 모든 욕구를 제거하고 검소한 삶을 살아야 한다.
⑤ 자신의 욕망을 성찰하여 욕망을 최대한 충족해야 한다.

**13** 국민의 행복한 삶의 실현과 관련하여 다음과 같은 제도를 실시하는 목적으로 가장 적절한 것은? [3점]

> 산업화가 진전되면서 급격히 증가하는 산업 재해 근로자를 보호하기 위한 산업 재해 보상 보험 제도가 시행되고 있다. 이 제도는 산업 재해로 피해를 입은 근로자와 그 가족의 생활을 보장하기 위해 국가가 책임을 지고 보상해 주는 제도이다.

① 질 높은 정주 환경의 조성
② 공동체를 위한 도덕적 실천
③ 삶의 질을 유지하기 위한 경제적 안정
④ 시민 참여가 활성화되는 민주주의의 실현
⑤ 빈곤으로부터 벗어날 수 있는 경제적 성장

**14** 다음 주장에 대한 반론으로 적절하지 <u>않은</u> 것은? [4점]

> 소득이 늘어나면 선택할 기회가 많아지고 더 자유롭고 건강하게 생활할 수 있다. 따라서 돈이 행복에 미치는 영향에는 한계가 없다.

① 소득이 많은 사람이 소득이 적은 사람보다 반드시 더 행복한 것은 아닙니다.
② 인간이 행복한 삶을 실현하기 위해서 가장 중요한 조건은 경제적 안정입니다.
③ 건강, 경제 형편, 가정생활, 다른 사람과의 비교 등도 행복에 영향을 미칩니다.
④ 기본적 욕구가 충족되면 소득이 증가해도 행복에는 큰 영향을 미치지 않을 수 있습니다.
⑤ 국가의 부가 증대한다고 해서 국민의 행복 수준이 이에 비례해 반드시 증가하는 것은 아닙니다.

**15** 다음 사례를 통해 파악할 수 있는 행복한 삶을 위한 조건으로 가장 적절한 것은? [3점]

> 경제적으로 어렵지만 국민의 행복 지수가 매우 높은 부탄에 사람들의 관심이 집중되고 있다. 부탄은 불교의 영향을 받아 국민은 서로 하나라는 의식이 강하기 때문에 어려운 이웃을 돌보는 문화가 확고하게 자리 잡고 있다.

① 깨끗하고 안전한 정주 환경을 조성해야 한다.
② 타인을 배려하고 공동체 의식을 추구해야 한다.
③ 사회의 행복은 개개인의 이익 추구를 통해 이루어져야 한다.
④ 삶의 기본적인 조건들이 보장되는 복지 제도를 마련해야 한다.
⑤ 시민의 의견이 적극적으로 반영되는 정치 문화를 확산해야 한다.

**16** 다음 글을 읽고 자연환경과 인간 생활에 대해 진술한 내용으로 적절한 것만을 〈보기〉에서 고른 것은? [4점]

> 우리나라 남부와 북부의 김치는 지역에 따라 그 맛과 재료에서 차이가 난다. 남부 지역은 고춧가루와 소금을 많이 사용해 맵고 짠 맛이 강하며, 젓갈을 많이 사용한다. 반면, 북부 지역은 남부 지역보다 덜 자극적이며 덜 매운 경향이 있다. 북부 지방의 김치는 물김치와 같이 국물이 많은 것이 특징이며, 젓갈 대신 소금으로 간을 맞추는 경우가 많다.

**┤보기├**
ㄱ. 자연환경은 인간의 생활양식에 영향을 미친다.
ㄴ. 기후가 비슷하면 음식 문화도 동일하게 나타난다.
ㄷ. 남부 지역과 북부 지역의 김치 차이는 기후의 영향이 크다.
ㄹ. 남부 지역이 북부 지역보다 김치를 더 맵고 짜게 담그는 이유는 발효 속도가 더 느리기 때문이다.

① ㄱ, ㄴ  ② ㄱ, ㄷ  ③ ㄴ, ㄷ
④ ㄴ, ㄹ  ⑤ ㄷ, ㄹ

17 다음은 서로 다른 기후 지역에서 주로 볼 수 있는 가옥의 모습이다. (가)~(다) 지역의 기후를 옳게 연결한 것은?  [3점]

(가)　　　　(나)　　　　(다)

⚌ 고상 가옥　　　⚌ 흙벽돌집　　　⚌ 통나무집

|  | (가) | (나) | (다) |
|---|---|---|---|
| ① | 열대 기후 | 건조 기후 | 냉대 기후 |
| ② | 열대 기후 | 온대 기후 | 한대 기후 |
| ③ | 건조 기후 | 온대 기후 | 한대 기후 |
| ④ | 건조 기후 | 한대 기후 | 냉대 기후 |
| ⑤ | 온대 기후 | 열대 기후 | 냉대 기후 |

18 다음은 지형을 활용한 인간 생활의 사례이다. (가), (나)에 대한 설명으로 옳은 것만을 〈보기〉에서 고른 것은?  [4점]

(가)　　　　　　(나)

⚌ 지열 발전　　　⚌ 수력 발전

┤ 보기 ├
ㄱ. (가)는 카르스트 지형을 이용한다.
ㄴ. (나)는 경사가 급한 산지의 낙차를 이용한다.
ㄷ. (가)와 (나)는 모두 인간이 자연환경에 순응한 사례에 해당한다.
ㄹ. (가)와 (나)는 과학기술의 발달로 인간이 지형을 이용할 수 있는 범위가 넓어졌음을 보여 주는 사례이다.

① ㄱ, ㄴ　　　② ㄱ, ㄷ　　　③ ㄴ, ㄷ
④ ㄴ, ㄹ　　　⑤ ㄷ, ㄹ

19 다음 사례에 나타난 자연재해에 대한 설명으로 옳은 것만을 〈보기〉에서 있는 대로 고른 것은?  [3점]

> 2018년 인도네시아에서는 아낙 크라카타우 화산이 이틀 연속 폭발하여 3km 높이로 화산재와 용암을 분출하였다. 당시 인도네시아에서는 화산 반경 5km 이내에 접근 금지 조치가 내려졌다.

┤ 보기 ├
ㄱ. 지형 관련 자연재해이다.
ㄴ. 항공기 운항에 지장을 초래한다.
ㄷ. 우리나라에는 전혀 영향을 미치지 않는다.
ㄹ. 과학기술의 발달로 정확한 예측이 가능해졌다.

① ㄱ, ㄴ　　　② ㄴ, ㄷ　　　③ ㄷ, ㄹ
④ ㄱ, ㄴ, ㄷ　　　⑤ ㄱ, ㄴ, ㄹ

20 다음 우리나라 헌법 조항에 대한 설명으로 옳지 <u>않은</u> 것은?  [4점]

> • 제34조 ⑥ 국가는 재해를 예방하고 그 위험으로부터 국민을 보호하기 위하여 노력하여야 한다.
> • 제35조 ① 모든 국민은 건강하고 쾌적한 환경에서 생활할 권리를 가지며, 국가와 국민은 환경 보전을 위하여 노력하여야 한다.

① 인간의 존엄성 보장과 관련이 있다.
② 재난 상황에서 시민의 의무를 규정하고 있다.
③ 안전권과 환경권에 관한 내용을 규정하고 있다.
④ 국가의 적극적인 역할이 필요함을 규정하고 있다.
⑤ 「자연재해 대책법」과 「재난 및 안전 관리 기본법」 제정에 바탕이 되었다.



5 / 6

**21** 다음 질문에 나타난 관점은 무엇인지 쓰시오. [2점]

> 우리가 살아가는 공간의 변화 원인은 무엇이고, 이러한 변화는 인간의 삶에 어떤 영향을 미치는가?

**22** 세상을 (     ) 관점에서 바라본다는 것은 역사적 배경과 시대적 맥락에 초점을 두고 사회현상을 살펴보는 것을 의미한다. [2점]

**23** 밑줄 친 '이 관점'은 무엇인지 쓰시오. [2점]

> 인간, 사회, 환경은 서로 밀접하게 연결되어 있다. 따라서 인간, 사회, 환경을 제대로 탐구하기 위해서는 각각의 대상을 분리하기보다 이 관점에서 살펴보아야 한다.

**24** 고대 그리스의 철학자인 (     )은/는 인간이 행복해지기 위한 구체적인 방법으로 이성적 기능을 잘 발휘하여 지혜를 얻는 것을 제시하였다. [2점]

**25** 다음 글을 통해 알 수 있는 행복한 삶의 실현 조건이 무엇인지 쓰시오. [2점]

> 주거지 주변의 환경이 열악하여 편히 쉬지 못하고, 쾌적하게 생활할 수 없다면 행복하기는 어려울 것이다.

**26** 질 높은 정주 환경, 경제적 안정, 민주주의 발전, 도덕적 실천은 모두 (     )한 삶을 실현하기 위한 조건이다. [2점]

**27** 인간의 생활양식과 산업의 발달은 자연환경 중에서 기온, 강수량 등의 (  ㉠  )과/와 산지, 해안, 평야 등 다양한 (  ㉡  )의 영향을 가장 크게 받는다. [2점]

**28** 석회암이 빗물이나 지하수에 녹아서 만들어지는 (     ) 지형이 나타나는 지역에서는 아름다운 경관을 이용해 관광 산업이 발달한다. [2점]



**29** 다음 글에서 기후변화를 어떤 관점에서 보고 있는지 쓰고, 그 관점에 따라 기후변화의 대응 방안을 서술하시오. [6점]

> 오늘날 기후변화의 영향으로 전 세계는 폭염, 폭우나 폭설, 태풍, 가뭄, 해수면 상승, 대기오염 등 다양한 피해를 경험하고 있다. 그러나 모든 사람들이 기후변화와 관련하여 같은 수준의 피해를 입고 동등하게 책임을 지는 것은 아니다. 대부분의 선진국은 산업 발전과 경제 성장의 과정에서 지구 온난화의 원인이 되는 온실가스의 상당량을 배출하면서도 기후변화에 대응할 수 있는 기술적 자원을 갖추고 있어 재난에 따른 피해를 최소화할 수 있다. 하지만 개발 도상국 등 상대적으로 가난한 나라들은 기후변화에 대한 책임은 적으면서도 그에 따른 재난에 대응할 수 있는 자원이나 능력이 부족하여 직접적이고 우선으로 피해를 입는다. 같은 국가나 지역 내에서도 어린이, 노인, 여성, 장애인, 빈곤층 등 사회적·경제적 약자들은 기후변화로 인해 상대적으로 더욱 큰 어려움을 겪게 되는 경우가 많다. 이렇게 기후변화가 다양한 영역에서 불평등을 일으키면서 이제는 환경, 평등, 정의를 경제적 가치와 동등하게 고려하고 추구함으로써 기후 정의를 실천해야 한다는 목소리가 커지고 있다.

**30** 다음은 서로 다른 온대 기후 지역에 대한 설명이다. 이를 보고 물음에 답하시오. [8점]

> (가) 계절별 강수량이 고르게 나타난다.
> (나) 겨울보다 여름이 상대적으로 건조하다.
> (다) 계절풍의 영향으로 여름철 강수량이 풍부하다.

(1) (가)~(다) 지역에서 나타나는 생활양식의 공통점을 쓰시오. [2점]

(2) (가)~(다) 지역에서 나타나는 농업의 형태를 비교하여 서술하시오. [6점]

# 통합적 관점이 필요한 이유와 유용성 설명하기

**문제** 자료를 읽고 아래 〈조건〉에 맞게 800∼1,000자로 논술하시오.                [20점]

(가) 철도 노선을 신설하는 과정에서 시간적 관점을 고려하지 못하면 과거의 성공 사례나 실패 사례를 반영하기 어려울 수 있고, 공간적 관점을 고려하지 못하면 철도가 필요한 지역에 신규 노선이 개통되지 못할 수도 있다. 또한, 사회적 관점을 놓치면 철도 신규 노선 개통 시 지역 사회의 의견이 제대로 반영되기 어려워 사회적 갈등이 발생할 수 있고, 윤리적 관점을 반영하지 않으면 현세대와 미래 세대의 생명과 권리를 위협할 수 있다.

(나) 옛날 어느 왕이 코끼리 한 마리를 끌고 와서 여러 시각 장애인에게 만져 보도록 하였다. 시각 장애인들이 각자 코끼리를 만져 보고 난 후, 왕은 그들에게 코끼리가 무엇과 비슷한지 물었다. 그러자 상아를 만진 사람은 코끼리의 모양이 무와 같다 하였고, 다리를 만진 사람은 절구와 같다 하였고, 꼬리를 만진 사람은 새끼줄과 같다고 하였다.

(다) 통합적 관점은 인간과 세상을 역사적 배경과 시대적 맥락, 위치와 장소 및 공간적 상호 작용 등의 공간적 맥락, 사회 구조와 제도의 영향력, 규범적 방향성과 도덕적 가치 등을 고려하여 종합적으로 살펴보는 것을 의미한다. 즉, 개별 학문의 경계를 넘어 시간적, 공간적, 사회적, 윤리적 관점을 통합하여 인간, 사회, 환경을 이해하는 관점이다.

**조건**

- (가), (나)에 나타난 문제의 원인을 (다)의 관점에서 찾아보시오. [10점]
- 통합적 관점으로 현상을 바라보면 어떤 점이 유용한지를 서술하시오. [10점]

# 행복한 삶을 위한 조건 이해하기

학년   반   번

이름 |

**문제** 자료를 읽고 아래 〈조건〉에 맞게 800~1,000자로 논술하시오.　　　　[25점]

(가) 우리나라 국민은 얼마나 행복할까? 최근 조사된 여러 통계 자료를 살펴보면, 많은 국민이 자신을 불행하다고 생각하는 것으로 나타나고 있다. 지나치게 경쟁적인 사회적 분위기, 사회 관계망 서비스(SNS) 발달로 더 쉬워진 타인과의 비교, 경제적 무력감 등 여러 가지 원인이 있을 것이다. 극단적인 양극화, 다른 집단에 대한 적대감, 혐오 현상이 극심한 데 따른 사회적 갈등이 삶의 행복 지수를 떨어뜨리는 큰 요인으로 작용하고 있다. 최근 고독사 문제도 심해지고 있다. 750만 가구에 이르는 1인 가구, 코로나바이러스감염증-19의 장기화에 따른 인간관계의 단절과 소외, 무한 경쟁에서 오는 상대적 박탈감은 단지 특정 계층의 문제가 아니다. 서울 시민 절반 이상이 일상에서 외로움을 겪는 것으로 조사되었는데, 50대는 64%, 30대는 38%였다.　　　　　　　　　　　　　　　－ 중앙일보, 2023. 1. 18.

(나) 큰 도(道)가 행해지고 천하의 공의(公義)가 구현되었다. 현명한 사람과 능력 있는 사람을 지도자로 뽑고 신의 화목을 가르쳤다. 그러므로 사람들은 자기의 어버이만 어버이로 여기지 않았고, 자기의 자식만 자식으로 대하지 않았다. 나이 든 사람은 여생을 편안히 마칠 수 있었고, 젊은이는 능력을 발휘할 수 있었으며, 어린이도 잘 자랄 수 있는 여건을 보장받았고, 고아나 병든 자도 모두 부양을 받을 수 있었다. …… 재화가 헛되이 땅에 버려지는 것을 싫어하였지만, 그렇다고 그것을 결코 자기 것으로 숨겨 두지 않았고, 스스로 일하는 것을 싫어하지 않았지만, 또한 자기 자신만을 위해서 일하지도 않았다. 그래서 음모를 꾸미는 일이 생기지 않았고 훔치거나 해치는 일도 일어나지 않았다. 그러므로 집집이 문이 있어도 잠그지 않았다. 이런 상태를 '대동(大同)'이라고 한다.　　　　　　　　　　　　　　　－『예기』

### 조건

- (가)에서 우리나라의 행복 지수가 낮은 요인을 추론하여 서술하시오. [10점]
- (나)를 토대로 (가)의 문제를 개선할 수 있는 방법을 논리적으로 서술하시오. [15점]

# 기말고사



## 01 다음 글의 사상가의 입장과 같은 내용에만 있는 대로 '✓'를 표시한 학생은? [4점]

> 인간은 주변의 모든 물체의 힘과 작용을 명확하게 앎으로써 장인처럼 이 모든 것들을 적절하게 사용하고, 이를 통해 자연의 주인이자 소유자가 될 수 있다.

| 진술 \ 학생 | 갑 | 을 | 병 | 정 | 무 |
|---|---|---|---|---|---|
| 자연은 인간이 극복할 대상이다. | ✓ | ✓ | | ✓ | ✓ |
| 인간은 가장 가치 있는 존재이다. | | ✓ | ✓ | | ✓ |
| 인간은 자연 전체에 도덕적 의무를 지닌다. | | | ✓ | ✓ | |
| 자연은 그 자체로 본래의 가치를 지닌다. | | | | ✓ | ✓ |

① 갑　　② 을　　③ 병　　④ 정　　⑤ 무

## 02 갑, 을 사상가의 입장에 대한 설명으로 옳은 것은? [4점]

> • 갑: 공동체의 범위는 식물, 동물, 토양, 물을 포함하는 대지 전체이다. 따라서 우리는 이를 지배와 이용의 대상으로 보지 말고 공동체로 존중해야 한다.
> • 을: 자연이 인간에게 이롭도록 지식을 활용해야 한다. 방황하고 있는 자연을 사냥해서 노예로 만들고, 인간의 이익에 봉사하도록 해야 한다.

① 갑은 인간을 생태계의 최상위에 위치시킨다.
② 갑은 자연 그 자체를 가치 있는 존재로 여긴다.
③ 을은 인간을 자연을 구성하는 한 요소로 인식한다.
④ 을은 인간의 자연에 대한 의무를 중요하게 여긴다.
⑤ 갑은 이분법적 관점을, 을은 전일론적 관점을 강조한다.

## 03 (가)~(다)에 해당하는 동양의 자연관을 옳게 연결한 것은? [3점]

> (가) 인간과 자연의 조화를 이루는 천인합일(天人合一)의 경지를 추구하였다.
> (나) 무위자연(無爲自然) 원리를 바탕으로 인간이 자연과 조화를 이루어야 함을 주장하였다.
> (다) 우주의 만물이 연기(緣起)의 원리에 따라 움직인다고 보아 모든 생명을 중요시할 것을 강조하였다.

| | (가) | (나) | (다) |
|---|---|---|---|
| ① | 도가 | 불교 | 유교 |
| ② | 도가 | 유교 | 불교 |
| ③ | 불교 | 도가 | 유교 |
| ④ | 유교 | 도가 | 불교 |
| ⑤ | 유교 | 불교 | 도가 |

## 04 다음은 환경 문제와 관련한 수업 시간 모습이다. 교사의 질문에 옳게 대답한 학생만을 고른 것은? [3점]

① 을　　　　② 정　　　　③ 갑, 을
④ 갑, 병　　⑤ 병, 정

## 05 (가)~(마)에 들어갈 내용으로 옳지 <u>않은</u> 것은? [3점]

| 구분 | 원인 | 영향 |
| --- | --- | --- |
| 지구 온난화 | (가) | 해수면 상승으로 저지대 침수 |
| 오존층 파괴 | (나) | 자외선 증가로 피부암, 백내장 발병률 증가 |
| (다) | 화력 발전소와 공장 매연, 자동차 배기가스 | 하천과 호수 오염, 건축물과 조각상 부식 |
| 사막화 | (라) | 동식물 서식지 파괴로 생물종 감소, 지구 자정 능력 약화 |
| 해양 오염 | 바다로 유입되는 쓰레기 | (마) |

① (가) – 삼림 파괴로 인한 온실가스 배출량 증가 등
② (나) – 무분별한 벌목과 개간 등
③ (다) – 산성비
④ (라) – 극심한 가뭄, 과도한 경작과 목축 등
⑤ (마) – 해양 쓰레기섬 형성, 수인성 전염병 발생 등

## 06 지도의 A~E에 대한 설명으로 옳은 것은? [4점]

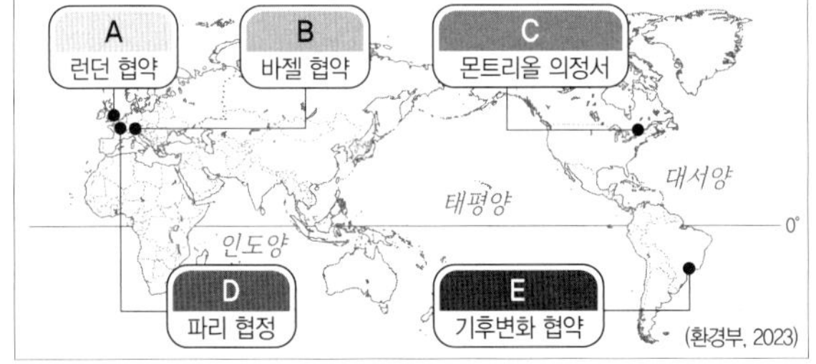


① A – 심각한 가뭄 및 사막화의 영향을 받는 국가들의 사막화 방지 협약이다.
② B – 유해 폐기물의 국가 간 이동 및 처리를 통제하는 국제 협약이다.
③ C – 폐기물 투기에 의한 해양 오염 방지를 목적으로 한다.
④ D – 생물종 보호를 위한 협약이다.
⑤ E – 오존층을 파괴하는 물질을 생산하고 사용하는 것을 결의하였다.

## 07 지도는 종교를 기준으로 문화권을 구분한 것이다. A~D 종교 문화권에 대한 옳은 설명만을 〈보기〉에서 있는 대로 고른 것은? [4점]

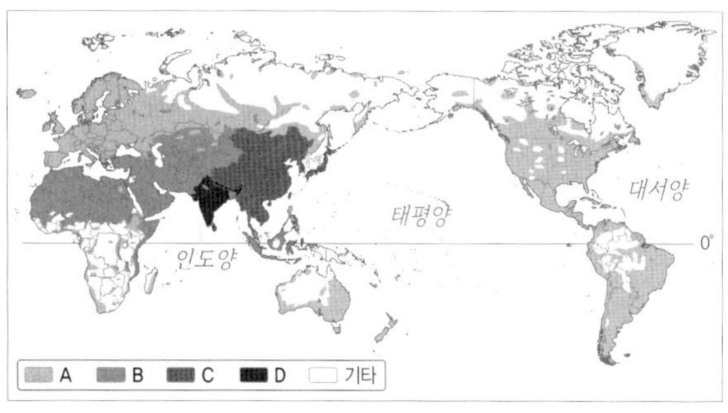


┤보기├
ㄱ. A는 교회나 성당에서 예배를 한다.
ㄴ. B는 다신교이며 윤회 사상을 믿는다.
ㄷ. C는 살생을 금지하는 율법에 따라 육식을 피한다.
ㄹ. D는 소고기 먹는 것을 금기시한다.

① ㄱ     ② ㄴ     ③ ㄴ, ㄷ
④ ㄴ, ㄹ     ⑤ ㄱ, ㄷ, ㄹ

## 08 A~E 문화권에 대한 설명으로 옳은 것은? [3점]

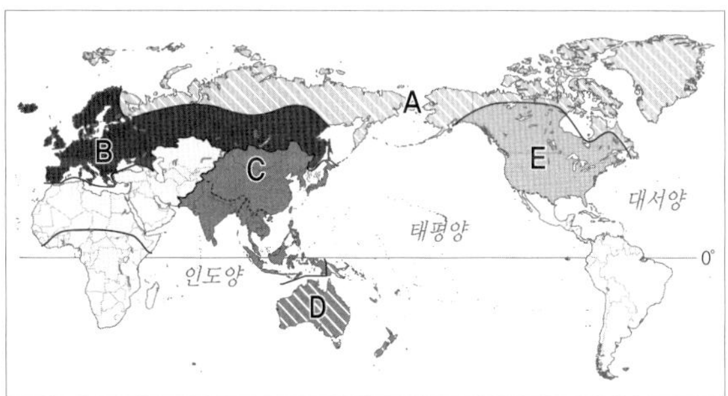


① A - 주로 에스파냐어와 포르투갈어를 사용한다.
② B - 주로 아랍어를 사용하고 이슬람교를 믿는다.
③ C - 혼합 농업과 낙농업이 발달하였다.
④ D - 영국의 식민 지배 영향으로 영어를 사용한다.
⑤ E - 부족 단위의 공동체 생활을 하는 주민이 많다.

**09** 표는 문화 변동의 요인을 구분한 것이다. (가)~(다)에 대한 설명으로 옳은 것은? (단, (가)~(다)는 발명, 직접 전파, 자극 전파 중 하나임.) [4점]

| 구분 | (가) | (나) | (다) |
|---|---|---|---|
| 새로운 문화 요소를 만들어 낸 것인가? | 예 | 아니요 | 예 |
| 문화 변동의 외재적 요인인가? | 예 | 예 | 아니요 |

① (가)는 발명, (나)는 직접 전파이다.
② 문자가 없던 체로키족이 알파벳의 영향을 받아 체로키 문자를 만든 것은 (다)의 사례이다.
③ (가)는 (나)와 달리 두 문화 간의 직접적인 접촉에 의해 문화 요소가 전파되었다.
④ (가)는 (다)와 달리 새로운 문화 요소를 다른 사회의 문화 요소에서 아이디어를 얻어 만들어 낸 것이다.
⑤ (나)는 (다)와 달리 인터넷과 같은 매개체를 통해 다른 사회의 문화가 전파되었다.

**10** 다음 글에 나타난 문화 변동의 양상에 대한 설명을 옳은 것은? [3점]

> 재즈는 미국 흑인이 즐기던 아프리카 음악의 감각에, 유럽 전통 음악인 행진곡과 같은 멜로디와 금관 악기 연주 기법 등이 결합한 것이다. 그래서 규칙적인 리듬과 멜로디 등을 강조하는 유럽의 전통 음악과 달리, 재즈는 원래의 박자보다 조금 빠르거나 느린 리듬감의 활용, 그에 따른 즉흥 연주 등 흑인 음악의 요소가 나타난다.

① 자기 문화의 정체성이 상실되었다.
② 외래문화 요소가 변형되지 않은 채로 정착하였다.
③ 한 사회의 문화가 다른 사회의 문화로 대체되었다.
④ 다른 문화와의 접촉이 없이 내부적으로 문화 변동이 일어났다.
⑤ 서로 다른 사회의 문화 요소가 결합하여 새로운 문화를 형성하였다.

**11** 다음에 나타난 문화 이해의 태도에 대한 설명으로 옳은 것은? [4점]

> 각 사회의 문화를 이해하기 위해서는 해당 사회의 역사적 배경, 자연환경과 인문환경 등을 살펴보아야 한다. 왜냐하면 각 사회의 문화는 그 사회의 나름의 합리적 근거가 있는 현상이므로 그 사회의 사회적 맥락에서 바라보아야 한다.

① 문화를 평가의 대상으로 본다.
② 국수주의로 변질될 수 있는 문제점을 가지고 있다.
③ 특정 문화를 기준으로 각 사회의 문화의 우열을 비교한다.
④ 문화 간 갈등을 방지하여 문화 다양성을 보존하는 데 기여한다.
⑤ 타 문화를 배척하여 집단 구성원들의 결속력을 강화하는데 기여한다.

**12** 다음에 나타난 문화 이해의 태도에 대한 설명으로 옳은 것만을 〈보기〉에서 고른 것은? [3점]

> 집안의 명예를 훼손한 가족 구성원을 죽이는 명예 살인이라는 관습이 있다. 이러한 관습은 그들의 전통과 종교적 풍습을 따르는 것이므로, 다른 문화권의 사람들이 함부로 나쁘다고 평가해서는 안 된다.

| 보기 |

ㄱ. 극단적 문화 상대주의적 태도가 나타나고 있다.
ㄴ. 자기 문화의 정체성을 약화시키는 문제점이 있다.
ㄷ. 보편 윤리적 가치를 훼손할 수 있으므로 경계해야 한다.
ㄹ. 문화를 평가하는 절대적인 기준이 있다고 보며, 문화의 특수성을 인정하지 않는다.

① ㄱ, ㄴ     ② ㄱ, ㄷ     ③ ㄴ, ㄷ
④ ㄴ, ㄹ     ⑤ ㄷ, ㄹ

**13** 밑줄 친 ㉠에 대한 설명으로 옳은 것만을 〈보기〉에서 있는 대로 고른 것은? [3점]

교통과 통신의 발달로 인해 타문화와의 접촉이 빈번해지고, 우리나라에 외국인 근로자, 국제 결혼 이주민, 유학생 등의 유입이 많아지면서 우리 사회가 다문화 사회로 빠르게 변화하고 있다. 이런 ㉠ 다문화 사회로의 변화로 인한 우리 사회에 다양한 영향들이 나타나고 있다.

〖보기〗

ㄱ. 외국인 이주민을 지원하기 위한 사회적 비용이 증가하게 된다.
ㄴ. 문화적 동질감이 늘어나 사회 통합의 가능성이 높아지게 된다.
ㄷ. 다양한 문화가 공존하는 문화 다양성으로 인해 우리 사회의 문화를 풍요롭게 한다.
ㄹ. 외국인 근로자의 유입으로 저출산 고령화로 인한 노동력 부족 문제를 해소할 수 있다.

① ㄱ, ㄴ  　② ㄱ, ㄷ  　③ ㄱ, ㄴ, ㄷ
④ ㄱ, ㄷ, ㄹ  　⑤ ㄴ, ㄷ, ㄹ

**14** 갑, 을이 강조하는 다문화 정책에 대한 설명으로 옳은 것은? [4점]

- 갑: 다문화 사회로 갈수록 우리 문화에 대한 정체성을 강조해야 해. 그러기 위해 다양한 문화를 융합하여 하나의 정체성을 가질 수 있게 하는 정책이 필요하다고 생각해.
- 을: 아니야. 오히려 다양한 문화들이 각각의 정체성을 유지하면서 조화가 이루어지도록 하는 정책이 필요하다고 생각해. 그래야 다양한 갈등들이 나타나지 않을 것 같아.

① 갑은 샐러드 볼 이론을 지지한다.
② 을은 문화 사대주의를 바탕으로 한다.
③ 갑은 을과 달리 다양한 문화의 공존을 강조한다.
④ 을은 갑과 달리 이주민을 동화의 대상으로 본다.
⑤ 이주민 문화에 대한 체험 프로그램 시행은 갑보다는 을의 의견에 따른 것이다.

**15** 밑줄 친 (가), (나) 지역에 대한 설명으로 적절하지 <u>않은</u> 것은? [3점]

우리나라 최초의 공업 단지인 (가) '구로 공업 단지'는 섬유, 봉제, 전자 기기 조립 등의 경공업이 발달해 총생산액이 한때 국가 전체 수출액의 10%를 차지했고, 전국에서 모인 노동자 수가 10만 명이 넘는 등 우리나라 산업 발달의 역사를 상징하는 곳이었다. 그러나 1990년대 들어 첨단 정보 기술 업종인 이동 통신, 반도체, 디지털 콘텐츠 등이 전통적인 제조업을 대신하여 (나) '서울 디지털 산업 단지'로 탈바꿈하였다.

① (가)는 이촌 향도와 관련이 깊다.
② (가)는 (나)보다 부가 가치가 높은 산업이 입지한다.
③ (가)는 (나)에 비해 노동 집약적인 산업이 입지한다.
④ (나)는 (가)에 비해 지식·정보가 중요한 산업이 입지한다.
⑤ 생산 공정에서 로봇에 의해 대체될 수 있는 산업은 주로 (나)보다 (가)에 많다.

**16** 그래프는 어느 지역에서 서로 다른 시기에 발생한 하천 수위 변화를 나타낸 것이다. 이에 대한 설명으로 옳은 것만을 〈보기〉에서 고른 것은? (단, (가), (나)는 도시화 이전, 이후 중 하나임.) [4점]

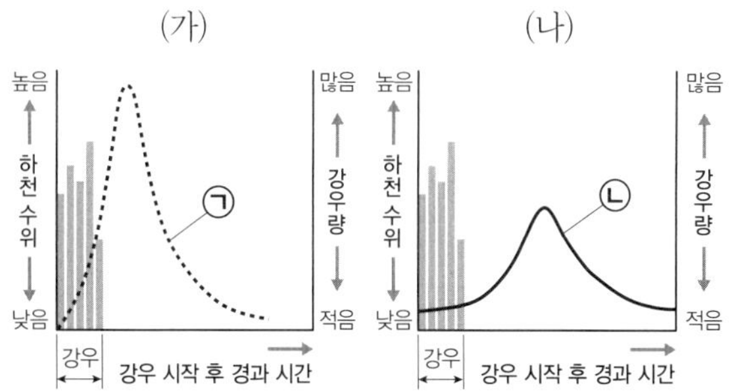


〖보기〗

ㄱ. (가) 시기는 (나) 시기보다 열대야 발생 일수가 적다.
ㄴ. (나) 시기는 (가) 시기보다 포장 면적이 좁다.
ㄷ. (나) 시기는 (가) 시기보다 도시 홍수가 드물게 발생한다.
ㄹ. ㉠에서 ㉡처럼 변화하려면 하천을 직강화하거나 복개해야 한다.

① ㄱ, ㄴ  　② ㄱ, ㄷ  　③ ㄴ, ㄷ
④ ㄴ, ㄹ  　⑤ ㄷ, ㄹ

**17** (가)에 들어갈 내용으로 가장 적절한 것은? [3점]

- 〈설명 1~3〉에 해당하는 용어를 글자판에서 지운 후, 남은 글자를 모두 사용한 용어에 대해 설명하시오.
- 용어 설명: ________________(가)________________

〈설명 1〉 각종 인공열로 인해 도심의 기온이 주변 지역보다 높은 현상

〈설명 2〉 농업 중심의 사회가 광공업, 서비스업 중심의 사회로 변화하는 현상

〈설명 3〉 서비스 제공자와 수요자를 연결하는 중개 역할을 인터넷 기반의 서비스에서 이루어지는 경제활동

글자판

| 플 | 대 | 도 | 시 |
|---|---|---|---|
| 랫 | 열 | 섬 | 권 |
| 폼 | 상 | 현 | 산 |
| 경 | 제 | 화 | 업 |

① 중심 도시와 그 주변 지역을 포함하는 넓은 지역
② 인공위성을 활용하여 현재 위치를 알려주는 시스템
③ 도시에 거주하는 사람들이 가지고 있는 특징적인 생활양식과 문화적 특성
④ 정보에 접근할 수 있는 환경과 제도의 차이 때문에 나나타는 지역 간, 계층 간의 격차
⑤ 교통이 편리한 지역이 상대적으로 낙후된 지역의 인구, 기능, 자본 등을 흡수하는 현상

**18** 밑줄 친 ㉠이 이루어질 경우 기대할 수 있는 효과로 적절한 것만을 〈보기〉에서 고른 것은? [4점]

○○시에서는 2백여 곳에서 ㉠ 도시 재개발 사업을 진행하고 있다. 이를 통해 구도심 대부분이 대단지 아파트로 바뀔 예정이다. 이 사업이 마무리되면 8천여 가구가 새롭게 들어서게 된다. 이 지역은 인근 고속 철도와 지하철과 가까워 사업 이후 활력이 생길 것으로 예상된다.

┤보기├

ㄱ. 교통 혼잡 문제를 완화할 수 있다.
ㄴ. 낙후된 정주 환경을 개선할 수 있다.
ㄷ. 녹지 면적을 획기적으로 늘릴 수 있다.
ㄹ. 주택 공급을 줄여 주택 부족 문제를 해결할 수 있다.

① ㄱ, ㄴ     ② ㄱ, ㄷ     ③ ㄴ, ㄷ
④ ㄴ, ㄹ     ⑤ ㄷ, ㄹ

**19** (가)에 들어갈 용어로 적절한 것은? [3점]

갈수록 커져가는 ____(가)____ 문제

최근 은행 ATM부터 병원비 수납, 음식 주문 등 생활 전반에 무인 시스템이 빠르게 확산하고 있다. 더 적은 인력으로 더 빠르고 편리하게 업무를 처리할 수 있다는 것이 장점으로 꼽힌다. 그러나 무인 주문 기계가 늘어날수록 일상생활에 불편을 느끼는 계층이 있다. 대표적인 이들이 노년층이다. 노년층들은 "기계 화면보다는 사람이 편하다며 직원이 응대해야 마음이 놓인다."고 한다. 따라서 이러한 정보 소외 계층을 위한 대책 마련이 필요하다.

① 정보 격차       ② 지역 격차
③ 저작권 침해      ④ 인터넷 중독
⑤ 노동 시장의 양극화

**20** 자료는 ○○시의 지역 주민을 대상으로 삶에 대한 만족도 조사 결과이다. 이에 대한 옳은 설명만을 〈보기〉에서 고른 것은? [4점]

| 삶에 대한 만족도 | 2015년 | 2022년 |
|---|---|---|
| 15~19세 | 5.5 | 6.6 |
| 20~29세 | 5.3 | 6.3 |
| 30~39세 | 5.2 | 6.1 |
| 40~49세 | 5.0 | 6.0 |
| 50~59세 | 5.0 | 5.9 |
| 60세 이상 | 5.1 | 5.8 |
| 평균 | 5.2 | 6.1 |

※ 10점을 만점으로 함.      (○○시 사회 조사, 각 연도)

┤보기├

ㄱ. 연령이 높아질수록 만족도가 높다.
ㄴ. 2022년에 40대는 전체 평균보다 만족도가 낮다.
ㄷ. 2022년에 만족도가 가장 높은 연령대는 20대이다.
ㄹ. 2015년 대비 2022년에 모든 연령대에서 만족도가 높아졌다.

① ㄱ, ㄴ     ② ㄱ, ㄷ     ③ ㄴ, ㄷ
④ ㄴ, ㄹ     ⑤ ㄷ, ㄹ

**21** 자연은 (           )을/를 가지고 있어 오염 물질을 스스로 정화할 수 있지만, 오늘날의 환경 문제는 이러한 능력의 한계를 넘어설 정도로 심각하다. [2점]

**22** (           )은/는 정부와 기업이 추진하는 정책과 사업을 환경 보전의 측면에서 감시하고 비판하는 역할을 한다. [2점]

**23** ㉠, ㉡에 들어갈 용어를 쓰시오. [2점]

> 북서 유럽 문화권은 개신교와 (   ㉠   )족이 우세하며, 남부 유럽 문화권은 가톨릭교와 (   ㉡   )족이 우세하다.

**24** 서로 다른 사회가 장기간에 걸쳐 접촉하면서 문화 변동은 다양한 양상으로 나타나는데, 기존의 문화 요소와 외래문화 요소가 결합하여 기존과는 다른 새로운 문화가 만들어진 현상은? [2점]

**25** ㉠에 공통으로 들어갈 용어는? [2점]

> 모든 사회에는 시대와 지역을 초월하여 적용하는 객관적이고 일반적인 도덕 원리들이 존재하는데, 이를 (   ㉠   )(이)라고 한다. 이런 (   ㉠   )을/를 바탕으로 문화를 바라보면 특정 문화가 극단적 문화 상대주의로 흐르는 것을 막을 수 있다.

**26** 서로 다른 인종, 민족, 종교, 언어 등 다양한 문화적 배경을 지닌 사람들이 함께 어우러져 살아가는 사회를 (           )(이)라고 한다. [2점]

**27** 도시에 거주하는 사람들의 생활양식과 문화적 특성을 무엇이라고 하는가? [2점]

**28** 새로운 교통수단이 생기면서 대도시로 주변 도시의 인구와 경제력이 유입되는 현상은? [2점]

**29** (가), (나)에 들어갈 내용을 각각 서술하시오. [6점]

〈수행 평가 보고서〉

• 주제: 미세 먼지로 인한 대기 오염 문제

• 조사 방법: 인터넷 검색, 관련 서적 조사
• 발생 원인: (가)
• 문제점: (나)

**30** 그림에서 갑과 을의 주장을 뒷받침할 수 있는 내용을 각각 한 가지만 서술하시오. [8점]

다문화 사회로의 변화가 미친 영향

# 인간과 자연의 관계 이해하기

학년    반    번

이름 |

**문제** 다음 자료를 읽고 아래 〈조건〉에 맞게 400~500자로 논술하시오.　　　　　　　[20점]

(가) 꽃가루를 옮겨 꽃을 수정하게 함으로써 식량 공급에 중요한 역할을 하는 꿀벌이 멸종 위기에 처하였다. 꿀벌이 감소하는 주요 원인 중 하나는 지구 온난화에 따른 이상 기후 때문이다. 이상 기후로 꽃이 이른 시기에 피면서 꿀벌의 활동 시기와 꽃이 피는 시기에 차이가 나고, 꿀벌이 기온 변화에 적응하는 데 어려움을 겪으면서 점점 사라지는 것이다. 꿀벌이 사라지면 과일과 채소, 밀, 쌀 등 농작물의 생산량이 감소하여 인류가 식량난을 맞을 수 있다. 즉, 꿀벌이 멸종하면 생태계가 무너지면서 인류도 더 이상 먹을 것을 구하기 어려워지는 것이다.

(나) 대지 윤리가 진화할 수 있도록 풀어주어야 할 빗장은 바로 이것이다. 바람직한 대지 이용을 오직 경제적 문제로만 생각하지 말라. 낱낱의 물음을 경제적으로 무엇이 유리한가 하는 관점뿐만 아니라 윤리적, 심미적으로 무엇이 옳은가의 관점에서도 검토하라. 생명 공동체의 통합성과 안정성 그리고 아름다움의 보전에 이바지한다면, 그것은 옳다. 그렇지 않다면 그르다.

(다) 우리가 오랫동안 여행해 온 길은 놀라운 진보를 가능케 한 매우 편안하고 평탄한 고속도로였지만 그 끝에는 재앙이 기다리고 있다. '아직 가지 않은' 다른 길은 지구의 보호라는 궁극적 목적지에 도달할 수 있는 마지막이자 유일한 기회다. 그 선택은 우리 자신에게 달려 있다. 화학 방제를 대신할 수 있는 대안을 찾으려 한다면 놀라울 만큼 다양한 선택이 존재한다. 방제 대상 유기체와 그 유기체가 속한 전체 생명계에 대한 이해를 바탕으로 생물학적 해결법이라는 점이다.

**조건**

- (가)에 나타난 꿀벌과 인간의 관계를 파악하여 설명하시오. [6점]
- (나), (다)의 관점을 바탕으로 (가)의 해결 방안을 논리적으로 도출하시오. [14점]

# 다문화로 인한 우리 사회의 변화



**문제** 다음 자료를 보고 〈조건〉에 맞게 400~500자로 논술하시오.    [20점]

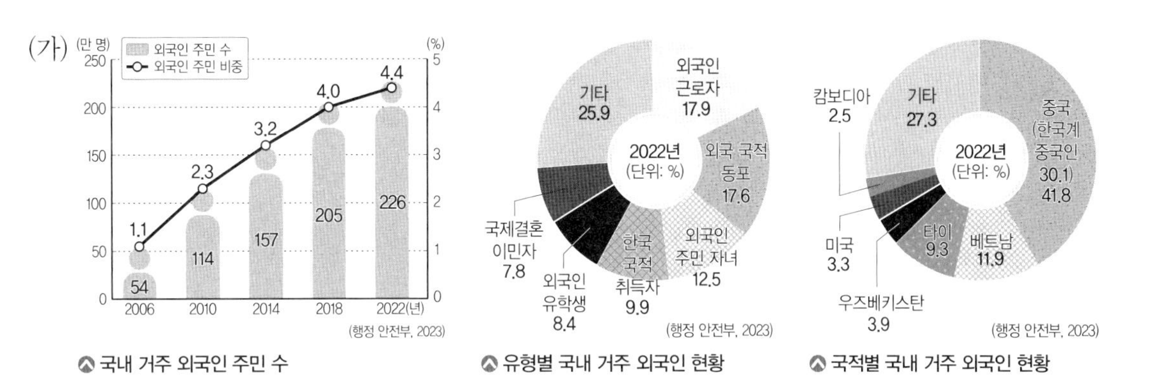


(나) 독일의 철학자 헤르더(Herder, J. G.)는 문화를 생활양식으로 정의하면서 문화의 다양성을 인정하는 '문화들(cultures)'이라는 용어를 처음으로 사용하였다. 그는 문화(culture)에 소문자 에스(s)를 붙임으로써 다른 문화의 존재와 가치를 인정하는 혁신적 견해를 제시하였다. 그 결과 문화는 서구에만 존재한다는 인식에서 확장되어 복수의 형태로 전환되었다. 이는 서구 문화만이 아닌 다른 문화의 가치를 인정함을 의미한다. 이후 문화를 더는 서구만의 특정한 것으로 인식하지 않게 되었다.

(다) '모든 문화는 그 나름의 타당성을 지닌다.'라는 생각은 다른 사회를 이해하는 열쇠가 된다. 인류 모두에게 적용될 수 있는 보편적인 판단 기준이나 진리가 있다는 생각은 신화에 불과하며, 다른 사회에는 서로 다른 판단이 존재할 뿐이다. 그리고 우리가 이 판단에 '바람직하다.'거나 '부당하다.'라고 말할 수 없는 것은, 그렇게 하면 그것은 그러한 판단의 옳고 그름에 관한 독립적인 기준을 가지고 있다는 것을 의미하기 때문이다. 그러나 그와 같은 독립적인 기준은 존재하지 않는다. 예를 들어 인권, 정의와 같은 가치는 특정 사회에서만 통용되는 것이기 때문에 이를 기준으로 다른 사회를 평가해서는 안 된다.

**조건**

- (가)와 같은 사회에서 나타나게 될 사회문제 유형 중 하나를 제시하고, 그에 대한 해결 방안을 개인적 측면과 사회적 측면으로 구분하여 논술하시오. [5점]
- (나), (다)에 나타난 문화를 이해하는 태도의 공통점을 설명하시오. [7점]
- (가)와 같은 사회에서 (다)의 주장에 제기할 수 있는 비판점을 서술하시오. [8점]

# MEMO